U0104923

古典文獻研究輯刊

三七編

潘美月・杜潔祥 主編

第50冊

《四分律删繁補闕行事鈔》集釋
（第八冊）

王建光 著

國家圖書館出版品預行編目資料

《四分律刪繁補闕行事鈔》集釋（第八冊）／王建光 著 -- 初版 -- 新北市：花木蘭文化事業有限公司，2023〔民 112〕

目 4+306 面；19×26 公分

（古典文獻研究輯刊 三七編；第 50 冊）

ISBN 978-626-344-513-0（精裝）

1.CST：四分律 2.CST：律宗 3.CST：注釋

011.08 112010540

古典文獻研究輯刊

三七編 第五十冊 ISBN：978-626-344-513-0

《四分律刪繁補闕行事鈔》集釋（第八冊）

作　　者　王建光

主　　編　潘美月、杜潔祥

總 編 輯　杜潔祥

副總編輯　楊嘉樂

編輯主任　許郁翎

編　　輯　張雅淋、潘玟靜　美術編輯　陳逸婷

出　　版　花木蘭文化事業有限公司

發 行 人　高小娟

聯絡地址　235 新北市中和區中安街七二號十三樓

電話：02-2923-1455／傳真：02-2923-1452

網　　址　http://www.huamulan.tw 信箱 service@huamulans.com

印　　刷　普羅文化出版廣告事業

初　　版　2023 年 9 月

定　　價　三七編 58 冊（精裝）新台幣 150,000 元

《四分律刪繁補闕行事鈔》集釋

（第八冊）

王建光 著

目次

第十一冊

第十二冊

第十三冊

卷中之三

唐京兆崇義寺沙門釋道宣撰述

隨戒釋相篇第十四（三）

九十中〔一〕。

【校釋】

〔一〕九十中　資持卷中三上：「九十、三十，同一提篇。但因財事有無，故使類分前後。欲使結犯易明、懺法無濫故也。」（三〇五頁上）鈔批卷一八：「就此段中，略依戒疏，聊以三門分別：一、遮性不同，二、僧尼差別，三、諸部異相。初，言遮性者，有三十戒，性與理違，悔犯事淨，集業未遣，要傾我倒，苦報方止。餘六十戒，但有事違，不無譏醜，故違教網，故聖同禁。言三十性者，頌曰：故兩髮麤異，嫌強事用譏，諫駈恣覆疑，畜飲發說隨，拒毀同欲不，屏聽打搏無。二、僧尼差別者，就僧九十中，有六十九戒僧尼同犯。故尼律中，單列戒本，辨相同僧。有二十一戒，尼則不同，有三種異：初，有無不同，（七五九頁下）有三戒，謂：『輒教誡尼』、『說法至暮』、『譏呵教師』。尼非師位，故所以無。二、輕重不問，有十三戒，偈言：作衣持屏坐，三期受讚食，勸足美牙角，過量覆三衣。多於大僧數故，便重；尼希故輕。然衣有五，『與尼衣』、『與尼作衣』及三種『過量』。三、有五戒，犯同緣異，謂：『背請足食』，犯同而開緣不同；『與外道食』，犯雖是同，與緣不同，減年一戒，受緣不同；『過量浴衣』，生犯緣同，用緣不同。三、諸部不同者，十誦有九十一墮，無此『不受諫戒』，別立『不敬說法人戒』『說戒時輕僧浪語戒』，似觸惱而彼自有隨問答戒。五分有九十一墮，無此『不受諫戒』；『用虫水』『飲虫水』合為一戒；別立『入尼寺輒說法戒』、二『輕三師戒』、三『迴僧物與別人戒』。僧祇有九十二墮，無此『不受諫』、『恐怖』二戒，別立『為尼說法』、『迴僧物』、『與別人不捨淨作三衣』、『輕眾僧』四戒。又離『餘語』，別立『觸惱戒』。解脫律有九十墮，無此『餘語』『與屏坐』『共羯磨後悔』三戒，別立『在尼寺輒說法戒』『迴僧物』『與別人不敬戒』三也。依光統律師，分此『九十』以為九段：初，從『妄語』至『壞鬼神村』來，有十一戒，明守口、攝意、身莫犯惡、善調三業行；二、從『異語』下，（七六〇頁上）盡（【案】『盡』疑『至』。）『覆屋過量』來，有九戒，明善將人心隨護眾意，不相嬈行；三、從『輒教尼』至『與女同行』來，有十戒，明遠避嫌疑、離染清淨行；四、從『施一食處』下，至『四月請』來，有十七戒，明內資節量、少欲知足行；五、從『觀軍陣』下，至『三染衣色』來，有十三戒，明繫意住緣，離逸修道無著行；六、從『故斷畜生命』下，至『與賊同行』來，有七戒，明常行遠離、修慈愍物行；七、從『說欲不障道』下，至『不攝耳聽』（【案】『不攝耳聽』即『恐舉先言戒七十三』。）來，有六戒，明深心信解、敬順教法行；八、從『同法後悔』至『無根殘謗』來，有七戒，明同住安樂詳和、無二相遵奉行；九、從『突入王宮』下，訖此篇來，有十戒，明衣服外儀節量、謹攝無違越行。」（七六〇頁下）

小妄語戒〔一〕一

此戒人多喜犯者，良由妄業熏積，識種尤多，故隨塵境，動便虛構〔二〕。不思反流之始，但願畢世之終〔三〕。以此安生為要，當死定非排業〔四〕。良可悲夫！加以犯無定境，起必依心，但使違內想心，不論外緣虛實，一切皆墮〔五〕。

六緣：一、是人，不簡道俗；二、作人想〔六〕；三、違想說〔七〕；四、知違想說〔八〕；五、言了；六、聞解。

多論：妄語、兩舌、惡口，相歷作四句〔九〕。一、是妄語，非兩舌、惡口。傳他此語向彼說，以不實，故是妄語。不以分離心，故非兩舌；耎語說，故非惡口。餘句類上，有無可知〔一〇〕。成論云：餘口三業，或合或離〔一一〕；綺語一種，必不相離〔一二〕。善生經〔一三〕：有人於十業道，一時作二、三、四乃至八事〔一四〕；不得作十，以貪、瞋不得一時〔一五〕故。其餘八事，六處遣使〔一六〕；自為二事〔一七〕：一淫他妻，二謂無業道。

四分、五分：因法師比丘常好論義，以是為非，以非為是〔一八〕。

餘人問故，答云：「我實知非，恥墮負處。」僧中妄語，罪重百羅漢前〔一九〕。多云：不妄語法者。若說法、義論、傳語，一切是非，莫自稱為是〔二〇〕。常令推寄有本〔二一〕，則無過也。不爾，斧在口中〔二二〕。

律云：見、聞、觸、知，違想說〔二三〕，乃至所見異〔二四〕、所忍異〔二五〕、所想異〔二六〕，皆是妄語。又有三時〔二七〕：前、後知是妄語，吉羅；正口言妄者，墮。若僧說戒時三問〔二八〕，憶念罪而不說，吉羅。善生〔二九〕：若有疑心、無疑心〔三〇〕，若見、聞、覺、知〔三一〕，若問、不問〔三二〕，異本音〔三三〕者，是名妄語。若言「不大見聞」，亦犯〔三四〕。若破相說〔三五〕、無覆藏說〔三六〕，非犯。若異音說，前人不解〔三七〕；若顛倒語〔三八〕；若發大聲不了語；若有所說，前人不解——並犯。僧祇〔三九〕：屠兒等逐畜生〔四〇〕走，問言「見不」，不得妄語，不得示處，應令「看指甲〔四一〕」等。應方便引接，令畜生遠去〔四二〕。十誦〔四三〕：若語高姓人云是下姓人者，犯墮。若語兩眼人云「汝一眼」，得妄語，提；又輕惱比丘，故提。若語一眼人云「汝是瞎眼人」，得輕惱他，墮。

四分不犯中。但稱想說故，不犯。文如註戒本中〔四四〕。

【校釋】

〔一〕小妄語戒　資持卷中三上：「（佛在釋翅瘦國，象力比丘與外道論議，不如，便反前語，至僧中問，復反前語。因制。）戒名中。注戒標云『故妄語戒』。疏釋云：言非稱實為『妄』，彰在於口為『語』，非心不犯名『故』。今云『小』者，對『大』為言，但離初篇，所列聖法已外，一切皆歸此攝。大局小通，尋之可解。」（三〇五頁上）鈔批卷一八：「既有九段不同，今則是初，訖『壞生戒』來，有十一戒，正明守口、攝意，身莫犯惡，善調三業行。言故妄語者，言不稱實名『妄』，彰之在口曰『語』，無心不犯曰『故』。戒疏問曰：『故誑則重，戲即犯輕，何故藏物二俱犯墮？』答：『妄語非惱重，約情故則結墮，戲便結吉罪。論藏惱境深，望藏雖有輕重，望失情惱一，是故俱結墮。』立云：或稱小妄者，對前大妄，故言小也。案十誦五種妄語，謂夷、殘、蘭、提、吉也。虛稱得望（原注：『望』疑『聖』。）是『夷妄語』，（七六〇頁下）四重謗他是『殘妄語』。上來夷、殘『兩妄』，方便未至究竟，名『蘭妄語』；將僧殘謗他，名『提妄語』。除此四種妄語，餘妄語犯吉羅，故曰也。」（七六一頁上）【案】文分為二：初「此戒人」下；次「六緣」下。四分卷一一，六三四頁上開始。

〔二〕**良由妄業熏積，識種尤多，故隨塵境，動便虛構**　資持卷中三上：「敘意中。初，敘數犯以興歎。……初中，上句牒示。『喜』字，去呼，好也。『良』下，釋所以。六識構造為能熏，藏識含受即所熏。識中之種，故名識種。上二句明惑重。『故』下二句，明起業。塵境，即下引見聞等。虛構，事無稽實，即是妄語。」（三〇五頁上）簡正卷一一：「謂凡在制戒在（【案】『在』疑剩。）篇者，皆從恚（原注：『恚』疑『憙』。下同。）犯居，故此徵云恚犯為先。因由何事，故牒起云：引戒人多恚犯者。『良由』已下，正明所以也。謂無始時來，習妄語業，熏成種子，積在藏識之中，故云妄業薰積也。此妄種子服伏藏識不少，故云尤左多。故隨塵境者，謂此依種而起現行，故云隨塵。染等境動，則虛妄搆架，而造惡業也。」（七一六頁上）鈔批卷一八：「立明：曠劫已來，習此妄業，熏成種子，積在識中，故曰妄業熏積也。言識種尤多者，立謂：將此無始妄心之種子，積集於第八識中也。賓云：然論識義，真諦三藏說有九識，前六可知，第七名『阿陀那識』，唐三藏譯『阿陀那』者，是『執持識』，即第八識之異名，不同真諦也。第八『阿梨耶識』，唐三藏名『阿賴耶識』，翻為『藏識』，亦是第八異名也。第九『阿摩羅識』，唐三藏云『阿摩羅』者，此云『無垢識』，與『大圓鏡智』相應，真諦所翻決定藏論有九識品，第九名『阿摩羅識』。真諦譯云：此有二種，一者所緣，即是真如；二名本覺，即能緣智，意識此識通能所緣，合為此識體也。唐三藏釋云：轉第八識得無垢識，無別第九也。廣如唯識、攝大乘等，不能繁敘。（決定藏論，即是瑜伽論中攝決擇分。唐三藏云：真諦妄安九識品也。）第八名『阿賴耶』，亦名『含藏識』，謂含藏善惡種子也，亦名『藏識』、亦名『宅識』。第九□『白淨識』，屬於佛也。今言識種尤多也。故隨塵境動便虛搆者，立謂：隨六塵六大之境，常妄言說，心口運為，恒虛妄搆架，而造業也。」（七六一頁下）【案】敘意分二，初，「良由」下；次，「加以犯」下。

〔三〕**不思反流之始，但願畢世之終**　資持卷中三上：「『不』下二句，明迷苦。上句謂不念生死，下句明悠悠度世。」（三〇五頁上）鈔批卷一八：「謂無本源之始，始自真如，但由妄起，乖真不知返本。今若斷妄修真，越出三界，逆返生死之流，會得真如之本始，故曰也。如須陀洹人，名逆生死流。言但願畢世之終者，謂處世已來，恒事□（原注：□疑『妄』。）語，未思改革，願畢其生，故言畢世也。」（七六一頁下）

〔四〕**以此安生為要，當死定非排業**　資持卷中三上：「『以』下三句，傷歎。上句，躡上虛度。下句，示後苦報。安生，猶言居世也。然沙門居世，修道為急，縱妄守愚，自以為要，臨終神昧，任業牽生，故云當死等。當，將也。排，遣也。對治智勝，業則可排。對治有二：一者，事行抑制，則能伏（三〇五頁上）業；二者，理觀明照，則能滅業。以人之將死，善惡相現，惡強善弱，神隨業往，況無少善，豈能排之？」（三〇五頁上）簡正卷一一：「以此虛搆妄業，安於一生，要當至死方住，故云為要當死。若如是者，不能排蕩藏識之中妄業種子，出家順生死業，信此可令人悲，故云（七一六頁上）良可悲矣。嗟歎意也。（上依搜玄，約句釋竟。）或依法寶科鈔句云：以此安生為要（是上句也），當死定非排業（是一句）。意道：用此妄語之業，以安生之身，為其要妙，當至死時定，不能排蕩此業。（此解亦是一途。）」（七一六頁下）鈔批卷一八：「以，由用也，謂用此妄語之業，安鎮其一生也。亦可以此妄語為安身，故曰也。為要當死者，立謂：抱此妄業，契至於死，死時始休，故曰也。定非排業者，立謂：既常習妄語，何能排生死苦業也？言良者，善也、信也。」（七六一頁下）【案】簡正、搜玄、鈔批本句斷為「以此安生，為要當死，定非排業，良可悲夫」四句，今依資持、法寶，斷為三句。

〔五〕**加以犯無定境，起必依心，但使違內想心，不論外緣虛實，一切皆墮**　資持卷中三上：「『加以』下，二、明心境以勸修。……次勸修中即明教急。上二句標定，下二句配釋。『但使』等者，釋上次句。『不論』等者，釋上初句。律云：若不見、不聞、不觸、不知，是中見想、聞想、觸想、知想，彼便言我不見、不聞、不觸、不知，知而妄語者，波逸提。若論妄語，境虛成犯，於義易知。今此境實，違想亦犯。教唯約心，制急可見。虛實俱犯，故言一切。」（三〇五頁中）鈔批卷一八：「加以犯無定境者，謂境則無定於是非也。但約心想，違想是犯，順想無罪。然境不當虛實，但起心自有虛實耳。心若虛者，即是犯。但使違內想心不論外緣者，立謂：不論前境違順，但使心違是犯。然境心違順，此義極難，至下略出。且如境順心違者，如曾見張人之境，中途迷想，心生謂言未見。後被人問見張人不，答言見者，即犯是也。」（七六一頁下）簡正卷一一：「『加以』等者，前來妄業薰修，動便成妄，故意為之。今重由約境之虛實，但違想心便結，故云加以也。犯無定境者，境通有無之無定也。但使違內想心者，如實不見張人，想心謂是見張人，後有問者，答云不見，便是遠內想心。何論外緣虛實，謂不見是實，想心是虛，見則反之。餘例知也。」（七一六頁下）

〔六〕**作人想**　鈔批卷一八：「首問曰：『想與知有別不？』答：『有同有異。了境之心名知，當境穴（【案】『穴』疑『不』。下同。）徹名想，俱能了境故同。言異者，知唯了境，想通迷悟，了境穴徹名想，迷境穴徹亦名為想。』」（七六二頁上）【案】犯文分二：初「六緣」下；二、「多論」下。

〔七〕**違想說**　資持卷中三上：「是妄業。」（三〇五頁中）

〔八〕**知違想說**　資持卷中三上：「即故為。」（三〇五頁中）

〔九〕**妄語、兩舌、惡口，相歷作四句**　鈔科卷中三：「初明離合。」（七〇頁中）鈔批卷一八：「相歷作四句者，立云：一、是妄語，非兩舌、惡口；二、是兩舌，非妄語、惡口；三、是惡口，非妄語、兩舌。四、俱是也。」（七六二頁上）簡正卷一一：「初一，如鈔（云云）。第二，是兩舌，非妄語、惡口：傳他此語向彼說，作分離心故是兩舌；如實說故非妄語，柔軟說故非惡口。第三句，是惡說，非妄語、兩舌：傳他此語向彼說，庶横說故是惡口；如實故非妄語，不作分離說故非兩舌。第四句，俱得三罪也。濟（原注：『濟』疑『綺』。下同。）語者，非時語，無義語，皆戲調心，名濟語也。餘曰三業，或合或離，濟語一種，不得相離也。」（七一六頁下）資持卷中三上：「多論四句：初句具列，餘句例作。應云：二、是妄語，是兩舌、非惡口；（傳他此語向彼說，以不實故是妄語；作分離心故是兩舌，軟語說故非惡口。）三、是妄語，非兩舌、是惡口；（不實麤言，不作分離心是。）四、是妄語，是兩舌、是惡口。（此上可知。）初句單配，唯局此戒；中二雙犯，則涉兩戒；第四俱犯，則通三戒。」（三〇五頁中）【案】「多論」下分二：初「多論」下，次，「四分」下。

〔一〇〕**有無可知**　資持卷中三上：「妄語四句，齋（【案】『齋』疑『齊』。）有兩舌、惡口。初句都無，中二各一，第四方具。彼論作句在『兩舌戒』，以兩舌為頭，餘二指略。今鈔準彼，就妄語列之，則知三戒，皆具四句。但以本戒為頭，歷之可解。」（三〇五頁中）

〔一一〕**餘口三業，或合或離**　鈔批卷一八：「謂妄語、兩舌、惡口，除綺語，可知也。或合或離者，一謂或但妄語、無惡口是離；或時有妄語、有惡口，即是合也。」（七六二頁上）資持卷中三上：「成論中，口有四業。上文但明三種離合，故引釋之。」（三〇五頁中）

〔一二〕**綺語一種，必不相離**　鈔批卷一八：「立謂：上三業中，皆含綺語也。妄中亦有綺語（原注：插入『語』字。）、兩舌、惡口，例有綺語也。案成論中廣明綺語竟，即云：餘口三業皆離，綺語不得相離。」（七六二頁上）資持卷中三上：「綺語者，古德釋云：如世錦綺交錯成文，或云綺側語，言乖道理，故名綺側，亦名無義語。問：『若不相離，如妄語時，應結二罪？』答：『言不離者，非謂同犯。但餘三語，邪曲非義，即同綺攝，是則綺語，名通相別。若論別犯，戒疏云：戲掉壞心，過非乖越，通皆小罪。若僧作法，方得提罪。如後口綺是也。』」（三〇五頁中）簡正卷一一：「此三心通有濟（原注：『濟』疑『綺』。下同。）語，故云不相離也。只如妄語，說不稱時。（七一六頁下）若妄語者，必是無義。或時妄語，為調戲心。凡是妄語，與兩舌、惡口，皆合濟語一種也。」（七一七頁上）

〔一三〕**善生經**　資持卷中三上：「善生中，此即化教十業離合。」（三〇五頁中）鈔批卷一八：「立謂：今引此文，來證上文四句，或離合意也。」（七六二頁上）**【案】**優婆塞戒經卷六，一〇六七頁下。

〔一四〕**有人於十業道，一時作二、三、四乃至八事**　資持卷中三上：「初明自作，教人同時成業。極至於八。」（三〇五頁中）鈔批卷一八：「景云：舉前後心，一時成也。言『乃至八事』者，謂單將毒心，作前身三、口四之事是也。以貪時無嗔、無痴，痴時無、嗔等故，但得八事耳。以貪、嗔相違故，不得同起。以順境起貪，違境起嗔，相不俱故，故云不作十也。於此八事中，若約自作，故得有八。若論令他，唯得為六，以婬、痴業，必是自為，由適暢在己，不可令他為我婬也。撥無因果，（七六二頁上）無出自心，餘殺、盜、妄，能所同犯。」（七六二頁下）簡正卷一一：「一時作二者，妄語即有濟（**【案】**『濟』疑『綺』。）語，三者兩舌，四者更加惡罵。十業之中，越其意二，故云乃至八事。」（七一七頁上）

〔一五〕**不得作十，以貪、瞋不得一時**　資持卷中三上：「不得十者，以三心業，起不同時。下約邪見、癡心顯相。（三〇五頁中）且云貪、瞋不得一時。若舉貪業，則無瞋、癡。瞋亦例爾。」（三〇五頁中）簡正卷一一：「何不至十？以意地中，貪等三心不一時，故貪、嗔二心相違，不同時也。若據自作二事，教他為六一時戒，故得有八。若但令他，唯得為六，即口四過，并煞、盜身二也。婬要假於，自身一支，并為無業道，屬癡成八。於一時中，八業成就也。」（七一七頁上）

〔一六〕**其餘八事，六處遣使**　資持卷中三上：「『其』下，示相。七支之外，兼一心業，故得成八。又三心業，必無教他。身口七支，六可遣使。」（三〇五頁下）

〔一七〕**自為二事**　資持卷中三上：「淫必自造。所以文中，二事必約自為。若據毘尼，教淫犯蘭。此約根本，故非所論。言他毒（【案】『毒』疑『妻』。）者，化教十善，禁邪許正。無業道者，謂撥無邪見，即是癡業。但癡通難顯，故舉別相耳。」（三〇五頁下）

〔一八〕**因法師比丘常好論義，以是為非，以非為是**　鈔科卷中三：「初，引緣伸誡。」（七〇頁中～下）資持卷中三上：「初科。前引二律。法師比丘者，四分象力、五分沙蘭。戒疏云：因論善法，便行誑妄，以為因起。況餘雜事，而得成信？」（三〇五頁下）鈔批卷一八：「案五分云，舍衛城有法師比丘名沙蘭，（四分名象力也。），聰明才辯，一切四眾、外道、沙門、波羅門，無能及者，遂以非為是、以是為非、知言不知、不知言知，恒以切辯，勝人之口。時諸比丘莫不歎伏。問言：『汝論義時，意謂為見（【案】『見』疑『是』。）、為知非耶？』答言：『我實知非，取墮負處，故妄語耳。』語（【案】『語』疑『諸』。）比丘舉過白佛，佛即制戒。僧中，妄語罪重。百羅漢前者，羅漢局聖，復數限於百，僧中通凡聖，數則無邊，故可知也。又羅漢聖人，雖對作妄語，義難信受，凡僧受誑，生信不疑，故重也。案智論中，佛說妄語有十罪：一、口氣臭；二、善神遠之，非人得便；三者，雖有實語，人不信受；四者，智人謀議，常不參豫；五者，常被誹謗，醜惡之聲，同流天下；六者，人所不敬，雖有教勅，人不承用；七者，常多憂愁；八者，種誹謗業因緣；九者，身壞命終當墮地獄；十者，若出為人，常被誹謗。」（七六二頁下）【案】五分卷六，三十七頁。

〔一九〕**僧中妄語，罪重百羅漢前**　簡正卷一一：「玄云是五分文。彼因慈地謗沓婆故。佛語慈地：若於堅信比丘前妄語，罪重於煞無數眾生；於一堅法比丘所妄語，獲罪過百堅信。如是展轉，於僧前妄語，（七一七頁上）罪重於百羅漢前也。謂四人，謂前誑罪重也。何以故？凡僧受誑，生信故重，聖人識非，不信故輕也。前言堅信，謂是內凡已去，得四不壞信故。堅法者，謂得無漏法苦忍。初心已去，此法堅固，難可破壞，故名堅法。」（七一七頁下）資持卷中三上：「『僧中』下，五分說慈地謗沓婆。佛語云：若於堅信比丘前妄語，重殺傷無量眾生，（內凡已去名堅信。）於一堅法比丘前妄語，罪過堅信百倍；（初果已去名堅法。）於僧前妄語，罪過百羅漢。（四人已上凡聖僧也。）通引此文者，以世講師，或臨眾說法，或有所言論，率多虛誑，故持誡之。百羅漢者，且舉多聖，以況少凡。罪猶過之，勉勵深矣。言罪重者，此約業道，非制罪也。」（三〇五頁下）

〔二〇〕**若說法、義論、傳語，一切是非，莫自稱為是**　資持卷中三上：「多論。彼云：

若說法、義論，若傳人語，則顯所說、所論從他傳者。自稱，論作自攝，謂攝取他說，以為己是。」（三〇五頁下）【案】多論卷六，五四〇頁上。

〔二一〕**常令推寄有本** 資持卷中三上：「寄，附也。有本者，或覽他文，或從口授，必推所得，以示於人。古今學者，孰逃此過，聖教明約，豈不內盾（【案】『盾』疑『省』。）？」（三〇五頁下）簡正卷一一：「謂若有所能，推屬於師，或推聖教，則無過失。縱有，乃屬前人也。」（七一七頁下）鈔批卷一八：「立語：且如高坐說法，莫言我自作此說，云是我語，須推本師，便有典據。縱有過失，乃屬前人。」（七六二頁下）

〔二二〕**不爾，斧在口中** 資持卷中三上：「『不』下，文出智論。彼偈云：夫士之生，斧在口中，所以斬身，由其惡言。（此偈喻顯下偈對合。）應訶而讚，應讚而訶，口集諸惡，終不見樂。（上三句，合『斧』在口中；下一句，合斬身。此喻非理，言論妄業，即成先自損故。）」（三〇五頁下）鈔批卷一八：「案多論云，佛言：夫人生世間，斧在口中。（七六二頁下）佛自說本緣，過去遠劫，有佛出世，號阿梨羅。彼佛法中，有兄弟二人出家。兄坐禪故，得羅漢果。弟學問通三藏，闡揚佛法。時四輩崇奉二人，但兄以聖道力故，利養偏勝。時有檀越，施兄一端氎，不施其弟。凡飲食衣服，四事皆偏不同。弟生嫉妬，加誹謗。時有檀越遣一女子，至弟比丘所，其弟比丘語女言：『汝與我謗彼比丘。』女初不肯，云：『彼聖人如何加謗？』此弟比丘以種種方便，誘惑其心，云：『我當索取彼氎，持以與汝，以證其罪，但言與我行婬。』即就兄索得氎（原注：本文無『就兄得氎』四字。）與之。女即還歸家。家人問：『何以經久？』即言：『彼比丘留我戲杵（【案】『杵』疑『許』。多論為『弄』。），是故經久。』復言：『與我此氎。』於時世人，咸生疑惑。其兄羅漢，見此二人作大罪惡，即避異方便（原注：本文無『便』字。）。佛言：『弟比丘者，我身是也。女人者，孫陀利是。以我前世謗聖人故，今得漏盡，還被誹謗。』」（七六三頁上）

〔二三〕**見、聞、觸、知，違想說** 資持卷中三上：「四分為三：初列根、塵。見、聞、知是根，觸即是塵。觸中含三。律云：觸者，鼻識、舌識、身識也。是則根塵互舉，六種備矣。言違想者，即見言不見，乃至知言不知。律中，更列不見言見，乃至不知言知，（三〇五頁下）合成八境。（別開，則有十二。）」（三〇六頁上）簡正卷一一：「薩婆多云：若境由眼識，所識名『所見』，謂是色也。具五緣：一、清淨眼，二、色境，三、假空，四、須明，五、作發識意。若境由耳識，所識名為『所聞』，謂是聲。具四緣能聞，於前五中，但除『明緣』也。若境由鼻、舌、身，三識所證，名『所覺』，謂取香、味、觸。具三緣：一、三根不壞，二、有觸塵到根，三、作發識意。若境由意識所證，名為『所知』，謂意知一切法，謂法境是。但具二緣：一、意根，二、發識意。……（七一七頁下）謂此四是違順之本故，八句皆犯，謂：不聞觸知，言見聞觸（成四）；或見聞觸知，卻云不見聞觸知（成八）。初，約不外聞觸知，誑他，有二十四句。先約不見，有六句：一、本實不見，無想心，誑他言見；（此『心境俱違』句。）二、實不見，有想心曾見，今誑他言不見；（此『境順心違』句。）三、實不見，內心生疑，誑他言實見無疑；（此『心境俱違』句。）四、實不見，內心曾生疑，誑他云不見無疑；（此『境順心違』句。）五、實不見，無橫疑，誑他云我疑見；（此『心境俱違』句。）六、實不見，無橫疑，誑他云我疑不見。（此『境順心違』句）。餘不聞、不觸、不知，例此各六，（成廿四句。）次，就實見聞觸知，亦二十四句。（番上可解。）」（七一八頁上）鈔批卷一八：「此四中，境語有八，並犯。言境語者，且如實見、聞、觸、知，此四是境，誑他言不見、不聞、不觸、不知，是語也。又，實不見、聞、觸、知是境，誑他言見、聞、觸、知是語，故曰境語。就見、聞、觸、知中，約對五塵而論者：見、聞，對也（【案】『也』疑剩。）聲、色。觸者，即香、味；觸三也，（七六三頁上）謂鼻、舌、身，俱名觸也。三根唯了別近境，同名為觸。問：『舌、身觸境，事容可示，鼻聞香時，何曾觸境？』答：『要假息風，引其香氣，到其鼻根。若鼻塞時，息風不能行，不能引香，故亦不聞，明知鼻根是其觸也。若眼、耳，唯了遠境；若物來觸眼，眼則不能見。故論具五緣能見，謂因眼、因也（【案】『也』疑『色』。）、因空、因明、因識，名為見。耳亦如是，唯聞外聲，耳中之聲，則不聞也。故心論頌云『二境不近受』等也。長行釋云：二界不近受者，眼識、耳識，不近境界，如逼眼色，不見故。耳亦如此，逼則不聞。意識者，遠、近境悉受。餘一向近受者，鼻、舌、身識，要近境界，依緣無間故。述曰：依謂識所依根也，緣謂識所緣境也。根境無隔，方能受也。論云：如耳聞鳴，還自聞者，此是耳病，聞外之聲也。論云：聞具四緣，因耳、因聲、因空、因識，能聞也。餘香、味、觸三種，但具三緣能了知：一者，隨三根不壞；二、有觸塵對身根，如香塵對鼻根，味塵對舌根等；三、發識意即是因，識既具三緣，不假因空、明、知觸等三，唯了近境也。言知者，即第六意識，以緣於法塵之境，此屬知也。若依律文，見、聞、觸、知，有有想，謂反此四，（七六三頁下）更得四也，謂見言不見，不見言見，餘例可解。對此作『六心』義，首疏云：舉八境誑他成犯。就中有二：初，就不見、聞、觸、知四境，誑他成犯，有二十四句。第二，就見、聞、觸、知，誑他成犯，亦有二十四句。律文中，言不見、不聞、不觸、不知者，依而起妄法，應就不見境誑他。有六句：一、實不見誑道見，此『心境俱違』。第二，實不見，誑言不見，引『境順心違』。第三，實不見，內生疑心：我為見、為不見？及至誑他言見無疑，此『心境俱違』。第四，實不見，疑心同前，及至誑他言不見無疑，引『境順心違』。第五，實不見，無擬，及至誑他，言我疑見，此『心境俱違』。第六，實不見無疑，同前及至誑他，言我疑不見，此『境順心違』。此約一不見上，作得六句，至犯提下，聞、觸、知三境，各得六句，可知，故有二十四句。今律文好略。辨舉不見、不聞、不觸、不知四境上，以歷於『六心』，故更有四六，二十四句可知。礪云：上『六心』中，初、三、五，心境俱違；二、四、六，心違境順。」（七六四頁上）【案】雜心卷一，八七八頁下。

〔二四〕**乃至所見異**　資持卷中三上：「文略後四，故云『乃至』。所見異者，行心中見諸惡像，言見好相，故云異也。」（三〇六頁上）簡正卷一一：「律文更有六句。所見異者，戒疏云：定行心中見惡像，言好像。及被人問，答他異本所見，故云所見異也。」（七一八頁上）鈔批卷一八：「所見異者，心疏云：入定行心中，見諸惡像，言見妙相也。及被人問，答他異本所見，故曰也。礪云：行心之中，見於虎狼，言見佛像，答他異本所見也。」（七六四頁上）

〔二五〕**所忍異**　資持卷中三上：「忍苦言樂也。或同作羯磨，不忍言忍也。」（三〇六頁上）簡正卷一一：「細違安苦，名之為忍。語他樂，更同作羯磨，不忍言忍。」（七一八頁上）鈔批卷一八：「心疏云：納違安苦，名之為忍，語他樂受也。首疏云：領納違境，安心苦受，名之曰忍。答他壬（原注：『壬』疑『云』。）樂受是也。律中，有所樂異者，財物緣求，名之為欲；答異於本，云樂正法也；觸冷言熱，忍苦言樂是也。」（七六四頁下）

〔二六〕**所想異**　資持卷中三上：「怨想言親。律更有三，今引續之：所欲異者，欲求財色，言樂正法；所觸異者，得冷云熱也；所心異者，緣此說彼也。（並依疏解。）問：『上皆違想，何以分之？』答：『疏自判云：前是於六塵中行妄之相，所見異等，即行心思度，違反而說，約意地也。」（三〇六頁上）鈔批卷一八：「所想異者，心疏云：怨想言親是也；亦可實作見想，答言不見，違於想心故曰也。」（七六四頁下）

〔二七〕**又有三時**　資持卷中三上：「『又』下，次明三時，律列四句。初云，本作是念：『我當妄語；』（初時。）妄語時，自知是妄語；（正作時。）妄語已，知是妄語。（後時。）第二，前、中二時知，（同上。）後時不憶。第三，本不作是念，前時無心，中、後時知。第四，前、後無心，正作時知。律據中時有心，四並提罪；鈔約義斷，前後得吉。（以律中本作是念，正妄語時，不憶得吉。故初中不憶，後憶亦吉。）四句中，具缺不定。文中且據具者言之。問：『前心吉者，與遠方便何異？』答：『同異不定，或復前起，不關方便。若準戒疏，則名前後方便。然方便言通，義須揀辨，不可濫也。』」（三〇六頁上）簡正卷一一：「前、後、根本，三也。唯有八句，四提、三吉、一句無罪。律云作時知是，妄語之時知是，妄語竟亦知。具三時知，得提；二、初中知，後不知；三、中後知，初不知；四、正妄語時知，初後不知。此四句皆提。次，三句吉者，一、初後知，中間不知；（七一八頁上）二、初知，中後不知；三、初中不知，後即知。此三吉。第八，一句，三時無心不犯。」（七一八頁下）鈔批卷一八：「謂前、後二方便，及正作時，故曰三也。若前後不憶，正作時憶，知是妄者，提；正作不憶，但有前方便及後心隨喜，皆吉。對此應有八句：一、前有心，中後無心，（一吉；）二、中有心，前後無心，（一提；）三、後有心，前、中無心，（一吉；）四、前、中有心，後無心，（一提一吉；）五、中、後有心，前無心，（一提、一吉；）六、前、後有心，中無心，（二吉；）七、三時有心，（一提、二吉；）八、三時無心，不犯。」（七六四頁下）

〔二八〕**若僧說戒時三問**　資持卷中三上：「『若僧』下，三、明默妄。有犯不悔，在眾表淨，但不口言，故罪降等。」（三〇六頁上）簡正卷一一：「嘿妄邊，結吉也。」（七一八頁下）

〔二九〕**善生**　資持卷中三上：「善生中，有二。初出妄語之相，有三毀（【案】『毀』疑『段』。），並以『若』字分之。」（三〇六頁上）

〔三〇〕**若有疑心、無疑心**　簡正卷一一：「如見前人行過，實疑謂是張為是王？有問言已誰，便定答云是王等。」（七一八頁下）資持卷中三上：「如律云：於見、聞、觸、知中生疑，便言：無疑我見聞等，於不見聞，生疑亦爾。又，於見聞中無疑，便言有疑云我見聞等，或言不見聞等，皆墮。」（三〇六頁上）鈔批卷一八：「立謂：且如前人實不清淨人，問言謂『此人清淨不』，然心實疑為淨不淨，即誑他言『彼人實淨不疑』，即犯。故曰若有疑心也。言無疑心者，謂實不疑前事為有為無，人問疑不。答言『疑』，即是犯也。」（七六四頁下）

〔三一〕**若見、聞、覺、知** 資持卷中三上：「見聞等，即是根塵，大同前律。覺即是觸，由觸而覺故。」（三〇六頁上）

〔三二〕**若問、不問** 簡正卷一一：「不論前人來問不來問，但誑他即犯。」（七一八頁下）資持卷中三上：「即指所誑。下釋中，並約前人是也。」（三〇六頁上）鈔批卷一八：「謂不論前人來問不來問，但使誑他即犯。」（七六四頁下）

〔三三〕**異本音** 簡正卷一一：「音，聲也。異本所說聲如本，是漢兒子誑胡音，或作新羅等語。意欲或他令前人不解，皆成妄語也。」（七一八頁下）資持卷中三上：「轉其言相，意令不解。」（三〇六頁上）鈔批卷一八：「謂不論前人來問不來問，但使誑他即犯。」（七六四頁下）

〔三四〕**若言「不大見聞」，亦犯** 簡正卷一一：「今時云不多見、不多聞。」（七一八頁下）資持卷中三上：「『若言』下，次釋犯不犯相。先釋見聞。『不大』等者，本實曾見而云『彷彿』也。」（三〇六頁上）鈔批卷一八：「實不見聞，誑他故。言古（【案】『古』疑『若』。）不大見聞，故犯也。立謂：實不見不聞，便誑他言，我不了了，分明見聞，故言『不大』也。案善生經云：若言不大，見聞覺知，亦是妄語，不名具足。問：『見者，識耶、根耶（原注：插入』耶』字）？』答：『二宗不同。若成實宗，但識能見，眼其名也。多論宗云根見非識見，即雜心頌云：若眼隨生見，耳界隨生聞；又頌曰：自分眼見色，非彼眼識見，非慧非和合，不見彰（原注：『彰』字原本不明。）色故。（述曰：）『自分眼』者，謂發識、眼識現在根，名為『自分』。眼與眼識，同作自事，名為『自分』也。新經論中，名『同分眼』也，非彼眼識、見等者。經部立義，識見非眼故。復有餘部，眼識相應，慧能見色；復有經部，一師別解，眼與眼識和合，名見。今薩婆多並皆破云：不見部外色故，謂心心所，取境之時，無有障隔。若識等見、想見部外，故知識見不應正理。」（七六五頁上）

〔三五〕**若破相說** 簡正卷一一：「如人執有我人，今破云並無。」（七一八頁下）鈔批卷一八：「如行至西房，見某比丘，修治房舍，後至本房人。問見某甲不，答他見與不見，但言彼比丘『大能作生活』，是名破相，說則不犯。景云：破相說者，如實說也。有人云：破其執見之心，云色性本無，何所見也。濟云：凡夫執相，計色有常。今破此相，則言色是空。然比丘眼實未見空，但約教而作此破，亦無犯也。」（七六五頁上）資持卷中三上：「破相即破執著、我見，而言無見等。（三〇六頁上）如經論中，破根境之例。」（三〇六頁中）

〔三六〕**無覆藏說** 鈔批卷一八：「覆藏說者，謂稱實而說也。」（七六五頁下）資持卷

中三上：「無覆藏者，如行懺法，發露悔過。云不見、不聞、不覺、不知等，此雖相同妄語，而非誑他，故無犯也。」（三〇六頁中）

〔三七〕若異音說，前人不解　簡正卷一一：「異音者，前人不解也。」（七一八頁下）鈔批卷一八：「立謂：他胡、漢等音，意欲令他不解。而語中不妄，亦實犯也。首云：異本所說者，是名異本音也。慈云：異本語音，或令聲大小，不令前人解者，名異本音也。」（七六五頁下）

〔三八〕若顛倒語　資持卷中三上：「『若顛倒』下，別列三相。顛倒謂前後倒亂，如世反語。大聲不了，言雖不倒，混然莫辨。所說不解者，謂胡、漢異音，楚、夏別語，隱竊語等，但令使彼不解，皆此所收。問：『列緣據解異音，不解而云犯者？』答：『雖非正解，不妨聞於不正之言。又，緣中，言解止取聞知，故十誦『兩舌戒』云：解已更說，波逸提。多論釋云：解應言聞，此可例證。』」（三〇六頁中）簡正卷一一：「顛倒者，此土先能後所，今先所後能，即犯。如問『聞聲不』，答他『欲不聲聞』。又發大聲答他，又作不了語。『若有』下，結上文也。」（七一八頁下）【案】本句別列異音三相，即三個「若」字引之。

〔三九〕僧祇　資持卷中三上：「僧祇中，虛則妄語，實則教殺，兩皆不得。」（三〇六頁中）【案】僧祇卷一四，三四〇頁下。

〔四〇〕生　【案】底本為「云」，據大正藏本、僧祇律改。

〔四一〕看指甲　資持卷中三上：「彼正作『指押』。予注（【案】『予注』或作『子注』。）云胡音，與『不見』同。古記云：非謂答云不見，但方便引接，令彼看不見，故注云方便等。然彼正作應云明是答詞。若準注意，義又非便，以在胡正為妄語，在漢復是異音，二皆不可。指歸云，『指甲』乃是腳跡，令彼自看獸跡，則免上過。」（三〇六頁中）簡正卷一一：「大德云：謂是畜生蹄跡之甲，非謂令他自看手指甲也。彼問比丘：『見畜去處不？』若實見，答云『不見』，又成妄語。若答『見』，又是示處。今但令他自看指甲，俱免二失。（上正釋竟。）或有引僧祇律注解云：『指甲』是胡音，此云『不見』。雖出祇文，免違鈔。今鈔自注釋云：方便引接，令畜遠去，作是法也。必知已遠，縱逐不得。然後方可語彼，從此路去。（七一八頁下）若直爾，便語夫（【案】『夫』疑『失』。）處，即是示處。違於鈔文。」（七一九頁上）鈔批卷一八：「立謂：應語云『檀越自看』。『若一闍非庶欲、兩闍是庶欲，今若欲作方便者？』答：『坐見庶過來，而起答云：我起來未見也。』濟云：西國人用指甲作鏡，屠兒若問見不，比丘即自映（原注：『映』字未詳，疑『看』。）指甲見人面，乃語言不見猪等，不犯。乃是方便意也。撿祇文云：若屠家畜生走，問比丘見不，比丘不得妄語，復不得示處，應言『看指甲』。下文，即經云『看指甲』者，胡音與『不見』同。」（七六五頁下）【案】僧祇卷一四，三四〇頁下。

〔四二〕應方便引接，令畜生遠去　資持卷中三上：「又斥。僧祇注文，是後人妄加，未詳孰是，疑故並存。」（三〇六頁中）

〔四三〕十誦　資持卷中三上：「十誦三種語他。初，是虛誑，正犯此戒。次，兼妄惱，則犯二戒。後，即稱實，止犯後戒。即下六十三『疑惱戒』也。」（三〇六頁中）

〔四四〕文如註戒本中　資持卷中三上：「彼云：不見言不見，乃至知言知等。今云稱想，在言雖略，無不攝矣」（三〇六頁中）

罵戒〔一〕二

智論〔二〕：一人生國中，皆共作因緣，謂內法與外法為因緣〔三〕。如惡口業故〔四〕，地生荊棘；諂曲心故，地則高下不平；慳貪多故，水旱不調，地生砂礫。不作上諸惡者，地則平正。如彌勒佛時，人行十善，地多珍寶〔五〕。律云，佛言：凡有所說，當說善語，不應惡語，便自熱惱〔六〕；乃至畜生，聞毀慚愧〔七〕，況於人也。

六緣：一、是比丘。十誦、五分：毀下四眾，皆吉羅〔八〕。二、自出毀呰。伽論：傳他語，為他罵，皆吉〔九〕。三、知是毀呰。四、作折辱彼意。五、言了。六、聞知。

十誦：六諍本〔一〇〕者，瞋恨、惡性、貪嫉、諂曲、無慚愧、邪見。

四分：惡法種類毀呰者六品〔一一〕，言：卑姓家生〔一二〕，業行亦卑〔一三〕，伎術〔一四〕工巧亦卑。若言「汝是犯過人〔一五〕」，依實亦犯〔一六〕。「汝多結使人〔一七〕」，若盲，若禿、瞎人〔一八〕。有三行罵法〔一九〕：初，面罵者，言「汝是除糞家生」等；二、喻罵〔二〇〕者，「汝似除糞種」等；三、自比罵〔二一〕者，「我非除糞種」，乃至「我非販賣、殺牛羊、跛躄人〔二二〕」等，皆墮。二者，善法罵〔二三〕，亦有三種：面罵者，「汝是阿練若」，乃至「坐禪人」〔二四〕。餘二罵例知。了了說者，皆吉。

僧祇云〔二五〕：若以上惡法，毀餘比丘及父母，言「汝父母是」者，得提；「汝和尚、闍梨是〔二六〕」，偷蘭；「汝同友是」，越毘尼。餘有中、下惡法〔二七〕，行罵父母、和尚、同友等，並遞減一等〔二八〕。面、比罵外〔二九〕，更加「是中有如是人」，亦犯。謂小姓比丘與大姓者共住，云「此中有小姓比丘」。

又云：地有金藏，好令人鬪諍〔三〇〕。律中，迦葉舉造房僧過〔三一〕，即日出城宿。佛訶，但舉非人等餘類〔三二〕，不舉迦葉，以護人心故。

不犯〔三三〕中。

相利故說〔三四〕，為法故說，為律故說，為教授故說〔三五〕，為親友故說；上皆內無嫌恨，慈濟故示惡語。或戲笑，但犯吉羅〔三六〕。或因語次失口〔三七〕，或獨處說，或誤說，皆不犯。

十誦〔三八〕：有比丘說他罪，諸比丘知是人身業不淨，能於四重、飲酒、殺草、非時食、妄語作者，應語「莫瞋、諍相言」也。

【校釋】

〔一〕罵戒　資持卷中三上：「（佛在舍衛。六群毀罵斷事人。因制。）戒名有云『惡口』，然據律中，亦通善法。今云罵者，但是辱他，通收善惡。」（三〇六頁中）【案】本戒鈔科稱為「行罵戒」。文分為二：初，「智論」下；二、「六緣」下。四分卷一一，六三四頁下開始。

〔二〕智論　簡正卷一一：「按智論云：菩薩淨身口意三業，為後淨國土因；自身齊淨，亦淨他人。何以故？但一人生國中，皆共作因緣，內法與外法作因緣。若善，若不差（原注：『差』疑『善』。下同。），多惡口業故，地生荊棘。餘如鈔文。准論意，由內有差惡心因故，即內法感外世界有土淨穢也。如唯識論，共業所感，外器不同。四句料簡：一、共中共，謂一切並用阿賴耶識，共變引器世間，共受用故。二、共中不共，謂人與畜生等，以共變故，名共受用，不因復是不共。如魚水為舍宅，諸天見水瑠璃寶；地獄、餓鬼，見水變成猛火，人見清冷水，是不共也。三、不共中共，男女身根，種子各變，是名不共；與摩觸細滑受用，則為共也。四、不共中不共，如人五根各種，故名不共；於五根中利鈍明暗，各各不同，又是不共。今文中云『共作因緣』者，四句之中，當初句也。」（七一九頁上）【案】智論卷九二，七〇八頁下。

〔三〕一人生國中，皆共作因緣，謂內法與外法為因緣　資持卷中三上：「『謂』下，是論自釋。內法是業，即善不善。外法是報，即所依器界。報由業感，故云『與』也。」（三〇六頁下）鈔批卷一八：「謂內心善惡，名為內法。外感世界，故有淨穢，名外法也。但是一切眾生，有情之類，皆名內法。一切非情、山河大海，皆名外法。以眾生心，有善惡之因故。招外依報，依有好醜曰緣。如山河世界，是眾生所依之境，故曰也。」（七六五頁下）

〔四〕**如惡口業故**　資持卷中三上：「『如惡』下，先示三惡因緣，以配三報。且據口意，略不明身。因果相對，尋文可了。」（三〇六頁下）

〔五〕**如彌勒佛時，人行十善，地多珍寶**　資持卷中三上：「舉彌勒為證。彼佛當來人壽八萬歲時出世。引此文者，意彰惡口過重，感報不淨，令自勉也。」（三〇六頁下）

〔六〕**凡有所說，當說善語，不應惡語，便自熱惱**　資持卷中三上：「本律中。彼云：善語者，善，（樂因果故；）惡語者，自熱惱，（苦因果故。）」（三〇六頁下）

〔七〕**乃至畜生，聞毀慚愧**　鈔批卷一八：「律中，將牛竟駕，毀云折角是也。准多論云：畜生古時皆能語者，以劫初先有人天，未有三惡，並從天人中來，（七六五頁下）宿習故語。今多從三惡趣來，所以不語。」（七六六頁上）資持卷中三上：「『乃』下，舉況。束彼廣文，故云乃至。彼具云：剎尸羅國婆羅門有牛，與一長者牛鬥力，共駕百車，賭金千兩。婆羅門於眾前作毀呰（音『紫』。）云：『一角可牽。』時牛慚愧，不肯出力，遂即輸金。乃至牛語婆羅門言：『汝於眾前，毀呰故爾。』又令主倍賭二千兩，當於眾前，讚言『端正好角』。主依牛語，乃得勝彼。（多論云：劫初未有三惡道，眾生盡從人天中墮，以宿習近，是以能語。具如疏引。）」（三〇六頁下）

〔八〕**毀下四眾，皆吉羅**　鈔批卷一八：「然此戒是僧尼犯同緣異，僧局同類。尼毀僧，尼俱提。僧毀尼，吉。」（七六六頁上）【案】「六緣」下，犯文分二：初，「六緣」下；次，「十誦」下。「十誦」下，分三。十誦卷五三，三九一頁中。

〔九〕**傳他語、為他罵，皆吉**　資持卷中三上：「伽論證須自語。傳為並輕，故言皆吉。」（三〇六頁下）【案】伽論卷二，五七五頁中。

〔一〇〕**六諍本**　簡正卷一一：「或因嗔悵（原注：『悵』疑『恨』。），毀呰於他。乃至邪見，而毀前境也。」（七一九頁下）資持卷中三上：「不出三毒，上二是瞋，次一即貪，下三並癡。一切諍起，不越此六，故云本也。能治此六，則無諍矣。」（三〇六頁下）【案】「十誦」下分三：初，「十誦六」下；次，「僧祇云若」下；三、「又云：地」下。

〔一一〕**惡法種類，毀訾者六品**　簡正卷一一：「惡法簡善法也。種種（原注：『種』字疑剩。），謂種姓不同。類者，於上種中，各有其類也。毀呰者，正行罵也。六品者，前三約外，就姓業伎術為言；後三內報，就身心犯過以說也。」（七一九頁下）鈔批卷一八：「六品者，謂：一、姓，二、業，三、伎術，四、犯過人，五、多結使，六、禿瞎。」（七六六頁上）資持卷中三上：「罵相中。本律分二，初明惡法，又二。先出語相。種類者，六品是種。隨一品下，多相為類。」（三〇六頁下）【案】四分下分二：一者明惡法，又分二：毀呰六品和三行罵法；二者善法，又分三種。「六品」見四分卷一一，六三五頁。

〔一二〕卑姓家生　簡正卷一一：「旃陀羅種，除糞種、皮師皮師（【案】次『皮師』疑剩。）種等。姓者，謂湊拘尸、婆羅墮等。」（七一九頁下）資持卷中三上：「即旃陀羅，除糞種、竹師種、車師種等。」（三〇六頁下）【案】「六品」之一。

〔一三〕業行亦卑　簡正卷一一：「販賣猪羊、作賊、知獄人等。」（七一九頁下）資持卷中三上：「即屠獵、漁捕、作賊、守城等。」（三〇六頁下）【案】「六品」之二。

〔一四〕伎術　簡正卷一一：「鍛金、作木、作瓦、作簸師等。」（七一九頁下）【案】「六品」之三。

〔一五〕汝是犯過人　簡正卷一一：「從波羅夷，乃至惡說等。」（七一九頁下）資持卷中三上：「作七聚罪也。」（三〇六頁下）【案】明「六品」之四。

〔一六〕依實亦犯　資持卷中三上：「若據餘五，依實亦同，恐謂實犯，呵毀無過，故特注之。問：『不實成謗，為犯何戒？』答：『前謗戒中，引僧祇云：對所謗人前罵謗，語語僧殘，不言罵罪。今此注云（三〇六頁下），依實亦犯。反知虛亦成罵。今準前文，謗妄離合。若元誣謗，意兼毀辱，理應合結。若單為謗，如上僧祇。若專為罵，但犯此戒。又七聚中，謗分三犯，罵局一提。如是知之。』」（三〇七頁上）

〔一七〕汝多結使人　簡正卷一一：「謂嗔、恚等煩惱也。」（七一九頁下）資持卷中三上：「從瞋恚乃至五百結。（依律引之，未詳配數。）」（三〇七頁上）【案】「六品」之五。

〔一八〕若盲，若禿、瞎人　簡正卷一一：「盲瞎者，及禿、跛、躄、聾、瘂等也。」（七一九頁下）資持卷中三上：「『若盲』下，且列三病。律中更列跛、聾、啞及餘眾患等。疏云：前三明其外相，就姓業為言；後三明其內報，約身心為語。」（三〇七頁上）【案】「六品」之六。

〔一九〕有三行罵法　資持卷中三上：「『有三』下，正行罵業。即用上六，分為三位。」（三〇七頁上）簡正卷一一：「將此六相，分為三品罵故。」（七二〇頁上）鈔批卷一八：「面罵、喻罵、比罵也。汝是阿練若、坐禪人，皆吉。心疏問云：『善法是好，罵者是惡，如何結罪？』答：『以罵者心欲相屠割，後見小失，使張廣大。汝是諫若，如何猶著？離著無學，尚攝瓶衣，故以微緣，潛相扇作也。過情非重，故結亦輕。』」

〔二〇〕**喻罵**　簡正卷一一：「比類而說也。」（七二〇頁上）

〔二一〕**自比罵**　簡正卷一一：「我非是某人等。」（七二〇頁上）

〔二二〕**我非販賣、殺牛羊、跛躄人**　資持卷中三上：「文中皆略舉卑姓。第三更兼行業病患，餘以『等』字攝之。『乃至』二字，但略卑姓中多種，非越次也。」（三〇七頁上）

〔二三〕**善法罵**　簡正卷一一：「亦有三者，謂同惡法分三也。」（七二〇頁上）

〔二四〕**「汝是阿練若」，乃至「坐禪人」**　簡正卷一一：「律文初引阿蘭若乞食、補納、坐禪。今云『乃至』，越中間也。但是善法罵，皆吉。餘二罵，皆喻、比二也。例之可解。問：『善法是好，罵者是惡罵，如何結犯？』戒疏云：『以罵者心欲相屠割，微見小失，便張廣大。汝是踈居，如何猶著？無學尚搆瓶衣，故以微緣，潛相扇作，情過非重，故結輕也。』（已上疏文。）」（七二〇頁上）資持卷中三上：「三皆例上。且出面罵，文略乞食、衲衣，故云『乃至』。並謂假其善事，意在毀辱，但望前惡語，情過輕微，故罪分差降耳。」（三〇七頁上）

〔二五〕**僧祇云**　簡正卷一一：「准彼律，毀呰有七：一、種姓，二、業，三、相貌，四、病，五、罪，六、罵，七、結使。前三，人各有上、中、下三品。下四，唯下品，無中、上。今云上惡法者，卻將第三下品惡甚者轉為上惡法也。下種姓者，云汝是旃陀羅種等，汝是湊拘尸、婆羅墮姓也。下業者，屠、獵師等。下相貌者，瞎眼、虫頭等。持此下三法，毀餘比丘及父母者，父母得提。以親生色身，對比丘毀之，受辱同於己，故結提也；和上闍梨，能生法身，由如父母，但為種姓業相於己不同，降之一階。但約業罪，同師道支，種性更（七二〇頁上）疎，故但吉也。」（七二〇頁下）【案】僧祇卷一二，三二五頁中。

〔二六〕**汝和尚、闍梨是**　鈔批卷一八：「景云：此是輕蘭，輕於提」（七六六頁上）

〔二七〕**餘有中、下惡法**　簡正卷一一：「中為中容（【案】『容』疑『業』。），即首陀等，是中種性；賣花、紛生、店肆等是中業；太白、太黑、太青等，是中相貌。若以此罵父母業，和上闍梨重吉，同友輕吉。下惡者，汝是剎利、婆羅門種，是上種姓；汝是蹤（原注：『蹤』字未詳，或『鍛』字歟？）金師業等上業；汝有三十二相等，是上相貌。以此罵父母重吉，和尚等次吉，同友最輕吉。謂中品無提，下品無蘭，故云遞減一等也。」（七二〇頁下）

〔二八〕**並遞減一等**　鈔批卷一八：「准祇文意，應言餘有中、上惡法罵者，可撿僧祇，抄如別。」（七六六頁上）資持卷中三上：「引僧祇，上法者，彼云：汝是栴陀羅，剃髮師、瓦師、織師、皮師種姓，此中罵已唯重，罵他三階，親疏別故。中罵者，彼云：汝是中間種姓（吏、兵姓，伎兒姓）。下者，彼云：汝是剎帝利、婆羅門種姓，作是語欲，使彼慚者犯。（準彼律，前是下罵，此為上罵。蓋約種姓尊卑，今鈔回互，乃就惡語深淺。或恐『上下』二字，前後寫誤。）中罵已及父母皆蘭，和尚同友並吉，下罵一切皆吉，故云並遞減一等。」（三〇七頁上）

〔二九〕**面、比罵外**　資持卷中三上：「彼律不論面比，應是躡前四分為言，離前諸相，別加一種。」（三〇七頁上）

〔三〇〕**地有金藏，好令人鬪諍**　鈔科卷中三：「『又』下，明息諍。」（七〇頁下）鈔批卷一八：「案祇律云：過去世時，波羅柰城有一長者子有奴，名阿摩由，為性兇惡。時長者子與諸婆羅門子遊戲園林，諸從人輩皆在園門外。時阿摩由在園門外，打諸侍從人。時諸從人，被其人打者，各告其主，諸婆羅門子盡出呵之。時阿摩由不受其語。答諸婆羅門子言：『不隨汝語，我大家子，來呵我者，當受其語。』遂打不止，即來告阿摩由主，阿摩由主，先得天眼，（七六六頁上）觀是鬪處，下有金銀伏藏，其地凶故，使其鬪耳。即往呵之，其奴即止。亦有經中，明地中有伏尸，則名伏藏，人居此地，多喜鬪諍。濟同此解。」（七六六頁下）

〔三一〕**迦葉舉造房僧過**　資持卷中三上：「次引本律，即『房戒』緣起。世尊聽造私房，曠野城中，諸比丘乞求煩多。諸居士遙見走避，復有一比丘斫伐（三〇七頁上）神樹，神往白告佛。及迦葉入城乞食，人皆逃避。迦葉審問，悵默不樂。後因佛入城，迦葉來至佛所，白已即出城去。恐諸比丘生瞋恚故，世尊集僧制戒，但云樹神來告。又引從龍乞珠，從鳥乞翅之緣，故云『但舉』等。竟不言迦葉舉過。引此令效聖蹤，遠防相毀。」（三〇七頁中）

〔三二〕**餘類**　簡正卷一一：「餘類者，玄云：即如龍鳥、乞珠、翅翼之例。以下況且（原注：『且』疑『上』）也。今云：不知引解有何意。」（七二一頁上）

〔三三〕**不犯**　鈔科卷中三：「初，示諸開；二、『十』下，明勸諫。」（七〇頁中）資持卷中三上：「不犯有九。前五皆據師友匠成，語雖麤惡，內無瞋怒，故在開位。如注顯之。疏云：片涉譏嫌，即是正墮。然瞋心難狀，非智莫曉，彌須審悉，不可自欺。……餘四，即約掉散遺失。」（三〇七頁中）

〔三四〕相利故說　資持卷中三上：「言相利，即泛爾同學。異下『親友』。」（三〇七頁中）

〔三五〕為教授故說　資持卷中三上：「云教授，謂直示時事，異上『說法』『說律』也。」（三〇七頁中）

〔三六〕但犯吉羅　資持卷中三上：「以乖儀故。」（三〇七頁中）

〔三七〕或因語次失口　資持卷中三上：「失口謂心知語失，異下『忘誤』。」（三〇七頁中）

〔三八〕十誦　資持卷中三上：「十誦中，說他罪者，自既毀破，義無益他。舉必成諍故，令勸止也」（三〇七頁中）鈔批卷一八：「案十誦自恣法中云：僧自恣時，有比丘說他比丘罪，若見、若聞、若疑，諸比丘知是說他罪人身業不淨，能婬、盜、妄、壞艸、非時食、飲酒等者，不應信是比丘語治他罪。僧應語言：『長老莫嗔、莫鬪、莫諍、莫相言也。』下文約舉罪人口業不淨。身口業俱不淨作之，亦如是說。（云云。）景云：此謂知能說比丘自有過也。縱所說比丘實有其過，以能說之人體非清淨，僧須語能說之人言『勿嗔諍相言『也。」（七六六頁下）【案】十誦卷二三，一六九頁中。

兩舌戒〔一〕三

具六緣：一、是比丘〔二〕，二、說鄙惡事〔三〕，三、傳於彼此，四、分離意，五、言了，六、聞知。

律云：兩舌者，彼此鬪亂，令他破也。僧祇：以惡法〔四〕告言「某甲說汝是〔五〕」。無有上、中、下法〔六〕，欲令他離向已。若彼離、不離，皆墮〔七〕。多論：說已更說，墮〔八〕。若不傳彼此語，但兩邊說，令離散者，一切吉〔九〕。

律不犯者。破惡知識、惡伴黨，和尚、同師、親友〔一〇〕，於僧塔廟〔一一〕，作無義利〔一二〕。破如是，一切無犯〔一三〕。

【校釋】

〔一〕兩舌戒　資持卷中三上：「（佛在舍衛。六群傳他彼此語，今眾鬥諍，不能除滅。故制。）名中，『兩』即所說之境，『舌』乃成言之具。疏云：此本翻譯，頗是質陋，以雖兩舌，不作分意，不犯此戒。現翻為『離間語』，其為得矣！令（【案】『令』疑『今』。）經論中，云『離間』者，皆唐譯耳。」（三〇七頁中）簡正卷一一：「戒疏云：二邊傳言破，云兩舌。此是所（七二一頁上）防。（若准唐三藏，翻為『離間語戒』。今云『兩舌』，頗為質陋也。）」（七二一頁下）【案】四分卷一一，六三六頁上開始。

〔二〕說鄙惡事　簡正卷一一：「即除糞種、置（原注：『置』疑『盲』。）、聾之類等是。」（七二一頁下）

〔三〕是比丘　資持卷中三上：「律列十眾，道俗各五。俗五眾者，二眾已外，加王、臣、外道。戒疏云：當類犯提，餘九皆吉。」（三〇七頁中）

〔四〕惡法　資持卷中三上：「引僧祇示犯。云惡法者，即同罵戒。彼有七事，上三事有下、中、上。初，種姓有三，（下謂旃陀羅等，中即兵、吏等，上即刹帝利等；）二、業行三者，〔下即屠兒等，中即賣香肆，上人上（【案】『上』疑剩。）即金銀肆上人（【案】『上人』疑剩。）等；〕三、相貌三者，（下即瞎、鋸齒，中謂太白、太黑，上謂三十二相。）。後四則無三品，皆名為下。四、病者，（疥、癬、顛、狂等；）五、罪者，（夷至吉羅；）六、罵者，（作世間淫穢、醜惡語，四分無此；）七、結使者，（愚、癡、暗、鈍等。）」（三〇七頁中）【案】僧祇卷一二，三二六頁中。

〔五〕某甲說汝是　資持卷中三上：「即指上七種傳告彼人也。」（三〇七頁中）簡正卷一一：「某甲說汝是者，謂是旃陀羅，除糞種、獄子、皮師、賣粉人等也。無有上中下法者，祇中七種罵法，上三則有上、中、下，只至於犯罪，亦有昇降。今斯兩舌，傳他之罵，不論上、中、下法，但作分離向己之心，不問前人離不離，俱一品提，更無蘭、吉之降也。（有人破鈔句。）」（七二一頁下）

〔六〕無有上、中、下法　資持卷中三上：「若前三種，有下、中、上，一切皆墮。後四無有下、中、上，亦一切墮。今引後四結文（三〇七頁中），通收七種，無論品類，欲離皆犯，故云『無有』等。」（三〇七頁下）鈔批卷一八：「案祇文有七種罵法。就此七中，則有上、中、下三品罵法，得罪階降。今若兩舌，則是傳他之罵。但作分離之心，誰問（【案】『誰問』疑『雖同』。）罵之上下，但傳三品之罵，作分離心俱提，不同『罵』（【案】『罵』即指上文『罵戒』。）中，自分階降。今鈔家略述彼文之意，故讀者皆迷，可撿祇、抄如別。」（七六七頁上）

〔七〕若彼離、不離，皆墮　資持卷中三上：「離取起心，不論前境。」（三〇七頁下）

〔八〕說已更說，墮　鈔批卷一八：「和上云：傳他語來，重重向前人說，重重得提。」（七六七頁上）資持卷中三上：「後引多論彰異。上句明重結，如一說未離，再三說故。下明緣闕。此戒所犯，必兼二處。今但自搆，故入輕中。」（三〇七頁下）【案】多論卷六，五四〇頁下。

〔九〕若不傳彼此語，但兩邊說，令離散者，一切吉　資持卷中三上：「準此，若但傳言，不欲離散，理亦非重。一切吉者，彼論但云突吉羅，而前列多相，並是輕罪，故加一切，統而收之。彼云：說汝是多食、戲笑、欺誑、多詐等，傳向比丘者，聞則吉羅，不聞亦吉。」（三〇七頁下）

〔一〇〕和尚、同師、親友　資持卷中三上：「破共謀惡事。」（三〇七頁下）

〔一一〕廟　【案】底本為廣，據大正藏本、貞享本及義改。

〔一二〕作無義利　資持卷中三上：「謂欲共議侵壞僧塔。律云：數數語方便，欲作是也。」（三〇七頁下）

〔一三〕破如是，一切無犯　資持卷中三上：「『破』下，總結。律文更列壞僧、助壞僧、非法、非律羯磨等。」（三〇七頁下）

共女人宿戒〔一〕四

五緣成：一、是人女〔二〕，二、室相成，三、共同宿，四、知同宿，五、隨轉，墮。

律中：女者，人女，有智〔三〕，命根未斷。室有四種：一、四周障，上有覆〔四〕；即同在一堂內。中有隔者，準論不合〔五〕。二、前敞無壁〔六〕；即長行房，簷下兩頭有障〔七〕。三、雖覆而不徧〔八〕；即周匝同一院門，上通覆，開中央〔九〕。四、雖覆徧而有開處〔一〇〕。謂通覆障，上少開明孔。此等四室，比丘與女人同宿〔一一〕，或女人後至，或比丘後至，或二人俱至〔一二〕，若亞臥〔一三〕，隨脇轉側，一一波逸提〔一四〕。若與畜生〔一五〕，準僧祇：大母畜生，亦犯墮〔一六〕。若人黃門，二根人宿，一切吉羅〔一七〕。比丘晝日臥，女人立者，吉〔一八〕。女人若坐，犯屏墮。

十誦〔一九〕：乃至羅漢不與女人同宿。如熟飲食〔二〇〕，人之所欲，女人欲男亦爾。此律以羅漢為緣起〔二一〕，尚被淫惱，餘凡何須拒抗！

多論、善見〔二二〕：若都集堂同障內，設使堂中有諸小房，房雖各別，以堂同故，猶是一房。若多房共一戶，亦犯墮。即并部平頭，率多同戶房〔二三〕。覆者乃至衣縵作屋，壁〔二四〕者乃至高一肘半，共宿皆犯。若大屋相接〔二五〕，乃至一由旬，同一戶出入，皆犯。所對境者，乃至「同行」等戒〔二六〕，皆謂女人能受淫者。餘石女、小女等，但犯吉。十誦：若在室中，通夜坐者，不犯。必應多人共處，有明不睡者〔二七〕。僧祇：一房別戶，有隔，無犯〔二八〕。若佛生日〔二九〕、轉法輪日，乃至大會，通夜說法，若露地風雨寒雪，當入屋內正身坐。若老病不能坐者，當施障隔，不得用疏物。高齊肩腋，下至地，不得容貓子過。若道行，入村宿，當別房、別隔。若無屋者，乃至如前作。皆謂以衣服被，從房堂內壁，直當門中央隔出，至舍前簷，令與兩頭相當，是為二室〔三〇〕。不但簾牀也。若無隔者，女人可信，應語女言〔三一〕：「汝先眠，我坐。」比丘欲眠，語令起：「我欲眠，汝莫眠。汝若眠者，汝無福德〔三二〕。」準如諸部，男子自伴〔三三〕。多論：與十女人宿，十墮〔三四〕；隨一一起更臥，隨一一轉，各各得十墮。若白衣舍，與女人並房，不閉戶，吉羅〔三五〕。五分：同覆異隔〔三六〕，若大會說法，若母、姊妹、近親患，有〔三七〕有知男子自伴不臥者，不犯。

律不犯中。

若先不知室內有女宿〔三八〕。若屋有覆無障，或盡覆半障，或盡覆少障，或盡障不覆，或盡障半覆，或盡障少覆，或半覆半障，或少覆少障，或不覆不障〔三九〕，露地，不犯。若此室中，若行，若坐，不犯〔四〇〕。若病臥，被縛，命、梵等難，並不犯〔四一〕。

【校釋】

〔一〕共女人宿戒　資持卷中三上：「（佛在舍衛。阿那律行，寄婬女舍宿，彼裸身來嬈。故制。）」（三〇七頁下）【案】本戒鈔科稱為「與女人宿戒」。四分卷一一，六三七頁上開始。

〔二〕是人女　資持卷中三上：「第一，簡下畜，女得吉。又，須可淫，簡下黃、形、石、小，皆吉。」（三〇七頁下）鈔批卷一八：「亮云：准五分，乃至初生、未乾，亦犯。僧祇第十云：三趣同犯。若牛、驢等，擎頭時未得罪；委頭眠，提。雌狗舒頭無罪；屈頭眠，提。鵝、鷄等屈頭、著翅下，提。象正立時，無罪；倚時，提。（畜生既爾，非人准知。）亦祇云：若多比丘在房內眠，母人抱女兒入一切眠，比丘皆提。若維那知事人，應語言：『汝正豎兒抱入。』准此，四分小女應不犯。故下釋相中，人女者，『有智』、『命根不斷』故也。十誦：他舍有女宿，孔容貓子入，犯也。」（七六七頁上）

〔三〕人女、有智　簡正卷一一：「即簡非人及畜女無犯者。有知則簡小女，未有所解。命根不斷，即簡死女也。」（七二一頁下）資持卷中三上：「初科有三。初示女相。有智謂解知好惡，以簡幼稚。命根未斷，即簡死壞。」（三〇七頁下）

【案】「律中」下，文分為三：初「律中」下；二、「十誦乃」下；三、「多論與」下。「律中」引文，資持科文為三：初，「律中」下，簡釋；次，「室有四種」下，明室相；三者，「此等四室」下，明犯相。

〔四〕**四周障，上有覆**　鈔批卷一八：「景云：此舉大堂內一切障。雖中間別隔，以障同覆故，亦是犯也。」（七六七頁上）

〔五〕**中有隔者，準論不合**　資持卷中三上：「上句示相，下二句釋疑。準論即下引多、見。同一室中，有諸小房，亦犯是也。」（三〇七頁下）鈔批卷一八：「准多論并見論也，下文自出。謂一大堂內，（七六七頁上）四周有障，中間更別施小房。雖有隔別故犯，由同一大堂，四相周故。」（七六七頁下）【案】多論卷八，五五八頁上。

〔六〕**前敞無壁**　簡正卷一一：「准似今明廳屋下，亦犯。」（七二一頁下）鈔批卷一八：「立謂：即多分有障，三面有壁也。」（七六七頁下）

〔七〕**即長行房，簷下兩頭有障**　資持卷中三上：「『長行房』謂相連接者，簷下兩頭，即三邊有障，顯前敞也。」（三〇七頁下）鈔批卷一八：「景云：此室唯舉三面有壁，縱有別門，以在三障，故是犯。不同前室，唯舉堂內分障也，即是一切覆多障也。今若長行房簷前兩頭無障，或一頭有障，亦不犯。以非多障故，室相不成。准此，俗人廳下皆犯。」（七六七頁下）

〔八〕**雖覆而不徧**　鈔批卷一八：「立謂：周匝障，兩頭覆，中央不覆也。」（七六七頁下）

〔九〕**即周匝同一院門，上通覆，開中央**　資持卷中三上：「即四圍有屋，中開庭心，巽下少開，纔漏光耳。」（三〇七頁下）

〔一〇〕**雖覆徧而有開處**　簡正卷一一：「上開天井取明是也。前室多開，此室但有明孔為異也。」（七二一頁下）鈔批卷一八：「景云：前室上多開此室，但有明孔為異耳。謂此地多見之，其室四邊無窓，但開頂，取明是也。」（七六七頁下）

〔一一〕**此等四室，比丘與女人同宿**　資持卷中三上：「『此』下，三、辨犯相。又二：前明正犯，初二句通標。」（三〇七頁下）【案】「此等四室」下分二，此為一，明正犯；「若與畜生」下，為二，明輕犯。

〔一二〕**或女人後至，或比丘後至，或二人俱至**　資持卷中三上：「『或』下，列相。上三句，明至室俱互。」（三〇七頁下）

〔一三〕**亞臥**　簡正卷一一：「邪倚也，但不正身臥。或倚東西壁繩床等，皆名亞臥。

故戒疏云：或側有所憑倚，即名為宿。」（七二一頁下）資持卷中三上：「若亞臥一句，示業分齊。言亞臥者，謂身斜倚，但令著處，即同臥相，律作『攲臥』（『去寄』切，不正也。）」（三〇七頁下）鈔批卷一八：「和上云：倚東、倚西，或倚壁、或倚繩床而臥，但是不正身而臥，皆名亞也。故韻集云『倄者，倚也』，即其義耳。」（七六七頁下）

〔一四〕**隨脇轉側，一一波逸提**　資持卷中三上：「『隨』下，結犯。隨轉犯者，業深教急故。」（三〇七頁下）【案】「一一波逸提」即是「此等四室」下几事所結。

〔一五〕**若與畜生**　資持卷中三上：「『若與』下，次，明輕罪有三。初，明異趣。」（三〇七頁下）

〔一六〕**大母畜生，亦犯墮**　資持卷中三上：「好畜染同人類。」（三〇七頁下）

〔一七〕**若人黃門、二根人宿，一切吉羅**　資持卷中三上：「『若人』下，明異報。（三〇七頁下）並由前境非勝，故罪輕降。」（三〇八頁上）

〔一八〕**比丘晝日臥，女人立者，吉**　資持卷中三上：「『比丘』下，明異儀。準疏同宿：一、須僧女俱臥，二、須局在夜分。若互坐臥，及晝日俱臥，並犯屏坐。今此，僧臥女立，故但犯吉，坐則犯提。如注所顯，即指後戒。」（三〇八頁上）鈔批卷一八：「景云：雖白日臥，非同宿攝，但是屏坐攝。縱二俱坐臥，但犯屏墮。」（七六七頁下）

〔一九〕**十誦**　鈔科卷中三：「『十』下，引聖誡凡。」（七一頁中）資持卷中三上：「十誦初示制急，羅漢聖人，雖無故犯，欲顯過重，極誡凡夫，故同一制。」（三〇八頁上）簡正卷一一：「彼云：佛告般律（原注：『般』一作『那』。），汝雖羅漢，不應與女同宿。如熟飲食人之所貪，女人欲男，亦復如是。」（七二二頁上）【案】十誦卷一六，一一三頁中。

〔二〇〕**如熟飲食**　資持卷中三上：「『如』下，喻顯女情，意令遠離。」（三〇八頁上）

〔二一〕**此律以羅漢為緣起**　資持卷中三上：「『此律』即那律緣起。『餘』下，正責。拒抗，謂特違聖制。」（三〇八頁上）簡正卷一一：「此律羅漢，亦那律也。比丘被適非（原注：『非』疑『升』。）空，女方悔過。無學尚被陵染，何況凡夫？不得強云不畏，拒抗佛之所制也。」（七二二頁上）鈔批卷一八：「案十誦云：阿那律寄宿，為婬女惱，已後還佛所，具陳斯事，事同四分律文。佛以是事，集諸比丘言：『阿那律雖得羅漢離欲，不應與女人共宿。如熟飲食，人之所欲，女人欲男，亦復如是。』（七六七頁下）因制戒。」（七六八頁上）

〔二二〕**多論、善見**　資持卷中三上：「多、見二論。初，明室相有二，即都堂及共戶也。」(三〇八頁上)簡正卷一一:「前來鈔文注云『准論不合』,正是此文也。」(七二二頁上)【案】參見「即同在一堂內,中有隔者,準論不合」句釋文。多論卷八,五五八頁上。善見卷一五,七八〇頁上。

〔二三〕**并部平頭,率多同戶房** 資持卷中三上:「部即是州。舊云:彼間作屋,上不起棟,平以土覆,中間開溝洩水,或十間、五間不隔,同一門也。」(三〇八頁上)簡正卷一一:「并部等者,即大原(【案】『大』疑『太』。)諸洲,多作斯屋,上不起棟,平作盡以土覆,中間開請(原注:『請』疑『構』。)泄水。極長十間、五間,中不隔塞,共同一戶。」(七二二頁上)鈔批卷一八:「謂并、汾之州,多作斯屋,上不起棟,半(原注:『半』疑『平』。)作,盡與(原注:『與』疑『以』)土覆,中間開溝泄水。極長十間、五間,中不隔塞,共同一戶。濟云:并州此屋,或盡一宅,通作一屋,對中央開其一孔,取明通行一戶也。又云:多房共一戶者,義亦同也。如道中店舍,共行一戶。然此舍中,有眾多倚客房。客房雖別,共遊出入,皆行一戶。然此房中,有女反未具者,比丘雖在別房,亦犯也。故善見云:乃至以衣縵作屋,亦犯。若多房共一戶,亦犯,除別有戶。又云:若四周各向裏開戶,共一大戶,出入亦犯。(即店舍是。)若別有戶者,不犯。又云:若屋相連接,大乃至一由旬,共同一戶,亦犯。」(七六八頁上)

〔二四〕**壁** 資持卷中三上:「壁即是障,並舉極小。已上可知。」(三〇八頁上)

〔二五〕**若大屋相接** 資持卷中三上:「『若』下,示室量。文出極廣。已下可準。」(三〇八頁上)

〔二六〕**所對境者,乃至『同行』等戒** 資持卷中三上:「『所對』下,次,簡女境。行坐乘船,皆同此辨,故云『乃至』。」(三〇八頁上)鈔批卷一八:「謂下文『共女期同道行戒』中,皆明能受婬者也。」(七六八頁上)

〔二七〕**必應多人共處,有明不睡者** 資持卷中三上:「『必』下,義決。即準下五分有伴之文。有明,謂秉燭也。」(三〇八頁上)簡正卷一一:「有明者,雖有多人,不可闇坐。若有燈明,復不睡不犯。若臥不睡,亦犯。」(七二二頁上)

〔二八〕**一房別戶,有隔,無犯** 資持卷中三上:「僧祇三開。初,開別戶,即同別室。」(三〇八頁上)【案】本節資持文為三:初者,「一房別戶,有隔無犯」;二者,「若佛生日」下;三者,「若無隔」下。【案】僧祇卷一九,三八二頁上。

〔二九〕**若佛生日** 資持卷中三上:「『若佛』下,次,開遇緣。施障隔斷,事同異處。」(三〇八頁上)

〔三〇〕**令與兩頭相當，是為二室**　資持卷中三上：「注示施障，須成兩室，各不相通，方免斯過。一頭著內壁，一頭出門簷，故云『相當』。當，猶抵也。末句遮濫。」（三〇八頁上）簡正卷一一：「諸記中並不消釋。大德曰：此謂防人污情故來，恐有以簾幕等圍遶於床，謂言不犯，故注簡之。」（七二二頁上）

〔三一〕**若無隔者，女人可信，應語女言**　資持卷中三上：「『若無』下，三、明互相臥起。方便離過。」（三〇八頁上）

〔三二〕**汝無福德**　鈔批卷一八：「謂同汝同眠，使我獲罪，損汝福德也。」（七六八頁上）資持卷中三上：「無福者，令僧犯戒故。」（三〇八頁上）

〔三三〕**準如諸部，男子自伴**　簡正卷一一：「引五分，有知男子自伴不睡也。」（七二二頁上）資持卷中三上：「以互坐臥，合犯屏坐，故準五分，有伴通之。」（三〇八頁上）

〔三四〕**與十女人宿，十墮**　資持卷中三上：「多論，初明多犯，趣舉十墮，餘則例知。」（三〇八頁上）

〔三五〕**若白衣舍，與女人並房，不閉戶，吉羅**　資持卷中三上：「『若』下，次明深防。雖非同室，亦制小罪。」（三〇八頁上）

〔三六〕**同覆異隔**　資持卷中三上：「五分：異隔必是都堂、同戶之處。準此有伴，亦不許臥。」（三〇八頁上）【案】五分卷八，五九頁下。

〔三七〕**有**　【案】底本為「者」，據五分及弘一校注改。

〔三八〕**若先不知室內有女宿**　資持卷中三上：「初，迷忘不犯。」（三〇八頁上）【案】不犯三種，資持簡列是為「迷忘不犯」、「非室不犯」和「難緣不犯」。

〔三九〕**不覆不障**　資持卷中三上：「『若』下，非室不犯。三位九別：初三句覆遍障缺，次三句障周覆欽，後三覆障俱缺。」（三〇八頁上）簡正卷一一：「有覆無障，都有九句，室相不成，事同露地，故開不犯。」（七二二頁上）鈔批卷一八：「此有九句，由室相不成，故開不犯。如前足數篇中，引此九句證。在斯室秉法，申手內免別眾過，得成足數。以室相不成，事同露處也。」（七六八頁上）

〔四〇〕**若此室中，若行，若坐，不犯**　資持卷中三上：「言此室者，總前九種。開行坐者，據成室相，有伴方開。此諸非室，無伴亦許。準約同臥，亦應犯輕。」（三〇八頁上）

〔四一〕**若病臥，被縛，命、梵等難，並不犯**　資持卷中三上：「『若病』下，難緣不犯。」（三〇八頁上）

共未受具人宿過限戒〔一〕五

五緣成：

一、未受具人男女〔二〕。餘義如別〔三〕。伽論云：已二夜共沙彌宿，第三夜共女人宿，得二提。二三四緣，同前戒〔四〕。五、過三夜〔五〕。犯。

律云〔六〕：共宿至三夜，明相未出，應起避去。準此，不去，吉羅〔七〕。至第四宿，若自去，若使彼去。善見：至第三明相未出，不避者，亦不犯。謂不犯提〔八〕。第四宿初夜，隨脇著，結墮。

十誦：若通夜坐〔九〕；若病，得與沙彌過限宿，病人臥者，開——餘不病比丘，不應臥。母論：至第三宿無去處者，比丘不應臥〔一〇〕，結加趺坐，至明相現。至第四宿，又無去處，明相欲現時遣去，若自去。準此，必須第四宿離之。若初夜即坐者，不成開〔一一〕。五分：與同宿不犯者，常坐不臥〔一二〕，若互坐臥。非謂護明相，皆四夜通夜不臥，開〔一三〕。

僧祇〔一四〕：至第四宿，因大會、道行等緣，如前戒張障幔。不者，過三夜犯〔一五〕；犯竟，若未懺悔，復共宿者，轉長罪，無二夜開〔一六〕。悔過已，當別房宿，更得二夜〔一七〕。

多論有四句〔一八〕：或人一室異〔一九〕，或室一人異〔二〇〕，或人室俱一〔二一〕、俱異〔二二〕，皆墮。

律中：與畜生男過限宿，吉。

開緣同上〔二三〕。

【校釋】

〔一〕共未受具人宿過限戒　資持卷中三上：「（佛在曠野城。六群與俗人共處宿，形露，因制。後於拘睒彌開二三宿，重結此戒。）」（三〇八頁中）【案】本戒鈔科稱為「共未具宿戒」。四分卷一一，六三八頁上開始。

〔二〕未受具人男女　鈔批卷一八：「引中冥破。昔解云：但言男子，不須著女，若與女宿，一宵即犯。（七六八頁上）日屬前戒，何開三夜？有人引非時飲酒以難。古師謂非時飲酒，得非時食罪及飲酒罪。故知第三夜，與女宿，亦合二罪。答云：『酒本開時飲，何須對非時辨犯？時與非時俱不開，但須約飲以結犯。女宿本無二夜開，豈約過三以結犯？聖不開宿，是宿皆犯，本無前開，不得約過。以明犯聖不開酒，是酒皆犯。本無時中開，不得約非時以明犯也。』（古師意爾。）此與男宿，故限三夜，今鈔不同。若與女宿，犯相如前。若更過限，雙結二罪。故此下文云：已與二夜，共沙彌宿，至第三夜共女宿，得二提。首疏云，古人立緣云：一、是未受具人男，二、甄女卻所共女宿。無過三夜者，解云：佛制不聽，與女同宿，轉側結罪，本不開宿，何有三夜之愆？又引伽云：若與女人相續過三夜，但有同室罪，無過三夜罪。此謬引文也。伽論第二云：若曾前與男二夜宿（原注：插入『宿』字）竟，第三夜與女人同宿，隨臥轉轉側，犯二提。今解順上論文。與女同宿，雖制不聽，亦有過三夜罪。若與女人共宿，不結過三夜罪者，我過量不處分即是犯，不應有妨難罪。又，殘宿即是過，不應更有非時等罪。若言緣異，故結多罪者，（七六八頁下）我亦女人，未受具，亦是緣異，何為不結二罪？」（七六九頁上）

〔三〕**餘義如別**　資持卷中三上：「疏云：昔云男犯非女犯，以制隨宿，義無三夜。今此不引，直取論證。」（三〇八頁中）簡正卷一一：「古人列緣中，但云未受具人男，簡去女子。所以爾者，古云：佛制不得與女同宿，一夜尚乃不開，登（【案】『登』疑『豈』。）得有過三夜之失？（七二二頁上）故伽論云：與女續至三夜，但有同宿罪，無過三夜罪。此文非鈔所宗，不更具錄，故指如別也。今師云，然以通男女，故戒疏云：昔云男犯非女犯，以制隨宿，義無三夜開，今解二俱犯。故伽論云：曾前與男二夜宿，第三夜宿，隨臥轉側，二波逸提。准此，今師約相續犯故。是以列緣中云男女也。古今各引論文，取釋意別，更有餘義非急。」（七二二頁下）鈔批卷一八：「立謂：若廣料簡男女之相，如戒本疏也。又首疏及諸家，多引諸部明文。故僧祇云：有清信人為佛作廁，佛雖不須，順世故受。羅雲露眠時，夜風雨，到世尊廁坑廁板臥。夜有黑虵，亦畏風雨，欲入廁中。佛常觀眾生，見虵欲入，畏惱羅雲，即放光明。自到廁上，以金色細滑手扶起，拂拭身上塵土已，將入自房，指身床前言：『汝此中住。』如來已與弟子制戒，是故順行此戒。是故，世尊跏趺坐至地了（【案】『了』疑『上』。）。十誦：諸比丘駈羅云廁中宿，佛恐虵螫來至廁中，以手摩羅云頭為說偈云：『汝不為貧窮，亦不失富貴，但為求道故，出家應忍苦。』說是偈已，佛即捉臂，將至自房中，到地了已。『諸比丘，是沙彌可憐愍、無父母。若不慈愍，何緣得活！若值惡獸，得大苦惱，親里必嗔言：沙門釋子，能畜沙彌，而不能守護。』呵已制戒。五分，佛呵諸比丘言：『汝愚痴人，云何野狐駈逐師子兒？』四分呵言：『汝痴人無慈，不護我意。』十誦，佛種種呵責已，『從今已去，為二事利故，聽與未具人二夜共宿：一者為沙彌，二者為白衣來，入至房故。』（七六九頁上）善見十五云：所以入佛廁宿者，以淨潔故，多人以香華供養，是故入中。」（七六九頁下）【案】十誦卷一五，一〇五頁下。

〔四〕**二三四緣，同前戒**　簡正卷一一：「二、室相成，三、同宿，四、知同宿也。」（七二二頁下）

〔五〕**過三夜**　簡正卷一一：「第三夜明相未出前，是過二夜；明相纔出，三夜，是過犯即（【案】『犯即』疑『即犯』）也。」（七二二頁下）

〔六〕**律云**　資持卷中三上：「戒本廣解，宿限不同，不可和會，此引廣解，故至四夜。疏云：約戒本犯，至三宿者，墮。剋相為言，入第三夜臥，即是犯。故十誦戒本，過二夜提，致使解者有緩急。（準疏定奪，應從戒本。）下引諸文，見、母二論及僧祇則同廣解，十誦、伽論頗符戒本。」（三〇八頁中）【案】「律云」下釋第三緣，分五。

〔七〕**準此，不去，吉羅**　簡正卷一一：「若明相未出，不避，得方便吉。即知明相出時，得過二至三果提之罪。若明未出前避去，無吉；明出，犯提。縱繞第三，明未出避去，至第四宿，必定不開，故令自去，或使彼去。見論又云：明相未出不避者，亦不犯，謂不犯，非無也。」（七二二頁下）鈔批卷一八：「立謂：應是去時不去，約失法故，且結吉羅。望過二夜，至明相出，自結根本提罪。今為明相前，應去不去，結不應罪。又解，約懃墮兩人，若恒懷謹攝，偶爾不去，得吉。若惰慢者，本無去心，結提，與下善見同也。亦約懃人，忽爾不去者也。准戒本疏云：三夜明相未出，應起避去。」（七六九頁下）

〔八〕**不犯提**　鈔批卷一八：「立謂：今准見論文，證前當部云『明相前不去，雖不犯提，則知犯吉』。又證前懃人，不去但吉。」（七六九頁下）

〔九〕**若通夜坐**　鈔科卷中三：「『十』下，示離過。」（七一頁下）資持卷中三上：「十誦兩開。通夜坐者，同下五分。」（三〇八頁中）

〔一〇〕**至第三宿無去處者，比丘不應臥**　資持卷中三上：「母論兩宿，由無去處，開坐免過。」（三〇八頁上）【案】母論卷四，八二四頁上。

〔一一〕**若初夜即坐者，不成開**　簡正卷一一：「搜玄云：謂第四夜、初夜即坐者，亦不得，故云不成開。謂第三夜已，開其坐（原注：『坐』一作『唯』。），不犯。開不重開，故不成，要須遣去自去等。」（七二二頁下）鈔批卷一八：「景云：此舉四夜同宿，常護明相也。立云：先二夜共宿竟，第三夜緣無去處，至明相出時應坐，不得臥也。至第四夜，要須出去，不得唯護明相也。下文引五分云：皆謂通夜不臥開者，是從初一夜至第四夜，恒坐不臥至曉，故得四夜耳。

此戒上義，要第四夜離之。若不離，隨脇著結犯。」（七六九頁下）資持卷中三上：「初夜即第四夜初。此戒初夜，本合犯提。論家開坐，故不即犯。及至將明，還制互去。若一向開，何須令去？」（三〇八頁中）

〔一二〕**與同宿不犯者，常坐不臥**　簡正卷一一：「引五分，長坐不犯。明知前二夜臥，（七二二頁下）至第四夜不成開。（已是記文。）准此語，第四夜不臥，為初夜也。大德不許此解。既從第四初夜便坐，到明脇不著席，未審何時是結犯時節，故不正也。今依法寶云：從第一夜至第四夜便坐，至明即不犯，故云初夜，即坐不成開。大德又曰：准此不成開，謂不成與未受具人，同宿開犯之理，以不臥故也。下引五分，長坐及互坐臥，本分不犯。證成上義也。」（七二三頁上）【案】五分卷六，四〇頁中。

〔一三〕**非謂護明相，皆四夜通夜不臥，開**　簡正卷一一：「此顯一夜，通夜不臥，亦不名一宿也。」（七二三頁上）鈔批卷一八：「立謂：此應上文也。明四夜之中，從初夜至明相出，恒坐不臥。若直護明相，則不開也。必須第四夜離之。」（七六九頁下）資持卷中三上：「準下注中，必須四夜通坐方開，此兩節注，似斥古非。有謂等四夜，坐開無犯，故雖不明指，語意可見。」（三〇八頁中）

〔一四〕**僧祇**　鈔科卷中二：「『僧』下，遇緣進否。」（七一頁下）資持卷中三上：「僧祇初明緣開。」（三〇八頁中）【案】僧祇卷一七，三六六頁上。

〔一五〕**不者，過三夜犯**　資持卷中三上：「『不』下，示犯。過三夜者，即第四夜初。」（三〇八頁中）

〔一六〕**若未懺悔，復共宿者，轉長罪，無二夜開**　資持卷中三上：「『犯竟』下，明未懺疊犯。轉長罪謂展轉增犯，夜犯別結，故不開二夜。據開三夜，但第三夜，將入犯位，不為開故。」（三〇八頁中）簡正卷一一：「若未懺，雖經多日，更共宿，脇脇著提。隨轉側提，重重得罪，故云轉長罪也。無二夜開者，釋上義也。謂此比丘與沙彌宿，犯未懺悔。雖隔多日。由罪未除，無無罪隔，合夜脇著，罪則重重。何有更開二夜，共未受具人宿耶，別房宿。」（七二三頁上）鈔批卷一八：「立謂：明其既犯竟，應懺罪。若不懺罪，若不懺，更共宿、更增罪也。深云：已犯罪竟，仍未懺罪。雖經多日，別房宿竟。若更共宿者，轉長罪也，當第一夜即犯。故曰無二夜開。」（七七〇頁上）

〔一七〕**悔過已，當別房宿，更得二夜**　簡正卷一一：「謂悔其過，不得當日同宿。當別房一宿了，乃可更得二夜。」（七二三頁上）鈔批卷一八：「景云：雖悔其過，不得即日同宿，隨臥皆墮。要悔罪已，須異處宿，隔一夜已，更得同宿。如初開緣三（原注：『三』疑『二』。）夜也。」（七七〇頁上）

〔一八〕多論有四句　鈔科卷中三：「『多』下，人室差別。」（七一頁上）簡正卷一一：「謂此戒但約未受具者為言，不簡人之與宿同異，四句雖殊，過三並犯。」（七二三頁上）資持卷中三上：「多論四句，故知結犯不問入室同異，但取過夜耳。」（三〇八頁中）【案】多論卷八，五五五頁中。

〔一九〕人一室異　鈔批卷一八：「如共張沙彌二夜在此宿，至第三夜，共往餘室宿也。」（七七〇頁上）

〔二〇〕室一人異　鈔批卷一八：「如共張沙彌得二夜宿竟，第三夜共王沙彌宿也。」（七七〇頁上）

〔二一〕人室俱一　鈔批卷一八：「如共沙彌同室，三夜不移也。」（七七〇頁上）

〔二二〕俱異　鈔批卷一八：「如共王沙彌二夜在此宿，第三夜共李沙彌，在彼宿也。」（七七〇頁上）

〔二三〕開緣同上　資持卷中三上：「不犯指前，但過三為異。」（三〇八頁中）簡正卷一一：「同上不知，及非室相，命梵等緣，一切不犯。」（七二三頁上）鈔批卷一八：「謂如前其『女人同宿戒』中開通文也。九種室相，不成不犯，乃至命梵、等難緣開也。礪云：若避明相，過三未犯，第四夜犯。祇若三夜，犯竟未懺，無二夜開，隨宿宿結。」（七七〇頁上）

與未具人同誦戒〔一〕六

五緣：一、是佛說法，二、字、句、味〔二〕，三、未受具人，四、齊聲同誦〔三〕，五、說言了，即犯。

律中：法者，佛所說，聲聞所說，仙人、諸天所說〔四〕。若口授〔五〕，若書授〔六〕，說了了，犯墮。若師不教言〔七〕「我說竟，汝可說」者，師吉羅。

僧祇：若聲聞弟子、餘人等說〔八〕，為佛印可〔九〕者，犯墮。決四分不了文〔一〇〕。**善見：一切三藏，佛說者，羅漢結集者，同誦得墮。若自撰集文字，乃至俗書，非佛說故〔一一〕，不犯。十誦：隨一品、一章、一段〔一二〕，各得墮。此律但云「同誦」，不簡文句多少〔一三〕。**

多論：若二人俱經利，並誦無犯〔一四〕。若比丘無處受法〔一五〕，乃至得從沙彌尼受，但求持戒德重人，作證明伴。亦得從白衣受法，但不得稱闍梨。如是例知，但消息令不失威儀〔一六〕。

律不犯者。

云：「我說竟，汝說」；一人誦竟，一人書〔一七〕；若二人同業同誦〔一八〕；若錯說彼此。一切不犯。

【校釋】

〔一〕**與未具人同誦戒**　資持卷中三上：「（佛在曠野城。六群與俗誦經，聲高，亂坐禪者，因制。）所以制此戒者，多論四意：初，為異外道；二、師資位別；三、分別言章；四、依實義不在音聲。具斯四益，所以一制。」（三〇八頁中）鈔批卷一八：「祇云：婆羅門慊言：『而此中嘽嘽，似如童子在學堂中學誦聲，亦復不知何者是師、誰是弟子？』彼人見已，不生信心。所以佛制，不許同誦。」（七七〇頁上）【案】本戒鈔科稱為「未具同誦戒」。四分卷一一，六三八頁下開始。

〔二〕**字、句、味**　資持卷中三上：「三種不同，隨一成犯。注戒云：句義，句味字義。釋云：句義者，同誦不前不後也。（疏云：同誦偈也。此通長行，文盡見義，故云句義。）句味者，眼無常等。（一句之下，理味自足。）字義者，同誦『阿』字也。（誦咒之類。）用此三種，配緣中三字，小有差倒。」（三〇八頁中）簡正卷一一：「字、句、味者，出教體也。『字』謂名字，『句』謂章句，『味』即是文。新云『名句文』，舊云『字句味』。梵云『那（上聲）摩庚』，此云『名』。名者，想也。想有二義：一、取像名想，即心所中大地法；二、契約名想，謂諸賢聖，共相契約、立色等名，如云『深廣無涯名海』等。今以契約之想，用釋於名，舊呼為『字』。句者，章句，梵云『縛迦』，此云『章』。梵語『鉢陀』，義飜為『句』。俗書中，章多句少。內教中，章即是句。但約詮義究竟邊名句，如言諸行是名、無常是句也。『文』者，梵云『便膳那』，言『文』是能顯義，近顯名句，遠顯於義。且近顯名句者，唯識論云：『名』詮自性，『句』詮差別。『文』即是『字』，為二所依，謂『名』、『句』二法，依於文字。文字是依聲建立，故對法論引織錦喻，先依文交錯，織成龍鳳，後合為錦窠，然依絲文而起。（法合可委。）遠顯於義者，如西天風俗，呼扇、鹽、醋，皆云『便膳那』，亦是能顯義。扇能顯風，鹽、醋能顯食中味，是以古來譯為『味』者，飜之謬也。謂若於此名句等同誦，表教體不圓。鈔奪前言，故犯也。」（七二三頁下）鈔批卷一八：「立謂：一字為名，四時為句，句下之旨曰味。首疏云：能詮之教，有所表彰曰句。句下所詮之旨，以之為義。此字句味，用聲為體，非約紙素文字也。此乃是教之像貌也。以去聖時遠，不覩真佛。言教，乃將世俗紙素傳佛之聲教，非是教體也。教體是何？謂約佛所說教。佛語，語性即聲為體，此聲用有『名句文』。此名句等，體是假有，不離聲故。准新譯經論，應言『名句文』，而言『名句味』者，古譯謬也。如下述『名句文』者，是聲上運用，能詮旨趣，藉此『名句文』也。二宗計異：薩婆多宗，計『名句文』別有自性，不用聲為體性；成實宗，計此『名句文』無別自性，但是言辭屈曲，有所表彰，無別體性，還用聲為體，此約攝假從實也。謂聲是實，名句等是假。謂名句等無自性，故曰假也。薩婆多假實別論，故執『名句文』別有自性，用為教體也。故薩婆多破成實云：語不異能詮，人天共了。（云云。）賓云：梵言『便膳那』，此云『文』也。古翻為『味』者，其義失也。西國呼『文』、呼『扇』、呼『鹽』、呼男女根，並名『便膳那』。謂文為依，能顯名句，扇能顯風，鹽能顯味。男女二根，顯其報別，由名相濫，逐譯為『味』。（七七〇頁下）此是鹽義，非關文也。譯既有失，解者亦非，故礪云『資神之益，名曰句味』，今詳全非義理也。經論中意，詮法自性，目之為『名』；顯義周員，目之為『句』。如言諸行，目有為體也。復言無常，即顯諸行定非常住。既簡於常，顯差別義，義既周足，即名為『句』。故（【案】『故』下疑脫『唯』字。）識論第二中云：『名』詮自性，『句』詮差別。『文』即是『字』，為二所依。（『名』、『句』二法，依文也。）濟云：『字』者，非紙上字，此是盡耳，非是字體，要從口出聲曰『字』，字即文也。或有一字成名，如言水、言火是也；二有二字成名，言『大覺』是也；亦有三字、四字、五字為名，此皆不定，但召得物體，即曰『名』也。言『句』者，亦多少不定，如言『諸行無常』，則四字為句。若五言偈、七言偈，即五字為句，亦有九字為句，極多用十八字為句。故薩婆多宗，總約此名句文為教體，結（原注：『結』疑『經』。）部判此名句等是聲假用，不離我聲故。將聲為教體，攝假從實故也。南山：母（【案】『母』疑『句』。）言聲教者是也。礪引祇云：今時維那打靜云『一切誦』，堂中有沙彌與比丘同聲，令誦一偈，是犯提罪。若准此義，今禮佛時，與未具者同聲唱『南無』其佛，悉是犯也。故祇十三云：若僧中唱說偈時，不得同說一偈，（七七一頁上）得同時各各別說餘偈。」（七七一頁下）【案】字、句、味之辨，也可參見法寶撰俱舍論疏卷五，五五一～五五二頁。

〔三〕**齊聲同誦**　資持卷中三上：「謂授法時，抄前合誦也。」（三〇八頁中）

〔四〕**法者，佛所說，聲聞所說，仙人、諸天所說**　資持卷中三上：「釋初緣中。初

科。前簡所誦，二聖二凡，則通四人。智論更加『化人』。」（三〇八頁下）

〔五〕**口授**　資持卷中三上：「『若口』下，示犯相。初，結同誦犯，口授即同誦。」（三〇八頁下）簡正卷一一：「謂無經本，口中授與，同聲而誦，故犯也。」（七二三頁下）鈔批卷一八：「謂比丘口說未了，前人即隨言讀誦，此名口授也。」（七七一頁下）

〔六〕**書授**　資持卷中三上：「謂已誦他書。」（三〇八頁下）簡正卷一一：「一釋云：執本授也。玄不許此解，雖執本，亦（七二三頁下）須口言，還成口受。今准下不犯中，一人誦竟，一人書不犯，今誦未竟便書，恐句義不圓，故是犯也。大德破云：前云口受，但據暗中，不執經本，今云口授，據有經文所執，道理自明，何勞疑惑。今決取初解為勝也。」（七二四頁上）鈔批卷一八：「謂比丘口誦，沙彌隨誦，後即書亦犯。沙彌口誦，比丘手書，亦爾。賓云：謂直爾書授文故，言了了不了等也。」（七七一頁下）

〔七〕**若師不教言**　資持卷中三上：「『若師』下，結不教犯。凡欲授法，必先誡之。縱不同聲，不教亦犯。」（三〇八頁下）

〔八〕**若聲聞弟子、餘人等說**　鈔科卷中三：「『僧』下，引諸文決通。」（七一頁下）資持卷中三上：「初，決所誦之法。僧祇餘人，即天仙。」（三〇八頁下）【案】僧祇卷一三，三三六頁下。

〔九〕**為佛印可**　資持卷中三上：「還同佛說。本宗但通四人，故注以示之。」（三〇八頁下）

〔一〇〕**決四分不了文**　簡正卷一一：「謂四句但云聲聞、天仙等說，不言為佛印可成經者，同誦有罪。今引祇文決也。」（七二四頁上）鈔批卷一八：「慈云：四分直言聲聞、天仙所說，不云為佛印可，此言渾也。故祇云：要為佛印可者名經。雖聲聞、天仙等說，非佛印可，不名經也。」（七七一頁下）

〔一一〕**若自撰集文字，乃至俗書，非佛說故**　資持卷中三上：「『若』下，簡餘人說。」（三〇八頁下）

〔一二〕**隨一品、一章、一段**　資持卷中三上：「『十誦』下，次，決結犯分齊。品及章段，名異義同。隨經所立，故具列之。一部多品，隨得多罪。」（三〇八頁下）【案】十誦卷九，七一頁中。

〔一三〕**此律但云「同誦」，不簡文句多少**　資持卷中三上：「『此』下，點律通漫。」（三〇八頁下）簡正卷一一：「亦是不了。上引十誦，隨其章段，故得墮，方為決了。」（七二四頁上）【案】「此律」指十誦。

〔一四〕若二人俱經利，並誦無犯　資持卷中三上：「初，開俱利非始授故。」（三〇八頁下）簡正卷一一：「相並而誦，名句文全，教體不闕，則非犯相。」（七二四頁上）【案】「多論」下，釋第四緣。多論卷六，五四一頁下。

〔一五〕若比丘無處受法　資持卷中三上：「『若』下，次，開從下受法，則通同誦。」（三〇八頁下）

〔一六〕如是例知，但消息令不失威儀　簡正卷一一：「謂但自消息（原注：『息』鈔作『自令』。）莫失僧儀，即得也。」（七二四頁上）資持卷中三上：「以學有先後，故開從受。位有尊卑，必無師奉，故令消息，不可乖儀。」（三〇八頁下）

〔一七〕一人誦竟，一人書　資持卷中三上：「初，即口授、書授，二並如法。」（三〇八頁下）

〔一八〕同業同誦　資持卷中三上：「同業者，謂同受學。疏云：非師資位，故曲開耳。」（三〇八頁下）

向非具人說麤罪戒〔一〕七

多論：寧破塔壞像，不說他麤罪，則破法身〔二〕。不問前比丘有罪、無罪，皆墮。

七緣：一、是比丘及尼，二、犯初二篇罪〔三〕，三、知犯，四、無僧法開〔四〕，五、向未受具說，六、言詞了，七、前人聞知。

五分：尼向白衣說僧汎爾小小罪過，皆墮〔五〕。

僧祇：若人問言「某甲比丘犯淫、飲酒者」〔六〕，答云「彼自當知」。若已作法，人問者〔七〕，倒問彼言「何處聞」，答云「某處聞」。比丘云「亦某處聞」。因俗女來寺〔八〕，六群示之「此人犯僧殘」。俗女說偈云〔九〕：「出家已經久，宜應修梵行。童子戲不止，云何受人施。」十誦云：有訶云〔一〇〕：「佛法中乃有是癡人？」應答云：「我家廣大，種種皆有。」

律云：若說上二篇〔一一〕，犯墮。下諸篇，及自說己罪〔一二〕，若說下三眾罪，一切吉羅。又有五事〔一三〕：若說名字〔一四〕，若種姓〔一五〕，若衣服〔一六〕，若房舍〔一七〕，若相貌〔一八〕，皆墮。

不犯者。

若不知〔一九〕，若麤惡不麤惡想〔二〇〕，若白衣先已聞麤罪〔二一〕者，一切開。

【校釋】

〔一〕**向非具人說麤罪戒**　資持卷中三上：「（佛在羅閱城。有行別住比丘，在下行坐。六群以所犯事向白衣說，餘比丘皆慚。故制。）」（三〇八頁下）【案】本戒鈔科稱為「說麤罪戒」。四分卷一一，六三九頁上開始。

〔二〕**寧破塔壞像，不說他麤罪，則破法身**　鈔批卷一八：「明犯麤罪者，不癈猶有信心，得修餘行，忽聞人說我之罪，遂即雷同造惡，頓休餘業，故不許說。然破塔犯蘭，望提稍重，約業天乖，破塔但毀形像，說麤則壞法身。言則破法身者，由說他罪，自壞惱他，妨癈正修，令應得不得，故壞法身也。」（七七一頁下）資持卷中三上：「破法身者，亦同大集『若打破戒，罪同出萬億佛身血』。疏云：豈非形服異世、為聖道標？若加輕毀，則三寶通壞，故雖破戒，乃是法身之器，制罪雖輕，業道尤重。」（三〇八頁下）【案】多論卷六，五四二頁上。

〔三〕**犯初二篇罪**　鈔批卷一八：「礪云：下三說之過微，初二同麤，有壞眾之義，過重故提。出血破僧，此二偷蘭，名雖是輕，其業深重。說亦壞眾，同前犯墮。『若爾，何以辨相？』『但彰約二，不列二蘭，含輕重。若列名者，濫餘偷蘭。為此但言除僧羯磨已顯，不得羯磨，說出佛身血，明同是犯。不同十誦也。（七七一頁下）此謂見他破僧出血犯蘭已還，不得向非具人說。如調達等所作。要羯磨法，差人說之，方得向說，直爾輙說，亦同犯提。』問：『說初二篇罪，同得提，謗他初二，便有輕重？』答：『謗據治罰，損有淺深，故有階降。說他麤罪，即無治罰，就壞眾處，齊同結提罪。』首疏問：『謗人惡說，還得惡說，謗人犯重，還應犯重？』答：『謗人犯重，下更有罪，名復階降，故犯僧殘。謗人惡說，是極下之罪，下更無罪名，故得同罪。』」（七七二頁上）

〔四〕**無僧法開**　鈔批卷一八：「立謂：若犯麤罪，白二，差人往報俗人，知是比丘犯麤罪，使世俗識邪達正，不濫染清倫。如調達破僧，佛令眾僧白二，差舍利弗往告白衣言：『調達所作非法、非毗尼、非佛所教，非佛法僧事也。』」（七七二頁上）

〔五〕**尼向白衣說僧汎爾小小罪過，皆墮**　鈔科卷中三：「初，尼眾不同。」（七一頁下）資持卷中三上：「尼說太（【案】『太』疑『大』。）僧，違八敬法。不問輕重，與僧不同，故引示之。」（三〇八頁下）【案】五分卷一三，九三頁中。

〔六〕**若人問言，某甲比丘犯淫飲酒者**　鈔科卷中三：「『僧』下，答對離過。」（七一頁下）資持卷中三上：「僧祇三節。初是無法不答。」（三〇八頁下）【案】僧祇卷一四，三三八頁上。

〔七〕**若已作法，人問者**　資持卷中三上：「『若已』下，明有法開答。」（三〇八頁下）簡正卷一一：「謂已作羯磨法，差人說也。問：『作法正（七二四頁上）法應說，何故倒問？』答：『夫得說者，須是被差之人，有法在身即得。今非被差，不合擅說，故須倒問，故云亦某處聞也。』」（七二四頁下）鈔批卷一八：「景云：此非法人，仍是餘比丘，故還及問之也。若即說者，犯此戒。立謂：有比丘犯麤罪已，眾僧白四，擯出竟，俗人具知。若有問，比丘不得即答，應卻問檀越何處聞，彼若云『我於某處聞』，比丘方答言『我亦某處聞』。」（七七二頁上）

〔八〕**因俗女來寺**　資持卷中三上：「『因』下，引緣誡約。」（三〇八頁下）簡正卷一一：「謂女是犯殘，比丘知識，因問其故。難陀語云：『汝阿闍梨，小兒時戲，猶故未除。』女云：『我阿闍梨尚爾！』遂入房掩戶，而說此偈（等鈔）。」（七二四頁下）

〔九〕**俗女說偈云**　鈔批卷一八：「案僧祇云：舍衛城中居士、諸眾多知識，比丘食中，有一長老比丘，是居士，知識犯殘，行摩那埵，在下行坐。（七七二頁上）檀越憂婆夷見已，問云：『那在此坐？』時有難陀比丘語言：『汝阿闍梨，小兒時戲，猶故未除。』憂婆夷聞，心不歡喜，作是念：『阿闍梨故當爾耶？在此下坐。』即捉飯筐飲食，擲地而去，便入房裏，掩戶一□，而說偈言：『出家已經久，修習於梵行，童子戲不止，云何受信施？』」（七七二頁下）資持卷中三上：「女人偈詞。上半明所應作不作，（三〇八頁下）下半示不應作反作。」（三〇九頁上）

〔一〇〕**有訶云**　鈔批卷一八：「有人云此是女呵也。女言：『佛法中有如是痴人等也！』」（七七二頁下）

〔一一〕**若說上二篇**　鈔科卷中三：「『律』下，輕重等相。」（七一頁下）簡正卷一一：「上二篇者，謂麤故犯提；下篇故不能破壞，故吉。」（七二四頁下）資持卷中三上：「律文前明說犯。疏云：所以不列偷蘭名者，猶含輕重。（重者犯提，輕則犯吉。）若列蘭名，謂輕亦提。避濫不出也。」（三〇九頁上）扶桑記引行宗釋「避濫不出」：「說上品蘭，同上犯提，中下但吉。若依多論，蘭同下聚。」（二二八頁上）

〔一二〕**自說己罪**　簡正卷一一：「以希少也。」（七二四頁下）

〔一三〕**又有五事**　資持卷中三上：「『又』下，次明指人。」（三〇九頁上）

〔一四〕**說名字**　簡正卷一一：「謂於眾中說某比丘犯某罪。」（七二四頁下）鈔批卷一八：「謂字某甲、名某甲等。」（七七二頁下）

〔一五〕**種姓**　簡正卷一一：「李比丘等。」（七二四頁下）鈔批卷一八：「立謂：如眾中有大姓比丘犯罪，餘並小姓，語言大姓犯某罪，或云張家比丘、王家比丘等也。」（七七二頁下）

〔一六〕**衣服**　簡正卷一一：「著乾陀色衣比丘犯也。」（七二四頁下）鈔批卷一八：「謂著布衣，或乾陀褐色衣等。」（七七二頁下）

〔一七〕**房舍**　簡正卷一一：「從東第一房等。」（七二四頁下）鈔批卷一八：「亦言南來第一、二房等。」（七七二頁下）資持卷中三上：「即示所說之人服飾住處。」（三〇九頁上）

〔一八〕**相貌**　簡正卷一一：「眼白、面黑，比丘犯也。」（七二四頁下）鈔批卷一八：「身容大小長短也。」（七七二頁下）

〔一九〕**不知**　資持卷中三上：「反第三緣，謂迷教也。」（三〇九頁上）簡正卷一一：「玄約不學數人說，今恐是了教之徒，據說時心迷，不知有犯也。」（七二四頁下）

〔二〇〕**若麤惡不麤惡想**　簡正卷一一：「亦據心迷。雖說前人所犯之事，我心且不麤惡之想，故不犯也。」（七二四頁下）鈔批卷一八：「不癈前人實作罪，然我心作善想。四（【案】『四』疑『惡』。）說不作罪想。而俗人尋言，自解者不犯。」（七七二頁下）資持卷中三上：「不麤想者，謂迷心也。迷重為輕，說亦犯吉。迷有為無，則無有犯。」（三〇九頁上）

〔二一〕**若白衣先已聞麤罪**　資持卷中三上：「非由我說，故律中更列若眾差說。」（三〇九頁上）

實得道向未具者說戒〔一〕八

問：「凡夫無聖，不可得犯；聖人奉戒，一制不犯。用制何為〔二〕？」

答：「制聖為遮凡〔三〕。若後向說，即知是凡。為護大妄〔四〕，不令有犯，豈非是要〔五〕也？」

【校釋】

〔一〕**實得道向未具者說戒**　資持卷中三上：「（佛在毘舍離。以前大妄語緣，集僧呵責已，便制。）名云實得道者，此據初果已上，是戒所制。多論，二義故制：一、大人法者，功德覆藏。諸惡發露，今稱德匿過，是小人法。二、自顯聖德，賢愚各異。若有聞者，偏心專敬，失本平等、淨善之心，末世事稀，故不備解。」（三〇九頁上）鈔批卷一八：「此戒具五緣：一、實得道，除增上慢虛，故不犯；二、自言已證；三、向未具人說；四、言詞了了；五、前人聞知結。亮問：『大妄語戒說已，得及身現相，皆犯大重。今此戒中，實得聖道，口說即提，賓頭盧現其神通，何為但吉？』答：『口說有濫涉故，得波逸提；現通無濫涉故，（七七二頁下）結賓頭吉。又助一解。現通開為利，如有時生信，故有神通輪，為益全無罪，無益故得。賓頭取鉢，即同無益，故聖結吉；口說對俗，本未開故，說得提罪。立云：制意但為凡，若聖不說得果，恐凡言我是聖。若後見說，即知非聖，以護大妄語戒也。」（七七三頁上）【案】本戒鈔科稱為「實得道戒」。四分卷一一，六三九頁下開始。

〔二〕用制何為　資持卷中三上：「問答之意，恐疑此戒，被物無功，故敘本制，知非徒爾。」（三〇九頁上）簡正卷一一：「制聖遮凡，聖實得道，向俗人說，犯提，即是制聖。聖人奉制，然雖無犯，今由有戒者，為遮於凡。若後見（七二四頁下）說，便知非聖。以聖人奉戒，終無犯故為護。」（七二五頁上）

〔三〕制聖為遮凡　資持卷中三上：「聖既無犯，說即知凡。若不制者，世人無識，謂為實證。」（三〇九頁上）簡正卷一一：「制聖遮凡，聖實得道，向俗人說犯提，即是制聖。聖人奉制，然雖無犯。今由有戒者，為遮於凡。若後見說，（七二五頁上）便知非聖。以聖人奉戒，終無犯故為護。」

〔四〕大妄　簡正卷一一：「凡夫若言得聖，即犯大妄。今制聖遮凡，聖既不說，說即是凡。故令凡人亦不犯故。」（七二五頁上）

〔五〕豈非是要　資持卷中三上：「故雖制聖，還成制凡，故為要也。注戒云：並如初篇。若言業報（自言：業報得通。），若戲錯，並不犯。」（三〇九頁上）

與女人說法過限戒〔一〕九

六緣成：一、是人女；二、知；三、不請；四、無有智俗男；五、言章了；六、過五六語。便犯。

若不請者，聽齊五六語；若請說，若問義，隨多少〔二〕。

五分：由五六語得解故，便制戒〔三〕。四分：五語者，色、受、想、行、識無我也；六語者：眼、耳、鼻、舌、身、意無常也〔四〕。不得更增一句。故僧祇中，說六句已〔五〕，云「使汝速盡苦」，得墮。

律云〔六〕：有智男子〔七〕者，解知麤惡、不麤惡事〔八〕。多論：有智男子，解人情語，可作證明〔九〕。若中、邊不同者，不聽。必是俗人，出家不得，以事同故〔一〇〕。正使僧集，若多女無俗男者，不得說之。女，謂能受淫者。若為尼說，得〔一一〕。僧祇〔一二〕：若盲，若聾，亦名無人；一盲一聾，此二當一人。若眠，亦名無人。若母、姊、妹等，亦犯。若減七歲，若過，不解好惡義味，亦名無智男子。餘如大疏〔一三〕。

中含云〔一四〕：凡有人請問法義者，答云：「欲問便問。我聞已，當思。」

律中，若說不了，吉羅〔一五〕。

不犯者。

若五六語〔一六〕。有智男子前，過說〔一七〕。若無有智男前請〔一八〕，應答，廣說授五戒及法〔一九〕、授八關齋〔二〇〕及說八齋法、八聖道〔二一〕、十不善法〔二二〕。女人問義不解，廣說〔二三〕。若錯者〔二四〕。一切不犯。

【校釋】

〔一〕與女人說法過限戒　資持卷中三上：「（佛在舍衛。迦留陀夷在姑前與兒婦耳語說法。因制。後開五、六語及有智男也。）過限，謂五、六語已外也。」（三〇九頁上）簡正卷一一：「戒本緣起中云：姑前與兒婦耳語說法者，大德引爾雅釋親中云：夫之母曰姑，在則言君姑，沒則曰先姑。夫之父曰舅，在則言君舅也。有人錯解，今破明之。」（七二五頁上）【案】本戒鈔科稱為「與女說法戒」。四分卷一一，六四〇頁上開始。

〔二〕若請說，若問義，隨多少　鈔科卷中三：「初，釋第三。」（七一頁下）資持卷中三上：「請問不制者，以虛心求請，義非強說，故不限多少。」（三〇九頁上）【案】本句下隨釋四緣，見鈔科所明。

〔三〕由五六語得解故，便制戒　鈔科卷中三：「『五』下，釋第六。」（七一頁下）資持卷中三上：「先引五分，以顯開限。彼律有女風病，比丘不為說法，因死故開。」（三〇九頁上）簡正卷一一：「解彼云：有婦女應（【案】『應』疑『病』。）風發，比丘不為說法，日日風發。因此白佛。佛問比丘：『幾語得解？』比丘言：『五六語得解。』佛深歎之，因即制也。又僧祇：毗舍佉母病，聞阿難說五、六語，便得差也。」（七二五頁上）【案】五分卷六，三八頁下。

〔四〕五語者，色、受、想、行、識無我也；六語者：眼、耳、鼻、舌、身、意無常也　資持卷中三上：「次引四分，出語相。『無我』『無常』字，並貫上五、六。如云『色無我』乃至『識無我』，『眼無常』乃至『意無常』，詳律後緣（【案】扶桑記：『實得道戒緣也，前色無常等曰誦戒緣故。』二二八頁下）。且舉陰入，（三〇九頁上）或說餘法，用此為限。後引僧祇，以明過限。所以爾者，良以目對女人，鮮能自攝，欲情內動，強授妄勞，故雖聖法，不許多及。凡情皆爾，世事昭然。」（三〇九頁中）鈔批卷一八：「五語者，謂說五陰無常也。六語者，謂說六根無常也。亮云：五六語者，此是五數法門、六數法門，謂不請開齋此也。請時為說，不論多少。多論云：五語者，五種語，色法無常，（七七三頁上）受、想、行、識無常。六語可知。見論十五云：一句經文、五句義疏，合成六句，不犯。景云：若分別五陰六根，子細說之，解釋其義亦得。但不得出五、六之外，別明餘義也。首疏云：五分律若為女人說五、六語竟，語言：『姉妹，法正齊此。』從坐起云『有緣更來為說』，無犯。若說五、六語竟，更為後女說，如是相因，為無量女人說，無犯。若自誦經，女人來聽，即問要義。為解，雖過，無犯。」（七七三頁下）【案】「五六語」者，不是普通意義上的說五六句「話」之義，而是指「五陰」和「六入」。

〔五〕**說六句已**　簡正卷一一：「既說五陰、六入竟，更語言：汝（原注：『汝』下一有『速』字。）斷諸漏，盡諸苦得提，以過限也。」（七二五頁上）鈔批卷一八：「立謂：既說五陰、六入竟，更語言『願汝（原注：『汝』下一有『速』字。）速斷諸結，盡諸苦除』者，亦墮，由過限故。」（七七四頁上）【案】僧祇卷一三，三三六頁。

〔六〕**律云**　鈔科卷中三：「『律『下，釋第四（三）。」（七一頁下）

〔七〕**有智男子**　鈔批卷一八：「亮云：縱不請時，若有男子，亦得過也。問：『戒本但言除有智男子，何不言除請？』答：『昔解云：若言除請，恐濫有智男子，謂言請時仍須男子。欲明隨有一緣，即是開限，故不重述除請也。今詳不然，如別眾食，亦有多開緣，戒本盡判，何不恐濫？故知此不除請，文中略也。立謂：此戒不開親里。』」（七七三頁上）

〔八〕**解知麤惡、不麤惡事**　資持卷中三上：「律取解知者，則簡小兒、癡狂等。」（三〇九頁中）

〔九〕**有智男子，解人情語，可作證明**　資持卷中三上：「多論初簡男子。又二。初，須相解。……『女』下，次，簡女人。」（三〇九頁中）【案】多論引文中，男子分二：一智者，二俗者。多論卷六，五四一頁中。

〔一〇〕**必是俗人，出家不得，以事同故**　資持卷中三上：「『必』下，二、須俗男。」（三〇九頁中）簡正卷一一：「謂出家人過五六犯，其事同犯，不得為證，要須得俗人，兼解好惡言義之者。」（七二五頁上）鈔批卷一八：「立明：雖著俗服，既出家已，情同比丘，不成證明，故須別俗人也。（景同。）今譯：此解非理，以破句故。故多論云：有智男子，若方類不同者，一切不聽，男子必是白衣。一切出家人亦不得，以事同故。祇律十三云：若七歲、若過七歲。雖過七歲不解語義，亦名無智。又云：眾多女人，欲聽法，各各得為說六句。應語第一女言『我為汝說六句』。說已，復語第二女言『為汝說六句』，如是眾多，無罪。比丘出已，諸女送出與別，若咒願言『使汝盡苦際』，得提；若言『使汝無病安樂』，無罪。復詣餘家，（七七三頁下）先女從來。比丘見已，語言『可聽』，得提。雖見不共語，直為語女說法，先女雖聞無罪。多論即言先女邊得罪。若不知先女在中者，不犯。又云：若轉經者，亦事事提。（述曰：）為女轉經，令女諦聽，即同說法也。」（七七四頁上）

〔一一〕**女謂能受淫者，若為尼說，得**　資持卷中三上：「『女』下，次，簡女人。且分道、俗、小、石等女，亦應非犯。」（三〇九頁中）

〔一二〕**僧祇**　資持卷中三上：「僧祇簡伴，有四，並以『若』字分之：初，病；二、眠；三、親；四、愚。下文指廣。戒疏問云：『有請及男，俱不說犯，何故唯除男耶？（此難戒本。）』答：『言除男子，不勞更除請。若著請者，疑謂有男須請得說故。』」（三〇九頁中）【案】僧祇卷一三，三三六頁上。

〔一三〕**餘如大疏**　簡正卷一一：「首疏云：如祇說五、六語竟，送出門禮別。若言『安樂住』，無犯。若言『使汝速盡苦，原（【案】『原』疑『願』。）證菩提果』，若無淨人門面路路引不斷，或在（七二五頁上）門上，人遙見聞等，不犯。反上即犯。」（七二五頁上）

〔一四〕**中含云**　鈔科卷中三：「『中』下，重釋前三。」（七二頁下）簡正卷一一：「搜玄云：凡有人請問者，兼約男女也。」（七二五頁上）資持卷中三上：「重釋中。引經明示受請儀式，意令依稟。」（三〇九頁中）【案】參見中含卷五八，七八八頁。

〔一五〕**若說不了，吉羅**　鈔科卷中三：「『律』下，釋第五。」（七二頁下）簡正卷一一：「若是女請，當思律中，過五六語不犯。若不請問，自為說，過五、六語即犯。不了吉羅者，五、六語未了，便止得吉，是方便罪了，即犯提。（已上正釋。）更有解云：鈔文從『中含云』乃至『當思』，此是經文，『律中』已下，是四分律文也。（此是妄釋，注自分明。）」（七二五頁上）資持卷中三上：「釋第五。不了輕者，義不具故。」（三〇九頁中）鈔批卷一八：「若說不了吉罪者，謂說過限，語未了即止，吉；了即提。」（七七四頁上）【案】此處斷句，資持和鈔科等與簡正不同。資持和鈔科以「律中」以下釋第五緣。簡正則斷成「當思律中……」。而且，從簡正釋文中所言「更有解云」以及「此是妄釋，注自分明」之文，可知在其之前的其他疏家的著作中，也有如此之斷句。此處依資持和鈔科之義。中含中，多處有此「欲問便問我。問已，當思」之語。

〔一六〕若五六語　資持卷中三上：「初，是順教。」（三〇九頁中）【案】「不犯」分四。

〔一七〕有智男子前，過說　資持卷中三上：「『有』下，伴證。」（三〇九頁中）

〔一八〕若無有智男前請　資持卷中三上：「『若無』下，他請。」（三〇九頁中）

〔一九〕授五戒及法　簡正卷一一：「五戒法者，謂說相也。」（七二五頁下）鈔批卷一八：「戒疏云：受五戒者，謂三歸體也。為說相也。（原注：「為」本文作「五戒法謂」四字）」（七七四頁上）資持卷中三上：「五戒即三歸體及法，謂五戒相，八齋亦同」（三〇九頁中）

〔二〇〕八關齋　簡正卷一一：「八戒也，閇掩根門也。及說齋法者，亦說相也。」（七二五頁下）鈔批卷一八：「八關齋法者，亦同上解。疏云：八關齋者，八戒也。閇掩根門，如世關之拒防。或言八支齋者，齋是不食為本，將餘八事，以支持其齋，故曰也。」（七七四頁上）

〔二一〕八聖道　簡正卷一一：「八聖道者，語、業、命、見、思、勤、念、定也。」（七二五頁下）

〔二二〕十不善法　簡正卷一一：「十不善者，謂身三、口四、意三也。」（七二五頁下）

〔二三〕女人問義不解，廣說　簡正卷一一：「或女人於適來，所說未會，若問更與廣說，一切不犯。」（七二五頁下）

〔二四〕若錯者　資持卷中三上：「『若錯』下，非意。」（三〇九頁中）

掘地戒〔一〕**十**

多論〔二〕**，不掘地、壞生，三益：一、不惱害眾生**〔三〕**故；二、止誹謗**〔四〕**故；三、為大護佛法**〔五〕**故。若佛不制此二戒者，國王、大臣役使比丘。由佛制故，王臣息心，不復役使。得令靜緣修道，發智斷惑，是名大護。**

五緣犯：一、是生地，二、作生地想，三、自掘、使人，四、使人時不作知淨法〔六〕**，五、傷，則犯墮。**

戒緣，為修治佛講堂，為世尊所訶制〔七〕**。今人多因修福造罪，謂妄儌倖**〔八〕**，可悲哉。**

律中：地者，若已掘地〔九〕，經四月、被雨漬〔一〇〕，還如本〔一一〕。若用鉏、钁、耒，或椎打、刀刺、指掐、扴傷〔一二〕、地上然火，但使地作地想〔一三〕，一切皆墮。若不教言〔一四〕「知是看是」，吉羅。

十誦：若頹牆土、石底〔一五〕、蟻封、土聚，若掘，吉羅。若掘泥〔一六〕處，乃至沒膝，吉羅；除為僧、塔、寺，畫地作模〔一七〕。若赭土、墡土、生石、黑砂、鹽地等，一切不犯〔一八〕。蜀本多論〔一九〕云「生地」「不生地」。生地者，謂四月及八月〔二〇〕，是雨時，地相連著，潤勢相淹，能生草木，名「生地」；餘無雨時，日炙乾燥，風吹土起，義名「不生地」〔二一〕。若觸此上乾地，吉羅；下侵濕地，犯墮〔二二〕。牆根齊濕處乾土，不犯，異於地故；雖被築治，若濕相淹，發起，犯墮〔二三〕。屋上、牆上生草，觸傷草，犯墮；傷土，吉羅〔二四〕。僧祇：若轉石、搭地〔二五〕、掃地、曳木、驅牛馬等，欲使地平意，傷如蚊腳，一切犯墮。土塊一人不勝〔二六〕，破者，犯提；減一人重者，得。打杙房壁，損成功，越〔二七〕——先有孔，無犯。若外被雨地〔二八〕，傷如蚊腳，提；畫地作字，亦提；畫土末際，無犯〔二九〕。若撤故屋〔三〇〕，使淨人為之；若壞壁，使淨人卻泥後，自得摘〔三一〕；若已曾被雨，使淨人摘兩三行，後自摘〔三二〕；至基，還使淨人摘。井、池、瀆、汪水，新雨後，使淨人抒〔三三〕；若令攪濁，若牛馬先涉後，得自抒，以雨水能生地〔三四〕故。大小便時，水手摩地，犯墮〔三五〕。若跰〔三六〕、器物，木、甎、瓦等，在露地經雨已，不得自取；取，犯墮。若純沙，無罪；半沙者，越。若死土，被雨已，使淨人取，盡雨霑溼際，然後自取。四分〔三七〕：若野火燒寺，聽逆除中間草〔三八〕；若作坑塹斷，若以土滅，若逆燒除之〔三九〕。善見：若地被燒，亦名非地〔四〇〕。若地有沙，以水淘之；四分沙、一分土，無犯。若石上厚四寸燥土，得取。若野火來近寺，為護住處故，比丘得剗草掘土，以斷火〔四一〕。若把火燒手擲地不犯。五分：若野火來，當打犍稚唱令。餘如諸部〔四二〕。

多論：使僧尼掘地，作知淨語，提〔四三〕。若教下三眾、淨人，不作知淨語，吉〔四四〕。若三眾不為三寶利益緣〔四五〕，自壞土木者，吉羅。

五分：蘭若無淨人，聽比丘以水澆地，剗草布蹋，使成泥，取用〔四六〕。僧祇：覆處地得自掘〔四七〕。四分文中不了〔四八〕。

律不犯者。

若語言「知是看是」。若曳材、竹、木〔四九〕，若籬倒扶正，若反甎石〔五〇〕，若取牛屎，若取崩岸土，若鼠壞等，若來往經行，若掃地，若杖築地——若一切不作故掘意，不犯。

【校釋】

〔一〕掘地戒　資持卷中三上：「（佛在曠野城。六群為佛修講堂，自掘地，招譏。因制。）」（三〇九頁中）【案】四分卷一一，六四一頁上開始。

〔二〕多論　資持卷中三上：「制意大同後戒，故此雙明。」（三〇九頁中）【案】「掘地戒」文分二，初「多論不」下；次「五緣犯」下。次又分二：犯與不犯。犯文分三：初「五緣犯」下；次「戒緣為」下；三、「律中」下。多論卷六，五四三頁中。

〔三〕不惱害眾生　鈔批卷一八：「謂地中多虫故也。」（七七四頁上）資持卷中三上：「此戒則傷害螻蟻，壞生則毀損蠉飛。」（三〇九頁中）

〔四〕止誹謗　鈔批卷一八：「有二意：一、以外人計草木為命，傷則謂言殺生，失慈悲之道也。又，招謗：『云何不靜坐、居宴、懃行道業？損艸掘地，斯務何耑？』」（七七四頁上）資持卷中三上：「如戒緣中居士譏言：無有正法，斷他命根。（彼計生地生草，皆有命故。）」（三〇九頁中）

〔五〕為大護佛法　鈔批卷一八：「即文中云：以遮王臣策役也。」（七七四頁上）資持卷中三上：「故知比丘為體，高超物表，人天所尊。或遭驅役，但由自感，請觀己行，勿咎於他。」（三〇九頁中）

〔六〕使人時不作知淨法　資持卷中三上：「若作淨語，則開使人。」（三〇九頁中）

〔七〕戒緣，為修治佛講堂，為世尊所訶制　鈔科卷中三：「『戒』下，引緣示誡。」（七二頁上）資持卷中三上：「欲明佛是勝緣，復非為己，而被呵制，以況餘事，深非所宜。」（三〇九頁中）

〔八〕儌倖　簡正卷一一：「謂掘地招罪，妄營為福，故傷之也。」（七二五頁下）鈔批卷一八：「非分遇福，名為僥倖。明今僧尼，因福造罪，謂為佛僧掘地，應無有過，謂應獲福。此是妄謂而得罪也。」（七七四頁上）資持卷中三上：「破戒獲罪，妄謂得福，是為儌倖矣。（此注合是大字。）」（三〇九頁中）【案】資持言「合是大字」，意即本句當是鈔之正文。底本無「修」，據敦煌甲本加。

〔九〕地者，若已掘地　簡正卷一一：「簡未掘地也，即天然之地故。今就已掘地中，復有二種：若經四月，隨觸便犯，此不論雨也；二、被雨漬者，謂乍掘遇雨，即與本（七二五頁下）同。故祇云：井、池、瀆水，瓶器著地死土，被雨漬，使淨人知，自取犯墮。」（七二六頁上）資持卷中三上：「初文為三：初，示地相。律云：若未掘即是生地，易知故略，但明已掘。文中二相：初，約四月，謂經時故；二、約被雨，由滋潤故。由此二緣，還成生地，故不可掘。四月不論被雨，被雨不待四月。（有以四月被雨為一事，此未見律文。）」（三〇九頁中）【案】「律中」下分二：初，「律中」下；次，「十誦」下。次又分三：「十誦」下，「多論」下，「五分」下。本節四分引文科為三節：初示地相，二明掘傷，三者明犯。

〔一〇〕**經四月，被雨漬**　鈔批卷一八：「景云：此舉夏四月中，隨一雨下，若掘皆犯。以夏中多雨，能令地勢生也。」（七七四頁上）

〔一一〕**還如本**　簡正卷一一：「謂四月約時被雨、約緣地有生相，故云如本。」（七二六頁上）

〔一二〕**若用鉏、钁、耒，或椎打、刀刺、指掐、扴傷**　資持卷中三上：「『若用』下，明掘傷。钁即（三〇九頁中）鍬類。耒謂手耕之具。扴，『古黠』反，謂以手物揩動作。」（三〇九頁下）鈔批卷一八：「撿律中，無此『銇』字，（七七四頁上）但有『金』邊作『鍎』（『竹甬』反）。說文云：鍎，斫也。應師云：字體作『鍎』，今作銿，非正體也。扴，『公八』反，說文云：刮也。」（七七四頁下）【案】「椎」，底本為「推」，據大正藏本、四分及弘一校注改。

〔一三〕**地想**　資持卷中三上：「結過由心。」（三〇九頁下）

〔一四〕**若不教言**　簡正卷一一：「失法得吉。若被隨語而掘，得提。」（七二六頁上）鈔批卷一八：「謂得失法之吉，據根本，又得提也。」（七七四頁下）資持卷中三上：「『若不』下，明使人不教，先犯此罪。」（三〇九頁下）

〔一五〕**若頹牆土、石底**　資持卷中三上：「十誦初明似地，發生力薄，故並犯輕。頹，崩也。石底即石所壓地。」（三〇九頁下）【案】十誦卷一六，一一七頁下。

〔一六〕**泥**　資持卷中三上：「『泥』字，去呼，謂泥塗處，恐深至地，故制。」（三〇九頁下）

〔一七〕**除為僧、塔、寺，畫地作模**　資持卷中三上：「『除』下，明緣開。作模，謂規地作相，此開生地。若準前注，未可從寬。」（三〇九頁下）簡正卷一一：「僧伽藍模樣，塔亦爾。向泥上作摸，開無吉也。」（七二六頁上）【案】「十誦」一節，文分為二：初，「十誦」下；二、「四分」下。

〔一八〕**若赭土、墡土、生石、黑砂、鹽地等，一切不犯**　資持卷中三上：「『若』下，

明非地不犯。赭即赤土，（不生物者。）墡即白土。生石，天生石地。」（三〇九頁下）

〔一九〕**蜀本多論**　資持卷中三上：「簡關中本，文多闕漏，止有八卷。首師從蜀僧求得第九，即今藏中見傳（【案】『傳』，音『船』。）者是。」（三〇九頁下）簡正卷一一：「准大周經，目中先有八卷，失譯。釋九、十盡至六十八戒，後即闕也。首師（原注：『首』下一有『律』字。）疑文不盡，常廣求訪。後值蜀僧字寶雲到京。首疏主借問云：『不委蜀中多論有幾卷？』彼云：『有九卷。其第九卷，從壞生戒釋，直至末文。』首律師懇求，令歸御後，抄取附來。後經一季，方附到。因茲號為蜀國多論。首律師自制序，具敘因由。（云云。）論中約天然生地，辨生非生。」（七二六頁上）鈔批卷一八：「景云：先關中翻多論但有八卷，解九十不盡。後有蜀本多論，乃有九卷，即云爾也。立謂：其多論在蜀地翻，故曰也。賓云：先京中本唯有八卷，釋戒本九十不盡。首師情愛此論，常廣求訪餘殘之文，不知為是譯者不了、為是失落。後時遇一蜀僧，言說之次，云：『余蜀地則有九卷，釋戒本盡，待某還日，當即附來與闍梨。』其僧還後經於三年，而□（原注：□疑『不』。）附來，更作書索，方乃附來。首即寫其數十本，付諸藏中，令得流通，因此各（【案】『各』疑『名』。）為蜀本多論。古經藏內，多闕此卷。今時新藏，則者九卷也。」（七七四頁下）

〔二〇〕**四月及八月**　簡正卷一一：「謂此兩月是雨時，縱使不雨，地下潤勢相掩，令地面潤，並名生地。除此二時，是無雨時日炙，地面乾燥，風吹土起，名為非生。」（七二六頁上）鈔批卷一八：「景云：此舉多雨處，則春四月、夏四月之雨。若少雨處，但夏四月有。此舉多少之處。然實隨雨下，即不得毀，莫問春夏冬也。」（七七四頁下）

〔二一〕**餘無雨時，日炙乾燥，風吹土起，義名「不生地」**　資持卷中三上：「『餘』下，釋不生地。初示名。地無不生，從緣彰號，故云義名。」（三〇九頁下）

〔二二〕**若觸此上乾地，吉羅；下侵濕地，犯墮**　資持卷中三上：「『若』下，顯相有三。初，明觸地。乾土吉者，與濕連故，不連無犯。」（三〇九頁下）

〔二三〕**牆根齊濕處乾土，不犯，異於地故；雖被築治，若濕相淹，發起，犯墮**　資持卷中三上：「次明牆土，『濕』字誤，論作『齊築』處，即指牆體，故云異於地也。『雖』字上，論有『地』字，謂牆根邊地，濕淹犯墮，不濕應吉。發起即掘動。三、明牆屋上土，傷草是後戒。」（三〇九頁下）鈔批卷一八：「此據北

地多作土墻，下有與地連坦濕，上則乾也。若壞濕處，得提。乾處無犯。」（七七四頁下）

〔二四〕**屋上、牆上生草，觸傷草，犯墮；傷土，吉羅** 資持卷中三上：「明牆屋上土，傷草是後戒。下文或明草木皆相因而引，非此中意。」（三〇九頁下）

〔二五〕**轉石、搭地** 簡正卷一一：「謂有心令地乎（【案】『乎』疑『平』。），故犯土塊。」（七二六頁上）資持卷中三上：「初，作務毀傷。轉石謂翻轉也。搭地謂以物按搭，令平。」（三〇九頁下）【案】此下僧祇有十句。

〔二六〕**土塊一人不勝** 資持卷中三上：「二明上（【案】『上』疑『土』。）塊大小。」（三〇九頁下）簡正卷一一：「謂一人擔不起，即下任運與地潤相連，生（【案】『生』疑『水』。）分多故。破者犯提。」（七二六頁上）

〔二七〕**打杙房壁，損成功，越** 資持卷中三上：「三明損壁。『打』合作『釘』。損成功者，示犯義也。」（三〇九頁下）鈔批卷一八：「謂如房中壁，是功力所成，不得損壞。若壞打杙，得於吉也。」（七七四頁下）

〔二八〕**若外被雨地** 資持卷中三上：「『若外』下，四明重生地。」（三〇九頁下）

〔二九〕**晝土末際，無犯** 鈔批卷一八：「立謂：如天久晴，日曝，若壞不犯。」（七七五頁上）資持卷中三上：「謂地極盡際，雨不沾處。」（三〇九頁下）

〔三〇〕**若撤故屋** 資持卷中三上：「『若撤』下，五明摘壞。此謂地上疊累為壁。如今土牆，初約有泥，令人除已，自得摘。」（三〇九頁下）扶桑記：「祇本文云：若泥覆朽、故房舍，欲撤時，不得自撤。」（二二九頁上）簡正卷一一：「撤者，（『直列』反，發也。）」（七二六頁上）

〔三一〕**若壞壁，使淨人卻泥後，自得摘** 鈔批卷一八：「景云：此據露地壁也。」（七七五頁上）資持卷中三上：「『若』下，次明無泥被雨，令除潤際，自摘中間。」（三〇九頁下）

〔三二〕**若已曾被雨，使淨人摘兩三行，後自摘** 簡正卷一一：「摘，（涉草反，手取也。）（七二六頁上）兩三行（『戶郎』反。）者，謂就地壘土塹為壁故。雨（原注：『雨』上一有『除』字。）三行塹也。」（七二六頁下）資持卷中三上：「『行』字，『戶綱』反。（或去呼，北地俗語。）」（三〇九頁下）

〔三三〕**井、池、瀆、汪水，新雨後，使淨人抒** 資持卷中三上：「『井』下，六明治水。瀆即是溝。汪水，謂雨暫停處。抒，『常呂』反，洩水也。」（三〇九頁下）鈔批卷一八：「景云：此舉露處井等，經雨初取，應犯提罪，以雨能生地故。然律無文，但得小罪。言『抒』者，（『徐侶』反。），說文云：酌取物

也。」（七七五頁上）

〔三四〕**以雨水能生地**　簡正卷一一：「祇云：若新雨後，比丘不得自抒井，應使淨人。若淨人小，先令撓，後自抑之。」（七二六頁下）

〔三五〕**大小便時，水手摩地，犯墮**　資持卷中三上：「『大』下，七明拚傷，謂在生地。」（三〇九頁下）鈔批卷一八：「景云：此悉舉露地為言。雖此屋下，外雨漂及其地潤濕，能生草木。若摩此地，亦得墮罪。」（七七五頁上）

〔三六〕**若辦**　資持卷中三上：「『若瓶』下，八明動物。」（三〇九頁下）

〔三七〕**四分**　鈔科卷中三：「『四』下，示諸緣開。」（七二頁中）簡正卷一一：「當宗為護，住處俱得也。」（七二六頁下）

〔三八〕**若野火燒寺，聽逆除中間草**　資持卷中三上：「四分火難，（三〇九頁下）上開壞生。」（三一〇頁上）

〔三九〕**若作坑壍斷，若以土滅，若逆燒除之**　資持卷中三上：「『若』下，開掘地。土滅者，以土撲也。逆燒，『燒』字去呼，謂迎前野火也。除即去土，不使旁延。」（三一〇頁上）

〔四〇〕**若地被燒，亦名非地**　資持卷中三上：「善見前明非地，文列三相。砂地土少，無犯。僧祇半砂，吉。義準砂少，即同生地。」（三一〇頁上）鈔批卷一八：「立謂：其地先有沙，後雨水衝之，則和土也。」（七七五頁上）【案】善見卷一五，七八〇頁中。

〔四一〕**若野火來近寺，為護住處故，比丘得剗草掘土，以斷火**　鈔批卷一八：「謂此是遮戒，有緣得開。故十門云『遮戒一往制止，有益便開』，即其義也。」（七七五頁上）

〔四二〕**餘如諸部**　資持卷中三上：「下指諸部，同開掘壞，重故不引。」（三一〇頁上）簡正卷一一：「即三千威儀云：若火來、水、風、王、賊等，召沙彌等，有打鐘方法。前約有人，若蘭若無人，如五分注。」（七二六頁下）

〔四三〕**使僧尼掘地，作知淨語，提**　鈔科卷中三：「『多』下，釋第四。」（七二頁中）資持卷中三上：「釋第四緣。論文前明僧犯。僧尼作淨語者，法不對人，作不成故。」（三一〇頁上）【案】多論卷六，五四三頁下。

〔四四〕**若教下三眾、淨人，不作知淨語，吉**　資持卷中三上：「下明三眾。無緣犯者，有緣開故。」（三一〇頁上）資持卷中三上：「有人無法違佛制，吉；掘即犯提。」（三一〇頁上）

〔四五〕**若三眾不為三寶利益緣**　鈔批卷一八：「然三眾發戒，與大僧齊。令但有三寶

利益等緣，故開不犯。其律中結吉者，據無緣時而作也。」（七七五頁上）

〔四六〕**蘭若無淨人，聽比丘以水澆地、剗草布蹋，使成泥，取用**　鈔科卷中三：「『五』下，釋第三。」（七二頁中）資持卷中三上：「五分緣開有淨人則犯，剗草、斬乾草，以和泥也。」（三一〇頁上）【案】五分卷二七，一八〇頁中。

〔四七〕**覆處地得自掘**　鈔批卷一八：「景云：此舉覆處，明內為言。若是明外際，簷下則犯，以非覆處攝故。而明內得自掘者，以覆土不能生草種故也。」（七七五頁上）【案】僧祇卷一九，三八五頁上。

〔四八〕**四分文中不了**　資持卷中三上：「以律不犯中，除屋內土不犯，但云除土，不言得掘，是文不了。（下『不犯中』不引。）疏引古解云：屋內死浮土也。今師云，準如僧祇：露處死土、屋中自掘藏物者，得。（是知：露處約死、覆處不論死活。）」（三一〇頁上）簡正卷一一：「以文中列屈（【案】『屈』疑『掘』。次同。）內土，即自解云：此死浮土也。若使除屈內土，即得掘內地。僧祇（原注：『僧』上一有『准如』二字。）：露處死土，屈中、自掘中藏物者，得。即是決四分文也。」（七二六頁下）鈔批卷一八：「立謂：四分但言生處不得壞，死處得壞，則不明覆露處，致令古師所執不同。或云土壞是死地，縱在屋下，若連地，（七七五頁上）皆是生。此言濫也。由當律不了，今故引祇，證覆地即名死土。景云：古師以將崩岸土來難，以律開通文中，取崩岸土不犯。但得取土，不得損地，我亦覆處，唯得取土，不得損地，此引非例。以覆露雨殊，祇文極顯。」（七七五頁下）

〔四九〕**若曳材、竹、木**　資持卷中三上：「『若』下，明作務九相。疏云：四分反甎曳材，不犯。僧祇：犯者，俱有心也。（前云：曳木驅牛、馬等。）然律開，文緩而義急，故一切通開，不故掘也。（疏文。）是則，僧祇無心亦開，四分故意亦犯。（凡與上文相違，並宜此斷。）」（三一〇頁上）【案】資持釋文中「作務九相」，即「若曳材」下等九個「若」字所引。

〔五〇〕**若籬倒扶正，若反甎石**　鈔批卷一八：「景云：以無損地故。此土悉是覆處。（疑云：既是覆處，何用言無心故？始不犯也。）」（七七五頁下）

壞生種戒〔一〕**十一**

具緣如上〔二〕**。**

四分云〔三〕**：壞鬼神村者，波逸提。鬼者，非人是**〔四〕**。村者，一切草木是**〔五〕。言草木為非人所依，故具引諸部通解，恐無知者濫用〔六〕。**十誦云：村者，蚊蝱**〔七〕**、蛺蝶**〔八〕**、蟻子，諸蟲以之為舍也。僧祇戒本**〔九〕**：壞**

種子、破鬼神村者，墮。如此會通，相同明鏡〔一〇〕。

律中，五種村〔一一〕謂根種、枝種、節種、覆羅種、此言雜種〔一二〕。子子種〔一三〕等。若斫、截，墮；炒、釘杙、火燒，一切並提〔一四〕。若斷多分生草木，墮；半乾半生，吉羅〔一五〕。

僧祇云：根種、莖種，以刀中破淨〔一六〕。節種者，以刀破，又摘卻芽目〔一七〕淨。心種者，蘿勒蓼等，揉搓淨〔一八〕。子種者，十七種穀〔一九〕，脫皮淨。火淨，通五種〔二〇〕。五果中：裏核種，如棗、杏之屬也。爪甲淨，去核食；火淨，合食。火淨者，謂生、熟二棗合核〔二一〕。膚裏種〔二二〕者，火淨合食。如蓽茇〔二三〕、桑椹、梨、奈〔二四〕之類。若熟時落地〔二五〕，傷如蚊腳者，名創〔二六〕淨，去子食。殼裏種〔二七〕者，火淨。椰子、胡桃、石榴之屬。檜裏種〔二八〕者，香茅、蘇荏之類。未有子揉搓，有子火淨。角〔二九〕裏種者，淨法如檜裏法。大、小豆等。準此，蒿中含子之草，應得火淨〔三〇〕。但令相著，即得淨法爾故〔三一〕。又云〔三二〕：寺主有穀倉未淨，畏年少比丘不知戒相〔三三〕，先令淨人火淨訖，乃至盡來，恒言「舂去」，不犯〔三四〕；餘事類知〔三五〕。若以五生種，擲著池井水中、大小便中、糞埽中，越；死，犯提〔三六〕。若草中行，欲令草死，越；傷如蚊腳，提〔三七〕。石上生衣，衣上生毛，食餅生毛，使淨人知〔三八〕；若日曝知乾，得自刻除。雨後舉木，越；傷草者，墮〔三九〕。淨人先舉，比丘後佐，無罪。四分中，開舉木石者，先不知著草上〔四〇〕也。夏中行，畏失道故，以餘物繫草為記，來還解者，無犯〔四一〕。泥雨滑倒，捉草挽斷，更捉亦斷，皆開〔四二〕。水中浮萍，不得撥開〔四三〕；牛馬行處，得；無者，捉土石仰擲空中〔四四〕，言「至梵天上去」，若後下時打水開，得用。此即沙門淨法。若泥作時，欲飲水者，得葉中飲〔四五〕。無淨人取者，得就樹上葉中飲，不得挽斷。高不及者，搖取乾葉。若已衰黃，斷者，越；華生者，提。水中翻覆浮萍者，越〔四六〕；擲岸上，墮。若入水洗時，水草著身者，以水澆令入水。若斷朝菌，吉羅〔四七〕。善見云：若須華果，攀枝下，使淨人知；亦得抱淨人取〔四八〕。律中：比丘道中行，妨草者，聽以竹壓草，若石木鎮上。準前暫時〔四九〕。

五分：凡諸草木，若有所須，語淨人言：「汝知是〔五〇〕。」若不解者，又語言：「汝看是。」若不解，復語：「我須是。」若不解，復語：「與我是。」壞地亦然。皆謂知比丘身不得折損，口不合斫掘，方乃靜緣心淨〔五一〕。

若生草覆道，開路故〔五二〕，枝折葉落，不故作，不犯。

十誦：一時壞五種子，五波逸提〔五三〕。此律，一業壞多種，隨多少結〔五四〕。乃至前戒〔五五〕，令淨人掘，隨掘隨墮。不同僧祇取前事止，方結。

四分中，若五生種，如柳、榴之類，就地、離地壞，皆犯墮〔五六〕。非五生種，如離地槐櫰、楡、柏之屬，已萎者，得〔五七〕；若與地連，得墮〔五八〕；若離地，色未改者，吉羅〔五九〕，名壞相也。

不犯〔六〇〕者。言「看是，知是」；若斷乾枯草木；若於生草木上曳材、曳竹、正籬障；若撥墼石〔六一〕；若取牛屎；若生草覆道，以杖披遮令開；若以瓦石拄之而斷傷草木；若除經行地土〔六二〕；若掃經行地；若以杖築地，而誤撥生草木斷者，無犯。

【校釋】

〔一〕壞生種戒　資持卷中三上：「（佛在曠野城。因前造房，斫伐神樹，非沙門法，呵責而制。）壞，音『怪』，損也。壞即是業，生種即境。禁斷此過名戒。」（三一〇頁上）【案】本戒鈔科稱為「壞生戒」。四分卷一二，六四一頁下開始。

〔二〕具緣如上　資持卷中三上：「指緣同前。但改一、二為生種耳。」（三一〇頁上）簡正卷一一：「一、生草木，二、生草相，三、自壞使人，四、不知淨語，五、傷，便犯。」（七二六頁下）鈔批卷一八：「此戒制意，且緣同前『掘地戒』。礪云：此戒不別有緣起，舉前房戒緣中斫樹以為緣起耳。」（七七五頁下）

〔三〕四分云　鈔科卷中三：「初，正名遮濫。」（七二頁中）【案】「四分云」下明犯相。

〔四〕鬼者，非人是　簡正卷一一：「謂但異於人類，總是非人。」（七二六頁下）

〔五〕村者，一切草木是　簡正卷一一：「諸草木為村，十誦云：蚊、蟻諸虫以之為舍。四分：神依止故，如世聚落，故云村也。」（七二六頁下）

〔六〕故具引諸部通解，恐無知者濫用　資持卷中三上：「『故』下，遮濫。恐有迷名，謂毀神廟，『諸部』即下所引。」（三一〇頁上）簡正卷一一：「破古也。初有古師云：鬼神村者，即今神廟是也。次有古師云：以戒緣，斫神樹，非（原注：『非』上一有『應』字。）廟屈，但約極大樹，是非人所依，（七二六頁下）即名村也。若小小草木，及諸種子之類，壞即不犯。今簡斯濫故，引諸部通解不謬也。初引十誦，既云諸虫為舍，則何簡大小。次（原注：『次』下一有『引』字）僧祇，壞種子、破鬼村，亦何假大樹及與廣窟。」（七二七頁上）鈔批卷一八：「立謂：古人有云，樹木者，為非人所依。若小草及種子，則非所依，壞有何過？今不同之。古師立此戒名，或云『壞生艸木戒』，以艸木為非人所依，名村也。種子非例。今鈔立名，名『壞生種戒』。」（七七五頁下）

〔七〕**蚊蝱** 資持卷中三上：「十誦中，蚊，音『盲』，合作『虻』。」（三一〇頁上）

〔八〕**蛺蝶** 鈔批卷一八：「『蛺蝶』等者，上『兼牒』反。賓云：案十誦律通於鬼畜，總名為村。故彼律第十云：鬼村者，謂生草木，眾生依住。眾生者，謂樹神、眾神、河神、舍神、交道神、市神、都道神、蚊、虻、蛣、蜣、蛺、蝶、噉麻虫、蝎虫、蛾子等是。眾生以草木為舍，亦以此處為村。聚落城邑，依之而住也。」（七七五頁下）

〔九〕**僧祇戒本** 資持卷中三上：「僧祇兩分，即名草木為鬼神村。」（三一〇頁上）

〔一〇〕**如此會通，相同明鏡** 簡正卷一一：「引上二律，和會釋通，相狀如鏡，鑒照分曉，不須妄執也。」（七二七頁上）鈔批卷一八：「立謂：諸部各言生草種等，（七五五頁下）並非人所依。引十誦、僧祇明文，事同明鏡。案十誦文云：若比丘斫伐鬼神村、種子村，波夜提也。」（七七六頁上）

〔一一〕**五種村** 資持卷中三上：「四分初示生種。五種者，古記引首疏云：合五為三：一、根種，分二；不假節生者，名根種，如薑、芋、蘿蔔；若假節生者，名覆羅種，如蘆葦、芹、蓼等。）二、枝種，亦二；（不假節生，名枝種，如柳、榴之類；假節生名節種，如藕、蕪等。）三、種子，子復生子，故名子子，（如五穀等。）」（三一〇頁上）鈔批卷一八：「立謂：諸部各言生草種等，（七五五頁下）並非人所依。引十誦、僧祇明文，事同明鏡。案十誦文云：若比丘斫伐鬼神村、種子村，波夜提也。律中，五種村等者，礪云：生雖五義，合為三：第一種，根生；二種，枝生；三、種子生。根、莖各分二：初，根中不假節生，作根種之名；二、根中假節生者，作覆羅之稱。枝種亦二：初，枝中不假節生者，作枝種之名；二、假節生者，作節生之目。子種中，當體立一始末，差分離成，故有五分。根種者，用根為種，故曰根種，即如薑、芋、蘭、蔔等是也；枝種者，用枝為種，故曰枝種，即如楊柳、石榴、苟杞等；節種者，謂用節為種，故曰也，如蓼、甘蔗等是也。」（七七六頁上）【案】「律中五」下，引四律論釋第一緣。

〔一二〕**覆羅種，此言雜種** 資持卷中三上：「離四種外，總收一切。（三一〇頁上）戒疏則指芹、竹，（芹菜與竹。）僧祇以為勒蓼。」（三一〇頁中）鈔批卷一八：

「戒疏云：言覆羅者，根中（原注：本文無『中』字。）假節生，如芹、竹等也。立謂：有根、有莖，如橘、柚等。樹若無根有枝、有根無枝，俱不可生。假根假節而生，故曰雜種。」（七七六頁上）

〔一三〕**子子種**　鈔批卷一八：「如芥菜子等是也。」（七五六頁上）

〔一四〕**若斫、截，墮；炒、釘杙、火燒，一切並提**　資持卷中三上：「『若』下，次明損壞。斫截墮，注戒作『墮落』。上明全生者。」（三一〇頁中）鈔批卷一八：「礪問：打杙樹上，隨打多少，一一提罪。『殺生何不隨斫得提，要待命斷耶？』答：『艸木有多生相，故隨壞處，皆障一分生不起。是以隨壞得罪。畜生報者，一假名命，要斷方犯。』」（七七六頁上）【案】「釘」，底本作「針」，據大正藏本、敦煌甲本、敦煌乙本及弘一校注改。

〔一五〕**若斷多分生草木，墮；半乾半生，吉羅**　資持卷中三上：「『若斷』下，明萎乾者，多分生，謂生分過半也。」（三一〇頁中）

〔一六〕**根種、莖種，以刀中破淨**　鈔科卷中三：「僧祇（二）：初，引種果作淨法；二、『又』下，引行護開制法。」（七二頁下）資持卷中三上：「初科，先配五種。莖，即枝也。」（三一〇頁中）簡正卷一一：「謂前辨五種，已知。然則淨法未委，故次明也。前五生種，名有淨法。」（七二七頁上）【案】僧祇卷一四，三三九頁～三四〇頁。

〔一七〕**芽目**　鈔批卷一八：「牙目者，有云：在土曰牙，出土曰目。」（七七六頁上～下）【案】「芽」，底本為「牙」，據僧祇、大正藏本和弘一校注改。

〔一八〕**心種者，蘿勒、蓼等，揉搓淨**　簡正卷一一：「心種者，要也。如根種中，要根要節，合始成種故，謂此種為心種也。」（七二七頁上）資持卷中三上：「心即覆羅蘿勒。蓼，即蘭香也。揉搓，兩手相錯。」（三一〇頁中）鈔批卷一八：「蘿勤者，本名蘿勒者，趙主石勒，改曰蘭香。」（七七六頁上～下）扶桑記：「揉搓，僧祇音釋云：以手挻也。又，調順也。」（二三〇頁上）

〔一九〕**十七種穀**　鈔批卷一八：「僧祇云：一、稻，二、赤未稻，三、小麥，四、𪍿麥，五、小豆，六、胡豆，七、大豆，八、豌豆，九、粟，十、黍，十一、麻子，十二、薑句，十三、闍豉，十四、波薩陀，十五、莠子，十六、脂那，十七、俱陀娑。頌曰：稻赤小麥𪍿，小豆胡大豌，粟黍麻薑句，闍豉波薩陀，莠子及脂那，十七俱陀娑。上十七種，俱脫皮淨也。」（七七六頁下）資持卷中三上：「（諸梵言，並未詳何物。）。」（三一〇頁中）【案】僧祇卷一四，三三九頁。

〔二〇〕**火淨，通五種**　簡正卷一一：「謂五種。若火淨，通得食核。」（七二七頁下）資持卷中三上：「上四淨法，皆局對故。」（三一〇頁中）

〔二一〕**生、熟二棗合核**　資持卷中三上：「注二棗者，熟謂在樹。熟者，生如青棗，以火觸故，表裏皆淨，故得合核。」（三一〇頁中）鈔批卷一八：「未乾曰生。今時乾棗曰熟，皆須大津，得合椀食。景云：此文中具列五生種，即上：一、根，二、枝，三、節，四、覆羅，五、子子是也。下則五果，謂：一、核果，二、膚果，三、殼果，四、檜果，五、角果。在文細尋，方見也。」（七七六頁下）簡正卷一一：「二棗熱者，謂在樹上熱，今時日成乾棗，亦須火淨。二、膚菓，三、殼菓，四、檜菓，五、角菓。如文檜者，（『苦會』反也。）」（七二七頁下）

〔二二〕**膚裹種**　資持卷中三上：「膚謂皮膚，無核有子。」（三一〇頁中）【案】「裹」，底本為「果」，據僧祇及弘一校注改。

〔二三〕**蓽茇**　資持卷中三上：「蓽茇，味辛而香。」（三一〇頁中）

〔二四〕奈　資持卷中三上：「蓽茇，味辛而香。奈似林檎而小。」（三一〇頁中）

〔二五〕**若熟時落地**　扶桑記：「多論有兩種淨：一故作淨，二不故作淨。落傷等是不故作淨。」（二三〇頁上）

〔二六〕**創**　資持卷中三上：「『創』字平呼。」（三一〇頁中）【案】「傷」，底本為「破」，據大正藏本、貞享本、敦煌甲本、敦煌乙本、僧祇及弘一校注改。

〔二七〕**穀裹種**　【案】穀，底本為「殼」，據僧祇及弘一校注改。「裹」，底本為「果」，據僧祇、敦煌甲本、敦煌乙本及弘一校注改。「者」，底本為「有」，據大正藏本、貞享本、敦煌甲本、敦煌乙本及弘一校注改。扶桑記為「縠」，並言：「現本作殼，與殼同。今案津刊會本仍作縠。」（二三〇頁上）

〔二八〕**檜裹種**　資持卷中三上：「指歸云：麤糠皮故，謂之檜。此果最小，皮如麤糠。輕重儀中謂松柏子也。」（三一〇頁中）【案】裹」，底本為「果」，據僧祇、敦煌甲本、敦煌乙本及弘一校注改。

〔二九〕**角**　資持卷中三上：「角即菱豆也。」（三一〇頁中）【案】此處兩個「裹」字，底本均為「果」，據僧祇、敦煌甲本、敦煌乙本及弘一校注改。

〔三〇〕**蒿中含子之草，應得火淨**　資持卷中三上：「『蒿』者，此屬子種。恐謂葉隔，不成火淨，故準檜角，以決之耳。」（三一〇頁中）簡正卷一一：「鈔意義准前檜菓，既云有子火淨，今蒿草有子，亦須令相看火淨也。」（七二七頁下）

〔三一〕**但令相著，即得淨法爾故**　資持卷中三上：「『但』下，示作淨法。已前五果，火淨亦通，餘淨各局，在文可尋。」（三一〇頁中）鈔批卷一八：「立謂：一切法要令果子相著，不得隔莖幹，淨則不成。如淨甘蔗，要須除殼，合速淨得成。若不除殼，唯所觸者成淨。餘者不成，由中間隔殼。又云：前稽果，既云有子火淨，我今蒿草等上有子，合束相著，亦應成淨，此是義准耳。」（七七六頁下）

〔三二〕**又云** 資持卷中三上：「行護中。有十一節，隨次點示。」（三一〇頁中）鈔科卷中三：「『又』下，引行護開制法。」（七二頁下）

〔三三〕**畏年少比丘不知戒相** 資持卷中三上：「初，明總淨。『畏年少』者，恐彼不作淨語故。」（三一〇頁中）簡正卷一一：「引此火淨穀事為證，前蒿草等含子，但令相著火淨，並得也。」（七二七頁下）【案】此為「行護」十一節之一。

〔三四〕**恒言「春去」，不犯** 資持卷中三上：「由先已淨，不須淨語。」（三一〇頁中）【案】此為「行護」十一節之一。

〔三五〕**餘事類知** 資持卷中三上：「已前種果，皆可準之，故云餘事類知。」（三一〇頁中）

〔三六〕**若以五生種，擲著池井水中、大小便中、糞埽中，越；死，犯提** 資持卷中三上：「『若以』下，明壞種。越，是方便死。提，即果罪。」（三一〇頁中）【案】此為「行護」十一節之二。

〔三七〕**若草中行，欲令草死，越；傷如蚊腳，提** 資持卷中三上：「『若草』下，明踐草。言欲令者，即是故心。」（三一〇頁中）【案】此為「行護」十一節之三。

〔三八〕**石上生衣，衣上生毛，食餅生毛，使淨人知** 資持卷中三上：「『石』下，明護衣毛。石衣即苔蘚。毛謂蒸潤生者，皆有生性故。」（三一〇頁中）鈔批卷一八：「石上生衣者，即見石上生花也。餅上生毛等者，景云：此舉並得吉，由是壞相故。」（七五六頁下）【案】此為「行護」十一節之四。

〔三九〕**雨後舉木，越；傷草者，墮** 資持卷中三上：「『雨』下明舉物。與下『不犯』相違，故注和會。」（三一〇頁中）簡正卷一一：「玄云：前戒引祇，舉木博瓦等經雨。若自取，墮。據壞地性邊結，令據壞生氣分，故越」（七二七頁下）【案】此為「行護」十一節之五。

〔四〇〕**開舉木石者，先不知著草上** 簡正卷一一：「鈔意謂四分開舉石木，今祇舉木犯越二文。所以相違者，即引注文通之。」（七二七頁下）【案】「上」，底本為「土」，據大正藏本及弘一校注改。

〔四一〕**夏中行，畏失道故，以餘物繫草為記，來還解者，無犯** 資持卷中三上：「『夏』

下，明暫繫。夏有時限，故遍言之。」（三一〇頁中）【案】此為「行護」十一節之六。

〔四二〕**泥雨滑倒，捉草挽斷，更捉亦斷，皆開**　資持卷中三上：「『泥』下，明緣開。」（三一〇頁中）【案】此為「行護」十一節之七。

〔四三〕**水中浮萍，不得撥開**　資持卷中三上：「『水』下，明護浮萍。」（三一〇頁中）【案】此為「行護」十一節之八。「萍」，底本為「蓱」，據僧祇、大正藏本及弘一校注改。「撥」，底本為「發」，據僧祇、大正藏本、貞享本、敦煌甲本、敦煌乙本及弘一校注改。

〔四四〕**捉土石仰擲空中**　資持卷中三上：「『擲石』至『天』者，何有此理？開必須法，令無自任，恐生輕疑，故特注之。」（三一〇頁中）

〔四五〕**若泥作時，欲飲水者，得葉中飲**　資持卷中三上：「『若』下，明作務。就葉飲者，以泥作手污，不執餘器故。」（三一〇頁中）【案】此為「行護」十一節之九。

〔四六〕**水中翻覆浮萍者，越**　資持卷中三上：「『水』下，明損淨萍。水草即萍等。」（三一〇頁中）鈔批卷一八：「景云：此舉不離水也。離即得提。」（七五六頁下）【案】此為「行護」十一節之十。「萍」，底本為「蓱」，據僧祇、大正藏本及弘一校注改。

〔四七〕**若斷朝菌，吉羅**　資持卷中三上：「『若』下，明非久物。朝菌即地蕈。指歸云：此生於地，八月有，朝生暮死。準此例，上衣毛損，應得吉。」（三一〇頁下）簡正卷一一：「朝菌者，（『渠殖』反），注爾雅云：木耳也，或云桑葜（『而兖』反。），生相不久，但得吉也。」（七二七頁下）【案】此為「行護」十一節之十一。

〔四八〕**抱淨人取**　資持卷中三上：「善見以淨人幼小，故開。」（三一〇頁下）【案】善見卷一五，七八〇頁下。

〔四九〕**準前暫時**　資持卷中三上：「注文指前，即僧祇繫草文。」（三一〇頁下）鈔批卷一八：「深云：上文道行，記處繫草，并此中妨竹。押石鎮者，（七七六頁下）皆謂暫時故耳，須除也。」（七七七頁上）【案】「時」，底本為「前」，據大正藏本及鈔批釋文改。

〔五〇〕**汝知是**　鈔科卷中三：「『五』下，釋第四。」（七二頁中）資持卷中三上：「五分初明淨語，次列四種，解一即止，隨言通得。四皆云『是』，即指前物。」（三一〇頁中）【案】資持釋文中「四皆云是」，即汝知是、汝看是、我須是、與我是。五分卷六，四二頁上。

〔五一〕**皆謂知比丘身不得折損，口不合斫掘，方乃靜緣心淨**　資持卷中三上：「注顯知淨。知屬前人，淨在比丘。由解此義，故號淨人。『不合』下應加『言』字助之。」（三一〇頁下）

〔五二〕**若生草覆道，開路故**　資持卷中三上：「『若』下，明緣開。開路不犯，文言『不』故，異上僧祇。」（三一〇頁下）

〔五三〕**一時壞五種子，五波逸提**　鈔科卷中三：「『十』下，明結罪多少。」（七二頁中）資持卷中三上：「罪多少中，初對十誦明當戒。十誦從種，故止五罪，此律約業，故隨多少。」（三一〇頁下）【案】十誦卷一〇，七五頁下。

〔五四〕**此律一業壞多種，隨多少結**　簡正卷一一：「謂如比丘將一把豆一時煮，隨粒多少，一一結提。十誦文中，通結一罪。若壞五生種，方得五罪也。」（七二七頁下）鈔批卷一八：「立謂：上十誦隨壞一種，得一提，盡壞五種，得五提。四分則不然，隨壞一種，隨數多少結，不同十誦。此律，如比丘將一把豆一時煮，隨數多少，一一提。十誦律文，通得一罪。」（七七七頁上）

〔五五〕**乃至前戒**　資持卷中三上：「『乃』下，次對僧祇辨前戒。」（三一〇頁下）簡正卷一一：「因便以論，謂前『掘地』，不作淨語，隨掘多少，一一結提。若僧祇文，取掘住持（原注：『持』一作『時』。），方結一罪。故知壞生掘地，當部甚急，他部並寬，宜須誡世也。」（七二八頁上）

〔五六〕**若五生種，如柳、榴之類，就地、離地壞，皆犯墮**　鈔科卷中三：「『四』下，約離地辨犯。」（七二頁中）資持卷中三上：「引律前明五生，通約就地，柳榴枝種，枝可植故，離地亦犯。榴即石榴。」（三一〇頁中）鈔批卷一八：「謂如前柳、榴等，柳是楊柳，榴是石榴。此二生種，雖以離地猶生故，就地、離地俱提。」（七七七頁上）簡正卷一一：「柳榴之類就地離地壞，皆墮者，就地即在樹上也，離地即非在樹也。既已離地，不合犯提。但為此樹神亦得活，有生長義，故犯墮也。」（七二八頁上）

〔五七〕**非五生種，如離地槐櫰、楡、柏之屬，已萎者，得**　簡正卷一一：「准爾雅中，有三種葉：小而青曰槐葉，大而黑曰櫰，夜合晝開曰宮櫰。此等樹者，若已離地，其色又萎，壞之不犯，謂無生長義也。」（七二八頁上）資持卷中三上：「後明非五生，但除枝種餘離地者，文列三判，尋之可見。槐、櫰同類。葉細而青者，名槐；大而黑者，曰櫰。與地連者，猶屬生故。」（三一〇頁下）

〔五八〕**若與地連，得墮**　簡正卷一一：「若與地連，即是未離，有生相故墮。」（七二八頁上）鈔批卷一八：「『若』下，槐櫰之屬。但就地壞犯，離地已去，壞則無罪。若猶有生相，但可犯吉。此戒有兩重境想，約此而立槐櫰者，槐（『戸恢』反。），爾疋云：槐樹，葉大色黑者，名為櫰（音壞）。立云：小曰槐，大曰櫰。」（七七七頁上）

〔五九〕若離地，色未改者，吉羅　簡正卷一一：「若雖離地，色未改者，但有壞相，吉也。」（七二八頁上）鈔批卷一八：「離地色未改吉者，律中有七色：一、青，二、黃，三、赤，四、白，五、黑，六、縹（『疋眇』反），七、紫也。釋名云：縹謂淺青色也，此皆是生相之色。約離地色未改壞，亦得吉。此正是壞生相也。」（七七七頁上）

〔六〇〕不犯　資持卷中三上：「不犯有十。初，作法開，下九皆以『若』字間讀。」（三一〇頁下）【案】四分卷一二，六四二頁上。

〔六一〕若撥墼石　資持卷中三上：「墼謂土塊。」（三一〇頁下）

〔六二〕若除經行地土　鈔批卷一八：「景云：此舉地上死土也。」（七七七頁上）資持卷中三上：「因損苔草故。」（三一〇頁下）

身口綺戒〔一〕十二

四緣：一、自作身口業綺〔二〕，二、數惱不止，三、為僧單白訶止〔三〕，四、更作，便犯。

四分云：餘語者，云「汝向誰說，為論何事〔四〕」等，一切吉羅。作白已，語者，墮〔五〕。惱他者，應來不來，應坐不坐等〔六〕，身綺也。餘如口綺法〔七〕。

成論：語雖是實語〔八〕，以非時〔九〕故，即名綺語。或雖是時，以隨衰惱〔一〇〕無利益故；雖復利益，以言無本，義理不次〔一一〕。皆名綺語。即律中〔一二〕「為不恭敬人說法」，皆是。善見：畏成鬬僧，默然者，得〔一三〕。律云：若上座喚來，不來者，吉〔一四〕。

不犯〔一五〕者。

重聽不解，前語有參錯〔一六〕，便言「汝向誰說，為論何事」，乃至「我不見此罪」。若欲作非法無利羯磨〔一七〕，不與和合，喚來不來，不犯。若為作非法羯磨，若不欲知，教言「莫來」，便來，不犯。若一坐食〔一八〕，若不作餘食法食，若病，喚起不起，不犯。若命難、梵難，教「莫起」便起，不犯。若惡心問，不與說〔一九〕；若作非法事，便語者。若小語，錯誤〔二〇〕。一切不犯。

【校釋】

〔一〕**身口綺戒**　資持卷中三上：「（佛在拘睒彌。闡陀犯罪。餘比丘問，以餘事答。作白制已，遂惱僧，喚來不來等。又作白制，違白而作。故制。）」（三一〇頁下）鈔批卷一八：「依光律師，九段，引（【案】『引』疑『此』。）下即第二段。至『覆屋過量』來（【案】『來』疑『末』。），有九戒，明善將人心，隨護眾意，不相嬈行。礪云：據律緣起，前後而起，應分二戒，以其身、口二業雖殊，違制處同，故合為一戒。」（七七七頁上）【案】四分卷一二，六四二頁上開始。

〔二〕**自作身口業綺**　簡正卷一一：「口綺者，異語也。身綺者，觸慳也。謂不應理，名之為綺。」（七二八頁上）鈔批卷一八：「口業綺者，作異語之名。（七七七頁上）身業綺者，作觸惱之稱。」（七七七頁下）資持卷中三上：「身口二業，邪曲惱僧，喻如文綺。此據僧法，故犯提罪。餘非義語，止犯吉羅。戒本云：妄作餘語、惱他。（刪定戒作『異語惱僧』。）『餘語』即口綺，『惱他』即身綺，即二戒同制也。」（三一〇頁下）

〔三〕**為僧單白訶止**　鈔批卷一八：「雖身、口二綺，若僧未作單白，但得吉羅。得法後犯，故結提罪。身來僧中，應坐不坐，應立不立，身業惱僧，須與觸惱羯磨。若來僧中，口業惱僧，由不時集僧。問『何處來』，答『過去來』。僧問『何處去』，答『未來處去』。或僧與語時，反問僧言『為向誰說』、『為論何事』，此曰『口綺』，亦曰『餘語』。僧即與餘語羯磨。故僧祇十四云：若人問言『從何處來』，答言『過去中來』。『何處去』，答言『未來中去』。『何處眠』，『八木上眠』。（床有四木，并四時為八也。）『何處食』，答言『五指食』。如是不正答者，越毘尼。（此約未作，目代餘語，故言也）。」（七七七頁下）

〔四〕**汝向誰說，為論何事**　鈔科卷中三：「初，示本律結犯。」（七二頁下）資持卷中三上：「本律先明口綺。諸比丘問言：『汝自知犯罪不？』即作餘語，如文所引。而云『等』者，律文續云：為論何理？為語我為誰是誰犯罪？罪由何生？我不見罪，云何言我有罪？」（三一〇頁下）簡正卷一一：「緣起因闡陀犯罪。諸比丘問『汝自知犯不』，彼云『將事報言汝向誰說』等。」（七二八頁上）

〔五〕**作白已，語者，墮**　鈔批卷一八：「謂得單曰（原注：『曰』疑『白』。）已，更作餘語，即犯此戒。」（七七七頁下）

〔六〕**惱他者，應來不來，應坐不坐等**　資持卷中三上：「『惱』下，明身綺。由制不得餘語，後便觸惱眾僧等者。律接云：喚來不來，不喚來便來；應起不起，不應起便起；應語不語，不應語便語。（此語屬身綺，與上不同。）不指如前，

即結罪相。」（三一〇頁下）

〔七〕餘如口綺法　簡正卷一一：「亦是未白前依，得吉；白竟，提也。」（七二八頁上）鈔批卷一八：「慈云：如前口綺，未白前吉。白已犯者，墮是也。」（七七七頁下）

〔八〕語雖是實語　鈔科卷中三：「『成』下，引諸文雜相。」（七二頁下）資持卷中三上：「諸文中，成論實語次第三相，俱有過故。」（三一一頁上）

〔九〕非時　資持卷中三上：「語不合宜，即名不義。」（三一一頁上）

〔一〇〕衰惱　資持卷中三上：「令他不樂。」（三一一頁上）

〔一一〕以言無本，義理不次　鈔批卷一八：「謂出言無補，不依佛教也。」（七七七頁下）資持卷中三上：「無本謂師心也。」（三一一頁上）

〔一二〕即律中　資持卷中三上：「『即』下，指律『眾學』說法等戒，並非宜故。」（三一一頁上）

〔一三〕畏成鬪僧，默然者，得　資持卷中三上：「『善見』下，此開應語不語。」（三一一頁上）【案】善見一五，七八一頁上。

〔一四〕若上座喚來，不來者，吉　資持卷中三上：「『律』下，此約別人以論。」（三一一頁上）

〔一五〕不犯　簡正卷一一：「文有三意：初，開口綺；二、『若欲作』下，開身綺；三、『惡心』下，雜約心事辨非。」（七二八頁上）【案】不犯中，簡正分三，資持列五。

〔一六〕重聽不解，前語有參錯　資持卷中三上：「初門（【案】『門』疑『開』。）口綺。重聽謂已疾不聞。參錯謂他言不了。」（三一一頁上）

〔一七〕若欲作非法無利羯磨　資持卷中三上：「『若欲』下，次開身綺。初約非法羯磨，明來不來。」（三一一頁上）

〔一八〕若一坐食　資持卷中三上：「『若一』下，次約頭陀病難，明起不起。」（三一一頁上）

〔一九〕若惡心問不與說　資持卷中三上：「『若惡』下，約非問非法，明語不語。如上三位，一一相違，事同非犯，以緣別故。」（三一一頁上）

〔二〇〕若小語，錯誤　資持卷中三上：「『若小』下，失口非意，如常所開。」（三一一頁上）

嫌罵僧知事戒〔一〕十三

六緣〔二〕：一、是羯磨所差〔三〕，二、知是，三、如法經營，四、說嫌罵法，五、言詞了，六、前人知聞。

五分：若單白、白二差人，惱者，墮〔四〕。僧差不羯磨，及餘人，作此誣說，口口吉羅〔五〕。四分緣起，白二差之〔六〕。僧祇〔七〕：罵正拜人、倩人、倩人更倩人，三人俱墮〔八〕。因說大魚有百頭〔九〕，頭頭各異。由先為三藏，好惡罵人故。

四分〔一〇〕：若嫌者，面見不聞處，言「有愛、恚、癡」〔一一〕。罵者，反上，皆墮〔一二〕。若不受上座言，嫌罵，吉羅〔一三〕。

不犯〔一四〕者。實有其事〔一五〕，恐後悔恨，語令如法發露，便言「有愛、恚」等；若戲錯說。一切不犯。

【校釋】

〔一〕**嫌罵僧知事戒**　資持卷中三上：「（佛在羅閱城。慈地比丘嫌罵沓婆，故制。與『僧殘二謗』同時。）名中，云僧簡私請故。疏云：嫌、罵兩戒，同惱知事不殊，故合制也。」（三一一頁上）【案】本戒鈔科稱為「嫌罵知事戒」。四分卷一二，六四三頁上開始。

〔二〕**六緣**　資持卷中三上：「一、三、六屬知事，餘三屬能犯。」（三一一頁上）

〔三〕**是羯磨所差**　鈔批卷一八：「簡餘前人口差。」（七七七頁下）

〔四〕**若單白、白二差人，惱者，墮**　鈔科卷中三：「初，釋第一緣（二）。初，僧私兩差。」（七三頁中～七二頁下）資持卷中三上：「五分通單白，四分唯白二。」（三一一頁上）【案】五分卷六，四二頁中。

〔五〕**僧差不羯磨，及餘人，作此誣說，口口吉羅**　鈔批卷一八：「非羯磨者，罵但得吉。立謂：此律白二差也。五分隨用單白、白二兩法差也。」（七七七頁下）簡正卷一一：「餘人者，一、二、三人差，曰餘人也。」（七二八頁下）資持卷中三上：「餘人，即佐助者。誣謂欺枉。」（三一一頁上）【案】「差」，音「釵」。下幾處同。

〔六〕**四分緣起，白二差之**　資持卷中三上：「四分緣起。即沓婆羅漢厭無學身，求堅固法。佛令營僧事，羯磨請之。」（三一一頁上）

〔七〕**僧祇**　鈔科卷中三：「『僧』下，正情俱犯。」（七三頁下）

〔八〕**罵正拜人、倩人、倩人更倩人，三人俱墮**　資持卷中三上：「初示犯。正拜，即僧法差者。彼律通召差人為拜人，不獨知事。業疏引云：一切拜人羯磨，並四人法是也。展轉倩人，同犯者，由彼自倩，即同正人。五分餘人應非自倩，或是部別之異。」（三一一頁上）簡正卷一一：「正拜人者，是羯磨所差也。此蓋飜譯人取意，故言『拜』。如今時筞某人為宰相，便云『拜相』也。倩者，正拜人自倩、倩人更倩、展轉三人，罵俱犯提也。」（七二八頁下）鈔批卷一八：「正拜人者，立謂：喚被差者曰正拜人。此人有緣，更請別人，權知僧事。所倩人，復緣事更倩一人。若隨罵此三人，皆提。景云：被僧白二差者，（七七七頁下）名正拜人，如俗官受職之類致拜也。賓云：祇文詺『差』為『拜』也，盖是譯家取意，故言拜人，乃至差五德，亦言拜。五法成就者，作自恣人。今詳。此謂拜冊也，如今國家冊太子，冊王、附馬，皆名拜冊也。非謂差五德及知事時，要合五德拜也。案祇文云：若拜人、拜囑人、拜囑囑人。下即解云：拜人者，查婆是也。拜囑人者，查婆倩餘人料理僧事是也。拜囑囑人者，所倩人復轉倩人料理僧事是也。嫌憤（原注：『憤』疑『責』。）此三人者，皆得提罪。」（七七八頁上）

〔九〕因說大魚有百頭　資持卷中三上：「引此緣者，深誡後學。而世講師，身臨法座，多相毀讟，請思來報，彌須畏慎。」（三一一頁上）簡正卷一一：「祇云：佛在跋祇園，人間遊行，與諸比丘眾至一故河邊。見捕魚人提大網，沈石浮瓠，順水而上。岸邊各二百五十人，叫喚牽網向岸。爾時，眾魚皆墮網中。有大魚，有百頭，百頭各異，象、馬、牛、羊之類。佛見已，喚之便應。又問：『汝母今在何處？』答：『在閣（音清）爾中為虫。』諸比丘問佛，佛言：『此大魚是迦葉佛時，三藏比丘好惡口故，受雜類頭報。其母受他供給，不消利養，皆是施物作廁中虫。』佛說是因緣，時二百五十人，皆止網業，出家學道，成阿羅漢。故知，口業須大塡（【案】『塡』疑『慎』。）之。」（七二八頁下）

〔一〇〕四分　鈔科卷中三：「『四』下，釋第四緣。」（七三頁中）

〔一一〕面見不聞處，言「有愛、恚、癡」　資持卷中三上：「注文傳誤，合作大書。」（三一一頁上）【案】資持言「大書」，即意本句當為正文，不是注文。「面」，底本為「而」，據大正藏本、貞享本、敦煌甲本、敦煌乙本改。

〔一二〕反上，皆墮　資持卷中三上：「反上者，聞聲不見面，如隔障處。疏云：此與『罵戒』有四別：一、前是泛僧，此僧知事；二、前戒不問虛實，此說實不犯；（三一一頁中）三、罵詞不同，（前列多種毀呰，此戒但言愛、恚；）四、前非知事，見聞互離輕。此敬護重，互離犯提。」（三一一頁下）

〔一三〕若不受上座言，嫌罵，吉羅　資持卷中三上：「『若』下，相因而制。」（三一一頁中）鈔批卷一八：「言慊罵者，礪云：見而不聞處，說有愛恚等曰慊；聞聲不見處曰罵。」（七七八頁下）扶桑記：「現本云：『若上座教汝嫌罵，若受教嫌罵，突吉羅。』準之，今文剩一『不』字，恐是多寫。」（二三一頁上）

〔一四〕不犯　資持卷中三上：「明同友相利，故無有過。」（三一一頁中）

〔一五〕實有其事　鈔批卷一八：「謂實有愛、恚、痴等也。」（七七八頁下）

露敷僧物戒〔一〕十四

六緣〔二〕：一、四方僧牀敷〔三〕；二、知是；三、露處；四、自敷，使人；五、去時不自舉，不教人舉；六、出門。便犯。

五分〔四〕：見僧臥具在露地，以不自敷、不使人敷故，而不舉，亦墮〔五〕。到尼寺敷尼僧臥具，不舉亦提〔六〕。白衣入寺，應借僧臥具受用。又，俗人家會，借僧臥具〔七〕，食訖，比丘不舉，亦墮。若知事暴僧臥具，在邊若禪若眠，吉〔八〕。

僧祇：若僧牀上安像，比丘禮拜，手觸不舉者，墮〔九〕。若多人禮拜，悉皆手觸，屬最後者，犯墮〔一〇〕。若春月〔一一〕敷牀後，付囑人知，捨去，無犯。若行路中，挽亂草坐已，去時聚已當去〔一二〕。

多論：露地敷已，不囑人，遊行諸房，吉〔一三〕。

四分〔一四〕：彼以僧物付僧知事，言『我今付授汝，汝守護看』。若都無人者，當舉著屏處。若無屏處，必知無壞，當持麤者覆好者上。若即時還，便應〔一五〕；隨雨中、疾，及時還〔一六〕，應往；彼次第作如是方便，應去〔一七〕。若不作，初出門，墮〔一八〕。若方便還悔〔一九〕，一切吉。若二人同牀，下座應收，不者墮、吉，上座單提〔二〇〕。若俱不收，二俱墮〔二一〕。餘空牀、踞牀、几等不收，及臥具表裏，一切吉羅〔二二〕。若露敷僧物，而入房思惟，吉羅〔二三〕。

不犯〔二四〕者。若取僧物露敷，去時語舊住人、摩摩帝、經營人令知。如上方便者，一切不犯。

【校釋】

〔一〕露敷僧物戒　資持卷中三上：「（佛在舍衛。長者請僧，十七群取僧坐具，露敷往食不收，風塵虫鳥壞污。因制。）。多論：三義故制：一、須掌護，使資身行道，得安樂故；二、同心愛惜，長彼信敬故；三、令受用福，反資施主善根成就故。」（三一一頁中）【案】四分卷一二，六四三頁下開始。

〔二〕六緣　資持卷中三上：「僧物有三，如『迴僧物戒』。今取已捨，與僧犯墮。餘二結輕。」（三一一頁中）

〔三〕**四方僧牀敷**　資持卷中三上：「床即繩床、木床。敷謂臥具、坐褥。」（三一一頁中）

〔四〕五分　鈔科卷中三：「『五』下，釋第五。」（七三頁中）

〔五〕**見僧臥具在露地，以不自敷，不使人敷故，而不舉，亦墮**　資持卷中三上：「五分初明犯墮，並以事異而犯同故，三皆言亦。初見不舉，雖非自敷，不惜護故。」（三一一頁中）鈔批卷一八：「見僧臥具在露地，雖非自敷、教敷，若見不舉，即提。」（七七八頁下）

〔六〕**到尼寺敷尼僧臥具，不舉亦提**　資持卷中三上：「尼寺犯者，皆僧物故。」（三一一頁中）

〔七〕**俗人家會，借僧臥具**　資持卷中三上：「借俗犯者，恐損失故。」（三一一頁中）

〔八〕**若知事暴僧臥具，在邊若禪若眠，吉**　簡正卷一一：「僧臥具不得。禪眠恐雨來不覺，得吉也。」（七二八頁下）資持卷中三上：「『若』下，明犯輕。二緣俱非心過，但情慢故吉。」（三一一頁中）

〔九〕**若僧牀上安像，比丘禮拜手觸，不舉者，墮**　資持卷中三上：「初明安像必約露處，手觸即同受用故犯。」（三一一頁中）簡正卷一一：「既曾經手觸，即共自（七二八頁下）敷不別。」（七二九頁上）鈔批卷一八：「景云：此舉在露地，見像不舉故犯。立謂：敷僧臥具在床，床安佛像，比丘於上拜佛已。手觸竟，須舉取臥具。有眾多人，屬最後者犯。」（七七八頁下）

〔一〇〕**若多人禮拜，悉皆手觸，屬最後者，犯墮**　資持卷中三上：「『若』下，明囑他，不舉亦開。」（三一一頁中）

〔一一〕**春月**　簡正卷一一：「即四月有雨月也。」（七二九頁上）資持卷中三上：「文標春月，不慮損故。餘時，義應不許。」（三一一頁中）

〔一二〕**若行路中，挽亂草坐已，去時聚已當去**　資持卷中三上：「『若行』下，明別制。此非僧物，但是乖儀，有違應吉。」（三一一頁中）簡正卷一一：「舉小況大也。通表有慚之人。」（七二九頁上）

〔一三〕**露地敷已，不囑人遊行諸房，吉**　資持卷中三上：「多論遊房吉者，非捨去故。」（三一一頁中）簡正卷一一：「亦恐暴雨不覺，故與吉也。」（七二九頁上）【案】多論卷六，五四四頁中。

〔一四〕**四分**　資持卷中三上：「四分有四。初，明捨去方便，次第四種，並以『若』字分之。初，囑知事，二、舉屏處，三、好蓋覆，四、作意還。」（三一一頁中）

〔一五〕**若即時還，便應**　簡正卷一一：「問：『列緣中，出門即犯，今此聽往者何？』

答：『前出門結，據未返為言，今據暫行，開茲方便也。』」（七二九頁上）資持卷中三上：「上句明即還。『應』下，脫『去』字。律云『便應去』。又，疑『便』字寫倒，今將連下讀之。」（三一一頁中）【案】「便應」，底本為「應便」，據敦煌甲本、敦煌乙本及四分和資持文義改。

〔一六〕**隨雨中、疾，及時還**　鈔批卷一八：「謂計去後還前無雨也。」（七七八頁下）資持卷中三上：「言雨中者，律云：若疾雨疾還，不壞坐具者，應往。若中雨中行，及得還者，應往。若少雨少行，及得還者，應往。（皆謂去時，作如是意。）今但云隨雨及時，通收義足。」（三一一頁中）【案】「中」即中雨。

〔一七〕**彼次第作如是方便，應去**　資持卷中三上：「『彼』下，總結。初，明順法。」（三一一頁中）

〔一八〕**若不作，初出門，墮**　資持卷中三上：「『若不』下，明違犯。正罪方便，如文所列。」（三一一頁中）

〔一九〕**若方便還悔**　簡正卷一一：「律云：一足在內，一足在外，欲去又應（原注：『應』一作『未』）去，還悔者，一切吉。」（七二九頁上）

〔二〇〕**若二人同牀，下座應收，不者墮、吉，上座單提**　鈔批卷一八：「景云：謂下座應收，不收，得失法罪，故吉也。律中云：以非威儀故，得吉。立謂：上座與下座同床，起時，上座令下座收，下座不收，違上座教，得吉。自不收，又得提。若上座見不收，下座不收，即合自收。既不自收，但得單墮，故曰上座單提。」（七七八頁下）資持卷中三上：「『若二』下，次，明同犯。律云：下座意謂上座當收，而上座竟不收，故犯二罪，不收故提。復以非威儀故，吉。（輒使上座故，犯二罪。）又，上座意謂，下座當收（三一一頁中）而不收，上座犯提。」（三一一頁下）

〔二一〕**若俱不收，二俱墮**　簡正卷一一：「律云：若二人共繩床並坐，下座應收，下座便作此意，准擬上座收，上座不收，下座得提。復有非威儀，吉。上座意中，謂言下座收而不收，上座提。若二人不前不後俱不收，二俱提。空床九衣，表裏損壞易脩，故但吉。入房思惟文才，恐雨不覺，亦與吉也。」（七二九頁上）鈔批卷一八：「景云：前舉同坐，下座故得提、吉。後舉別坐，各不自收，故俱提也。故律中，若二人不前不後，俱不收，二俱提。」（七七八頁下）資持卷中三上：「俱不收者，律云：二人不前不後也。（謂同臘者。）」（三一一頁下）扶桑記引行宗記：「後俱不收者，謂不前不後，同時捨去，非相擬待，故各一罪。兩記不同，各舉一義耳。」（二三一頁下）

〔二二〕餘空牀、踞牀、几等不收，及臥具表裏，一切吉羅　資持卷中三上：「『餘』下，三、明餘物。空床，非所用臥者。表裏，即內外。謂摘開各處，非全物也。」（三一一頁下）鈔批卷一八：「景云：覆衣被氈褥之衣也。（七七八頁下）此戒局臥具等。若薦席等敷，在露地，但得輕罪。」（七七九頁上）扶桑記：「會正曰：踞牀，即今小牀也，可以垂足而踞者。」（二三一頁下）

〔二三〕若露敷僧物，而入房思惟，吉羅　資持卷中三上：「『若』下，四、明別務。思惟即禪定。」（三一一頁下）

〔二四〕不犯　資持卷中三上：「但明囑付二人。律文更列力勢所持、命梵二難。不作，次第而去，不犯。」（三一一頁下）

覆處敷僧物戒〔一〕十五

五緣：一、是僧物；二者，屏處；三、自、使人敷；四、不自舉，不教人舉；五、或出界，或過三宿〔二〕。犯。

律中〔三〕：彼應語舊住比丘言「與我牢舉」。若無人，不畏失，當移牀離壁，高楮牀腳，持枕褥臥具置裏，以餘麤者重覆。若恐敗壞，當取臥具置衣架上，豎牀而去。若不作如是，出界外，犯墮。

若即還不久，聽二宿界外〔四〕，第三宿明相未出，若自至房中，若遣使語知事人；不者，明相出，犯墮。

【校釋】

〔一〕覆處敷僧物戒　資持卷中三上：「（佛在舍衛。客比丘在邊房宿，不語便去，臥具壞爛。故制。）僧物制意同前。」（三一一頁下）鈔批卷一八：「制意同前。所以離屏、露異者，一、得罪時異：露則出門，屏則出界，決意位還，如上出界。若暫非永，過夜犯。二、開緣不同，覆則兩有緩急。律云：若即云（【案】『云』疑『去』。）即還；若暴風疾雨，疾得還。若中雨，中行；若少雨，徐行，皆開不犯也。屏則開兩夜。」（七七九頁上）扶桑記：「行宗云：『緩即囑付等，急即雨中還。』與今釋文同異可見。」（二三一頁下）【案】本戒鈔科稱為「屏敷僧物戒」。四分卷一二，六四四頁中開始。

〔二〕或出界，或過三宿　簡正卷一一：「若作永去心出門，便犯。若作暫去，意過三宿，如犯付囑等，緣一同前戒。」（七二九頁上）鈔批卷一八：「立謂：此中有兩意：若無心去，不擬還，出門便犯。若擬晚還，緣礙不得即還者，亦開其二夜，至第三日不還，明相出結犯。」（七七九頁上）資持卷中三上：「第五，犯相有二，如後釋中。疏云：所以分二戒者，一屏露異，二得罪。異露則出門，屏則出界。又決去出界，暫往三宿，三開緣，異露則兩相緩急。（緩則如上方便，急謂勢力、命梵等緣，不作次第。）屏則開於二夜，（屏是房室，故有斯開。）」（三一一頁下）

〔三〕律中　資持卷中三上：「初，明出界犯，前示方便。」（三一一頁下）

〔四〕若即還不久，聽二宿界外　資持卷中三上：「『若即』下，次，明三宿犯。初，示方便。」（三一一頁下）

強敷戒〔一〕十六

五緣：一、他先借得，安止已定；二、知他先住；三、作惱意；四、強敷中間；五、隨坐臥。犯。

律云〔二〕：中間者，若頭邊、腳邊、兩脇邊〔三〕。臥具者，草敷、葉敷，下至地敷、臥氈。若知他先得而彊宿者，墮〔四〕。十誦〔五〕：若為惱他故，開戶、閉戶，然火、滅火，若唄、呪願、讀經、說法，隨他不樂事作，一一墮。

律中不犯〔六〕者。先不知；若語已住，先與開間〔七〕；若間寬，不相妨；若親舊教〔八〕言「但敷，我自語主」；若倒地；若病，轉側墮上〔九〕；命、梵等難〔一〇〕。一切不犯。

【校釋】

〔一〕強敷戒　資持卷中三上：「（佛在舍衛。六群、十七群同道行，至無住處，十七群求得住處，六群知，強於中間敷臥具宿。故制。）」（三一一頁下）【案】四分卷一二，六四五頁上開始。

〔二〕律云　簡正卷一一：「謂隨作前事，合他不樂，即結也。」（七二九頁上）資持卷中三上：「釋中，律文分三。」（三一一頁下）

〔三〕中間者，若頭邊、腳邊、兩脇邊　資持卷中三上：「初，釋中間。約身四邊者，明其迫窄不相容也。以間寬不妨，開無犯故。」（三一一頁下）

〔四〕若知他先得，而彊宿者，墮　資持卷中三上：「『若』下，三、約心明犯，開不知故。」（三一一頁下）

〔五〕十誦　資持卷中三上：「十誦於中敷已，又作多事惱他，意令避去，故隨事結。且列八種，不出聲色，隨他之語，總收一切。」（三一一頁下）【案】十誦卷一一，七九頁上。

〔六〕不犯　資持卷中三上：「初句，不知。次五，並以『若』字分之。下明難緣，共成七也。」（三一一頁下）

〔七〕若語已住，先與開間　鈔批卷一八：「明其彼人語言，此有人住竟，若聞即止犯。又，若有人，先開其問，分後來敷，亦得不犯。古人云：情有愛憎，致處有寬狹。如言臥長江、枕阡陌，不須來此處迮；情同則云臥斗底、枕禪（原注：『禪』疑『彈』。）丸，儞但來此處寬。今此戒緣，正約情乖故，強敷致惱。」（七七九頁上）資持卷中三上：「語已住者，彼許容也。」（三一一頁下）

〔八〕若親舊教　資持卷中三上：「彼自召也。」（三一一頁下）

〔九〕若病，轉側墮上　資持卷中三上：「倒地轉側，皆非意也。」（三一一頁下）

〔一〇〕命、梵等難　資持卷中三上：「『命梵』等者，文略力勢所持及繫閉也。」（三一一頁下）

牽他出僧房戒〔一〕十七。

四緣：一、是僧春冬房——以夏房入己，牽出犯吉〔二〕；二、先安止定；三、作惱亂意；四、牽出。犯。

律中〔三〕：若自作、教人牽，隨所牽多少，隨出房〔四〕，一切墮。若牽多人出一戶，多墮；一人出多戶，多墮〔五〕。若持他物，擲著戶外，閉他戶外，皆吉〔六〕。

僧祇：牽他出時，若抱柱、捉戶、倚壁，一一墮〔七〕；若呵叱〔八〕，隨語一一離，一一墮。若瞋蛇、鼠，驅出，越〔九〕；若云「此無益物」，驅出，無罪。

十誦：若喜鼾眠〔一〇〕，應起經行；不能經行，應起屏處，不應惱他。

五分：若降伏弟子而牽出者，不犯〔一一〕。若將不喜人來，欲令自出〔一二〕，出、不出，吉羅。牽下四眾，亦吉。

律不犯者。無恚恨心，隨次出〔一三〕；共宿過限，遣未受具人出〔一四〕；若破戒、見、威儀，為他舉及擯、應擯〔一五〕；因此故有命、梵難驅出〔一六〕。一切不犯。

前戒是俗處，不簡淨穢，此是僧處〔一七〕，故簡穢也。

【校釋】

〔一〕牽他出僧房戒　資持卷中三上：「（佛在舍衛。六群、十七群在道行，至小住處，十七群先入寺，掃洒令淨。六群知故，驅起牽出。因制。）」（三一一頁下）【案】本戒鈔科稱為「牽出房戒」。四分卷一二，六四五頁下開始。

〔二〕是僧春冬房，以夏房入己，牽出犯吉　資持卷中三上：「初，簡三時。春、冬分房，有上座來，下座應避。非定屬己，牽出數故。夏房不爾，稀故結輕。」

（三一一頁下）簡正卷一一：「春分者，西國三時分房，若春、冬分房，己雖受得分，後見上座來，應避與上座，故知不屬己。若牽他出，即犯墮。夏房不爾，一分竟。後上座來，不應避，屬己己（【案】『己』疑『已』。）定，牽去出，犯吉也。」（七二九頁下）鈔批卷一八：「是春冬房。以夏房入已，牽出犯吉者。賓云：春、冬非是分得。既有通義，牽出過重，故提。是夏中分得屬己，牽彼出時，情過是輕，但犯小罪。（七七九頁上）立明：律中，分夏房已，設上座來，佛言應移，明知屬己，已定何人，縱牽無有離義，以所惱處輕，故得小吉。若春冬分房已，上座來，律今（【案】『今』疑『令』。）相讓，須移，明知不屬己也。牽則有出離之義，所惱處深。□□（原注：□□疑『故得』）提罪。又解，夏房所屬既定，奪者心弱故吉；冬房屬不定，奪者心強故提。景云：然三時房，雖復俱分，春、冬分已後，見上座，應轉避之。夏房不爾，一分已竟，後有人來，不應避也。故春冬牽出，犯提罪也。」（七七九頁下）

〔三〕**律中**　鈔科卷中三：「『律』下，釋第四。」（七三頁下）資持卷中三上：「四分為二：初，通示多少。」（三一一頁下）【案】四分為二：初，「若自」下，通示；二、『若牽』下，別釋。

〔四〕**隨所牽多少，隨出房**　資持卷中三上：「隨所牽者，此約人也。（三一一頁下）隨出房者，即約處也。」（三一二頁上）

〔五〕**若牽多人出一戶，多墮；一人出多戶，多墮**　資持卷中三上：「『若牽』下，別釋多少，並約出戶，明犯分齊。文引兩句，互明多犯。準律，初、後出二俱句。文云：若牽多人出多房，多墮；一人出一房，一墮。則四句備矣。上約牽出犯重。」（三一二頁上）

〔六〕**若持他物擲著戶外、閉他戶外，皆吉**　資持卷中三上：「『若持』下，明不牽犯輕。律云：若持他物出，（好將出也。）若擲著戶外，（謂棄、擲也。此是兩相，不可違讀。）閉戶外者，因彼出外，不令入故。」（三一二頁上）

〔七〕**牽他出時，若抱柱、捉戶、倚壁，一一墮**　資持卷中三上：「僧祇初明牽人，牽出是身犯。……一一墮者，不同四分，約出戶也。」（三一二頁上）【案】僧祇卷一四，三四三頁中。

〔八〕**呵叱**　資持卷中三上：「呵叱即口犯。」（三一二頁上）

〔九〕**若瞋蛇、鼠，驅出，越**　資持卷中三上：「『若瞋』下，次，明驅畜。」（三一二頁上）

〔一〇〕**若喜鼾眠**　簡正卷一一：「作意惱他，吉。今約無心，但為好鼾，睡恐惱他，

故令起經行，或屏處等。」（七二九頁下）資持卷中三上：「擄非驅逐，惱他事同，文制不應，違須小過。」（三一二頁上）

〔一一〕**若降伏弟子而牽出者，不犯**　資持卷中三上：「五分初開折辱弟子，以慈濟故。」（三一二頁上）

〔一二〕**若將不喜人來，欲令自出**　資持卷中三上：「『若』下，次，制惱他。不喜人，謂他所怨嫌者。出亦言者，非驅逐也。」（三一二頁上）簡正卷一一：「不憙人來者，或衣垢，或無威儀等。」（七二九頁下）

〔一三〕**無恚恨心，隨次出**　簡正卷一一：「謂僧房內人多人知一夜出宿。」（七二九頁下）資持卷中三上：「初，開非意。無恚者，謂後至人。隨次出者，即前住者。謂見上座來，自避去也。」（三一二頁上）

〔一四〕**共宿過限，遣未受具人出**　資持卷中三上：「『共』下，次，開護戒。」（三一二頁上）

〔一五〕**若破戒、見、威儀，為他舉，及擯、應擯**　資持卷中三上：「『若』下，三、開簡穢。以此九人非同儔故。四破中，闕正命。」（三一二頁上）

〔一六〕**因此故有命、梵難驅出**　資持卷中三上：「『因』下，四、開難緣。若不牽出，必致損已，故云『因此』。」（三一二頁上）

〔一七〕**前戒是俗處，不簡淨穢，此是僧處**　鈔科卷中三：「『前』下，對前辨異。」（七三頁下）資持卷中三上：「強敷不開穢境，故須明之。俗處不簡，寄他舍故，僧處須簡，非同住故。」（三一二頁上）鈔批卷一八：「前戒是聚落，□對俗人，前故不簡。此戒在藍中。若惡戒、惡見，犯重之類，牽出無犯。礪云：前戒是俗處，是他有故，屬先住者，以非僧住處，故不簡淨穢。此戒是僧房，淨者有共住之理，不淨則無共義，故駈出無犯。問：『此牽他戒，為約業結犯，為約境結犯？』答：『約業亦約境故。』十誦中，一時牽十比丘、十提，約境也。或多人共牽一比丘，各各提，或牽一比丘出多房等，多提，此約業也。」（七七九頁下）

坐脫腳牀戒〔一〕**十八**

三緣〔二〕**：一、是重屋**〔三〕**，二、脫腳牀**〔四〕**，三、在上坐臥**〔五〕**，犯。**

【校釋】

〔一〕**坐脫腳牀戒**　資持卷中三上：「（佛在舍衛。有比丘在重屋上住，坐脫腳床，腳脫墮比丘身，壞身出血，仰面恚罵。因制。）但標名列緣，而不釋者，末世事稀。若復委明，不濟時要，前後諸戒，有略皆爾。不知此旨，全迷鈔宗。然恐初學臨文致壅，故略引釋。餘廣如疏。」（三一二頁上）【案】本戒鈔科稱為「脫腳床戒」。四分卷一二，六四六頁上開始。

〔二〕三緣　鈔批卷一八：「鈔文所列，別緣有三。戒疏及礪疏，具四緣成犯：一、是重屋，二、薄覆，三、床腳欲脫，四、坐臥，犯。」（七八〇頁上）

〔三〕是重屋　資持卷中三上：「初緣，重屋平地非犯。（疏有四緣，第二云薄覆，明易陷也。）」（三一二頁上）

〔四〕脫腳牀　資持卷中三上：「脫腳，律云：腳入髀。（疏云：明將脫不久也。）」（三一二頁上）

〔五〕在上坐臥　簡正卷一一：「謂若未制戒前，即約床腳脫方制。今據制了，但使是脫腳繩床坐，便犯也。」（七二九頁下）資持卷中三上：「廣解唯臥犯。今從戒本，坐臥齊犯。律中，若獨坐床、一板床、浴床，坐者皆吉。」（三一二頁上）資持卷中三上：「不犯者。若坐鏇腳、直腳、曲腳、無腳床，（皆謂不脫。）若床支大，（雖脫有所承故。）若脫腳、安細腰，（謂有釘鈕。）若重屋、板覆、厚覆等，若板床坐，（謂以板藉。）（三一二頁上）若脫腳坐，（除去腳也。）並開」（三一二頁中）

用蟲水戒〔一〕十九

四緣：一、是蟲水，二、知有蟲，三、不作漉法，四、隨所用，犯。

律云〔二〕：若以草、土擲蟲水中；若蟲酪漿〔三〕、清酪漿，若漬麥漿，若醋，有蟲，以澆泥草；若以草土擲中。一切皆墮。教人亦同。五分：隨用蟲，一一墮〔四〕。律中：若以草、土擲水中，隨河池中魚蟲，一一提〔五〕。

大集云〔六〕：畜生身細，猶如微塵十分之一〔七〕，乃至大者，百千萬由延〔八〕。僧祇：蟲細者，三重漉，猶有者，捨去〔九〕。若用水者，日日諦視〔一〇〕，無蟲便用；以蟲生無定，或先無今有故。五分：蟲水者，漉囊所得，肉眼所見〔一一〕。若用水，蟲蟲墮〔一二〕。無漉囊，不得半由旬行〔一三〕；若無者，用衣角漉之〔一四〕。

律不犯中。不知有蟲，作無蟲想〔一五〕。若蟲大，以手動水，令蟲去〔一六〕。若漉水灑地，若教人漉者。一切不犯。

【校釋】

〔一〕用蟲水戒　鈔批卷一八：「此戒謂闡陀用水澆尼，諸比丘呵責，答：『我用水，不用虫。』」（七八〇頁上）資持卷中三上：「（佛在俱睒毘。闡陀起屋虫水和尼，招譏。故制。）此中大意，過在違慈。疏引光師云：重已（【案】『已』疑『己』）所輕，（房屋。）輕他所重，（虫命。）深乖慈惻，故須急制。」（三一二頁中）【案】四分卷一二，六四六頁中開始。

〔二〕**律云**　鈔科卷中三：「初，釋第四。」（七三頁下）

〔三〕**若蟲酪漿**　資持卷中三上：「『若』下，次，明諸漿。律云：除水已，若有虫、酪、漿等，則知餘物皆制，不獨虫水也。酪分清濁，餘二可解。戒本但明用澆泥草。今就廣文，互投皆墮。『一切』下，總結罪相。」（三一二頁中）

〔四〕**隨用蟲，一一墮**　資持卷中三上：「下引五分，用水澆物。本律以物擲水，並計虫魚，多少為量，故云一一墮也。問：『此戒為約用水、為約虫死？』答：『戒疏云：此不就損命中制，是深防制。若彼命斷，自依畜戒。是知，虫雖不死，計數成犯。』問：『虫不可知，罪寧有數？』答：『此據漫心，不論知數，隨用隨擲，冥獲多罪。宿云轉轉，食云咽咽，衣云著著，例皆爾也。』『若爾，懺悔如何陳相？』答：『罪必可知，隨數牒入。不可知者，但云不憶如後自顯。』」（三一二頁中）【案】五分卷六，四五頁上。

〔五〕**若以草、土擲水中，隨河池中魚蟲，一一提**　簡正卷一一：「戒疏云：不就損命中制，但深防與制。若彼命斷，自依畜生，正得一墮也。」（七二九頁下）鈔批卷一八：「此不獨望所損者，結罪。通望池中多少魚虫，隨百千頭數，得百千提罪也。」（七八〇頁上）

〔六〕**大集云**　鈔科卷中三：「『大』下，釋第三。」（七三頁下）

〔七〕**畜生身細，猶如微塵十分之一**　資持卷中三上：「初，引經明麤細二類，意顯細虫，明須漉用。十分之一，明其極細。」（三一二頁中）簡正卷一一：「大德引俗書云：陸地虫極細，不過焦螟虫，向蚊子眼睫中為窠。水中極細，莫越醯雞虫。若非天眼，莫之能見也。」（七三〇頁上）

〔八〕**乃至大者，百千萬由延**　簡正卷一一：「經中，目連令弟子觀往業，曾作大魚骨，似七金山高等。」（七三〇頁上）資持卷中三上：「千萬由延，示其極麤。如摩竭魚、金翅鳥、蟒蛇之類。」（三一二頁中）

〔九〕**蟲細者，三重漉，猶有者，捨去**　資持卷中三上：「僧祇初護梵行，不可居也。」（三一二頁中）【案】僧祇卷一五，三四五頁上。

〔一〇〕**若用水者，日日諦視**　簡正卷一一：「諸記中，皆引遠大師流水偈云：諦觀清水，猶疑有虫，是須淨漉，揚茲道風。自行桂錫，化物隨願，為用雖少，在益難窮。如人闕此，忍渴而終。」（七三〇頁上）資持卷中三上：「『若』下，明漉用。或是元無，或曾漉竟。春夏朝中，並應諦視。」（三一二頁中）

〔一一〕**蟲水者，漉囊所得，肉眼所見** 簡正卷一一：「多論云：時舍利弗以淨天眼，觀空有虫，如水邊砂，如器中塵，無邊無量。見已，斷食三日。佛勅令食，凡制有虫水者，齊肉眼所見，漉囊所得不制。天眼見，凡用水法，應取上好。細疊縱廣，一肘作漉囊，令一比丘持戒多聞，深信罪福，安詳審悉。肉眼清淨者，令其知水如法，流水置一器中，足一日用，明日更看。若有虫者，應更好漉，以淨器盛水，向日諦觀。若故有虫，應二重作。若故有虫，不應住此。若無漉囊，不得半由旬。」（七三〇頁上）資持卷中三上：「五分初示虫水。虫取可見，即入制限。多論，身子天眼觀空中虫，如水邊砂、器中粟，遂斷食。佛因制云：『但肉眼所見，漉囊所得。』文與此同，故知大集微塵十分之一，教所不制也。」（三一二頁中）【案】多論卷八，五二二頁。

〔一二〕**若用水，蟲蟲墮** 資持卷中三上：「『若』下，次，明用犯。」（三一二頁中）

〔一三〕**無漉囊，不得半由旬行** 資持卷中三上：「『無』下，三、制持行，違此吉羅。」（三一二頁中）

〔一四〕**若無者，用衣角漉之** 簡正卷一一：「若更無者，用衣角漉，以顯所為大故。（大德曰：上言三重漉者，約三度漉。有云『三重絹作漉囊，即得厚緻』者，非也）。」（七三〇頁上）

〔一五〕**不知有蟲，作無蟲想** 簡正卷一一：「無虫想者，據迷，一切無犯。若轉想，結前心吉，猶有犯故。」（七三〇頁下）資持卷中三上：「初，開迷想。心不當境。」（三一二頁中）

〔一六〕**若蟲大，以手動水，令蟲去** 資持卷中三上：「『若』下，次，開手觸。」（三一二頁中）

覆屋過三節戒〔一〕二十

四緣〔二〕：一、自為己；二、自作，使人覆〔三〕；三、至第三節未竟，不去見聞處〔四〕；四、至三節竟〔五〕。犯。

【校釋】

〔一〕**覆屋過三節戒** 資持卷中三上：「（佛在拘睒毘。闡陀起房，重覆不止，屋便摧破，人嫌。故制。）」（三一二頁中）鈔批卷一八：「隨茅板等，若覆三重，為三節也，過三即犯。」（七八〇頁上）【案】本戒鈔科稱為「覆屋過戒」。四分卷一二，六四七頁上開始。

〔二〕四緣　簡正卷一一：「多論云：此是三十中大房，用三萬錢作成即崩，施主生慳，比丘為說房之功德。此房未倒之之（【案】次『之』疑剩。）時，佛曾到此，便是無上福田等。復有一新受戒比丘，於此房經一宿，持戒暫時，受用功德，如須彌山，房今雖崩，功德已成就了。」（七三〇頁下）

〔三〕自作，使人覆　資持卷中三上：「戒疏無『自作』字，（三一二頁中）以但制看覆故。疏云：『何故看覆，無自覆者？』答：『不看房成，有受用義，自覆招譏，重故不許。或可從緣起說，由使人作，因即制戒。』」（三一二頁下）

〔四〕至第三節未竟，不去見聞處　簡正卷一一：「所言三節，即三重覆。但約一重為節，故多論中作房三品，上、中、下也。此三品房，各有覆之齊限。若中房用上法覆，以重故，勝戴不起，隨用草等，一一皆提。下房例爾。今云三節未竟，不去見聞處是犯。若互離得吉，俱離無過，准律文也。」（七三〇頁下）鈔批卷一八：「立謂：既作三節竟，便離見聞，以使俗得譏故也。律中，見聞互離吉者，礪云：三節之相，事在難識，如緣起中，草三重覆。見論：若過三節竟，在邊著隨用草，犯犯提。伽論：『頗有過三覆不犯耶？』答：『有。謂用草覆者是。』五分：塼塹薄疊，作於四壁，極重復聞，重故壁地（音『備』）。若至第四重，若草、若瓦、若板，一一草、瓦、板，皆准提。准此等文，不問一切，似三重為三節也。」（七八〇頁上）資持卷中三上：「若去見聞互離，吉羅，俱離不犯，得房受用。言三節者，若約緣起，則是三重，覆已更覆，故致摧倒。若據律文，即約苫草，以分節段，從橫皆犯。五分：草、瓦、板等，皆可為覆，此多用瓦，應取縱橫三行，即為三節。如疏廣之。」（三一二頁下）

〔五〕至三節竟　簡正卷一一：「謂二節未犯，至第三竟時，結墮。如與未受具，同宿不別。至第三宿，明相纔現，即犯。有人云：『過三節至四，方犯。以戒本云，過者，波逸提。今既未過，正齊三節，未合結犯。』此未達文意，幸請思之。」（七三〇頁下）資持卷中三上：「問：『戒本過三方犯，此言竟者？』答：『戒制指授，三節未竟。若去非過，看竟即過。此據看過，非三節過。』不犯者，注戒云：如上指授，遠離見聞，即不犯。」（三一二頁下）

輒教尼戒〔一〕二十一

四緣〔二〕**：一、不為僧差**〔三〕**，二、集於尼眾**〔四〕**，三、說法教誡，四、言了使，犯。**

律中：僧不差，說法、八敬，俱墮；日非，吉羅〔五〕。**僧祇**〔六〕**：前三、**在經說戒日，十五日後三日〔七〕。**後二**〔八〕，去布薩日二日〔九〕。**此日去者，**

名為「日非」。

但德須具十〔一〇〕，人行又希。今但為略法，如刪補羯磨〔一一〕。

【校釋】

〔一〕**輒教尼戒**　鈔批卷一八：「依光律師九段，此下訖『與女同行戒』，本有十戒，當第三遠避嫌疑，離染清淨行。」（七八〇頁上）資持卷中三上：「（佛在舍衛。愛道請教授，佛令僧次，六群次往說世論。因制。）名中，不差擅往，故云『輒』也。」（三一二頁下）簡正卷一一：「以對此待消戒本竟，略料簡，結『下四眾』罪相狀，此稍難知，不類諸戒。所（七三〇頁下）以爾者，若僧不差，輒住教誡，結提，即不疑。且如下眾，何得有輒教誡之理，便結他吉？今故明之。尼據僧不差，輒往僧寺求教誡；尼下二眾不白大尼，輒往僧寺禮拜，求請說法等；僧沙彌理合禮大尼，今不白僧，輒往尼寺，禮拜問許（原注：『許』疑『訊』。）等。已上並結吉。故云『下四眾』，吉羅也。表又云：引（【案】『引』疑『此』。下同。）戒理合在教誡『日暮戒』後。諸記中並不見評論，親曾撿多論文來，方知是譯律之家訛濫，失於次第。檄（【案】『檄』疑『檢』。）彼論云：初時，比丘尼盡往僧寺中求教誡，後為人譏，乃輪差五人來僧寺中，亦不免譏嫌，遂差盤特比丘往教授。但為盤特根鈍，諸尼總知，至於迎逆，並不殷重。引比丘雖根鈍，已於如來言下證果竟，觀是諸女有輕心，遂現神通，諸尼並皆悔過。（此第一緣。）其次，差至六辟（【案】『辟』疑『群』。次二同。）。六辟至彼，遂說世俗法，并戲調之言，不合根機。（是第二緣。）時愛道尼白佛，佛令白，差一比丘須具十德者，遂差難陀。說法教授竟，嘿然與住，尼又重請說，至日暮，尼出祇洹而歸，城門已閉，諸尼總在城濠中宿。明日守門人見，遂述上緣。因為譏責。（是第三緣。）後六辟見，白二，差難陀，既不差他，乃輒往彼教誡，以此量之。（七三一頁上）故知引戒定合在後。學者要知，莫壒繁廣之。」（七三一頁下）【案】鈔批釋文中「與女同行戒」即後文「與女人期同行戒三十」。四分卷一二，六四七頁中開始。

〔二〕**四緣**　資持卷中三上：「疏列五種，前加佛開說法八敬。餘四同此。」（三一二頁下）

〔三〕**不為僧差**　資持卷中三上：「初，不差者，律制白二僧法差往。」（三一二頁下）【案】「差」，音「釵」。

〔四〕**集於尼眾**　資持卷中三上：「疏云：簡別房別說不犯。」（三一二頁下）

〔五〕**僧不差說法八敬，俱墮；日非，吉羅**　簡正卷一一：「古師云：若僧不差，說八敬，吉；若不差說法，得提。所以然者，八敬生定慧義狹，故輕吉也。說法寬故，邪正難辨，恐壞尼心行，故結重提。若『日非』說，二同犯吉。故戒疏云：昔人解云，日非八敬，同犯吉羅，不差說法，俱犯提罪，即二提二吉。今解不然，說法、八敬，無別輕重。故戒本云：教授者，提；廣說法者，提。故知義一。文云俱墮，據不差，以言所結罪，約曰非說也，曰非吉羅者。四分無文，引僧祇釋。」（七三一頁下）資持卷中三上：「初文，前明教誡。說法八敬者，律云：非教授日說八敬，吉。僧不差與說法，墮。古師執文，謂日非說敬，二吉；不差說法，二提。今師不爾，日非故吉，不差故提。八敬說法，文中互列，故知受差日非說，二俱吉。不差輒教，二亦俱提。如彼廣之。（八敬名相，如尼篇列。）次，明日非。」（三一二頁下）鈔批卷一八：「八敬者，百罵舉受懺諸無疑，此義至下，尼眾別行中廣明之。」（七八〇頁下）

〔六〕**僧祇**　資持卷中三上：「引僧祇者，律無文故。」（三一二頁下）【案】僧祇卷三〇，四七五頁中。

〔七〕**在經說戒日，十五日、後三日**　資持卷中三上：「後三日即十六、十七、十八。（黑月說戒，即初一、初二、初三。）」（三一二頁下）簡正卷一一：「『前三』，吉者，注文自辨是經說戒。十五日後，即十六、十七、十八是也。」（七三一頁上）

〔八〕**前三、後二**　資持卷中三上：「前三者，彼云『時未至』也。……後二者，彼云『過時』。……二日，即二十九、三十日。（白月即十四、十五。）又云：無間、黑白中間，十日當往。（白月十九至二十八，黑月初四至十三。）」（三一二頁下）簡正卷一一：「後二者，注亦自辨。二十九、三十日，引約黑月說。大德云：謂西天黑月有（【案】『有』疑『者』。），初順鈔文，須先明黑月。『前三』即初一、二、三，『後二』即十四、十五，除卻前三後二，無間、黑白中間，十日恒往，餘日為非也。又祇中：前三，白月中，初一、二、三；黑月，十六、七、八，此名時未至。後二，白月，十四、五；黑月，二十九、三十日。（七三一頁下）祇中名為過時。彼廣列八法，繁而不述。」（七三二頁上）鈔批卷一八：「謂就半月半月中，唯中間十日，是教尼日。如白月十五日。若一日至三日，是名時。未至十四日十五日，是名時已過。中間十日科（去聲），取一日，即免日非之過也。黑月例之。以月初一日至三日，名前三，謂是前度布薩之後也。若十四、十五，名為後二，即是說戒之前，故言去布薩日等也。

問：『何故祇文不聽前三後二日？』答：『此謂去布薩日近，僧多疲勞，故取中間十日為教誡時也。』礪云：『愛道來請，止論比丘，何不請佛？』答：『請佛教授，有二種過：一違八敬，敬中令半月半月問僧；二違本誓受心，若請僧者，翻前兩失。』『若爾，八敬文中，佛已制尼半月往僧，愛道何故今乃求佛者？』答：『尼雖蒙制，僧中未奉勅，故重來請，佛勅僧往教。』又問：『佛何故不自教吉？』答：『有其兮（原注：『兮』疑『三』。）過：一是狹過，不通三列；二是少過，只佛一人；三是短過，不通末代。比丘作者，翻成三益。』」（七八〇頁下）

〔九〕去布薩日二日　資持卷中三上：「去，猶至也。」（三一二頁下）【案】「日」，底本為「月」，據大正藏本、敦煌甲本、敦煌乙本改。

〔一〇〕德須具十　資持卷中三上：「『十德』如說戒篇。」（三一二頁下）鈔批卷一八：「云何為十？一者，戒律具足，善修威儀。礪云：具持二百五十戒，專精不犯，犯已能悔，合（原注：『合』疑『令』。）行光潔，皎然無缺，故曰具足也。二者，多聞，（七八〇頁下）善解經論。母云：若解修多羅、阿含理教，有廣見之長，字曰多聞。三、誦二部戒利，偏熟律文。礪云：善誦二部，行教字句分明，音聲流利，言詞弁了，令人樂聞。四、決斷無疑。礪云：匪直□誦，亦善解其義理、犯相輕重，開曉人心豁然生解。五、善能說法言詞辨了者，然為尼說法，初、中、後語，皆稱法相，純一清白，正見無邪。六、族姓出家，風望可觀者，生處高門，人標望美，故曰也。七、顏貌端政者，威儀肅眾，不生物倏，覩者發敬，皆稟道益。故佛說偈言：穢器盛美食，噉者心不忻，醜人說妙法，聽者心不愍。吾為如是故，相好莊嚴身。八、堪為尼說法勸令歡喜者，善順人情，稱機授□□（原注：□□疑『法』『令』。）生信解。但前第五德者，善能說法，謂稱法而談，無顛倒過，未必稱機，以此為異。九、非（原注：『非』疑『凡』。）為佛法出家，被三法衣，而不犯重法者，以不犯故，堪教授尼，生尼信敬。『若爾，與初德何別？』解言：『若曾行（原注：『行』疑『汙』。）尼三眾，悔已具初，闕無外化，不具第九，犯餘罪未悔，不具於初，故須明第九不犯重法。及餘戒不犯，犯已能悔，望於自得，即是具初；望於利他，亦具第九。自他兩異，故分為二。十、滿二十夏，（七八一頁上）年高德重者。然上雖具九，若夏未滿，年少輕躁，易可退敗，不生人善。要二十夏，持法堅固，多無虧壞，生物善也。頌云：戒律具多聞，誦二部決斷，善能說族姓，顏貌堪為尼，為佛法出家，十滿二十夏。」（七八一頁下）

〔一一〕今但為略法，如刪補羯磨　資持卷中三上：「上明廣法稀行，『今』下指略法如別。」（三一二頁下）簡正卷一一：「如刪補羯磨者。彼云具十德者，頌云：持聞頌決說，姓貝（【案】『貝』疑『皃』，即『貌』。）堪家滿。持謂堅持戒只（【案】『只』疑『品』。）。聞謂多聞。誦謂二部戒律。決謂決斷無疑。說謂能善說法。姓謂高門大姓。貌謂端嚴殊異。堪謂任說法。家謂出家。不犯重戒者，謂滿二十夏已上。然於十、四，堪之與善，不無相濫。疏云：雖能善說，未必稱機故也。」（七三二頁上）

與尼說法至日暮戒〔一〕二十二

六緣：一、是僧差〔二〕，二、尼眾來集，三、教誡說法〔三〕，四、日暮；五、知想，六、說法不止，犯。

律中〔四〕：除教授，若受經、誦經，若問，若以餘事，乃至日暮〔五〕；除尼，若為餘女受經至暮〔六〕。一切吉羅。

不犯者。教授尼至日未暮便休〔七〕；除婦女已，為餘人〔八〕；若船濟處說法，尼聽〔九〕；若與賈客共行，夜說法〔一〇〕；至尼寺中〔一一〕；若因人請，值說便聽者〔一二〕。一切不犯。

【校釋】

〔一〕與尼說法至日暮戒　資持卷中三上：「（佛在舍衛。難陀僧差往教授已，愛道重請。至暮，尼出祇桓還至舍衛，城門已閉。宿城塹中，俗譏。故制。）疏云：本在僧寺，因過，方制令往尼寺。（三一二頁下）緣中可見。」（三一三頁上）

【案】本戒鈔科稱為「說法至暮」。四分卷一三，六四九頁下開始。

〔二〕僧差　資持卷中三上：「初緣，以不差者，但犯前戒。」（三一三頁上）鈔批卷一八：「是僧差者，甄去不差，但犯輒教，不待日暮，要是僧差，方有暮罪。」

〔三〕教誡說法　簡正卷一一：「教誡說法者，義一也。」（七三二頁上）

〔四〕律中　鈔科卷中三：「『律』下，釋第三。」（七四頁下）

〔五〕除教授，若受經、誦經，若問，若以餘事，乃至日暮　簡正卷一一：「除教授者，謂除此犯提外。『受經』已下，但吉。」（七三二頁上）資持卷中三上：「釋中，兩節。初約法簡。『若問』即問義。『餘事』，離上諸緣，通收一切，遷延及暮也。疏云：『餘誦受經至暮，譏同，如何輕者？』『以教授有法，集尼易，故重；餘無攝法，故輕。』」（三一二頁上）

〔六〕除尼，若為餘女受經至暮　資持卷中三上：「『除尼』下，次，約人簡，亦具上四。略舉受經，文脫『等』字，注戒有之。」（三一三頁上）簡正卷一一：「除尼者，俗女但吉也。」（七三二頁上）鈔批卷一八：「立謂：上既為尼教誡，日暮得提。若為受經等事不犯。今言除尼者，謂唯尼不犯。除巳（原注：『巳』疑『尼』）外，為餘女婦說法受經等吉。」（七八一頁下）

〔七〕**教授尼至日未暮便休**　資持卷中三上：「初，是順教。」（三一三頁上）

〔八〕**除婦女已，為餘人**　資持卷中三上：「『除』下，次對男子。此開吉罪。」（三一三頁上）簡正卷一一：「餘人者，除婦女犯外，更有俗男，曰餘不犯也。」（七三二頁上）鈔批卷一八：「立謂：上明為女說法，日暮故吉。今若除者，是不為說也。」（七八一頁下）

〔九〕**若船濟處說法，尼聽**　資持卷中三上：「三、船濟處。」（三一三頁上）鈔批卷一八：「賓云：多□□船，經日暮故也。立謂：如船上、路上等為他容（原注：『容』疑『客』）人說法，尼便聽也。（未詳。）」（七八一頁下）

〔一〇〕**若與賈客共行，夜說法**　資持卷中三上：「四、與客行。二並別緣，尼因聽故。」（三一三頁上）

〔一一〕**至尼寺中**　鈔批卷一八：「立謂：為估客說法，因至尼寺，尼聽至暮者不犯。宣云：律緣中，初令尼來僧寺說法，因過制令往尼寺。四分無文可尋，諸部余曾見，老昏忘去也。」（七八一頁下）資持卷中三上：「由本緣起，尼來僧寺，故有此開。若取後制，應非開也。」（三一三頁上）

〔一二〕**若因人請，值說便聽者**　資持卷中三上：「律云：說戒日來請教授人值說，故聽是也。」（三一三頁上）

譏教尼人戒〔一〕二十三

六緣〔二〕：一、是僧差，二、情存為法，三、內心嫉忌，四、說為飲食，五、言了，六、前人聞知。

不犯者。其事實爾，為供養故〔三〕，教授、誦經、受經、若問〔四〕，若戲、若錯〔五〕，一切不犯。

【校釋】

〔一〕**譏教尼人戒**　資持卷中三上：「（佛在舍衛。尼聞教授師來，出迎供給。六群生嫉，云彼無，但實為食故。因制。）」（三一三頁上）簡正卷一一：「大德云：尼譏大僧，吉；尼二眾譏，當眾吉；沙彌譏大僧，吉。」（七三二頁上）**【案】**本戒鈔科稱為「譏教尼人」。四分卷一三，六五〇頁上開始。

〔二〕**六緣**　資持卷中三上：「一、二與六，並屬所譏人。四即譏詞。」（三一三頁上）

〔三〕其事實爾，為供養故　簡正卷一一：「實是為食，故不犯。若問者，以心疑故，乃問脫（【案】『脫』疑『說』。）人：『汝莫是為餘食不？無嫉不？』雖如此問，不犯也。」（七三二頁上）鈔批卷一八：「謂其教尼人，實為供養，故譏之不犯。」（七八一頁下）資持卷中三上：「初至『若問』，並約事實，『為供養』字，貫通下四。」（三一三頁上）【案】資持釋文中「貫通下四」即「教授、誦經、受經、若問」。

〔四〕教授、誦經、受經、若問　鈔批卷一八：「立謂：為尼誦經、受經、若問等事也。」（七八一頁下）

〔五〕若戲、若錯　資持卷中三上：「戲、錯二種，非意故開。」（三一三頁上）

與非親尼衣戒〔一〕二十四

四緣〔二〕：一、是尼〔三〕，二、非親，三、與衣〔四〕，四、領受，便犯。

律中：除貿易〔五〕，若與塔、佛、僧者〔六〕，一切不犯。

【校釋】

〔一〕與非親尼衣戒　資持卷中三上：「（佛在舍衛。乞食比丘，尼數請不受。後得衣與尼，尼輒受。彼嫌責，數向人說。故制。）」（三一三頁上）【案】本戒鈔科稱為「與尼衣戒」。四分卷一三，六五〇頁下開始。

〔二〕四緣　資持卷中三上：「疏有五種，加第三『作非親想』。」（三一三頁上）扶桑記：「通釋：本律無親里開文，此依多論耳。彼云：若福德舍主是親里，不犯。」（二三四頁下）

〔三〕是尼　資持卷中三上：「初緣。多論：尼三眾同犯。（下作衣期行，亦爾。今宗必須大尼，小眾但吉。）疏準『浣衣戒』，下二斷輕。」（三一三頁上）

〔四〕與衣　資持卷中三上：「疏云：文中不明尺寸，而於過咎，大小俱提。」（三一三頁上）

〔五〕除貿易　鈔批卷一八：「立謂：律許五眾貿易，唯制不得與俗人交貿也。」（七八二頁上）資持卷中三上：「律云：以衣易衣，非衣易針、刀、縷線，下至藥草等。」（三一三頁上）

〔六〕若與塔、佛、僧者　資持卷中三上：「下與三寶，所為別故。文略親里，注戒具之。」（三一三頁上）

與非親尼作衣戒〔一〕二十五

具三緣成犯〔二〕：一、是尼，二、非親，三、隨作，犯。

律中：隨刀截多少，隨一縫一針，皆墮〔三〕。若復披著，牽挽，熨治，以手摩捫〔四〕；若捉角頭，挽方正安摞；若緣，索線〔五〕。一切吉羅。

不犯者。與親里尼作〔六〕；若佛塔、僧作〔七〕；若借著者，浣、染治還主等〔八〕。

【校釋】

〔一〕與非親尼作衣戒　資持卷中三上：「（佛在舍衛。迦留陀夷為尼作大衣，裁作婬像，令眾前著，生俗譏笑。故制。）」（三一三頁上）【案】本戒鈔科稱為「與尼衣戒」。四分卷一三，六五一頁上開始。

〔二〕具三緣成犯　資持卷中三上：「戒疏有四，加第三『自送遣作』。」（三一三頁上）

〔三〕隨刀截多少，隨一縫一針，皆墮　鈔科卷中三：「『律』下，釋第三。」（七四頁下）

〔四〕若復披著，牽挽，熨治，以手摩捫　資持卷中三上：「『若復』下，明餘犯。疏云：既作針刀，故隨運結，（明正犯也。）餘熨、摩等，方便但輕。」（三一三頁上）

〔五〕若緣，索線　鈔批卷一八：「立謂：若安緣，若索線，亦吉也。」（七八二頁上）

〔六〕與親里尼作　鈔批卷一八：「立謂：今作『令』字錯也，合是『與』字。若作『今』字，文義俱違。」（七八二頁上）

〔七〕若佛塔、僧作　鈔批卷一八：「立謂：為尼家營佛塔、僧事等也。」（七八二頁上）

〔八〕若借著者，浣染治，還主等　鈔批卷一八：「立謂：僧借尼衣著訖，浣還尼，無犯。雖復迹同與尼衣，然由本是尼物故也。」（七八二頁上）資持卷中三上：「借用治還，本非為作，相同異緣。」（三一三頁上）

獨與尼屏露坐戒〔一〕二十六

四緣：一、是比丘尼〔二〕，二、無第三人〔三〕，三、在屏露二處〔四〕，四、共坐，便犯。

十誦〔五〕：屏處相去一丈，墮；丈五，吉羅；二丈、若過，不犯〔六〕。僧祇〔七〕：共一尼屏坐。或尼請一比丘食，一尼共比丘坐，一尼往來益食。益食去時，隨一一墮。比丘爾時應起，語言「我欲起」〔八〕，莫令彼疑作非法。若尼去者，不犯。

多論：比丘坐住屏覆處者，無慚愧處，可作淫處〔九〕。律中「見聞二屏〔一〇〕」，如「二不定」中說〔一一〕。若盲而不聾、聾而不盲，若立住，一切吉羅〔一二〕。

不犯〔一三〕者。比丘有伴；若有知人，非盲、聾；若行過倒地；若勢力持，命、梵難者。

【校釋】

〔一〕獨與尼屏露坐戒　資持卷中三上：「（佛在舍衛。迦留陀夷興尼各有欲意，在門外坐。居士共譏，故制。）」（三一三頁上）【案】本戒鈔科稱為「與尼坐戒」。四分卷一三，六五一頁下開始。

〔二〕是比丘尼　簡正卷一一：「據光律（【案】『光』疑『十』。）明犯緣也。若據五分、多論，尼三眾同犯。譏染不殊，俗女不犯。」（七三二頁下）資持卷中三上：「初緣。疏中作尼三眾。除俗女，不犯此戒。」（三一三頁上）【案】十誦卷一二，八五頁上；卷四四，三一九頁下。

〔三〕無第三人　簡正卷一一：「此戒第三人，須是白衣。」（七三二頁下）鈔批卷一八：「多論第六：要以白衣男女為第三人，一切出家者，不得為第三人。如前『過五六語』中（【案】見『與女人說法過限戒九』。）引之。若准祇文，尼益食來即不犯，去時方犯者，即是不簡男女差別，皆得以為第三人也。」（七八二頁上）資持卷中三上：「第二，一比丘、一尼（三一三頁上）已外，有人名第三人。不簡道俗男女，有即非犯。」（三一三頁中）

〔四〕在屏露二處　簡正卷一一：「若本緣起中，在露地坐，戒本釋相，俱明屏露。古戒本云：屏露處坐者，波逸提。」（七三二頁下）資持卷中三上：「第三緣。疏云：緣中門外同坐，止是露攝。戒本明屏，故知雙結。（戒本云：在屏覆處坐。）準知，屏露合制。」（三一三頁中）

〔五〕十誦　鈔科卷中三：「釋第四緣。」（七四頁下）扶桑記：「現本列『露坐戒』中，恐是寫誤。」（二三四頁上）【案】十誦卷一二，八五頁中。

〔六〕屏處相去一丈，墮；丈五，吉羅；二丈若過，不犯　資持卷中三上：「十誦：丈尺三階辨相，而不明露處。準下，女坐一尋內，墮；一尋半，吉；二尋已上，無犯。」（三一三頁中）

〔七〕僧祇　資持卷中三上：「僧祇明多罪義。初句標示，『或』下顯相。初約共食，以明犯相，但令使尼來成第三人，去即結犯。隨彼來去，則有多罪。」（三一三頁中）【案】僧祇卷一五，三四八頁上。

〔八〕**比丘爾時應起，語言「我欲起」**　資持卷中三上：「『比丘』下，次，明免過，謂使尼去時，比丘恐犯，故先自起，欲令尼去。」（三一三頁中）簡正卷一一：「我欲起者，比丘共尼坐，恐犯『獨坐』。前尼益食去時，應吉。坐尼言：『佛不聽我與尼同坐，我今欲起者，先作如是方便。』若不先告，直爾便起坐，尼心疑將，謂比丘起作非法，故云『莫令彼疑作非法』也。更有別解，不正。」（七三二頁下）

〔九〕**比丘坐住屏覆處者，無慚愧處，可作淫處**　鈔科卷中三：「『多』下，釋下三緣。」（七四頁下）資持卷中三上：「初引多論，別示屏過。以人不見，放逸無慚，思行婬欲，故以二過，以命其處。」（三一三頁中）【案】多論卷七，五四七頁上。

〔一〇〕**見聞二屏**　資持卷中三上：「引律文通釋三緣。」（三一三頁中）

〔一一〕**如「二不定」中說**　資持卷中三上：「指如前者，煙、塵、闇、黑名『見屏』。常語不聞名『聞屏』。據此以論，未必覆障。」（三一三頁中）

〔一二〕**若盲而不聾、聾而不盲，若立住，一切吉羅**　資持卷中三上：「『若』下，次釋二、四。疏云：盲、聾互有不成，全證故吉。又是坐戒，立故是輕。」（三一三頁中）

〔一三〕**不犯**　資持卷中三上：「不犯有四：初是同侶，二即俗人，此二皆謂有第三人。三謂非意。四即遭難。文闕病緣」（三一三頁中）

與尼期行戒〔一〕二十七

五緣〔二〕：一、是尼，二、言許共行〔三〕，三、無緣〔四〕，四、同一道，五、度界〔五〕，犯。

律不犯者。不共期〔六〕；若大伴行疑、恐怖處〔七〕；若往彼，得安隱〔八〕；命、梵等〔九〕。不犯。十誦：開為尼負衣過險徑〔一〇〕。

【校釋】

〔一〕**與尼期行戒**　資持卷中三上：「（佛在舍衛。六群與六群尼共行。人譏，故制。）」（三一三頁中）【案】本戒鈔科稱為「尼期行戒」。四分卷一三，六五二頁上開始。

〔二〕**五緣**　資持卷中三上：「準疏有六。加第四『不離見聞處』。（離則非犯。）」（三一三頁中）

〔三〕**言許共行**　資持卷中三上：「言共到某村、城、國等。」（三一三頁中）

〔四〕**無緣**　鈔批卷一八：「謂無命難、恐怖等緣也。」（七八二頁上）資持卷中三

上：「謂非伴行、疑怖緣。」（三一三頁中）

〔五〕度界　簡正卷一一：「從一村至一村，隨結提。故祇云：若經一聚落，一提。若無聚落，即一（七三二頁下）响慮（【案】『响慮』疑『拘盧』。）舍，犯也。」（七三三頁上）鈔批卷一八：「謂隨度一村一邑，隨結也。案祇律『與尼同舟戒』云：若經一聚落，一提，一拘盧舍一提。同行戒亦爾。」（七八二頁上）資持卷中三上：「村聚隨村分齊。眾多界，一一墮。空處，至十里墮。若減一村，減十里，皆吉。」（三一三頁中）

〔六〕不共期　資持卷中三上：「疏云：除偶相值，或期不許，而不離見聞，皆不犯」（三一三頁中）【案】不犯有四。

〔七〕若大伴行疑、恐怖處　簡正卷一一：「大伴行者，戒疏中，約多比丘、一尼，亦犯，要待多伴方開。據理合是多尼，為大伴。或有約俗伴，男女共行，名大伴亦得。疑、恐怖者，行途多難，故開疑怖。」（七三三頁上）資持卷中三上：「大伴者，律緣，眾多比丘與眾多尼，皆欲從舍衛至毘舍離。以佛制戒，不與同行，尼眾在後為賊所劫。白佛。故開兩眾多人，故云大伴。今一比丘、多尼，亦開。又疏云：行途迴遠，招譏過大，縱多比丘，一尼亦犯。要得多尼，方開。坐處譏輕，有兩比丘即不犯位。（前戒開通僧多尼少，不犯。）」（三一三頁中）

〔八〕若往彼，得安隱　資持卷中三上：「如病等別緣，必須前詣。」（三一三頁下）

〔九〕命、梵等　資持卷中三上：「文略『力勢』『被繫』，故云『等』也。」（三一三頁下）

〔一〇〕開為尼負衣過險徑　資持卷中三上：「引十誦過險，開意同前，但加『負衣』耳」（三一三頁下）【案】十誦卷一一，八三頁上。

與尼同船戒〔一〕二十八

四緣〔二〕：一、是尼，二、共期，三、同乘上下〔三〕，四、入船〔四〕，犯。

律中〔五〕：除直度，船師失濟〔六〕上下水者，不犯。

【校釋】

〔一〕與尼同船戒　資持卷中三上：「（佛在舍衛。六群與六群尼共乘船。人譏，故制。）」（三一三頁下）鈔批卷一八：「此戒隨業、隨境結犯。（七八二頁上）如與十尼同船，十提。此是約境也。業者，隨一一上下，結犯。亮云：一比丘與十尼期行，得十提；十比丘與十尼期行，十比丘各得一提。此約境故也。問：

『一僧與多尼同船，得多提者，亦應一僧與多尼同坐，應得多提？』答：『坐據屏犯，多尼非屏，故與一坐得提，多坐不犯。乘船譏過中，制一多同犯。礪云：與俗女同船，亦是犯限。此略不彰。如律房舍犍度中，時有比丘共女人上船生疑。佛言：『聽直度。』故知上下，明亦同犯。」（七八二頁下）【案】本戒鈔科稱為「尼同船戒」。四分卷一三，六五二頁下開始。

〔二〕四緣　資持卷中三上：「準疏有六，但於三中分出四、五。三、同一船，四、順流上下。文開直渡，必約上下，往來方結。又，但取作意，纔入即犯，不待船行。第五，謂非直渡，失濟之緣。第六，雙腳入犯。律中：一腳在船、一腳在地，吉羅。準疏，俗女亦犯。」（三一三頁下）

〔三〕同乘上下　簡正卷一一：「今師戒疏將此分為兩緣：一、同乘一船不犯；二、依順流上下意，除直渡也。」（七三三頁上）

〔四〕入船　簡正卷一一：「律云：雙足，捉（【案】『促』疑『提』。）；一足在岸，吉。」（七三三頁上）

〔五〕律中　鈔科卷中三：「『律』下，明不犯。」（七四頁下）資持卷中三上：「律云：直渡彼岸也。（但開過岸，非謂遠途。）」（三一一頁下）

〔六〕船師失濟　資持卷中三上：「本為直渡，上下非意。又云：往彼岸不安隱，（卻返上下。）勢力、繫閉、命、梵等，皆開。」（三一一頁下）鈔批卷一八：「謂風驚浪急，吹船上下，不犯也。」（七八二頁下）

食尼歎食戒〔一〕二十九

四緣：一、尼三眾歎得食，二、知〔二〕，三、受得，四、咽咽，墮。

律云〔三〕：讚歎者，謂阿練若、乞食，乃至持三衣〔四〕，讚多聞、法師、持律、坐禪。食者，從旦至中，所得食食，咽咽墮〔五〕；除飲食，得餘䞋衣、燈油，吉羅〔六〕。

僧祇：除舊檀越〔七〕。乃至下食已，唱等供時，更有餘比丘來〔八〕，尼言「更有比丘」，施主言「善哉」者，不犯；若尼言「此十二頭陀」者，墮；若言「多與好食，平等與〔九〕」，不犯。若言「某甲徒眾多聞精進，當通請一眾〔一〇〕」，一切犯墮。若言「某甲眾主精進〔一一〕」，為是比丘故通請二十人，一人名讚歎，餘者不犯。若有歎食，不得捨去，當展轉貿食〔一二〕。若比座垢穢不淨，不喜與貿者，當念「此缽中食，是某甲比丘許〔一三〕，我當食」者，不犯。若言「某甲尊者可常乞食〔一四〕」者，不犯。

五分：若先不知，臨食時言「好與比丘食」者，不犯〔一五〕。

律中不犯者〔一六〕。若不知〔一七〕，若檀越先有意〔一八〕，若無教化想〔一九〕，若尼自作檀越，若檀越令尼經營，若不故教化而與食〔二〇〕，不犯。

【校釋】

〔一〕**食尼歎食戒**　資持卷中三上：「（佛在舍衛。居士請舍利弗、目連食。偷蘭難陀尼言：『是皆下賤人勸請，調達是龍中龍。』因制。）」（三一三頁下）【案】本戒鈔科稱為「尼歎食戒」。四分卷一三，六五三頁上開始。

〔二〕**知**　資持卷中三上：「疏云：知是非法。」（三一三頁下）

〔三〕**律云**　簡正卷一一：「律明歎境。」（七三三頁上）鈔科卷中三：「『律』下，釋第一。」（七四頁下）

〔四〕**讚歎者，謂阿練若、乞食，乃至持三衣**　資持卷中三上：「本律初明贊歎。上二句即十二頭陀。」（三一三頁下）簡正卷一一：「先舉十二頭陀，從『乞食』至『持三衣』，中間越卻『十頭陀』，故云『乃至』。」（七三三頁上）

〔五〕**食者，從旦至中，所得食食，咽咽墮**　資持卷中三上：「初明時食。疏云：大、小二食，俱犯。」（三一三頁下）

〔六〕**除飲食，得餘䞋衣、燈油，吉羅**　資持卷中三上：「『除』下，明餘物。疏云：衣，輕者，財重難捨。燈油物，微故也。」（三一三頁下）簡正卷一一：「所以衣輕者，財重難捨。又希施故。」（七三三頁上）

〔七〕**除舊檀越**　資持卷中三上：「初句。彼因長者見長老比丘辨食供養，尼為料理，往請白時，至行食等，比丘疑不敢食，乃至白佛。佛聽除舊檀越。此明元是舊識，非因彼歎而致請故。」（三一三頁下）鈔批卷一八：「立謂：檀越常供養此比丘食也，不問尼歎不歎，彼常平等施僧故。雖歎得食，不犯罪也。（未詳。）撿祇中，此約尼之舊檀越也。謂舍衛城有一長者，欲供養眾僧，緣無人力。時有一尼，為營供具，長者出供養。直至時，眾僧到其家，見尼為行食處分等。諸比丘即疑：『非尼贊歎食耶？』共出去，如是白佛。佛言：『從今已去，除舊檀越不犯。』」（七八二頁下）簡正卷一一：「即顯非因讚德與食，可常乞（去呼）食者，言輕故不犯。」（七三三頁上）【案】僧祇文分為七。此為僧祇七句之一。僧祇卷一五，三五一頁上。

〔八〕**乃至下食已，唱等供時，更有餘比丘來**　資持卷中三上：「二、『乃至』下，彼云：有唱供時歎，始下食時歎，初作食時歎，作食辨已歎，有請時歎。此五並以『更有至墮』等文該之。今舉二種，故云『乃至』。前云更有比丘非歎不犯，復言此是頭陀，正歎故墮。」（三一三頁下）鈔批卷一八：「案祇文云：謂唱等供時歎，始下食時歎，有初作食時歎，作食辦已歎，（七八二頁下）有請時歎也。鈔中略卻，故云『乃至』。若如上等時中，隨一時有比丘來，尼若歎言『是乞食、練若、糞衣、露坐者』，得食，皆提。若尼直報施主言『更有比丘來』，不稱是十二頭陀者，無犯。若准多論，義則稍別。彼論云：尼語居士婦言：『為請誰耶？』答言：『請某甲。』尼言：『汝為辦粳米飯、蘇豆羹、鷄肉、鶉肉，比丘食者提；乃至教以少薑著食中，比丘食者，吉羅。』（此四分偏贊其德犯。）若尼言：『應某甲比丘。』居士婦言：『我已先請。』尼問：『辦何食？』答言：『麤食。』尼言：『為辨粳米飯乃至鶉肉等，比丘食者吉羅。若不曲讚功德，但□□（原注：□□疑『讚歎』）沙門功德，其福甚大。』如是汎說，食之無罪。」（七八三頁上）【案】此為僧祇七句之二。多論卷七，五四七頁。

〔九〕**多與好食，平等與**　資持卷中三上：「彼云：此不名讚歎。」（三一三頁下）【案】此為僧祇七句之三。

〔一〇〕**某甲徒眾多聞精進，當通請一眾**　資持卷中三上：「語通該故。」（三一三頁下）【案】此為僧祇七句之四。

〔一一〕**某甲眾主精進**　資持卷中三上：「以別指故。」（三一三頁下）【案】此為僧祇七句之五。

〔一二〕**若有歎食，不得捨去，當展轉貿食**　鈔批卷一八：「謂更互換易，免犯提也。皆謂正坐食時，即有尼來歎，故作此法，得捨去故也。」（七八三頁上）資持卷中三上：「『若有歎食』下，恐別乞失時，方便開食。初令對貿，次開心念。」（三一三頁下）【案】此為僧祇七句之六。

〔一三〕**是某甲比丘許**　資持卷中三上：「『許』字連上讀，指物多少之詞。」（三一三頁下）

〔一四〕**某甲尊者可常乞食者**　資持卷中三上：「『若言尊者』下，言雖通濫，而非歎美，可猶少也。」（三一四頁上）鈔批卷一八：「謂尼語檀越言，彼某甲比丘常乞食，作此歎者，得食不犯，以乞食之，是僧常行，非是歎德。自疑云：『乞食是頭陀中一數，何故歎頭陀是犯、歎乞食非犯？』故知此解有妨。築云：准祇文云：謂某甲尊者，可常乞（音『器』）食，謂尼語檀越言：『可常乞與某甲比丘合（原注：『合』疑『食』。）。』如此說者，非犯。以不歎德故，此解極當文。」（七八三頁上）【案】此為僧祇七句之七。

〔一五〕若先不知，臨食時言「好與比丘食者」，不犯　資持卷中三上：「五分中。先讚不知，臨食非讚，故皆不犯。」（三一四頁上）【案】五分卷七，四九頁上。

〔一六〕不犯　資持卷中三上：「不犯中。六種。並以『若』字間之。……此中一、三屬比丘，二、五屬檀越，四、六屬尼。」（三一四頁上）

〔一七〕若不知　資持卷中三上：「初，是迷心。」（三一四頁上）

〔一八〕若檀越先有意　資持卷中三上：「二、不因彼讚故。」（三一四頁上）

〔一九〕若無教化想　資持卷中三上：「三、即想轉。律云：『教化』作無教化想。（教化，即勸讚令請也。）」（三一四頁上）

〔二〇〕若不故教化而與食　資持卷中三上：「第六，文誤。律云：不故教化，而乞食與。（謂尼直乞施主，遂與非歎得也。）」（三一四頁上）

與女人期同行戒〔一〕三十

具犯，同「尼行戒〔二〕」。

律緣〔三〕，以無學為教興，尚被打幾死，何況凡夫？

故云：若村內一界行者，吉羅〔四〕。

不犯者。先不知若不共期，須往安隱〔五〕，命、梵緣者〔六〕。

【校釋】

〔一〕與女人期同行戒　資持卷中三上：「（佛在舍衛。婦與姑諍，還毘舍離。阿那律欲往彼國，此女為伴，夫便逐及，那律被打幾命斷。佛因呵制。）」（三一四頁上）【案】本戒鈔科稱為「與女期行戒」。四分卷一三，六五四頁上開始。

〔二〕尼行戒　簡正卷一一：「同前與尼期行。五緣犯。」（七三三頁下）

〔三〕律緣　鈔科卷中三：「『律』下，引緣顯制。」（七五頁下）資持卷中三上：「指緣同前。但改初緣人女為異。疏有六種，加第五『不離見聞』。又，第三『無緣』，疏云『無伴』。然準律文，不開伴援，疑彼寫誤。今云『無緣』，對下不犯、不共期等。引緣如上。聖人斷欲，尚遭誣毀，具縛凡夫，豈免譏責？」（三一四頁上）

〔四〕若村內一界行者，吉羅　簡正卷一一：「未越分齊，故吉。若越，即提；乃至越多村界，多提；空迥處十里，一提。」（七三三頁下）鈔批卷一八：「案十誦文云：期同一道行，從一聚落，提。若無聚落，空地一拘盧舍，提。道者，有二種，水、陸道也。據此，今時同船定犯。」（七八三頁下）資持卷中三上：「『故』下，顯制。律中，越村，結墮。村中，犯吉。是則舉步即制，足彰過深。苦誡來蒙，理須謹奉。」（三一四頁上）

〔五〕先不知若不共期，須往安隱　資持卷中三上：「不犯中。初二句，止是一緣。『不知若』三字寫多。律云：先不共期，須往彼得安隱。疏云：開緣不期及難，故知共期多伴亦犯。不類尼中，以同法故。」（三一四頁上）鈔批卷一八：「謂險難處，要須共往，得安隱者，共期不犯。」（七八三頁下）【案】四分卷一三，六五四頁。

〔六〕命、梵緣者　資持卷中三上：「下明二難。力勢、繫閉，文略不引。」（三一四頁上）

施一食處過受戒〔一〕三十一

五緣：一、施主期限一食〔二〕，二、知是，三、重過受，四、無因緣〔三〕，五、食，便犯。

律中：開病者，離彼村增劇〔四〕也。

不犯者。一宿受食〔五〕，病過受食〔六〕，若諸居士請大德住與食〔七〕，若次第請與食〔八〕，若水陸道斷等〔九〕，不犯。

【校釋】

〔一〕施一食處過受戒　資持卷中三上：「（佛在舍衛。拘薩羅國無住處村，居士作住處，常供一食。六群數受，故制。）」（三一四頁上）鈔批卷一八：「依光律師九段，此下至『過四月請』來，有十七戒，當第四段，明內資節量，少欲知足行。」（七八三頁下）【案】本戒鈔科稱為「食過受戒」。鈔批釋文中「過四月請」，即後文「過受四月藥請戒四十七」。四分卷一三，六五四頁下開始。

〔二〕施主期限一食　資持卷中三上：「初緣，疏作『非親居士』，則簡親也。」（三一四頁上）

〔三〕無因緣　簡正卷一二：「引律解也，無病及請緣也。然病人苦惱，去則增劇，住則有益。施主體之，不生譏故，開之。律中不問正食、不正食，俱結也。」（七三四頁上）資持卷中三上：「第四，即下開病。」（三一四頁上）

〔四〕開病者，離彼村增劇　資持卷中三上：「『律』下，釋第四。」（三一四頁上）

〔五〕一宿受食　資持卷中三上：「初句順制。」（三一四頁上）鈔批卷一八：「謂施主元請一宿，為緣起故，未階犯位，過此則犯。」（七八三頁下）【案】不犯有五。

〔六〕病過受食　鈔批卷一八：「謂病時開，過受無罪。」（七八三頁下）資持卷中三上：「謂因病過受也。」（三一四頁上）

〔七〕若諸居士請大德住與食　資持卷中三上：「『若諸』下，多人共留。」（三一四頁上）簡正卷一二：「若請（原注：『請』疑『諸』。）居士請大（原注：『大』下疑脫『德』字。）住，我當與食，我等為沙門釋子，故設此宿處食。若不得沙門釋子，亦當與餘人也。此即諸檀越共請住也。」（七三四頁上）鈔批卷一八：「立謂：比丘受一宿食竟，施主更請住。雖過無罪。」（七八三頁下）

〔八〕次第請與食　簡正卷一二：「即是各各請也。律云：若兒女、姊妹及婦，次第請食，無犯。此謂一家多人，為次第請。一家尚開，多家理得。」（七三四頁上）資持卷中三上：「『若次』下，次第各請。律中，若多檀越，若兒女、姊妹，次第請住多日是也。」（三一四頁上）

〔九〕若水陸道斷等　資持卷中三上：「『若水』下，急難為阻，不可往也。文略賊盜、虎狼等。」（三一四頁上）

展轉食戒〔一〕三十二

十誦云「數數食〔二〕」，五分同之。僧祇云「處處食」。總一明判，云「背請戒〔三〕」。

五緣：一、先受五正請，不問道俗、親非親〔四〕；二、食境堪飽足；三、無緣，謂病等〔五〕也；四、更異主受正食；五、隨咽〔六〕。便犯。

律中：請有二種，若僧次，若別請〔七〕也。食者，飯、麨、乾飯〔八〕。稠粥亦是。僧祇云：初出釜，畫不成字，是非正食〔九〕。僧祇：若到俗家，言「闍梨，今日我家食」，即名請處〔一〇〕。若作食未熟〔一一〕，欲往他家，應白已去；不白去者，至彼得正食，犯二墮：一、不白請家〔一二〕，二、是背請。大同四分〔一三〕。

又，律云：病者，不堪一坐食，令足〔一四〕。施衣時者，十二月中，隨有衣食，請處開背〔一五〕。若一日受眾多請〔一六〕，自受一請，餘者施人，言：「長老，我應往彼，今布施汝」；若不者，背前家，咽咽墮；背後家，咽咽吉。五百問云：若主人嫌代去者，不得〔一七〕。十誦、多論：前家不得隨病食〔一八〕，背至第二、第三家，漸漸食至日中，不得到第四家〔一九〕。

律不犯者。病時，施衣時，若捨請，若請與非食，謂粥、餅，不正食〔二〇〕。或不足〔二一〕，是正而少，不足〔二二〕。或無請〔二三〕，或食已更得食等〔二四〕，不犯。

【校釋】

〔一〕展轉食戒　資持卷中三上：「（佛至阿那頻陀國。因諸比丘先受大臣請，復受婆羅門濃粥，往大臣家不能多食，大臣瞋恨，為佛呵責。後佛還羅閱城，諸比丘先受樂師請，後居士施五正食，食已後赴，先請不能多食遭瞋，故制。）」（三一四頁上）鈔批卷一八：「此戒，僧得提，尼犯吉也。（七八三頁下）……言展轉食者，礪云：受前請已，復受後請，互背彼此，稱為展轉，故曰也。戒疏約背前後家，可為『三對』四句。初對，約正不正，為四句，謂：約五正食、□□（原注：□□疑『五不』）正食也。二對，足不足，為四句，謂：雖是正食，約境少，不得飽足也。三對，淨不淨，為四句，（七八三頁下）謂：若比丘為施主，即約殘宿、惡觸等，名不淨食也；若俗人為施主，則約五種不淨肉及見、聞、疑，為已殺者，名不淨食也。**初，正不正者：**一、前後俱正，（背前向後提，背後向前吉；）二、前正後不正，（背前向後吉；）三、前不正後是正，（背前向後不犯；礪云吉；）四、前後俱不正。（無犯；礪云吉。）二、**足不足四句者：**一前後俱足，（背前向後提，背後向前吉）；二、前家足，後家不足，（背前向後吉；）三、前家不足，後家足，（背前向後無犯；礪云吉；）四、前後俱不足，（無犯；礪云吉；）三、**淨不淨四句者：**一、前後俱淨，（背前向後提，背後向前吉；）二、前家淨，後（原注：插入『後』）家不淨，（背前向後提；）三、前家淨，後家淨，（背前向後，無犯；礪云吉；）四、俱不淨，（犯吉。）此是義立，四句並犯。礪云：前兩對四句，並初一句犯提，下三句俱互，皆吉。第三對四句中，二提二吉，不問道俗、親非親者，七眾俱為施主也。」（七八四頁上）【案】文分為二：初「十誦」下；次「五緣」下釋相。四分卷一三，六五五頁中開始。

〔二〕**數數食**　鈔科卷中三：「『十』下，會異。」（七五頁上）簡正卷一二：「四分名『展轉食』，展前家轉至後家。」（七三四頁上）鈔批卷一八：「文中列名不同者，謂諸部互說，如眼目之異名，今言『背請戒』，以名通攝盡故也。」（七八三頁下）

〔三〕**背請戒**　簡正卷一二：「背請戒。緣中辨施粥，諸記多說不著。今依大德，引僧祇律，都有四人：一、佛初成道時，難陀跋羅二女，施香蜜乳粥；二、在阿那頻國，沙㝹長者施稠粥；三、毗舍佉母；四、難陀母。四緣中，上二未有呪願文，第三毗舍佉母施粥時，佛便說偈也。偈云：『**持戒清淨人所奉**』，此明所施田諍，堪消物供也。『**恭敬隨時以粥施**』，此明能施心淨。『**十利饒益於行者**』，此總標數也：色（一）、力（二）、壽（三）、樂（四）、詞清辨（五）、宿食（六）、風除（七）、飢（八）、渴消（九）。更有大（七三三頁下）小便通適（【案】『適』

疑『道』。)，略而不說，成十也。上依法寶科此十利。若搜玄，將『色』、『力』合為一，卻將『詞清辨』分為二，便云『一者詞清，二者辨說』，無理甚矣，未可依承。或有云，『色力』開為二。依法寶詞，『清辨』分為二。依搜玄，若爾，并大小便，即有十一利也。違戒疏文，思之。**『是名為藥佛所說』**，結前行施，能益於他。若生人天，長受樂，明來報也。**『應』者已下**，結勸施僧。(七三四頁上)……總一判為『背請戒』者，謂皆前向後故。大德又釋，今云背請，准戒疏意，有二義故：一則道俗通知，二則攝義得盡。答云：展轉處處，隨名則局也。」(七三四頁下)資持卷中三上：「會異中。四律三名，無非重食，今云背請，乃是相傳，於義易顯，故云明判。疏云：隨俗取解，亦無過也。」(三一四頁中)【案】僧祇卷二九，四六二頁下。

〔四〕**先受五正請，不問道俗、親非親**　資持卷中三上：「初緣。疏有四句。初，前後俱正，提；二、前正後非正，吉；三、前不正後正，四、俱不正，並不犯。」(三一四頁中)

〔五〕**無緣，謂病等**　簡正卷一二：「謂病施衣功德月等。」(七三四頁下)

〔六〕**隨咽**　簡正卷一二：「不待飽也。戒疏，背請有四句：初，前後俱正，提；二、前正後不正，吉；三、前不正後正，不犯；四、前後俱不正，不犯。」(七三四頁下)

〔七〕**請有二種，若僧次，若別請**　資持卷中三上：「釋初緣。正請中。初，引二請，通皆有背。」(三一四頁中)簡正卷一二：「戒疏云：既列二請，俱有背罪。若受請已，自食(原注：『食』下一有『已食』二字。)或食僧食，彼生惱微，不犯背罪。先許後違，但犯吉也。」(七三四頁下)鈔批卷一八：「立明：此二請不得背也。若准律中，開其別請。梵網經、仁王經及請僧福田經，悉皆不許受別請也。案居士請僧福田經中，佛教月德太子請僧之法，佛說偈言：『供養於中僧，僧法次第請，心行平等法，即生不動國。別請百羅漢，不如一凡僧。請者平等法，諸佛法如是。莫學諸外道，別請親知識。(七八四頁上)佛法無別請，六師有是法，隨親有德請，非真居士施。僧次請眾僧，七佛法知(原注：『知』疑『如』)是。若有別請眾，是名為聚食。居士莫同此，即生不動國。」(七八四頁下)

〔八〕**食者，飯、麨、乾飯**　資持卷中三上：「明食體。五正列三，不存廢教。稠即濃厚，合上成四。」(三一四頁中)

〔九〕**初出釜，畫不成字，是非正食**　資持卷中三上：「引僧祇簡上稠粥。物雖一體，濃薄分異，取初出釜，不約凝漲。」（三一四頁中）【案】僧祇卷一六，三五四頁上。

〔一〇〕**若到俗家，言「闍梨，今日我家食」，即名請處**　鈔科卷中三：「『僧』下，明背相。」（七五頁中）資持卷中三上：「僧祇有二，初明前請。」（三一四頁中）簡正卷一二：「『僧祇』等者，彼云有二比丘，各各別受一家長請。第一比丘語第二比丘言：『長老，今日共到我檀越家食。』云其第二比丘應白自檀越，若不白輒往，得二罪。一不白請家，二犯背請。」（七三四頁下）

〔一一〕**若作食未熟**　資持卷中三上：「『若作』下，次，明結犯。」（三一四頁中）

〔一二〕**不白請家**　鈔批卷一八：「立謂：下文食前食後，詣他家戒是也。要白同利及施主是也。礪問：『受他請已，中時不去，自食已食，或食喰僧常食，犯背請不？』答：『應起，但犯小罪，不犯背請，以盡非請故，不名受後背前，惱彼小罪故。五分：若食僧食私食，不犯背請。祇云：請菜麨餅果，非家家食。」（七八四頁下）資持卷中三上：「犯後四十二戒。」（三一四頁中）【案】僧祇卷一六，三五四頁上。

〔一三〕**大同四分**　簡正卷一二：「彼不白請家，得提。四分：不白同請人，得提，故云大同也。其詞曰：『大德一心念，我某甲先受某甲請，今有某緣事，欲入某聚落，至某家。白大德知。』」（七三四頁下）

〔一四〕**病者，不堪一坐食，令足**　鈔科卷中三：「初，總示諸緣。」（七五頁下）資持卷中三上：「釋第三。初科有三，初，釋病緣。律因病比丘不得隨病食故。」（三一四頁中）簡正卷一二：「戒疏云：所以開病者，病人苦惱，施主體之苦也，不形命難濟。既非情願，不作時限。」（七三四頁下）鈔批卷一八：「礪云：所以開病人，苦惱施主體知。若不開者，形命難濟。既非情欲，不作時限。」（七八四頁下）【案】「又律」下分二：初，「又律」下；次，「十誦」下。初又分三：一、「病者」下，釋病緣；二、「施衣時者」下，釋衣緣；三、「若一日受眾多請」下，明捨請。

〔一五〕**施衣時者，十二月中，隨有衣食，請處開背**　資持卷中三上：「釋施衣緣。律中，一家單食請，一家衣食請。佛開背前。又，律云：自恣竟，無衣一月，有衣五月。（此通開背，不約兼衣。）又云：若復有餘施食及衣等，此明兼施不限，時與非時，故云十二月也。」（三一四頁中）簡正卷一二：「有二利故：一、為濟比丘，待形施時，（七三四頁下）不取後須，難得恐非理，乞損業煩他；二、謂益施主，衣食兩利，俱得反報。又，多論云：前家食請，後家衣食，聽背無罪。二、前家食請，後家衣請，取衣向前家，不犯。向前家竟曰不食，違信結吉。三、前後俱食，背前犯提。又有三句：前後不食請，聽背不犯；二、前家食衣，後家單衣，如前第二句說。三、前家衣食，後家單食，皆前犯提。」（七三五頁上）鈔批卷一八：「礪云：開有二義：一、為濟比丘，待形須立，施時不取，後須難得，恐非理紖，損業亂他故也。二、為益施主，衣食兩利，俱得反報。就衣施中，有三句：一、多論云：前家食請，後家衣食請，聽背無罪。二、前家食請，後家衣請，取衣向前家不犯；不向前家，竟日不食，違信結吉。三、前後俱食請，背犯提。又三句：一、前家衣食請，後亦衣食請，聽背無罪，以其後衣，或可多勝；二、前家衣食請，後家單衣請，如前；三、前衣食請，後唯食請，犯提。」（七八四頁下）

〔一六〕**若一日受眾多請**　資持卷中三上：「『若一日』下，明捨請。初，示捨法。」（三一四頁中）簡正卷一二：「此律要須實捨與人，不令施主有虛設費。若准祇、五二律，即開心念，假設方便，開防背罪。」（七三五頁上）

〔一七〕**若主人嫌代去者，不得**　簡正卷一二：「若主人慊代，此約別請。若僧不請，即代得也。」（七三五頁上）資持卷中三上：「引五百問決上可否。主嫌不捨，亦應成背，準前六念，開心念捨。」（三一四頁中）【案】五百問，九七七頁中。

〔一八〕**前家不得隨病食**　鈔科卷中三：「『十』下，別釋病緣。」（七五頁下）資持卷中三上：「次科。彼宗開病限至三家，但開背二。若容更背，恃開無節，教緩機慢，故不得四也。」（三一四頁中）簡正卷一二：「隨其所病宜喫，不得何食，或食冷或食熱，或食兼（原注：『兼』疑『麁』。）惡，非病所宜，聽背前向後，所便處食也。」（七三五頁上）鈔批卷一八：「立謂：病比丘至前家，或食冷、或熱、或麤惡，非病者所宜。背向後家，隨所便家，乃至齊三家，不得背至第四家。」（七八五頁上）【案】十誦卷一二，八九頁上。多論卷七，五四七頁下。

〔一九〕**不得到第四家**　簡正卷一二：「多、十二文，開病者背，不至第四家。此律但言：開病者，不堪一坐食，乃至既非情欲，不作時限，並不論數多少。今引他宗，不至第四，恐乖節儉之行，兼涉無窮之過。」（七三五頁上）

〔二〇〕**粥、餅，不正食**　資持卷中三上：「粥謂出釜稀者。餘則枝葉、細末等。」（三一四頁中）【案】不犯有七。

〔二一〕**或不足**　簡正卷一二：「足者，此時未制足食戒。何畏犯足！」（七三五頁下）

〔二二〕**是正而少，不足**　資持卷中三上：「少者，犯取境足故。」（三一四頁中）

〔二三〕無請　鈔批卷一八：「礪云：謂元無請處，隨食無罪也。立謂：請比丘施衣等也。以元請非為設食，今背無過。」（七八五頁上）資持卷中三上：「無請，豈得有犯？」（三一四頁中）

〔二四〕或食已更得食等　鈔批卷一八：「礪云：受前家食已，更受後家食，或容犯足，不犯背請也。或不壞，坐亦得受之。或一家有前後食者，既同主異食，亦無有罪，必不壞儀，不犯足。立謂：如有施主設食，比丘食未了，更有制施主與食，食者無犯，以是益故。又壞威儀已，壞威儀，更須作餘法也。」（七八五頁上）資持卷中三上：「謂前後重食，乃可犯足。而不犯背，必不壞儀，足亦非犯。律又云：一處前後食，謂同主異食，非背可知。文中不出，故云『等』也。」（三一四頁中）

別眾食戒〔一〕三十三

然別眾食，準此律文，但明別請，不論不集〔二〕，故文云：「但請三人食，我等不得別眾〔三〕。」若依緣起，則明乞食〔四〕，故文云：「為攝難調人，自結別眾〔五〕。」若依多論，明界內不集。亦明別請、別乞有不集者，僧次亦有不集〔六〕。

今分三相，各明犯緣，引據證別〔七〕。

初明僧次〔八〕。

七緣〔九〕：一、有施主；二、是僧次請；三、五正食〔一〇〕，在時中；四、食處成眾；五、知界內有善比丘未食，不集；六、無諸緣；七、咽咽〔一一〕。犯。多論：若施主就僧界內二處設食〔一二〕，應布薩處請僧，或送一分食；自處，不須展轉〔一三〕。若聚落界內無僧界〔一四〕，二施主各請四人已上，二處食，應打犍稚互請一人〔一五〕，互送一分食。更有異比丘入，亦更須展轉〔一六〕。或先僧次，後成別請，有客遮，不許入是〔一七〕。若不遮，雖先別請，後成僧次，如上立法〔一八〕。此明僧次。

言別乞者。

善見四句：一、四人同乞，或別乞各不相知，同一主故，同時受食〔一九〕，犯。多論：若四人各自乞食，共在一處，亦無有過〔二〇〕。以非一家故。

若別請人。

應令作法〔二一〕，門外唱令，但得一人，即名清淨。若不作法，界內無人者，一切僧猶得遮食不清淨罪〔二二〕。若準此言，未假界內不集；必若盡集，亦結其過〔二三〕。故文云：別請四人，在僧中次第並坐受食食〔二四〕，不與僧同味，咽咽皆犯。準此以言〔二五〕：僧次一種，唯局不集結罪〔二六〕；乞食、別請，若集、不集，俱結〔二七〕。

今更約緣，隨相總明，令人識知，由過常有〔二八〕。

初，有施主。

四分、多論，不問道俗，皆名施主，即明僧食無別眾罪〔二九〕。故多論云：若取僧食，別自受啖，不與僧同；或遮客僧，或不作相，是盜僧祇〔三〇〕，非別眾罪。廣如上卷〔三一〕。

二、別僧、別乞、別請三種〔三二〕。

先明別僧，即是僧次〔三三〕。五分：僧次請者，凡夫、聖人、坐禪、誦經、勸佐眾事〔三四〕，並為解脫出家者，得入僧次；唯除惡戒人〔三五〕。若言「次第上座」者，是僧次攝〔三六〕；又，不知齊幾為上座，佛言：「上無人者，皆名上座。」以法取人，或言「禪師」等，是別請〔三七〕；若言「禪師十人」，便除法師、律師——甄簡異故，不名僧次。十誦、善生中，以羅漢法請人〔三八〕，不稱名字，猶名別請，為佛所呵。如計請法中。

多論：若施主長請比丘，或作日限，先隨意請人，各使令定〔三九〕。至初集日，先無別請，一切無遮，大善無過〔四〇〕；不能無遮，應打揵稚〔四一〕，眾僧集已，先別請者，且住一處。勸化比丘〔四二〕，若施主，應立高處舉聲大唱：「六十臘入」。若多若少，但得一人，即名清淨。乃至唱到一夏及沙彌等〔四三〕，若都無者，亦名清淨〔四四〕。若初日不唱，應日日唱，如初日法。若初日唱訖，若遮不遮，一切無過〔四五〕。若不作此二法，若食時有遮，界內比丘乃至一人，此一切僧得別眾罪〔四六〕。設界內無比丘故，有遮食不清淨〔四七〕。若九十日請，或長請，如初日唱〔四八〕；九十日夏訖，施主設有續供一月半月，即前唱法為清淨，不須更唱〔四九〕。唯僧房臥具，九十日竟，日日唱，不者得罪〔五〇〕。若施主就僧界內作食，堂舍不容，次第出，在異處食，亦得〔五一〕。若大界內有二處僧祇〔五二〕，一日中二處俱施食，布薩處無過；不布薩處，不請布薩處一人，不送一分食者，此僧犯墮。若施主別請僧次四人〔五三〕，入僧布薩界內食，或將食入界，別請比丘〔五四〕，應布薩處請僧次一人〔五五〕，若送一分食。若二處、三處亦爾。自處不須展轉取人送食〔五六〕。設請人送食已，外有異比丘，若遮不與食者，墮〔五七〕。若不爾者，三人已下，各各異處食，得〔五八〕。若作意請僧中一人〔五九〕，忽忘不請，在前作一分食，置上座頭〔六〇〕，送與彼僧。若道界遠〔六一〕者，先取食次第行之〔六二〕。若聚落界內〔六三〕，雖無僧界〔六四〕，設二檀越請四人已上，於二處食〔六五〕，應打揵稚，互請一人，互送一分食。若有異比丘，應入〔六六〕，乃至一人。若不互請送食，皆墮。若遮不與一人食，亦墮〔六七〕。假令一處，欲如法者，應好隱悉知聚落比丘有無〔六八〕，不疑者，得；不爾，應打揵稚。不打者，知有一人不來食，犯墮。疑有，吉羅〔六九〕。若不疑心，若打揵稚，不問有無，一切不犯〔七〇〕。或先僧次請，來有客比丘遮不聽入，即成別眾〔七一〕；或先別請，有客比丘來，比丘教化勿遮，即成僧次〔七二〕。不能不遮，乃至唱一人入等〔七三〕。

善見別乞四句〔七四〕：或四人一時乞〔七五〕，或別別乞，各不相知〔七六〕，而同一主一時往受、食者，犯〔七七〕。二、各各去，一時受，各處食〔七八〕。四分律中不犯墮〔七九〕。三、各去，各受，各食，不犯〔八〇〕。四、或別乞，別去，一時受、食，犯〔八一〕。

義云〔八二〕：僧次請人，至請家已，門外有比丘，不許入界內者，變為別請〔八三〕。設後食時無人，亦犯墮。若門外僧與家內相去六十三步外〔八四〕者，食時，外僧乃名「別請別眾〔八五〕」，不名「僧次別眾」。

四、食處成眾〔八六〕。

善見〔八七〕：要別請四人，俱受，成眾。即座上一比丘覆鉢不食，待餘三食竟〔八八〕，後一人食，不犯。四分：若二人三人，隨意食；四人若過，應分作二部，更互入食〔八九〕。多論：三比丘一狂心，三比丘一滅擯〔九〇〕。三比丘在界內，一在界外。若狂、擯二人〔九一〕，不落僧數，雖四不成。異界不相足數，不成別眾。故須知是好比丘〔九二〕。

多論：或食僧食，若施主食，各取食分〔九三〕。雖四人已上，於別處食，或共一處食，不犯別眾〔九四〕；若四人各自乞食，於一處食，亦無別眾。律結犯者，據一家併乞，四人一時受食〔九五〕。必前後各自受分者，得，由自食已食也〔九六〕。又有四句〔九七〕：一、食主是一，盡集無過〔九八〕。二、食一處二，彼此乃異〔九九〕。以食味同故，不犯。若界內更有餘比丘，二眾俱犯〔一〇〇〕。三、食別處一，如僧盡未食僧食〔一〇一〕，或有施主食，有一施主別請四人在僧中並坐受食，不與僧同，咽咽犯。

若彼四人，先取僧中一口食已，後得益無犯〔一〇二〕。此謂露地，須申手內〔一〇三〕。若在覆處，不必相接〔一〇四〕。四、謂食別處別。彼此二眾，互請一人，互送一分食；不者，二俱犯墮。

五、界內不盡集〔一〇五〕。

五分：若請比丘僧，應比丘、沙彌往；若請二部僧，五眾應往〔一〇六〕。

多云〔一〇七〕：凡別眾食，必於界內。言界者，謂眾僧結界〔一〇八〕、聚落界〔一〇九〕、家界〔一一〇〕、曠野處一拘盧舍界〔一一一〕。此諸界內，不得別食、別布薩〔一一二〕。若僧食竟，有客比丘來，檀越與食，四人已上無罪〔一一三〕；以僧食竟，不合同味，無乖別過。若僧未食〔一一四〕，客來入界，受檀越食，咽咽成犯別。狂癡、滅擯比丘及沙彌，無犯〔一一五〕。上沙彌等三人，非別眾〔一一六〕；若不與僧食，是盜僧祇〔一一七〕。若沙彌是僧次請來，則免四比丘已上別眾罪，俱福田故〔一一八〕。

四分諸律並云：別請、別乞，故犯〔一一九〕。不言「不集」。多論：別請、別乞如律，又加「食處不集」〔一二〇〕。雖僧次來，但使同界不集，又名「別眾」。如上所列〔一二一〕。

善見五種，「足四」不犯〔一二二〕：一、不請足四。施主別請四人，一人不去。主人見少，臨中見一比丘，即喚與食，是名僧次。情無簡別。二、乞食足四。亦以別請，一人不去，臨中乞食比丘至，依次與食。三、沙彌足四。四、鉢盂足四。別請四人，三人身至，一人鉢請。五、病人足四。此謂狂、癡〔一二三〕。並非「別眾」，得食。

律中，不犯開七緣〔一二四〕：

一、病時者，下至腳跟劈〔一二五〕。善見云：砂土入中不能行。

二、作衣時〔一二六〕者。自恣竟，無迦絺那衣一月，有則五月是也。

三、施衣時〔一二七〕者。如前「背請戒」。

道、船二行，為四、五二緣〔一二八〕者。下至半由旬內〔一二九〕，來往上下是。

六、大眾集〔一三〇〕者。食足四人，長一人為患是〔一三一〕；乃至百人，長一人為患〔一三二〕。此謂儉時，東西二家各設食供〔一三三〕。東家成眾，西家一人。由食處成眾，西家一人，本是別患。豐時則有，儉故開之。又，供具限約，不許分送，外乞難得，儉故開成〔一三四〕。今京輦設供，每有不依疏僧，闐闉門首〔一三五〕。請家拒閉，不令輒進。大德英達，安然坐食。知外有僧，不思命召。親見其事，過深鄙俗〔一三六〕。望諸行者，見聞歛跡〔一三七〕。五分云「門外有客比丘不得入〔一三八〕」者，乃至語「往本寺取食」等。廣如訃請法中〔一三九〕。

七者，沙門施食時〔一四〇〕。謂在此沙門釋子外，諸出家者是〔一四一〕也。

又，準論中，僧次不犯〔一四二〕。五分「衣時」，都合九緣〔一四三〕。增一云〔一四四〕：師子長者別請五百羅漢。佛言：「不如僧次一人，福不可量。」因說「如飲大海，則飲眾流」。師子言：「自今已後，當不別請。」佛言：「我亦不令別施，以無有福。」師子便平等施，亦不言此持戒、犯戒。佛讚：「善哉！平等之施，獲福無量；平等施者，施中第一。」賢愚經：以氎施佛，佛讓與僧〔一四五〕。義意同此。正使將來法垂滅盡，比丘畜妻挾子，四人已上，名字眾僧〔一四六〕，漫請供養，應當敬視如舍利弗等。

律明開緣。僧次一種，功益自他〔一四七〕。病等諸緣，但能自益。謂別請三人，一人若病若行等緣，來入前數，自身是開益，他犯別眾〔一四八〕也。律中，若無如上諸緣，即起白言〔一四九〕：「我於此別眾食中無因緣，今欲出。」餘人無緣者亦爾。若有別眾食緣欲入者，當白言〔一五〇〕：「我有別眾緣，欲入。」白已，隨次入〔一五一〕。若有緣不白者，吉羅〔一五二〕。

不犯者。如上所開〔一五三〕。

【校釋】

〔一〕別眾食戒　資持卷中三上：「（佛在羅閱祇。提婆教人害佛，教闍王殺父，惡名流布，利養斷絕，乃與五人別乞。因制。）釋戒名者，謂能別之人食處成眾，以眾別他，不共同味。若取語，便應云『眾別』。然據所別，非不通眾，但犯由能別，故獨彰名。又，能唯約眾，所通眾別，委如本疏。」（三一四頁中）簡正卷一二：「戒疏云：但以能別之人，食處成眾。以眾別他，不與同味，故眾處得罪。『若爾，所別之處，豈無眾耶？』答：『所別之中，一人亦犯。若犯，約所別名。眾者，則讒他，能別非眾，亦犯。今律據能別之人，故云『別眾』。若據理，合云『眾別食』。」（七三五頁下）鈔批卷一九：「礪釋名云：但以能別之人，食處成眾。以眾別他，不與同味。亦表法食有隔，故眾處得罪。所別之處，豈可非眾！』（私云：所別之處，或一人、二人，乃至百、千人，不論多少，故曰『豈可非眾』。（七八五頁上）今不取所別之眾立，亦但取能別之處成眾，故曰『別眾』耳。）然律據能別之人，故文云『別眾食』者，四人若過也。若從語論，應云『眾別食』。今取本意，故云『別眾』耳。三人已下，無上兩損。兩損者，謂制意有兩也。（云云）。故文云：但得三人也。今鈔文似繁，懃懃故也。今案，戒本疏三節束之，則易見也。**初，云若僧次請來**，界內不集，故犯。初雖僧次，及至食時，界內有僧，別不同食。此則僧次，還成別請。二、**若本別請**，食時僧來，既無遮約，此則別請，名僧次也。（此有不犯。）**若別請別眾、別乞別眾**，不問界內有僧無僧，但使食處成眾，故犯。若鳴槌作相，若唱召一人，則免犯過。曉此三節，至文易遣。立云：制意即調達等別乞是也。文中何列四分與多論宗不同？謂四分別請別乞，但使食處成眾，不問界中有人、無人可別，但別乞等，稱是『別眾』。若僧次請來，稱『非別眾』，但由遮客，變成別請耳。准多論意，直約界內有人不集，無是別眾，無論僧次別請別乞，但界有人，無是別他，界若無人，則不犯。四分據食處成眾，多論約界有人未食。就今一戒，文分三段：前且立宗，次犯緣，後隨緣牒釋。釋中，不具第三、第七緣。」（七八五頁下）【案】以下諸戒制緣見四分卷一四，六五七頁中及以下。犯文分二：初，「然別眾食」下；二、「今更約緣」下。四分卷一四，六五七頁中開始。

〔二〕**然別眾食，準此律文，但明別請，不論不集**　鈔科卷中三：「初，約相分示。」（七五頁上～中）簡正卷一二：「先引律中別請，次引初緣。謂今師先於律文中搜求有幾種犯境。七處所明，皆約別請，乃兼緣起，別乞只有二種。又，乃文繁難以尋，是以鈔主先永（原注：『永』字疑剩。）求初緣，貴在易知，後方引也。謂律初緣，因調達害佛，後教闍王煞父，惡名流布，利養斷絕。遂則通己五人家乞食，故制戒。制戒之後，諸比丘病，乃至沙門施食，七種別請，皆語請者。云但請三人，我等不得別眾，明知此律只有二也。所以不論不集者，既言但請三人，明知戒內更有多人，但不滿四，食處不成，眾即不犯，都不論集與不集也。」（七三五頁下）鈔批卷一九：「但明別請，不論不集。立論：若別請別乞，不問界有人、無人，集與不集，但食處成四，皆犯。言僧次請來，約界有人，遮不許集，方犯；界若無人，不犯。濟問：『夫言別者，約有所別，若言別乞別請，既不約界有人、無人，從何辨別？』答：『別請別乞，約別聖（原注：『聖』疑『望』。）本界之人，故言別也。』」（七八六頁上）【案】「然別」下分二：初，「然別」下；二、「今分三相」下。四分卷一四，六五七頁中開始。

〔三〕**但請三人食，我等不得別眾**　資持卷中三上：「約相中。初科。本律有二，（三一四頁中）初約廣解，明別請，即開緣文。佛初未開比丘，凡有他請，皆用此言對之。如鈔所引。至後白佛，故有七開。」（三一四頁下）鈔批卷一九：「謂俗人欲請僧時，知法比丘應須開喻，作如此說。」（七八六頁上）【案】「文」指四分。

〔四〕**若依緣起，則明乞食**　資持卷中三上：「『若依』下，次約緣起，明別乞。」（三一四頁下）鈔批卷一九：「謂調達領四人，家家別乞，為緣起也。」（七八六頁上）

〔五〕**為攝難調人，自結別眾**　資持卷中三上：「難調人，即召提婆，明佛制戒，為攝彼故。（本宗止有此二。）」（三一四頁下）簡正卷一二：「難調人，即調達是。」（七三五頁下）【案】「文」指四分律文。

〔六〕**亦明別請、別乞，有不集者，僧次亦有不集**　資持卷中三上：「多論具三，皆論不集。初句總標。『亦』下，別列。上云『亦明』者，亦前律文；下云『亦有』者，亦上二種。」（三一四頁下）簡正卷一二：「約其多論，若界有人不集，即成別眾，亦名別請別乞。四分之中，體是別眾，不論集與不集。多論於此二中，有其集犯，謂僧並坐，亦名不集犯。若作遮心，界內無人，亦犯。故鈔云『亦有別請別乞不集』。僧次，即約有容來遮，即成不集。別眾無人不遮不犯，故云『亦有不集者』。」（七三六頁上）鈔批卷一九：「謂界內不集，方是別眾。不問別請、別乞、僧次三色，皆約界內不集是犯。若無人，不犯。」（七八五頁下）

〔七〕**今分三相，各明犯緣，引據證別**　鈔科卷中三：「『今』下，分相差別。」（七五頁中）簡正卷一二：「云『今』至『別』者，開兩章也。今分三相者，約其當宗他陪（【案】『陪』疑『部』），分為三相：一、僧次，二、別乞，三、別請也。各明犯緣者，上三各有別眾故，云各明。引證據（【案】『證據』鈔作『據證』。）別者，引其多見；二、論證據；三、前各有集，不集別相也。」（七三六頁上）鈔批卷一九：「一者，僧次別眾；二、別請別眾；三、別乞別眾。此三之中，各含別眾，故各曰明犯緣。」（七八六頁上）資持卷中三上：「總標云『各明緣』者，三位各具七緣，如下所列。引據證別者，即下多、見二論，辨三相不同。」（三一四頁下）

〔八〕**初明僧次**　資持卷中三上：「初科且據僧次，餘二例同，但改第二為異。」（三一四頁下）簡正卷一二：「謂上來三相，各有犯緣，今但列僧。」（七三六頁上）鈔批卷一九：「此略標宗致，下更一一牒緣解釋，但不牒第三、第七。由文中自含，所以不解。又云：易解所以不釋。就標致中，文有多勢，別請、別乞、僧次三種，通有別眾，今總束之。約『僧次』上，作七緣成犯。列七緣已，從『多論若施主就僧界內』乃至『亦更須展轉』來，（七八六頁上）通明施主將食來作法，自然界中『別施』之進否也。『或先僧次』乃至『此明僧次』已來，亦是通料簡『僧次』之法也。從『言別乞者』乃至『以非一家故』來，通明『別乞』之事。從『若別請人』乃至『不清淨罪』已來，通明『別請』之事。從『若準此言』至『由過常有』來，此義准決會四分、多論兩文，成別不成別之相也。已上諸文，通敘『別眾』之宗致，下則一一牒緣解釋。其七緣成犯。」（七八六頁下）

〔九〕**七緣**　簡正卷一二：「別請、別乞，亦有七緣，例取此七所解，但改別請、別乞之名為異也。」（七三六頁上）

〔一〇〕**五正食**　鈔批卷一九：「第三緣云：要是五正食，方有別眾食。礪問云：『正食有犯，不正不犯者，亦可法別眾中，秉羯磨法，方有別眾。秉對首法應無別眾？』答：『不例。法中無僧，即秉對首等法，豈可無僧？不成眾時，唯食非正食，所以故非類也。』」（七八六頁下）

〔一一〕**咽咽**　鈔批卷一九：「礪問：『此別眾食，何不計所別之境之多少，而言咽咽，從業結者何？』答：『佛本制意，為慈愍白衣，恐惱眾僧，制不聽別。不是專為，損於何別，何須偏約所別？隨境結罪人，又假眾方犯，貪心故食，但隨業得罪。」（七八六頁下）

〔一二〕**若施主就僧界內二處設食**　資持卷中三上：「次科。有二。初，明僧界開法，須布薩處，即知法者所居。以布薩是攝眾之法，請彼一人則表眾集。」（三一四頁下）簡正卷一二：「謂於僧界內，別向二處院中設食，此二處須向布薩處，請一人表請同，或送一分食表味同。其布薩處，不用請送。餘二院，以常住處，本無別眾也。」（七三六頁上）鈔批卷一九：「立謂：張、王二家來寺中，東西兩院，各設供養，二處人各滿四，則別他布薩處僧。其東西二院，須住布薩處請一人。不者，送一分食（七八六頁下）與布薩處。布薩處，不須來兩院請人送食也。」（七八七頁上）【案】「多論」文分為二：初，「若施主」下；次，「若聚落」下。多論卷七，五五〇頁上～中。

〔一三〕**自處，不須展轉**　資持卷中三上：「即彼二處不相請送，與下俗舍不同。」（三一四頁下）簡正卷一二：「二院之中，彼此相望，不用互送、互及請。」（七三六頁上）鈔批卷一九：「由食僧常食，不畏犯別。又兩院相望，亦不用互請互送，以俱通布薩處故，故曰自處不須展轉也。景云：但布薩處，是眾同之本，各各自處，不須展轉。昔人取文，立義稍急，要具三法，謂打犍槌法通也。送一分食，食通也；互請一人，人通也。今不同之，隨作一事□（原注：□疑『則』。）免別眾。以鳴鐘本為集僧，既鳴，表情通也，何須更請人？或復送食，若互請，即不互送及鳴鐘等。」（七八七頁上）

〔一四〕**若聚落界內無僧界**　資持卷中三上：「『若』下，次，明聚落。初明作法，加打犍槌，僧界人多，不可作相，但有二法。」（三一四頁下）簡正卷一二：「謂自然界中亦有僧次別眾，謂二施主同一自然界中，各設食，即打槌（原注：『槌』上一有『犍』字。），以表不隔，作法同故。若（七三六頁上）不爾，互請一人；又不爾者，互送一分，表味同故。不作此三，即是『別眾』。又於此三，不必具足，隨一便得故。首疏云：於三事中，但作一事，即得更有異。」（七三六頁下）鈔批卷一九：「立明：此自然界中，有二施主設食，各在二處，此中則須更互請人送食也。若互請送食（原注：插入『食』字）竟，更有異比丘來入界。若遮不與食，雖前作三法竟，由心遮後人，前法亦壞，更須展轉送食等也。若後人來時，心若不遮，前既作法竟，後不復須作也。」（七八七頁上）

【案】「若聚落」下分二：初明作法，次明重作。

〔一五〕一人　【案】底本為「一一」，據大正藏本、貞享本、敦煌甲本、敦煌乙本及弘一校注改。

〔一六〕**更有異比丘入，亦更須展轉**　資持卷中三上：「『更』下，明重作。以後來者，復成別故。」（三一四頁下）簡正卷一二：「『比丘入』等者，謂入作法、自然二界也。更須如前作，三相中一相也。」（七三六頁下）鈔批卷一九：「琳云：先有二處食，既互請人，送食竟，後更有異眾，四人已上來到界內，自聚一處，受別主食，亦須於前二處，互請送也，非唯有一、二、三人。若一、二、三人，但入前二眾，何須更請送也？景云：更有異比丘入者，入聚落也，不入二施食家也，至二食處，望後來食處，（七八七頁上）應互請送，故曰更展轉也。立云：至後來入者，但是一人，或至多人，直隨入前二眾無過，以前互送等竟也。若遮不與後比丘入，前雖作法即壞，更須展轉。」（七八七頁下）

〔一七〕**或先僧次，後成別請，有客遮，不許入是**　資持卷中三上：「『或』下，明互轉，如後廣之。」（三一四頁下）簡正卷一二：「『或先僧次』等者，謂無是僧次，請來而上二界外。更有清淨比丘入來，未曾食，遮不許集。即此僧次，變作別請。別請體是別眾。」（七三六頁下）鈔批卷一九：「立謂：先是僧次請，臨時客來，遮不許入，翻成別請。礪云：此多論文有四句料簡：或前僧次，後若當處遮約，即成別請；或前後俱是別請，此二句提；或前別請，當處無遮，後成僧次；或前後俱是僧次，此二句無犯。」（七八七頁下）

〔一八〕**若不遮，雖先別請，後成僧次，如上立法**　簡正卷一二：「『若不遮』等者，先雖別請，由無遮約，變成僧次。以僧次體非別眾，今既不遮，無別眾過，即成僧次也。如上等』者，謂如上二界，互送互請，辨其作相。如是立法，明其僧次，無界內不集之別眾也。」（七三六頁下）鈔批卷一九：「謂如上不遮客僧，或鳴鐘，或互請送也。景云：互送等者，此中有三種：一、人同須請一人；二、若不來遮，送一分食，無是食同。三、若念有限，不肯送，乃可打犍槌，無是法同。此三次第：先人，次食，後法。今時但打犍槌，皆不犯也。」（七八七頁下）【案】資持將「如上立法，此明僧次」斷為一句，作為結句。

〔一九〕**同一主故，同時受食**　簡正卷一二：「先出論意，謂或四人，同時乞，或各各別乞，各不相知。雖先後而至前家，為受食（原注：『食』下一有『時』字。），同一主故犯。」（七三六頁下）鈔批卷一九：「立謂：四比丘各自別乞，前比丘至王家乞得食，餘三比丘別處乞不得，還到王家乞食，各不相知，後同一處食犯，由是一主食故。」（七八七頁下）【案】見論四句，此引初句。見論卷一六，七八三頁下。

〔二〇〕**若四人各自乞食，共在一處，亦無有過**　資持卷中三上：「多論各乞同處，反明同乞異處成別。」（三一四頁下）簡正卷一二：「約散乞，一處聚食，不犯。律據一家，併乞共食，便犯」（七三六頁上）【案】多論卷七，五五〇頁下。

〔二一〕**應令作法**　鈔科卷中三：「初，正明犯相。」（七五頁中～下）簡正卷一二：「應令作法者，恐此唱，令名為作法，如下自述。」（七三六頁下）資持卷中三上：「作法即鳴鐘，唱令召夏臘等。」（三一四頁下）【案】「別請」分二：初，「應令」下；二、「準此」下。

〔二二〕**一切僧猶得遮食不清淨罪**　資持卷中三上：「遮食罪，準理是吉。」（三一四頁下）

〔二三〕**若準此言，未假界內不集，必若盡集，亦結其過**　簡正卷一二：「謂准『界內無人亦犯』之言也。未假界內不集者，謂若作遮意，未假界內，不集方犯，設使盡集，亦犯。」（七三六頁下）資持卷中三上：「『若』下，約集明犯。準上界內『無人』之文，下引文證。同坐異味，亦即集犯。」（三一四頁下）

〔二四〕**在僧中次第並坐受食食**　簡正卷一二：「證前別請。（七三六頁下）雖則同集，還成別眾。如有施主，別請四人，共在堂中食，施主但供四人，不與僧同味，亦犯別也。若欲無過，且喫僧家食，一口後食，施主食但成益，食不成別眾也。下廣證中更明。」（七三七頁上）

〔二五〕**準此以言**　鈔科卷中三：「『準』下，準文通決。」（七五頁下）簡正卷一二：「准僧中『並坐成犯』之言。」（七三七頁上）

〔二六〕**僧次一種，唯局不集，結罪**　資持卷中三上：「總斷三位，不集皆同，集犯有別。僧次若集，則無有過。」（三一四頁下）簡正卷一二：「謂僧次請來，要須界內。有人不集，始犯別眾，必無人不犯。別乞、別請，體是別眾，眾不問界內有人無人、若集不集，但食處成，眾皆犯也。」（七三七頁上）鈔批卷一九：「僧次來要界內，有人不集，則名別眾，（七八七頁下）界若無人不犯。別請、別乞，體是別眾。誰（【案】『誰』疑『雖』。）問界內人之有無，但食成眾，無犯別也。」（七八八頁上）

〔二七〕**乞食、別請，若集、不集，俱結**　資持卷中三上：「餘二集犯者，別請如上，別乞準同。」（三一四頁下）

〔二八〕**今更約緣，隨相總明，令人識知，由過常有**　簡正卷一二：「約緣者，約七種緣也。隨相者，隨三種相也。通而辨之故，曰總明大德。又解據理，僧次別乞別請，每一相中，皆具此七，三七合二十一緣。今鈔慮繁，但向此總科，不更列故，曰總別。問：『約緣隨相，如此總明，意為何事？』鈔釋云：『令人已下，具也。』」（七三七頁上）資持卷中三上：「次重釋中。標云約緣者，即上七緣，文中但釋五種，三、七易解故。『令』下二句，出重廣之意。」（三一四頁下）鈔批卷一九：「生起下文也，謂約上所列七緣，今無隨緣曲解也。」（七八八頁上）【案】「今更」下分釋第一、二、四、五、六緣。

〔二九〕**四分、多論，不問道俗，皆名施主，即明僧食，無別眾罪**　資持卷中三上：「初中。前明揀濫。今世有人一概但云『別眾』，不知僧食，自犯重盜。又有見將『異味』在眾獨噉，便言別眾食者，事雖非理，名教天乖，不可濫也。」（三一四頁下）鈔批卷一九：「礪云：論釋不同，善見一解，要是俗人作施主，有別眾罪，以其在家白衣，儲畜食具，客各別請，（七八八頁上）受必（原注：『受必』疑『愛心』。）供養，恐人多難濟，損惱施主，為是聖制，不聽別眾。是以律云：慈愍白衣故，出家之士，少欲自居，乞食濟已，何有別請作施主之義？明知出家施主不犯。故論言：沙門施食時不犯者，或同法沙門、外道沙門。若依多論，道俗施主，俱犯別眾。故論云：一比丘出食，三人無食，共一處食，餘三人犯提，食主無犯。以自食己食，無何（原注：『何』疑『他』。）惱損故。（謂四箇比丘共食，一个比丘是食主。）又，此律言沙門施食者，在此沙門釋子外，諸出家者，及從外道出家者是，故知同道沙門亦是犯也。前言慈愍白衣者，且就俗人說耳。無明別眾罪，乃至或遮客僧等者，雖無別眾罪，有來報業道罪也。礪云：昔知事人與客惜食，九十億劫生屎尿中，至（原注：『至』疑『其』。）形似人，多諸手足。案報恩經云：過去世時，有婆羅門為僧造寺，（七八八頁上）時有檀越施蘇油飲食，知事比丘見客僧多眾，惜不與僧。行時，客比丘便問：『何不行之？』知事答言：『汝既是客，何因索此？』客無（原注：『無』疑『僧』。）答言：『此現前僧物，論何（【案】『論何』疑『何論』。）主客？』知事無（原注：『無』疑『大』。）嗔罵言：『汝客比丘，何不噉屎尿。云何從我乃索蘇油？』由此惡言，九十億劫生屎尿中為虫也。」（七八八頁下）【案】此句下釋第一緣。多論卷七，五四九頁下。

〔三〇〕**是盜僧祇**　資持卷中三上：「『僧祇』翻『眾』，即目常住眾物耳。」（三一四頁下）

〔三一〕**廣如上卷**　鈔批卷一九：「謂如僧網中明也。」（七八八頁下）

〔三二〕**別僧、別乞、別請三種**　簡正卷一二：「云總明，今此即是總意也。」（七三七頁上）鈔批卷一九：「此下解第二緣也。礪疏：具緣中，二者是別請、別乞。若僧次請者，情無簡別，本自無過，是故須明別請別乞。但僧次有二：若言僧次請者，如常可知，若復言請次第上座若干人，亦是僧次所攝，以人不出故。如五分說，上頭無人，無是上座上座（原注：『無』、『上座』三字疑剩。），故知不定。別請亦兩。若據名以請，故宜別請。二以法取人，亦是別請也。」（七八八頁下）【案】此句下釋第二緣。分三：初，總標；二、「先明別僧」下別釋；三、「義云」下，義決。

〔三三〕**先明別僧，即是僧次**　資持卷中三上：「別僧者，即如（三一四頁下）下云『施主別請僧次四人』是也。但不定名，故云『僧次』。」（三一五頁上）簡正卷一二：「云『先明』至『中』者，能別僧體也。此體未論四人，但據自行以說也。即是僧次者，體淨之僧有別，此僧即應（去呼）僧次，顯惡戒非別，不應僧次。」（七三七頁上）【案】「先明」一節分三：初，「先明」下；二、「多論若」下；三、「善見別」下。

〔三四〕**僧次請者，凡夫、聖人、坐禪、誦經、勸佐眾事**　資持卷中三上：「五分為三。

初，簡能受人，文列五種，並堪預數，不可揀擇。」（三一五頁上）

〔三五〕**唯除惡戒人**　資持卷中三上：「疏云：僧次一種，必以淨戒為先。微犯憲章，不令受利等。（準犯小罪，即為所簡。）」（三一五頁上）鈔批卷一九：「言惡戒者，出家僧尼犯四重八重之戒，故名惡戒也。」（七八八頁下）

〔三六〕**若言「次第上座」者，是僧次攝**　資持卷中三上：「『若』下，二、示僧次法。又二，初正示。」（三一五頁上）

〔三七〕**以法取人，或言「禪師」等，是別請**　資持卷中三上：「『以』下，顯非以法取者，雖不定名，簡其所學，即非僧次。此謂雖通而別，非平等故。」（三一五頁上）

〔三八〕**十誦、善生中，以羅漢法請人**　資持卷中三上：「彼云：有人請佛五百羅漢。佛言不名『請僧福田』。若能於僧中請一似像極惡比丘，猶得無量果報。』與下增一意同。」（三一五頁上）鈔批卷一九：「案善生經中，佛教善生長者行施，以四事供養父母、師長、和上、耆舊持法之人。莫偏信敬有德一人，深信僧中多有功德，平等奉施，得福無量。如我一時告鹿母，雖復請佛及五百羅漢，猶故不得名『請僧福田』。若能僧中施一似像極惡比丘，（七八八頁下）猶得無量福德果。何以故？由此人報（原注：『報』疑『執』。）持如來無上勝幡，亦能演說三種菩提，正見無謬也。」（七八九頁上）【案】十誦卷四八，三四八頁上。優婆塞戒經卷六，一〇六五頁上。

〔三九〕**若施主長請比丘，或作日限，先隨意請人，各使令定**　鈔科卷中三：「『多』下，釋別請。初，請僧就舍。」（七五頁下）資持卷中三上：「初科，初至『不清淨』來，明初請法。二、『若九十日』下，明續供法。初中復二：初，明先請。長請謂不限日也。」（三一五頁上）簡正卷一二：「長請日限，即二請也。『隨（七三七頁上）意請人』，明是別請。」（七三七頁下）鈔批卷一九：「謂一夏中，請於比丘而供養也。」（七八八頁下）【案】「多論」一節分四：初，「若施主」下，明別請；次，「若施主就僧界」下，明就界；三、「若聚落界內」下；明聚落；四、「或先僧次請」下，明互轉。

〔四〇〕**至初集日，先無別請，一切無遮，大善無過**　資持卷中三上：「『至』下，明來集。初明無遮盡集。先無別請者，謂長請之外，一切普設無別召者，則二日已去，縱遮無過。」（三一五頁上）簡正卷一二：「既不別請，一切無遮，凡聖普心，何善大也。」（七三七頁下）

〔四一〕**不能無遮，應打揵稚**　資持卷中三上：「『不能』下，次，明有遮免過。不能無

遮者，食不足供也。」（三一五頁上）鈔批卷一九：「謂施主心局，請人有限，意遮外客，故曰不能無遮。」（七八九頁上）

〔四二〕**勸化比丘**　資持卷中三上：「勸化比丘即是門師。言六十臘者，趣舉多者為言。」（三一五頁上）鈔批卷一九：「勸化比丘者，言似倒也。謂門制比丘勸化施主也。謂施主施若干比丘，一夏供養，至初集日。」（七八九頁上）簡正卷一二：「謂施為限，不能不遮。門師比丘，勸化施主，令唱作法，勸六十臈，表是上座。一夏及沙彌，表極下座。從上至下，但得一人，此別請及遮，變成僧次。無遮盡施主請期，並無過也。」（七三七頁下）

〔四三〕**乃至唱到一夏及沙彌等**　資持卷中三上：「『乃至』者，五十九下，次第減唱。」（三一五頁上）【案】本句義：唱從六十臘、五十九臘等，直至沙彌，次第減少。

〔四四〕**若都無者，亦名清淨**　資持卷中三上：「虛唱成法，為免後患。」（三一五頁上）

〔四五〕**若遮不遮，一切無過**　鈔批卷一九：「若不遮客僧者，大善。其先受請若干人皆無罪，故曰無過。若初集日，遮僧而未能普及，則門師比丘應教唱，令使一人入等也。」（七八九頁上）

〔四六〕**若不作此二法，若食時有遮，界內比丘乃至一人，此一切僧得別眾罪**　資持卷中三上：「『若不』下，明違教結犯，有無皆罪，文相可知。二法即打槌唱臘。（或可初日，及日日為二。）」（三一五頁上）簡正卷一二：「玄云：初日無遮，是一法；唱六十夏入，是二法。」（七三七頁下）鈔批卷一九：「立云：若不遮大善，是一法。既有遮心，應作唱令，是二法也。又解：初一日唱是一法，不者後八十、九十，日日須唱，是二法也。界內比丘乃至一人者，立謂：別所之人，或多或少，不問僧別也。」

〔四七〕**設界內無比丘故，有遮食不清淨**　簡正卷一二：「謂提罪也。設有續供，即前唱法。」（七三七頁下）

〔四八〕**若九十日請，或長請，如初日唱**　鈔批卷一九：「謂隨施主請日長短，皆得作此法也。案多論第七卷云：若有檀越，或作一月，或九十日長食者，若能一切無遮，大善；若不能無遮，初作食日，應打犍槌，唱言『六十臈者入』。若有六十臈者，（七八九頁上）若多若少，但令一人入，即是清淨；若無六十臈者，次唱『五十臈者入』；若更無，次唱『下至沙彌』，沙彌一人入，亦是清淨。若都無者，亦名清淨。若初日不唱，應日日唱，如初日法。若初日唱者，乃至長竟，若遮不遮，一切無過。（即日唱竟，後縱遮之，亦無犯也。）若初日不唱，應日日（【案】『日』下疑脫『唱』字。），乃至一人入已，餘遮不遮，亦復無咎。若不作此二種法，若食時有遮，內界乃至有一比丘以遮故，不得食者，此中一切僧得別眾食罪。設界內無比丘，故在遮食，不清淨罪。若作九十日長食，初日如法唱九十日竟。若檀越續有一月半月食，即前唱法為清淨，不須更唱，唯僧房臥具。九十日竟，應日日唱。若不日日唱，即不清淨。下文又云：若有檀越作長食，或一月，或九十日，先隨意請人，各使令定至作食初日，一切令集。清晨打犍椎，眾僧集已，勸化主比丘，應立一處，舉聲大唱：『六十臘者入。』先被請眾僧，各住一處；不被請中，有六十臘者應入。若無者，次應唱『五十九臘者入』。次第無者，應唱『沙彌入』。若無沙彌，亦得清淨。（文意盡此，鈔引顛倒，將前安後也。）」

〔四九〕**不須更唱**　簡正卷一二：「大德云：此據從初日，相續不斷，以說唱法，即許不失。若中間暫停，十日半月，即須已後更唱前法，已壞也。」（七三七頁下）

〔五〇〕**僧房臥具，九十日竟，日日唱，不者得罪**　簡正卷一二：「謂僧物有限，不許更過理。須唱召來者，共用也。此謂施主於僧寺中，別請別院，而供養者，故有此文。若在俗家，則無此事。」（七三七頁下）鈔批卷一九：「景云：以房舍等佛制九十日，（七八九頁下）一分。今既不分，故須日日唱，不同食前，無（原注：『無』一作『先』）用前法，以是一主食故。立云：不問春冬，但九十日一分房舍，今此是後安居人，夏未滿猶在房中住。然僧遂安居多者已滿，即分此房屬於別人。此後安者，須日日唱云『是某甲比丘房也』。又解夏竟，先令分房由僧家緣事，未得即分，須日日唱云『欲分房』也。不同前食，唯初日唱，後則不唱。濟云：唯僧房臥具，九十日竟，日日唱者，謂夏初分房竟，至夏末，即須與分不得，仍舊依用夏初分法，不同今文，施主請時，初日若唱，後不須也。所以簡異不同，言九十日竟。日日唱者，謂夏竟須分房，忽有緣礙，未得先分，故以日別，須唱欲分。明日又未得分，又唱申至後日，故須日日唱也。」（七九〇頁上）資持卷中三上：「次，續供中。即前法者，以相續不絕故。僧房等須唱者，準似夏初四事皆唱，食味是通，唱法亦續，故不更唱。房舍別屬，期限已滿，故須別唱。」（三一五頁上）

〔五一〕**若施主就僧界內作食，堂舍不容，次第出，在異處食，亦得**　鈔科卷中三：「『若』下，就界作食。」（七五頁下）資持卷中三上：「文有三節，初明食一處異，味同不犯。」（三一五頁上）簡正卷一二：「謂一大界，一施設食，堂小坐不足，出外坐者，無犯。處雖有異，以食味同故。」（七三七頁下）鈔批卷一九：「謂處所迎狹，縱出無過，以食味是同，開不犯也。」（七九〇頁上）

【案】「若施主」下文分為三：即本句為一，「若大界內有二處」句為二，「若施主別請」句為三。

〔五二〕**若大界內有二處僧祇**　資持卷中三上：「『若大界』下，明一界兩院布薩，有無請送須不。」（三一五頁上）簡正卷一二：「二處僧祇者，玄云：是法同食別界，雖二處食別，仍同一說戒。以布薩處，是眾同之本，無過不布薩處。別彼布薩處，即有過生，須請僧次，一人不然，即送一分食。若不爾者，此僧犯別眾罪。」（七三七頁下）鈔批卷一九：「立謂：法同食別界也。雖二、三處別食，仍同一處說戒。還如上文。一處僧祇院中，後忽有施主，各於二處僧祇，各設飲食，至不布薩處。僧祇之眾，應往布薩處，僧祇眾中，請人送食也。」（七九〇頁上）

〔五三〕**若施主別請僧次四人**　資持卷中三上：「『若施主』下，明俗士將食入界請僧之法。初，明僧次，雖不揀擇而人數有限，故云別請僧次。（或分二請，在文非便。）」（三一五頁上）簡正卷一二：「前來且約一界二處（七三七頁下）僧祇以論，今或有施主，外請僧次四人，入僧布薩處；（此謂人從外來，食在當界也。）」（七三八頁上）鈔批卷一九：「立謂：請四人入僧常食處，別供養，將僧並坐，不與同味也。」（七九〇頁下）

〔五四〕**或將食入界，別請比丘**　資持卷中三上：「『或將』下，明別請。初，示作法。」（三一五頁上）簡正卷一二：「（此謂食從外來，僧在當界也。）約此二處，正食之時，界內有僧，不集俱犯。別眾人，適來文中云：別請僧次比丘者，是別請僧次四人，非謂標名請一人也。故文云：別請、僧次，四人之例。『若爾，既是四人成眾，何故文中言別請比丘耶？』答：『經論文中多約比丘，以為眾也。或可為簡尼等四眾，故標比丘。若是一人，即何須作法？人多迷此。』」（七三八頁上）鈔批卷一九：「立謂：將食入僧界內，在別院內，三處五處，各別施主，各設四人，至（原注：『至』疑『其』。次同。）諸處僧，往布薩處，請人送食自處，各不須展轉，以同是通布薩處僧故也。」（七九〇頁下）

〔五五〕**應布薩處請僧次一人**　簡正卷一二：「此謂設法離過也。」（七三八頁上）

〔五六〕**自處不須展轉取人送食**　資持卷中三上：「謂二三處不互送也。『取』字合作『請』。」（三一五頁上）

〔五七〕**設請人送食已，外有異比丘，若遮不與食者，墮**　資持卷中三上：「『設請』下，明遮後成犯。」（三一五頁中）

〔五八〕**若不爾者，三人已下，各各異處食得**　資持卷中三上：「『若不爾』下，方便離過。」（三一五頁中）

〔五九〕**若作意請僧中一人**　資持卷中三上：「『若作』下，迷忘開法。『僧中』，即布薩處。」（三一五頁中）

〔六〇〕**置上座頭**　資持卷中三上：「表屬彼僧，示欲送往。」（三一五頁中）鈔批卷一九：「此謂路遠，或三由旬為界。若送食者，食時已過，可先留一分食，指心擬送，且置上座頭，表知此食屬彼。已後，僧中食時，可先取擬分食，次第行之，心指此食，作彼所有。今取行者，義同互易。此是方便，開使無罪。」（七九〇頁下）

〔六一〕**若道界遠**　簡正卷一二：「此約一作法界。三由旬，即道路遙遠故。」（七三八頁上）資持卷中三上：「彼云：相去十拘盧（二十里也。）取食，次行表送彼僧故。」（三一五頁中）

〔六二〕**先取食次第行之**　簡正卷一二：「以表先食僧食一口後，行此之食義，同添益故耳。」（七三八頁上）

〔六三〕**若聚落界內**　鈔科卷中三：「『若』下，聚落各請。」（七五頁下）資持卷中三上：「初明二處互送，文大同前。」（三一五頁中）簡正卷一二：「謂可分別、不可分別，集僧分齊說也。」（七三八頁上）鈔批卷一九：「謂一聚之內，二施主設食處，四人已上，須互請人送食也。」（七九〇頁下）

〔六四〕**無僧界**　簡正卷一二：「無作法界，一向是自然。」（七三八頁上）

〔六五〕**於二處食**　簡正卷一二：「二檀越舍，並六十三步內也，應打犍搥。已下設法也。可知。應好隱悉知。」（七三八頁上）鈔批卷一九：「謂一聚之內，二施主設食處，四人已上，須互請人送食也。」（七九〇頁下）

〔六六〕**若有異比丘，應入**　鈔批卷一九：「謂入聚落界內，至前二眾。若遮不與食，前二處法並壞，更須展轉。若不遮後人，前法不失。」（七九〇頁下）

〔六七〕**若遮不與一人食，亦墮**　鈔批卷一九：「謂下至一人入來遮，不與食亦犯，何況有至多人也。」（七九〇頁下）

〔六八〕**假令一處，欲如法者，應好隱悉知聚落比丘有無**　資持卷中三上：「『假令』下，次明一處盡集。初，明集法。」（三一五頁中）簡正卷一二：「聚落有無者，應須作是隱悉。若聚落自然界，四相周迊，即等聚落。若自然四相不周，縱廣

六十三步。已上二處，或有比丘，在內是別在，外非別不集，無失或有人，妄解即成惑亂。」（七三八頁上）

〔六九〕**疑有，吉羅**　鈔批卷一九：「立謂：實無疑有，則吉。若實有疑有，還提。」（七九〇頁下）

〔七〇〕**若不疑心，若打犍稚，不問有無，一切不犯**　資持卷中三上：「『若不』下，開不犯。問：『上云別請界中無人亦犯，今云不疑有亦無犯，何耶？』答：『彼有遮心，故不同此。』」（三一五頁中）

〔七一〕**或先僧次請，來有客比丘遮不聽入，即成別眾**　鈔科卷中三：「『或』下，二請互轉。」（七六頁下）資持卷中三上：「互轉中。初轉僧成別。」（三一五頁中）簡正卷一二：「僧次若遮，變成別請，別請不阻，變為僧次。」（七三八頁下）

〔七二〕**或先別請，有客比丘來，比丘教化勿遮，即成僧次**　資持卷中三上：「『或』下，轉別為僧，並從後斷，俱失本名。（上四段，並多論全文。）」（三一五頁中）

〔七三〕**乃至唱一人入等**　簡正卷一二：「則上作法，請僧次一人也。斯約兩請，互明轉變也。」（七三八頁下）

〔七四〕**善見別乞四句**　鈔批卷一九：「此皆約一主為言，但乞時、受時、食時有異，故不犯別也。論約別請、別乞，各有四句，應合兩个四句，今鈔合明也。景云：此四句有三墮，皆約受時，（七九〇頁下）結墮不同。四分食方犯也。第一句云：或四人一時乞，或別別乞者，有云：謂非期伴而同時受食，故是犯，此句乞、受及食三時同。第二句，各各去一時受者，此句乞時不同，但受時同食，故是犯。礪云：此義稍難，謂不許一時受食，各處食犯，何有受食一時，前後而食犯，不約咽時之業也？」（七九一頁上）【案】善見卷一六，七八三頁下。

〔七五〕**四人一時乞**　簡正卷一二：「謂四比丘一時行乞，共見一檀越。語云：『與我四人飯。』檀越即許。」（七三八頁下）資持卷中三上：「善見四句，即以去乞、受食，四事互論同別，但語有省略，下隨足之。初句同乞別乞，並須兼去，以一向同乞，犯相易知。故此雙標，或同或別。」（三一五頁中）

〔七六〕**別別乞，各不相知**　簡正卷一二：「謂四比丘前後行，俱就一檀越別乞：『與我一人飯』。如是四人，各不知是一檀越。」（七三八頁下）

〔七七〕**而同一主一時往受、食者，犯**　資持卷中三上：「『而』下，明受持食處，此二皆同。」（三一五頁中）簡正卷一二：「通釋上二句也。或四人一時乞，檀越既許四人一時往受食，或別別乞，雖乞時，各不相知，然然（原注：『然』字疑剩。）檀越既許，前後至來雖異，而受食時亦同也。（辨初句竟。）」（七三八頁下）

〔七八〕**各各去，一時受，各處食**　資持卷中三上：「次句，合有各乞，則具三別，唯有受同。」（三一五頁中）簡正卷一二：「謂四比丘共乞，檀越許許（【案】『許』疑剩。）四人，遂各各去檀越家已，一時受食，還歸各食。」（七三八頁下）

〔七九〕**四分律中不犯墮**　資持卷中三上：「辨異者，論據受同異處亦犯，律約共處，不共故開。今須依律故，此句中略犯相也。」（三一五頁中）簡正卷一二：「謂四分約食處，成眾即犯。今既各食非眾故，不犯也。論但據同時，受食即犯，不論食時成眾、不成眾也。」（七三八頁下）鈔批卷一九：「謂四分約食處成眾是犯，見論則約受處成眾是犯，故也。」（七九一頁上）

〔八〇〕**各去，各受，各食，不犯**　簡正卷直二：「謂四人共乞，如四人各去檀越家，各受各食，律、論並不犯。食處不成眾故，約律不犯；又不一時受，准（【案】『准』後疑脫『論』字。）無過。」（七三八頁下）資持卷中三上：「第三合有各乞，隱在去中則四種皆別。」（三一五頁中）鈔批卷一九：「第三句，三時俱不同，故無犯也。」（七九一頁上）

〔八一〕**或別乞，別去，一時受、食，犯**　資持卷中三上：「第四，二別、二同，四種皆備。」（三一五頁中）鈔批卷一九：「第四句，有三時同故犯，謂雖別去，以受時同，食處又同也。以先雖無期，後同一主受食故犯。」（七九一頁上）簡正卷一二：「謂四人前後行，俱就一檀越別乞『與我一人飯』，檀（【案】『檀』後疑脫『越』字。）各許各許（【案】次『各許』疑剩。），前（七三八頁下）許者，前去至檀越家，後許者，後去至檀家。雖前後至，時有殊而一時受食，故犯。已上四句，准論中，三句犯。准第三句，不犯。若依律文，初後二句犯，中間二句不犯。外難：『初句中，別（【案】『別』後疑脫『請』字。）、別乞一時，往受食犯。第四句亦是別（【案】『別』後疑脫『請』字。）、別乞一時，受食犯？』『若為取異，初句便在施主家而食。第四句將還別處，四人同食也。』此段鈔文，甚難曉之，上所解判，並依法寶。若依玄，將別請別乞，通為四句，頗至周遮。況此文勢，但引別乞，未論請（【案】『請』前疑脫『別』字。）。既不遵用，不更敘錄，且據正義。」（七三九頁上）

〔八二〕**義云**　資持卷中三上：「義決中。上引多論，變僧為別，不約界內無人，故此決之。」（三一五頁中）【案】此是釋第二緣文的結句。

〔八三〕**僧次請人，至請家已，門外有比丘，不許入界內者，變為別請**　簡正卷一二：「謂本是『僧次』請來體別，眾由遮門外，比丘不許。他入此『僧次』，乃變成別請。此『別請』體是『別眾』也。後食時，不論門外有人無人，俱犯也。寶云：若定名者，此由名僧次別眾』。」（七三九頁上）鈔批卷一九：「雖先是『僧次』，以僧具戒見等六和合，今既不許，情見兩乖，遂成別眾請也。乃名『別請別眾』，不名『僧次』。」（七九一頁上）

〔八四〕**若門外僧與家內相去六十三步外**　資持卷中三上：「『若』下，示名。」（三一五頁中）簡正卷一二：「『若門外僧』已下，今師准此『僧次』已，變成『別請』之義。若門外僧，雖在六十三步外，但食時有遮心。若定名者，此乃呼為『別請別眾』也。多論但云：僧次界內，不集成別眾，不論界外六十三步外有僧。是以鈔主約義明之，成其『別請別眾』也。或有解云：此言外者，望家內僧得外名，非謂六十三步外。若在自然，外有何犯耶！」（七三九頁上）

〔八五〕**別請別眾**　鈔批卷一九：「別眾者，謂先雖僧次請來，今遮外客，失僧和之義，乃變為『別請別眾』也。門外客僧，由被遮故，縱出自然六十三步外，亦得『別眾食罪』，由前遮客，壞本僧次，變成別請。別請滿四體是眾，不論界內有人無人皆犯。不同僧次，要界內有人不集始犯也。既『僧次別眾』，界內不集，今此客僧，出六十三步外，故（七九一頁上）不名『僧次別眾』。但由食處眾僧心局，乃名別請別眾也。」（七九一頁下）

〔八六〕**食處成眾**　鈔批卷一九：「礪云：謂須同類好比丘四人已上，一時受食，有異計義，方犯別眾。」（七九一頁下）【案】「四、食處成眾」下，釋第四緣。按其序當為第三。此處「四」不是鈔行文之序，而是前文標緣之序。

〔八七〕**善見**　鈔科卷中三：「初明眾（二）。初，互食非眾。」（七五頁中）【案】「善見」下分二：初，「善見」下；二、「多論三」下。

〔八八〕**餘三食竟**　簡正卷一二：「待三人食竟，後一人食，即表不成眾。多論四句，鈔引三句。更有三比丘在地、一在空也。」（七三九頁下）

〔八九〕**四人若過，應分作二部，更互入食**　資持卷中三上：「善見、四分大同。二部互入者，前後兩眾，不滿四故。」（三一五頁中）

〔九〇〕**三比丘一狂心、三比丘一滅擯**　鈔科卷中三：「『多』下，境乖非眾。」（七五頁中）鈔批卷一九：「以在界外，不足內數，故不犯也。」（七九一頁下）【案】多論卷七，五五一頁中。

〔九一〕**若狂、擯二人**　資持卷中三上：「『若』下，釋所以。狂擯體相非僧，異界緣隔

不足。」（三一五頁中）

〔九二〕**須知是好比丘**　鈔批卷一九：「結上能別之人也。」（七九一頁下）資持卷中三上：「『故』下，結示。但收上二。或可相乖，亦名不好。問：『睡、定等人，成別眾否？』答：『亦應不成。論中更列亂心、病壞心人，比丘尼、二眾沙彌界外定中，皆非犯。今略舉狂心，以攝緣差（睡、定等）。滅擯，可收體穢，（十三難、三舉等。）異界，則攝相乖，（界場、露地、申手外等。）』」（三一五頁中）

〔九三〕**若施主食，各取食分**　鈔科卷中三：「『多『下，辨處（二）。初，約初受後食以明。」（七六頁中～下）資持卷中三上：「初科。引論前明僧施二食，僧食無別，於義可解。若施主食，準下亦須，前後異時。」（三一五頁中）鈔批卷一九：「立謂：食一向無別眾罪。」（七九一頁下）【案】「多論或」下分二：初，「多論」下；二、「又有」下。多論卷七，五五〇頁下。

〔九四〕**雖四人已上，於別處食，或共一處食，不犯別眾**　資持卷中三上：「『若四人』下，明別乞。」（三一五頁中）簡正卷一二：「各持己食，共處而飡。若四人各自乞，共處食，亦無犯。『若爾，律文何結犯耶？』鈔引律云：『據一家併乞，四人一時受食，犯。』必如論中，即無失也。」（七三九頁下）鈔批卷一九：「謂非一時受，前後受取。雖與諸比丘同處，由成是己食也。又不更受益，所得屬己也。若一時受，同處食是犯。」（七九一頁下）

〔九五〕**律結犯者，據一家併乞，四人一時受食**　資持卷中三上：「『律』下，會釋不同。以律緣起，調達五人別乞而制故。初，示律結犯。」（三一五頁下）

〔九六〕**必前後各自受分者，得，由自食己食也**　資持卷中三上：「『必』下，決論不犯。兩文互現，義不相違。」（三一五頁下）

〔九七〕**又有四句**　鈔科卷中三：「『又』下，約食對處料簡。」（七六頁下）

〔九八〕**食主是一，盡集無過**　鈔批卷一九：「謂同在一界內，同食一主食，同在一堂中。」（七九一頁下）資持卷中三上：「盡集者，即食處俱一。」（三一五頁下）

〔九九〕**食一處二，彼此乃異**　簡正卷一二：「食一處二，味同無犯。界內有人，遮不與食，二處俱犯。」（七三九頁下）鈔批卷一九：「立謂：堂舍迎（原注：『迎』疑『狹』）故，出在別堂，以味同故不犯。」（七九一頁下）資持卷中三上：「第二句者，如前堂舍不容，出外之類。」（三一五頁下）

〔一〇〇〕**若界內更有餘比丘，二眾俱犯**　鈔批卷一九：「謂前二眾，以食味同是一主，故不須展轉，請人送食。後既在別僧入界，遮不與食，便是別他後人，即前

二眾。望後來人，前二眾俱犯。」（七九一頁下）

〔一〇一〕**食別處一，如僧盡未食僧食**　資持卷中三上：「第三句。初示犯相。僧盡集者，謂處一也。不同味者，即食別也。」（三一五頁下）鈔批卷一九：「如僧食時，或施主食時，中有四人別食他美食故犯。」（七九一頁下）

〔一〇二〕**若彼四人，先取僧中一口食已，後得益無犯**　鈔批卷一九：「此明當時同眾，後雖得別益，以先同故不犯。」（七九一頁下）資持卷中三上：「『若彼』下，明開法。『得益』謂同益食故。」（三一五頁下）

〔一〇三〕**此謂露地，須申手內**　資持卷中三上：「注約露地，釋上並坐，覆處更遠，亦名處一。」（三一五頁下）鈔批卷一九：「立謂：此注解上第三句『食別處一』。意謂：非直界內不集名『別眾』，（七九一頁下）今同在僧中，食味不同亦犯。言申手內者，意明與僧同處成眾也。必離此外，不名與僧同坐。亦如是數中，要申手內，方名同一眾也。深云：引此言意者，明露地離申手外，不成足數，縱四人在界食，相離申手外，不犯『別眾食罪』。若露處，不論申手。然此戒制惡比丘，恐有破僧事起，今食時既在申手外，眾義不成破僧也。（作此解者，望下第四句有妨。須知。）」（七九二頁上）簡正卷一二：「解上文也。在露地者，須申手內。若在外者，即是食別。」（七三九頁下）

〔一〇四〕**若在覆處，不必相接**　簡正卷一二：「自然成其一處也。」（七三九頁下）

〔一〇五〕**界內不盡集**　鈔批卷一九：「此解第五緣。礪云：若一人不盡集，作有比丘想，提；疑心輕，無想不犯。此別眾食通諸界並犯。界有自然作法，自然分空聚，作法離大小。」（七九二頁上）【案】釋第五緣，文分為三：初「五分」下；二「多云」下；三「四分」下。此釋第五緣，按其鈔釋文之序當為第四。

〔一〇六〕**若請二部僧，五眾應往**　鈔科卷中三：「『五』下，釋相（三）。初，普召往赴通局。」（七六頁中～下）簡正卷一二：「五眾往者，莫非皆是為解脫出家故。」（七三九頁下）資持卷中三上：「五分即約僧次，施心無擇，普召為言，以下三眾同福田故。」（三一五頁下）【案】五分卷二二，一四九頁上。

〔一〇七〕**多云**　鈔科卷中三：「『多』下，諸界辨集分齊。」（七六頁下）

〔一〇八〕**眾僧結界**　簡正卷一二：「作法僧界也。」（七三九頁下）資持卷中三上：「對界中。論文初列四界，不出作法自然。聚落有二，如結界中。」（三一五頁下）

〔一〇九〕**聚落界**　簡正卷一二：「自然可分、不可分也。」（七三九頁下）鈔批卷一九：「據多論中明，聚落處沒家名，沒聚稱，似不異也。又解：多家同一院內曰聚，如二京之城得名聚。一院之內，唯獨一舍曰家。」（七九二頁上）

〔一一〇〕**家界**　資持卷中三上：「家即村舍，亦屬聚界。」（三一五頁下）簡正卷一二：「亦約人家六十三步說也。」（七三九頁下）

〔一一一〕**曠野處一拘盧舍界**　簡正卷一二：「曠野者，五里也。一拘盧舍者，道行六百步也。」（七三九頁下）資持卷中三上：「曠野即蘭若。一拘盧，準論二里。道行水界，文雖不明，義須準說。但有難，蘭若則非所論。」（三一五頁下）鈔批卷一九：「即無難蘭若也。」（七三九頁下）

〔一一二〕**不得別食別布薩**　資持卷中三上：「別布薩者，相因而引，非此中意。」（三一五頁下）

〔一一三〕**若僧食竟，有客比丘來，檀越與食，四人已上無罪**　資持卷中三上：「『若僧』下，辨成犯相。初，明所別。食竟無犯，以前僧必無重食之理，故云『不合』也。」（三一五頁下）

〔一一四〕**若僧未食**　資持卷中三上：「『若僧』下，明未食結犯。」（三一五頁下）

〔一一五〕**狂癡、滅擯比丘及沙彌，無犯**　鈔批卷一九：「別此三人無罪。若不與僧食，即不同也。不與沙彌及狂痴人食，犯盜。不與滅擯比丘食，不犯。由犯重過，擯棄眾外，體非僧故。故上文惡戒及時、有德非時是也。」（七九二頁上）資持卷中三上：「下文簡境，且列三人，如向備引。」（三一五頁下）

〔一一六〕**上沙彌等三人，非別眾**　資持卷中三上：「注文兩節。初，通示三人，不障僧食，恐謂非別不與食故。其中滅擯，財法雖亡，然體猶存，除餘僧施，尚沾食分。」（三一五頁下）簡正卷一二：「准論，狂、殯、沙彌三人，非別。古來有破鈔者，云不與沙彌及殯（【案】『殯』疑『擯』。次同。）人食是盜僧祇，不與殯，元非犯也。以財（七三九頁下）法俱已，故云除惡戒等。玄云：鈔總相而言，此文偏據沙彌請來，免四比丘已上別眾。上之狂、殯，且約添成，非別耳。」（七四〇頁上）鈔批卷一九：「若學悔沙彌，須與僧食，不與犯盜。由慚愧懺悔，體是清淨。」（七九二頁上）

〔一一七〕**若不與僧食，是盜僧祇**　鈔批卷一九：「此不局在僧家常住之食。（七九二頁上）然請家現前之食，亦名僧祇。『僧祇』，梵音，此翻『大眾』，皆謂當時抑其檀越之食，不與彼人，故曰也。」（七九二頁下）

〔一一八〕**若沙彌是僧次請來，則免四比丘已上別眾罪，俱福田故**　資持卷中三上：「『若』下，別示沙彌。以別雖無損，而集則有益，即前唱法乃至沙彌是也。（僧次取淨。狂擯不成。）」（三一五頁下）

〔一一九〕**別請、別乞，故犯**　鈔科卷中三：「『四』下，三位皆通不集。」（七六頁下）

資持卷中三上：「初，示諸部，止有二種。」（三一五頁下）簡正卷一二：「別請、別乞，論並同故。云如律但加不集，僧次請來，同界不集，如前列也。故注云『如上所列』。」（七四〇頁上）鈔批卷一九：「言別狂者，亦約『重狂』及『得法』之狂人也。若常憶常來及半憶念，未得法者，不得別他。」（七九二頁下）【案】本節明三位。「別請別乞」即「別請別眾」和「別乞別眾」兩種。

〔一二〇〕**別請、別乞如律，又加「食處不集」** 資持卷中三上：「次明多論，復加『僧次』。」（三一五頁下）鈔批卷一九：「立謂：是『僧次』請，亦有『別眾』也。謂多論文，『僧次』請來，約界有人不集，以不集來食處，故曰『食處不集』，亦成『別眾』也。准四分，別請、別乞，體是別眾，不問界內有人無人。若『僧次』，無有別離，界內有人不集不犯。今准多論，雖是『僧次』請來，若界內有人，不集則犯，無人則不犯。然多論還有『別請別眾』、『別乞別眾』，一如四分不異。但更長有僧次，不集之別眾也。」（七九二頁下）

〔一二一〕**如上所列** 鈔批卷一九：「指此戒『初標』門中明也。」（七九二頁下）資持卷中三上：「前文廣引。問：『戒初已列三位，何以重明？』答：『前文但標所出。此明三位，通有不集，故不同也。』」（三一五頁下）

〔一二二〕**善見五種，「足四」不犯** 資持卷中三上：「第六緣中。初引善見五足，前二乃是轉別成僧，故免別過。下三並謂眾不滿四，非別可知。」（三一五頁下）【案】本節釋第六緣，分二：初，「善見」下；五種，次，「律中」下。

〔一二三〕**此謂狂、癡** 資持卷中三上：「恐濫病時，故特簡之。以病但開己狂等，開他故也。」（三一五頁下）鈔批卷一九：「意明狂痴既不足僧數，今將足他三人，各示成犯。下文開緣中，病時者，下至腳跟劈。若將此人足四，但自身是開。足他三人，三人成犯，不類此病也。以彼體是僧用，堪足數故，但自身是開，不能及他。」（七九二頁下）簡正卷一二：「下開緣中，腳跟蹦病體具足，自身雖開，餘三是犯，今則不爾也。問曰：『前文列緣，具七戒犯，今此隨釋之中，何故但解五緣，闕五正食，狂時中及第七，咽咽犯緣耶？』大德云：『咽咽犯者，皆緣所食之物，是五正食，則犯。若非五正，亦亦（【案】次『亦』疑剩。）無咽咽犯故。所以將此兩緣通在前五之中解竟。尋文自曉，不可更重列釋。（思之。不因記家云『鈔文省略』也。）」（七四〇頁上）

〔一二四〕**不犯開七緣** 鈔批卷一九：「礪云：若寬狹相望，僧次一緣是寬，益自他故。又，福利施主故，餘但開緣，先僧田益，不能潤他。（七九二頁下）故下文

言無緣者白出。以餘有緣，不益我故，故知是狹。（將此義向下文『功益自他』中說亦好。）」（七九三頁上）

〔一二五〕**病時者，下至腳跟劈**　資持卷中三上：「病緣中，且舉至輕，以攝餘重。劈，『普激』反，之（【案】『之』疑『云』。）裂也。（三一五頁下）疏云：身抱患惱。若不開別，無由濟命。」（三一六頁上）

〔一二六〕**作衣時**　鈔批卷一九：「礪云：或有直言衣時，或有言作衣，時中含二意故也。賓云：二意者，初解直辨一月、五月中，要須作衣，方得受利。謂元受德衣，意為作衣。若決不作，或復作意，即失德衣故，下竟失、不竟失等是也。自有一人，直爾受衣，不別標為極至五月，名曰衣時、非作衣時。問：『五月辨異，至義可然，一月云何？』答：『亦約元意，一心元心。我若作衣，先受五利。若不作衣，便止不受。復有一人，不別標為此兩人中，前名作衣時，後名衣時也。』」（七九三頁上）資持卷中三上：「『一月五月者，與後五分衣時何異？』今準疏，釋前云：作衣延久，恐廢正業。釋後云：衣時通給，為補夏勞，故知雖並時中，而前約製造，後通時內，不作皆開。」（三一六頁上）

〔一二七〕**施衣時**　資持卷中三上：「第三，前云十二月中，隨有衣食請處開背。二戒緣同，故略指耳。疏云：施衣不受，後須難得故。」（三一六頁上）簡正卷一二：「通十二月中，隨有衣施處總得。」（七四〇頁上）鈔批卷一九：「立謂：十二月中，隨施衣處，得別眾食，以施時不取，後須難得，故開受者，自得濟形，福利施主故也。」（七九三頁上）

〔一二八〕**道、船二行，為四、五二緣**　簡正卷一二：「道行為四，船行為五。次途中多難，正行則開，暫停亦制。何以得知？故十誦云：昨日來，今日食，提；即日行別食，不犯。船行亦爾。（人多迷此意，知之。）」（七四〇頁上）鈔批卷一九：「十誦欲行行竟，別食俱提。故十誦第十三云：昨日來，今日食提；明日行，今日食提；即日行，別食不犯。船行亦爾。七緣中，道為第四，船當第五，故曰為四、五二緣也。」（七九三頁上）

〔一二九〕**下至半由旬內**　資持卷中三上：「云『下至』者，示極小量。已上皆開，減應須制。疏云：道船途路，多有留難。」（三一六頁上）

〔一三〇〕**大眾集**　簡正卷一二：「戒疏准留陪，尼律中不白大眾知。廣釋文中云：大眾者，謂四人。」（七四〇頁上）鈔批卷一九：「謂准十誦，八人為大眾，開別眾食。七人已下不開，是犯。案十誦，極少乃至八人，四舊比丘、四客比丘共集。以是因緣故，令聚落中諸居士，不能供給諸比丘餘飲食，故開也。

若減八人集時，別眾食，波逸提。若八人，若過八人，集時不犯。四分但言食足四人，長一人為患。戒疏依古師有二解：初，有人言，謂食處四中，長一添成眾故，非謂外人，由是三人，隨意食也。乃至百人，長一人為患者，應云長九十七人為患，但云『長』，名義同，故云一也。如和先等六十頭陀，同名一供養也。此古師意謂先有三人，非犯；由一人足成四，故犯，曰為患也。故賓云：古人食足，四人長一人為患者，先是三人，長第四人，以成犯患也。展轉相望，為患成犯，乃至百人，長九十七。於其長中，義同一人，故曰一人為患也。此解不正。二、有人言，元礪解也。礪疏云：五分諸佛常法，歲二大會，春夏末月，諸方比丘，並來問訊，以眾多故。次請甚疎，乞食難得，比丘念言：『若佛聽我等大會時，受別請眾食者，不致此苦。』（七九三頁下）白佛，佛遂開：『聽大會時受別眾食。』今言大眾集者，解有二義：一、釋大眾者，謂八人已上名為大眾。食無倍供，又是難得，開別無犯。七人已下，名為小眾，食雖難得，容有兼備，故亦不開。是以律文將開大眾集時不犯，及小眾是犯。故言食足四人，長一人為患，以不開故。由此一人，令他得罪，名之為患。〔反解小眾是犯者，謂律言食足四人，長一為患者，此是小眾也。欲明大眾集不犯，且反明小眾集是犯。既言小眾犯，顯大眾時所犯，故言為患。患元（原注：『元』字原本不明。或『無』字歟？）犯也。〕又，多論云：食難得處所別。四人已上，開使不犯，以食無倍供故。若別三人已下犯，以容兼濟故。若食易得，所別之處，莫問多少，悉犯別眾。若依此律，村落既小，食復難得，彼此限局，各不相通。所別之處，不問多少，悉開不犯。高云，論意云：八人為大眾，主客各四，以施主唯供四人食，名之為主。所別之處，亦有四人曰客，食無倍供，開使不犯。若主有四，客唯三人，則容兼濟，謂減主四人之分，與客三人共食也。若不減與（原注：插入『與』字。）者，是犯。七人已下，不名大眾集時，不成開也。又一解云：此是兩家聚落，東家限與四人食，西家限與一人。彼此二家，施心限局，各不相融，餘處乞食，復是難得。若不開者，（七九四頁上）西家一人與東家四人作患，由是患故，開使不犯。此謂舉患，以開為患。（此解同鈔注。）問：『既是開，何故明患、不明無患？』答：『言為患者，將開大眾集時不犯，先反解少眾是犯，故云食足四人，長一人為患；乃至五人、百人，皆以一人為患。則知四人已上無患也。律文好略。唯出於患，無患自彰。』」（七九四頁下）【案】「大眾集者」下分二：初，「食足」下；二、「今京」下。

〔一三一〕**食足四人，長一人為患是**　簡正卷一二：「此緣兩家聚落，東限與四人食，西家限與一人食。彼此二家，施心限局，各不能通融。既是儉時，諸處乞食，復是難得。若不開者，西家一人與東家四人作患，由是患故，開令不患。(『患』字訓『犯』。)」(七四〇頁下)

〔一三二〕**乃至百人，長一人為患**　資持卷中三上：「四人、百人，此謂『能別』，必須滿眾。長一人者，此謂『所別』。未必多人能使彼眾皆犯別過，故云為患。」(三一六頁上) 簡正卷一二：「但使食是難得，悉開不犯，是名大眾集時。注文可委。已上且衣(【案】『衣』疑『依』。) 戒疏申於此解。更有釋者，慮繁廣在大記。」(七四〇頁下) 鈔批卷一九：「立謂：一人為四人之患，乃至一人為百人之患也。如東家四人或百人，供食有限，西家有一人，為東家四人、百人之患。(七九三頁上) 令此百人，得別眾食罪，謂長西家一人也。」(七九三頁下)

〔一三三〕**此謂儉時，東西二家，各設食供**　資持卷中三上：「此以本犯，反釋開意。但語意難曉，故須注釋。初，約儉開示相。」(三一六頁上)

〔一三四〕**供具限約，不許分送；外乞難得，儉故開成**　資持卷中三上：「『又』下，釋成開意。言限約者，謂施家物少也。乞難得者，明比丘不可避也。疏云：食少人多，不開送故。」(三一六頁上) 鈔批卷一九：「以大眾集時，飲食難得，名之為儉，故開別眾食，豐時不開也。故多論云：客主各四，名為大眾，食不難得，亦不聽別。(云云。) 准多論意：八人為大眾時，開不犯者，謂主客各四無(原注：『無』字原本不明。或『元』字歟？) 是能別處曰主，所別處曰客。食唯足四，不得更供四客，故曰食無倍供，此時開不犯。若客唯有三人已下，即須抽能別之處四人食分，相共食之，故曰容有兼濟。若別此三人已下，不名大眾集時，是犯也。』」(七九四頁下)

〔一三五〕**今京輦設供，每有不依疏僧，闐闉門首**　鈔科卷中三：「『今』下，指事誡勸。」(七六頁下) 資持卷中三上：「次科。初，敘過。京輦，即京兆府。(王者都處，謂之輦下。) 不依疏僧，非名請者，闐，音『田』。闉，音『噎』，謂隘塞也。」(三一六頁上)

〔一三六〕**親見其事，過深鄙俗**　資持卷中三上：「『親』下，訶誡。遮客獨噉，下流所為。況僧海同和，友自安忍，故云過深。」(三一六頁上) 簡正卷一二：「鄙俗者，鄙惡聾俗漢子之人。秦坊酒肆之中，飡噉由自，命客均分飯食。」(七四〇頁下)

〔一三七〕**見聞斂跡**　鈔批卷一九：「迹，謂心也，亦曰行迹也。」（七九四頁下）資持卷中三上：「斂跡，謂掩其惡跡，勿復為之。」（三一六頁上）簡正卷一二：「勸莫行此事也。」（七四〇頁下）

〔一三八〕**門外有客比丘不得入**　鈔批卷一九：「雖令往本寺，彼僧遂語而去。然今家內之僧，猶得別眾食罪。」（七九五頁上）資持卷中三上：「『五分』下，引證。彼云：應語主聽入。若不許者，始令往寺，故云『乃至』。」（三一六頁上）

〔一三九〕**訃請法中**　簡正卷一二：「指下卷『就座命客法』，白施主令入，乃至指示某僧坊中，有僧食等。」（七四〇頁下）

〔一四〇〕**沙門施食時**　簡正卷一二：「謂西土九十六種外道，皆名沙門。今此即准律文，是萍沙王姉（【案】『姉』後疑脫『子』字。），往尼犍處出家學道，欲詣伽藍設食，比丘不敢。遂乃白佛，佛開沙門施食聽受也。（此且開受緣。）又准五分，萍沙王第二（【案】即瓶沙王弟，名迦留。），是外道沙門請眾食，而力不能廣，乃眾人憂愁，白佛。佛開，聽沙門施食時，別眾食。」（七四〇頁下）資持卷中三上：「疏云：將化入道，故開受供。他部緣中。疏問：『律明作衣已是開限，何用衣時？』答：『據本受意有長短也。文云：下至一縫者，極短也。』（短即四分作衣，長謂五分衣時。）」（三一六頁上）【案】四分卷一四，六五八頁中～下。五分卷七，五〇頁下。

〔一四一〕**謂在此沙門釋子外，諸出家者是**　鈔批卷一九：「立明：九十六種外道，皆曰沙門。若施食時，開無別眾之罪。此是外道沙門，非是釋子，故曰外也。」（七九五頁上）

〔一四二〕**僧次不犯**　鈔科卷中三：「『又』下，他部二緣（二）：初，總引二緣；二、『增』下，別證僧次。」（七六頁中）簡正卷一二：「僧次不犯者，體非是別，又乃不遮故。」（七四一頁上）鈔批卷一九：「即是多論也。以僧次無遮，即是開緣。」（七九五頁上）

〔一四三〕**都合九緣**　簡正卷一二：「彼文云通十二月，作下二衣，非謂五月一月也。都合九緣者，四分七，并外宗二也，此乃皆是開緣。」（七四一頁上）鈔批卷一九：「謂四分七緣不犯，如上更取多論僧次請者，隨界內無僧不犯。又，心不遮約，故開也。又取四分（原注：『四』疑『五』。）作衣時也。將此多論、五分兩緣，足四分七緣成九也。問：『四分已有衣時，何須更取五分衣時者？』解云：『四分但約迦提一月、五月作衣時，開別眾會（原注：『會』疑『時』。），餘月雖作衣，不開別眾食也。五分十二月隨作衣時，不（原注：『不』疑『下』。）

至用一縫時，皆開別眾食。』案，五分中，總開八緣：一、病時，二、衣時，三、施衣時，四、作衣時，五、路行時，六、船行時，七、大會時，八、沙門會時也。言衣時者，迦絺那衣時，開五利等也。言施衣者，謂檀越施食時并施衣也。得受此衣，開別眾罪。言作衣時者，謂比丘欲作衣，為乞食故，衣不即成，妨廢行道，便作是念：『若佛聽我作衣時，受別眾食者，衣則速成，不廢行道。』白佛，佛言：『聽作衣時受別眾食。』（七九五頁上）鈔中直言『五分衣時』者，錯也，合引『五分作衣時』耳。至五分衣時，乃當四分自恣竟作衣時也。五分更別有作衣時，通十二月也。鈔意正引此句耳，則須著『作』字，若直言『衣時』，便同四分『作衣時』。既無簡異，何須引之，故知是欠『作』字明矣。礪對此戒緣釋開意者，病人苦惱，若不開者，無以存濟。又，無異計惱僧之義，是以開許。衣時者，作衣久延，恐廢正業，故施衣時，益及道俗故。（施時不取，後須難得，此是益道。又，令施主於僧田行施，獲反報之福，此是益俗故也。）若直言衣時，一月、五月，是受利時故。道行、船行，此二多難。又，復食難求故。（多劫、賊難，如緣起說。）大眾集時者，眾多難濟，故所以開。沙門者，為少益外道故。問：『如外道等無定，如何乃言為益外道，聽別眾食？』答：『四分文不了。如五分中，瓶沙王弟名曰迦留，事一種外道，而年年普請九十六種沙門，作一大會。聞釋子沙門，不受別眾食，而力不能廣及眾僧，以是闕無佛道沙門，愁憂不樂，便作念言：我今云何致沙門釋子？唯當委王，然後可果。便以白王，王以弟意白佛。佛因遂聽：沙門食時，受別請眾食。』」（七九六頁上）【案】四分卷四，五九四頁上。

〔一四四〕**增一云**　資持卷中三上：「前引增一彼云：佛在羅閱城，長者請舍利弗、目連等五百人。佛呵，如鈔。飲大海者，由心通僧寶，無所簡擇。雖得一人，則為供養十方凡聖故。」（三一六頁上）【案】增一卷四五，七九一頁～七九二頁。

〔一四五〕**以氎施佛，佛讓與僧**　資持卷中三上：「若於十六具足，（增輝云：僧尼各有四果四向。）未足為多。」（三一六頁中）鈔批卷一九：「榮疏云：『摩訶波闍波提』，此云『大愛道』，是佛姨母，乳養如來。佛後出家，波闍戀憶，手自織成金縷之氎，待佛還宮，擬以奉佛。佛後還國，波闍將奉於佛。佛時出口：『恩愛心施，無大功德，莫供養我，當供養僧。即供養三歸。汝隨我語，則供養佛別相也；為解脫故，即供養法，別相法也；眾僧之受用，即供養僧，別相僧也。』案賢愚云，時佛姨母波闍波提，佛出家已，手自紡績，預作一端金色之氎。積心係想，唯悕見佛，擬用奉上。佛後還宮，持氎奉佛。佛言：『汝持此氎，往奉眾僧。』波闍重白佛言：『自佛出家，心每思念，故手紡織，規心施佛，（七九六頁下）唯願垂愍，為我受之。』佛告之曰：『知母專心，欲奉施我。然恩愛心，福不弘廣。若施眾僧，獲報彌多。我知此事，故以相勸。』佛又言曰：『若有檀越，於十六種具足別請。雖獲福報，亦未為多。何謂十六？比丘、比丘尼，各有八輩，（四果、四向。），不如僧中漫請四人，所得功德，福多於彼。十六分中未及至一。將來末世，法垂欲盡，正使比丘，畜妻挾子，四人已上，名字眾僧，應當敬視。如舍利弗、目連等。時波闍波提心乃開解。先以至衣奉施僧，僧中次行，無欲取者。到彌勒前，尋為受之。彌勒正著金色氎，表裏相稱，威儀庠序。入波羅奈城中乞食，人覩色相，看者無猒。」（七九七頁上）

〔一四六〕**名字眾僧**　資持卷中三上：「名字僧，無實德者。問：『前引五分除惡戒者，此何相違？』答：『疏云五分簡人精也，賢愚取人麤也。破戒受施，且取外生物信，令於僧海，自感施福，非謂行缺能消信施。（疏中意也。）私謂：五分除惡戒，佛藏不消杯水，母論腹裂，律中畜寶，對俗呵制，對施興治，能所俱墮。如是等類，並謂極誡內眾，使自策勤。增一、賢愚、十誦、善生，皆據導俗。恐忽慢僧徒，自招枉墜。是知受須戒淨，不淨則自陷無疑；施必普周，不周則所施無福。用斯往判，諒無所違。」（三一六頁中）

〔一四七〕**僧次一種，功益自他**　資持卷中三上：「總判中。初明功益，通揀九種。注顯八緣，其相可解。」（三一六頁中）鈔批卷一九：「謂自身不犯，又能令他免『別請別眾』之過，故言功益自他。又，僧次請來，能使施主福多，亦曰益他義也。」（七九七頁上）【案】本節分二：初，「律明」下；次，「律中」下。

〔一四八〕**自身是開益，他犯別眾**　簡正卷一二：「此中『益』字訓『傳』也。」（七四一頁上）鈔批卷一九：「謂本有三人，得自恣食，由後一人，是道行病等。作衣之人，足前三人成四，自身有作衣道行之緣，是開無罪，足前成四。由此一人，足前三人，使前三人俱犯。問：『且言病人足四，不成犯限，今此病人，足他那使他犯者？』答：『病緣不同。前列以狂、痴，故名病，（七九七頁上）由體非僧數。今此病者，小小病耳。故下文云：下至腳跟劈故，不同前病也。』言劈者，謂抑破也。今冬月，有人腳折裂者（『披壁』反），諸戒開病，病則不同。此戒下至腳劈，洗浴開病；下至身體臭穢，露燃開病；下至須大便身，背請開病；下至不堪一坐食，過一食開（原注：插入『開』

字。）病。若離彼增動，病名雖同，各隨其相，隨文應知。」（七九七頁下）

〔一四九〕**若無如上諸緣，即起白言**　資持卷中三上：「次，告白中。初無緣者，疏云：無上九中前六也。有緣之者，且能自益。無緣之人，故須白出。」（三一六頁上）鈔批卷一九：「戒疏云：無緣直出，所以須白者，護施主故也。下文有緣直入而須白者，護白比丘故。有緣入須儀式故，隨次入解釋疑也。若不白入，謂我僧次無緣之徒，隨我入故，故白簡之。無緣白出，疑亦爾。」（七九七頁下）

〔一五〇〕**若有別眾食緣欲入者，當白言**　簡正卷一二：「鈔文：有緣白入、無緣白入出，所以出入須白者，入謂護家內比丘，出謂護檀越，莫不俱為於人心，況生疑恠也。若不白，違制邊犯吉。更有別解不正。」（七四一頁上）鈔批卷一九：「立謂：拂疑故須白也。若不自云『我有某緣』，恐餘無緣之人見入，亦隨入也。又，彰己不犯此戒，故須白云：『我有某緣，合得別眾食也。』」（七九七頁下）資持卷中三上：「『若』下，有上六緣，制令白入，後三統眾，故但云六。若據大眾，亦是通眾。以非儉時，則分為二部，互白出入。疏云：所以白出者，護施主意故。白入者，護內比丘意故。」（三一六頁中）

〔一五一〕**隨次入**　資持卷中三上：律云：隨上座次入。疏云：身是有緣，入須儀式。」（三一六頁中）

〔一五二〕**若有緣不白者，吉羅**　資持卷中三上：「不白吉者，違教故也。問：『無緣白出，不白犯不？』答：『望同違教，理應準結。或可不白而出，無損於眾。入則反之，故制與罪。』」（三一六頁中）

〔一五三〕**如上所開**　簡正卷一二：「九緣皆開也。」（七四一頁下）

取歸婦賈客食戒〔一〕三十四

五緣：一、是上二緣〔二〕**，二、知是，三、無緣**〔三〕**，四、取過三鉢**〔四〕**，五、出門，便犯。**

【校釋】

〔一〕**取歸婦賈客食戒**　資持卷中三下：「〔佛在舍衛。婦人將還夫家，辨（【案】『辨』疑『辦』。）食頻施，經時不還，夫別取婦。又，取商客食，分路中數施，為賊所劫。因此二緣，合制一戒。〕」（三一六頁下）鈔批卷一九：「此戒據緣有兩，以取食義同，故合為一戒。僧尼同得墮罪。」（七九七頁下）【案】本戒鈔科稱為「歸婦賈客食」。四分卷一四，六五九頁上開始。

〔二〕上二緣　鈔批卷一九：「歸婦是一，估客是一，故曰二也。」（七九七頁下）

〔三〕無緣　簡正卷一二：「病時開也。今無『病緣』。」（七四一頁下）資持卷中三下：「疏云，即戒本中無病過受，則知開有病也。」

〔四〕取過三鉢　簡正卷一二：「多論有三品鉢：上鉢，取一不犯，二則犯；中鉢，取二不犯，三即犯；下鉢，取三不犯，四即犯。今云過三鉢者，是下鉢也。若一人取，過三鉢犯。若四人取，過三鉢：前三人不犯，以不過限故；後一人犯，以過故。」（七四一頁下）鈔批卷一九：「立謂：過取長貪，令他匱竭，（七九七頁下）減則不濟飢渴，令彼福薄。故齊三鉢，不損施主，又得充足。礪云：若上鉢，取一無罪，二鉢是犯；中鉢，取二無犯，取三則犯；下鉢，取三不犯，取四方犯。今言過三者，就下鉢為言。若一人取過三鉢，前一人不犯，後一人犯。以前云『已持三鉢』來，汝莫持來，過在後人，故此謂四人，各取一鉢也。望損處，過三即結。不望，食入自己，過三方結。五分、僧祇過受及不分比丘食，俱犯提。此律則不爾。」（七九八頁上）資持卷中三下：「律中不犯：齊兩三鉢；若病、若自送寺中等。」（三一六頁下）

足食戒〔一〕三十五

五緣〔二〕：一、是可足食〔三〕，二、知境足，三、捨威儀，四、無緣〔四〕，五、更食，犯。

律中：若飯、麨、乾飯，是正食，堪飽足，故名「足食」。五緣〔五〕：一、知是飯；由飯等是正足。二、知持來；知為我持來，境多是足。三、知遮；知前境食少，雖食不遮於後。若多堪飽，雖食一口，必遮於後。四、知威儀；知行、住、坐、臥四儀，隨壞一一犯足故。五、知捨威儀。若坐牀而食，前境堪足。忽低頭取與，後分離牀例。足食已，捨威儀，不作餘食法，得而食之，後食若正，若不正，枝、葉、華、果、細末磨、餅、油、蜜等，隨得一粒入口，咽咽墮。僧祇：捨威儀者，八種威儀〔六〕。行、住、坐、臥、長牀、短床、船、乘〔七〕。且如牀上坐已〔八〕，若見師僧塔像在背後者，迴身避坐，曳身不得離牀；若離，名「捨威儀」〔九〕。若正食時〔一〇〕，天雨，於上持蓋；無者，合牀舁著覆處。舁時倒地，及諸緣而離本處，更食犯墮。五分五事：一、有食，二、授與，三、受啖，四、不復受益〔一一〕，今時有人且受正食，少一口已〔一二〕，便言「不作斷心〔一三〕」。便至中前，依式更啖。此非正量〔一四〕，食無飽期，約境定犯〔一五〕。五、身離本處，更得食，墮。國土無粥，晨朝開飲麨漿〔一六〕。

十誦「五種」中，「糒〔一七〕」，謂乾飯也，餘同四分〔一八〕。「五似食」

者：床、粟、䴵麥、莠子、錯麥迦師等〔一九〕。「五種佉陀食〔二〇〕」者：一、根〔二一〕，二、莖，三、葉，四、磨食稻、大小麥等，五、果〔二二〕也。僧祇「五正」同此〔二三〕。五雜正〔二四〕，如四分云：佉闍尼者，枝、葉、華、果、細末磨〔二五〕。僧祇：大小䴵麥、米、豆作餅〔二六〕，蘇、油、歡喜丸〔二七〕，一切作餅，除肉〔二八〕。餘者非「別眾」「處處」「滿足食」〔二九〕等。善見云：佉闍尼者，一切果是〔三〇〕也。正食者，米、麥作飯、麨〔三一〕。粥初出釜，畫成字，不得食〔三二〕；若米合藥作粥，亦爾。若少飯和多水，以離威儀，應作餘食法〔三三〕。乃至米雜肉〔三四〕如芥子大，作餘食法。一切草根及樹木子作飯，若以豆作飯，不須作餘食法〔三五〕。若以菜和正、不正，為粥〔三六〕，若說正名，成遮；不說正名，不成遮〔三七〕。

義云〔三八〕：此「足」者，謂前境足，非噉飽名足〔三九〕。故律中：時有比丘見上座來〔四〇〕，若受不作餘食法者，告言「我受不作餘食法」，便得食。「尼不敬僧戒〔四一〕」中亦爾。故知，若起，須作餘食法。由前境足故，不得輒起。何況僧祇「八遮」〔四二〕。

四分中：病人殘，不須作餘食法〔四三〕。善見、明了：病人殘者，或食不食，皆成殘。僧祇：一人作法，餘人盡得。此律亦爾。

律中，僧俗二食，俱得加法〔四四〕。若作餘食法，十五不同。能中有三：一、是比丘；二、先足食〔四五〕，除不正及不足；三、身康和，除病。對法亦三：一、豐時，除儉〔四六〕；二、所對是比丘；三、未足食〔四七〕者。食體亦三：一、時食及清淨，多論：不淨食，不成作〔四八〕；二、新淨食，非病人殘；三、不覆藏食〔四九〕。自作三法〔五〇〕：一、自言現前，應從淨人受已，共未足比丘互跪云：「大德！我足食已，知是看是，作餘食法；」二、授與前人〔五一〕；三、舒手相及處。彼作三法：一、彼受為食；二、口云「我止〔五二〕，汝取食之」；三、度與他。此三「五種」，並約律文〔五三〕。

五分，佛言：持食著鉢中，手擎，偏袒右肩，右膝著地〔五四〕，作是言：「長老一心念！我某甲食已足。」餘如上〔五五〕。若都不食，還之〔五六〕。語云「此是我殘，與汝」，亦名殘。尼具有殘食法〔五七〕。僧祇：若持鉢、椀作法，但食鉢中，鉢中成殘，椀中不成〔五八〕。

義云〔五九〕：今有人食飯未竟，喚足食者來與食〔六〇〕，云「此是我殘」者，應成無妨。若強勸，不云殘，犯後戒〔六一〕。

律不犯者。

食作非食想〔六二〕，不受作餘食法〔六三〕，非食不作法〔六四〕，若病不作法〔六五〕，病人殘不作法〔六六〕，若已作餘食法〔六七〕，一切不犯。

【校釋】

〔一〕**足食戒**　資持卷中三下：「（佛在舍衛。說一食法，乃至諸比丘憔悴，佛聽得食取飽。又因看病人，開餘食法。後有比丘貪食，不知足，得便食之。因制。）」（三一六頁下）鈔批卷一九：「此戒古德建名不同，亦曰『數數食戒』，尼得吉羅也。」（七九八頁上）【案】四分卷一四，六六〇頁上開始。

〔二〕**五緣**　鈔批卷一九：「今文中，立兩个五緣者，解云：前是鈔家立五緣，引（原注：『引』疑『列』。）成犯之相。」（七九八頁上）【案】「五緣」下釋犯與不犯。犯文分二，初列緣；二、「律中若」下釋，又分二：初，「律中」下通釋；次，「十誦」下別釋。

〔三〕**可足食**　資持卷中三下：「可足即是正食。」（三一六頁下）

〔四〕**無緣**　資持卷中三下：「或病，或作餘食法，則無犯故。」（三一六頁下）

〔五〕**五緣**　簡正卷一二：「此五本非具緣，自是律文。廣釋之中，波離問佛：『有幾處應足食？』佛答云：『有五處約知成足，更食即犯。』鈔與戒疏，並呼為『緣』，知持來緣，乃至第五，知捨威儀緣等。」（七四一頁下）鈔批卷一九：「後五緣者，是律中列解前足食之義。案律文云：一、知是飯、麨、乾飯等；二、知持來；三、知遮；四、知威儀；五、知捨威儀者。此等，律文中名為『五處』。解言：所言『處』者，元上知是飯等五事，是成足之所（原注：『所』字原本不明。），稱之為處。此是律中，波離問佛：『比丘有幾處應足食？』佛言：『有五處應足食。』云何五處，元上所列者是。」（七九八頁上）資持卷中三下：「次列五緣：初，簡食體；二、須曾受；三、明食境多少、成遮不遮，如注所顯；四、約制教；五、據正犯。二緣似同而異。」（三一六頁下）

〔六〕**捨威儀者，八種威儀**　資持卷中三下：「上四通約四儀，與前無異。下四別就坐相，以明離處。由坐通地，物不犯故。」（三一六頁下）【案】僧祇卷三，二四七頁上。

〔七〕**長牀、短床、船、乘**　鈔批卷一九：「明先於此中坐食，忽移床身，分離坐處，船頭拄岸，後分離船，名壞威儀也。案祇文（七九八頁上）呼為『長床』『坐床』。下自解云：獨坐小床，名『坐床』也。」（七九八頁下）

〔八〕**且如牀上坐已**　資持卷中三下：「『且』下，舉床示相。餘船、乘例同。」（三一六頁下）

〔九〕**若離，名「捨威儀」**　資持卷中三下：「初，約動身明犯。」（三一六頁下）

〔一〇〕**若正食時**　資持卷中三下：「『若正』下，次，約抬舁明犯。問：『倒地等緣，既非故作，何得結犯？』答：『此有法開，自可作法，故違而食，不復重開。彼云：在船、上船、築岸、觸木石迴波，身離本處。若在乘、上乘、上阪、下阪，（『阪』謂大坡。不平故有上下。）若翻身，離本處等。」（三一六頁下）

〔一一〕**不復受益**　資持卷中三下：「顯境足也。」（三一六頁下）簡正卷一二：「鉢中之食，既可飽足，更不擬再受益也。」（七四一頁下）鈔批卷一九：「立謂：食境堪飢足，不受。云我未作斷心，更擬後當食也。」（七九八頁下）

〔一二〕**今時有人且受正食，少一口已**　簡正卷一二：「據食欲了，只欠一口，故云已也。」（七四一頁下）資持卷中三下：「初出異計。彼謂，足食飽足方犯，但少一口，即不名足。」（三一六頁下）

〔一三〕**不作斷心**　簡正卷一二：「戒疏云：有人解云：境飽足者，謂我飽食足。我食未飽，雖起重坐，得食無過。」（七四一頁下）

〔一四〕**此非正量**　資持卷中三下：「『此』下，責非法。今準五分，不受益緣，明取境足，誠有據矣。」（三一六頁下）簡正卷一二：「准理門論，量有三種：現量、比量、聖言量，各有似正。今既乖文，則非聖教正言之量。」（七四一頁下）

〔一五〕**食無飽期，約境定犯**　簡正卷一二：「若任（原注：『任』一作『信』。）凡心待（七四一頁下）飽，何時飽足也？斷此四句分別：一、食足境不足，謂不正，雖飽未犯；二、境足食不足，是正食少；三、食境俱足，是正食多食，一口亦犯；四、俱不足，不正食又少。」（七四二頁上）鈔批卷一九：「謂食罷少時飢至，還欲得喫，將何為飽之限齊？以斯緣故，故不許也。」（七九八頁下）

〔一六〕**國土無粥，晨朝開飲麨漿**　簡正卷一二：「謂麨漿以非純正，開飲滿足。」（七四二頁上）資持卷中三下：「『國』下，明別開。以糗（【案】『糗』鈔作『麨』）是正食，隨方所宜故。」（三一六頁下）

〔一七〕**糒**　簡正卷一二：「糒者，（音『備』，說文云：乾飦也。）輔篇云：取乾飯炒之，然後磨，以篩之為末。」（七四二頁上）鈔批卷一九：「糒，（音『備』），說文云：乾飯也。立云：十誦家喚四分家乾飯曰糒，是一體也。」（七九八頁下）資持卷中三下：「釋初緣。食體中。十誦有三：初，明『**五正**』。『糒』，音『備』，此與前異，故特出之。（前引三種，更兼魚、肉為五正。梵語『蒲闍尼』，此云『正食』。)」(三一七頁上)【案】十誦下，文分為二：初明第一緣，次明第四緣。第一緣分二：初「十誦」下，次「義云此」下。十誦卷四二，五蒲闍尼即飯、糗、糒、魚、肉，見三〇七頁中。

〔一八〕**餘同四分**　簡正卷一二：「謂餅、麨、麨、魚、肉也。麨者，大德云：將麥蒸，蒸了鎧之，以水浸，浸了卻炒，似麥餅也。有人不會，即妄說云：將麥炒了舂磨，為名之為麨。錯也。」(七四二頁上)鈔批卷一九：「十誦詔(原注：『詔』疑『召』。)四分乾飯為『糒』，餘四種：飯、麨、魚、肉四，名同四分也。」(七九八頁下)

〔一九〕**床、粟、麰麥、莠子、錯麥迦師等**　資持卷中三下：「『五似』中，『床』，音『眉』，即穄子也。麰麥，通名大小諸麥。莠，音『酉』，即稗草子。『錯麥』是華言，『迦師』即梵語，謂碎麥飯也。〔以錯碎故。有云：麵者，濫下未(【案】『未』疑『末』。)磨食。〕彼文明五似，或言『錯麥』，則不言『迦師』；或言『迦師』，則不言『錯麥』。鈔中華、梵並列，意彰一物二名耳。」(三一七頁上)簡正卷一二：「床者，(『靡皮』反。)，謂關西、荊州，呼為『床』。若北人、冀州等，喚作『穄』。此間亦名為穄，又於粟米許。麰麥者，大麥也。莠子者，稗子。錯麥迦師者，『錯麥』是此土之言，即小麥。『迦師』是西梵之語，蓋雙舉也。」(七四二頁上)鈔批卷一九：「床，粟(『靡皮』反)，見蒼頡篇(云云)。有人音(『力外』反)者，是專輒瞽言也。應師云：關西謂之糜，冀州謂之穄，字體作『糜』(『靡皮』反)，託跋改之，去『林』留『禾』，故字書不載。自宋至陳，曾無識者，致言『力外』反。莠子者，今時苟尾草是也。錯麥迦師者，立謂：『錯麥』，此方言『迦師』，是梵語，今梵、漢兩舉，故曰也。北人呼為『鷰麥』，南人呼為『雀麥』是也。又解，舊來相承，喚『錯麥』為大麥也，『迦師』為小麥也。若依南山闍梨，『錯麥』與『迦師』一義耳。如前解，鈔文相承。錯者，誤也。檢十誦文，乃是『錯麥』(音『少』)。」(七九八頁下)【案】十誦卷四二，五似食即糜、粟、麰麥、莠子、加師食，見三〇七頁中。

〔二〇〕**五種佉陀食**　鈔批卷一九：「即草根、莖等者。火取汁也。」(七九八頁下)資持卷中三下：「『五種『佉陀』，即不正也。四中，稻即正食，麥是似食，但磨細故，入不正收。(已上十誦，總十五種。)」(三一七頁上)

〔二一〕**根**　簡正卷一二：「一切草根也。」(七四二頁上)

〔二二〕**菓**　簡正卷一二：「是菓子也。」(七四二頁上)

〔二三〕**僧祇「五正」同此**　簡正卷一二：「謂五正，名、體大同四分。祇無乾飯也。」（七四二頁上）鈔批卷一九：「謂祇中五正食，名、體與四分文同也。」（七九八頁下）資持卷中三下：「僧祇初明五正。言同此者，即指十誦。彼云：糗飯、麥飯、魚、肉，彼無乾飯。而言同此者，以麥飯乃當五似故。」（三一七頁上）

〔二四〕**五雜正**　簡正卷一二：「祇中喚『不正』為『雜』。『正』即如四分枝、葉等，即非正食處。處食之無犯足，又無別眾說。」（七四二頁上）資持卷中三下：「五雜正者，（即不正也。）與四分同，故引合之。『佉闍尼』，此云『不正』。（對上十誦，枝即是莖。此無彼根，彼無此花。）」（三一七頁上）

〔二五〕**細末磨**　鈔批卷一九：「礪云：謂麵等是。故十誦云：磨稻，大麥也。」（七九九頁上）

〔二六〕**大小麵麥、米、豆作餅**　鈔批卷一九：「即青科或大麥也。」（七九九頁上）資持卷中三下：「『僧祇』下，三、明餘物。米、麥等，皆謂磨作餅也。」（三一七頁上）

〔二七〕**歡喜丸**　資持卷中三下：「古記云：西國多用酥油、砂糖為糰，故名丸也。」（三一七頁上）

〔二八〕**一切作餅，除肉**　資持卷中三下：「『一切』下，牒上諸物，以明不犯。肉是正食，故特除之。」（三一七頁上）

〔二九〕**「別眾」「處處」「滿足食」**　資持卷中三下：「別眾處處，此前二戒相因，而列滿足，即此戒也。」（三一七頁上）鈔批卷一九：「謂既非正食，處處食之，不犯足食。處處雖食，不犯別眾之過也。」（七九九頁上）【案】僧祇卷二九，四六三頁下。

〔三〇〕**佉闍尼者，一切果是**　資持卷中三下：「善見初通示二食，與前少異。初，不正。唯果應收枝、葉等。」（三一七頁上）【案】善見卷一七，七九五頁。

〔三一〕**正食者，米麥作飯麨**　資持卷中三下：「正食且列三相，麥飯同上十、祇。」（三一七頁上）

〔三二〕**粥初出釜，畫成字，不得食**　資持卷中三下：「『粥初』下，別釋。初，明正食。粥藥稠厚，即同米飯。」（三一七頁上）

〔三三〕**若少飯和多水，以離威儀，應作餘食法**　資持卷中三下：「少飯和水，體非稀粥。」（三一七頁上）鈔批卷一九：「願律師時（原注：『時』疑『將』。）五正食互相和作句，總得三百二十句（原注：插入『二十句』三字。），並犯足得提。謂將『飯』作頭，有十六句，單食『飯』為一句，以餘『麨』等四个食，一一和飯，作得四句。（謂：飯和麨、飯和乾飯、飯和魚肉等，故有四句。）又以餘四，二二來和飯，為六句。（還用飯為主，將麨寸多少物，更來和，知得六句。）三三來和，為三句。又，以餘四併來和飯，得一句。又，以佉闍尼來和飯，得一句，合計得十六句。餘『麨』等四為頭，各得十六，合成八十句。約四威儀中一儀，既有八十句，四八三十二，便成三百二十句。若以菜和正，不正為粥。」（七九九頁上）

〔三四〕**米雜肉**　資持卷中三下：「亦約粥論。以單米稀粥，開噉無過。若雜少肉，即在正收。」（三一七頁上）

〔三五〕**一切草根及樹木子作飯，若以豆作飯，不須作餘食法**　資持卷中三下：「『一切』下，釋非正。初，約一體。」（三一七頁上）

〔三六〕**若以菜和正、不正，為粥**　資持卷中三下：「『若以』下，示相和。」（三一七頁上）

〔三七〕**若說正名，成遮；不說正名，不成遮**　簡正卷一二：「若云米粥，是正即遮。但云葉粥不正，即不遮也。」（七四二頁上）鈔批卷一九：「案見論云：若以菜雜魚肉作羹，若言受菜羹，遮不成遮。若言受肉羹，遮成遮。若正不正雜為粥，若說正名成遮，說不正名不成遮。（文正齊此說。）景云：以呼為飯粥即遮，若稱菜粥，則不遮也。立云：以見此粥稠似飯，先云此粥堪飽足，作此語竟，成遮。若言此粥希薄，不堪飽足，作此說竟，雖食不遮後也。」（七九九頁上）資持卷中三下：「言說正者，如云米粥。不說正者，如云果菜等粥。此亦約稠者言之。」（三一七頁上）【案】善見卷一六，七八四頁下。

〔三八〕**義云**　鈔科卷中三：「『義』下，決名遮濫。」（七六頁中）簡正卷一二：「約境立名，不論飽足。」（七四二頁上）資持卷中三下：「前注已破，由世盛傳，故此重示。」（三一七頁上）

〔三九〕**謂前境足，非噉飽名足**　資持卷中三下：「初，立義遮非」（三一七頁上）

〔四〇〕**時有比丘見上座來**　資持卷中三下：「『故律』下，引決。初準四分，僧敬上座，尼敬大僧。二俱是制，違則有罪。由受頭陀，二皆不犯，取彼決此，非直明文，故云『義』也。」（三一七頁上）簡正卷一二：「謂有季少見上座來，不起，犯罪，故須陳意也。」（七四二頁上）鈔批卷一九：「立謂：年少見上座來不起，犯小罪，故須陳其所以。」（七九九頁下）

〔四一〕**尼不敬僧戒**　簡正卷一二：「謂尼行八敬，見新受戒人，亦須起來。今為一坐食，雖見不起，便陳情言：『我不作餘食法。』白已，即不違敬法也。」（七四二頁下）鈔批卷一九：「謂尼行八敬，百歲之尼見新受戒僧，須起迎逆問訊。今緣坐食，雖見不起，便須白言：『我不作餘食法。』作此白已，無違教罪。據此而言，尼亦有殘食法也。」（七九九頁下）

〔四二〕**何況僧祇「八遮」**　資持卷中三下：「彼但云八種。今以隨作一相，即名遮後，故云八遮。上明境足，猶是從寬。僧祇更急，故引比況，足顯彼非。」（三一七頁中）簡正卷一二：「舉急況緩意者。四分約受得已入手，食一口已，號名境足。祇文並未入手，（七四二頁下）及食但口中說等，便遮於後故也。」（七四三頁上）鈔批卷一九：「一、自恣足，二、少欲足，三、穢汙足，四、雜足，五、不便足，六、謟曲足，七、停住足，八、自己足。言自恣足者，謂檀起（【案】『起』疑『越』。）自恣，與麨飯等五正食，自恣勸足食。比丘言：『我已滿足。』如是起離座，不作餘食法食（原注：『食』疑『更』。）食，提。二、少欲足者，亦自恣與食，謂人與五正食，比丘動手，現少欲相，離座更食，提。三、穢污足者，行食時，淨人自有瘡諸不淨等，比丘見污惡之，言『不用』，過去離座，提。四、雜足者，淨人持乳酪器，盛麨飯污故。比丘見已惡之，言：『不用。』亦爾。五、不便足者，淨人行食，比丘問言：『是何等食？』答言：『麨。』比丘言：『此動我風病，我不便過去。』已如是，離座更食，提。若行飯時，比丘問言：『為堅耎？』答言：『堅。』比丘言：『此粳米難消，我不便過去。』若言耎，有言：『此爛難食，我不便過去。』若行肉時，比丘問言：『是何等肉？』（七九九頁下）答言：『牛肉。』比丘言：『牛肉熱，我不便過去。』若言水牛肉，比丘言：『性冷難消，過去我不便。』若言鹿肉，比丘言：『此風性（原注：『性』疑『病』），我不便過去。』如是離座已食（【案】『食』疑『更』。）食，提。六、謟曲足者，淨人行五正食、五雜正食，比丘畏口言『足』，現手作相。若搖頭、若縮鉢，作不須相，離更食，提。七、停住足者，淨人以五正，比丘莫先行飯，揣恐人（【案】僧祇此處為『摶恐觸足』。），當先下菜冷水，如是離座更食，提。若作維那直月等，指示現相不名足。八、自己足者，比丘乞食至一家，放麨囊置地，從主人乞水欲飲。檀越作是念：『此比丘，必當須麨。』即問言：『須麨（原注：插入『即問言須麨』五字。）不？』比丘作是念：『此檀越必欲家中取麨與我？』答言：『須。』時檀越即捉比丘麨囊授比丘。比丘以惜己麨故，恐檀越犄己鉢，便言：『置置。』如是語已，離座更食，提。看律文意，此八種，若離座已不受，作殘食法，悉提。有人云：

此八皆約未離座也。由隨作此八事竟，恐已足，更不合食一切食也。雖未離座，由緣此八事故，皆不得更食。若更作餘食法，方許食也。以授食人，謂言比丘不用，更不食也。立云：八遮者，只是上文行、住、坐、臥、長短二床、船、乘為八也。（恐非當。）一、是比丘者，簡下三眾，無餘食法也。（八〇〇頁上）尼雖有此法，是五分文也。四分不明有殘食法也。三身康和者，簡病時直開數食，何論殘法？一豐時除儉者，謂開八事中，有不作餘食法。二、所對是比丘者，簡不對餘下眾也。三、未足食者，簡餘足食竟人，不得相對也。以彼不得更食故，不得為他作殘法也。時食及清淨等者，簡非時食，不須作也。言清淨者，謂簡有八患之食，作法不成。新淨非病人殘者，簡殘，不用作法，直爾得食。不覆藏者，顯覆（原注：『覆』疑『露』。）持來也。礪云：非餘覆上也。堅（原注：『堅』疑『慳』。）故，畏他嚴故，有覆藏也。」（八〇〇頁下）【案】僧祇卷一六，三五四頁～三五五頁。

〔四三〕**病人殘，不須作餘食法**　鈔科卷三：「初，引示作法。」（七七頁上～七六頁中）【案】四分下釋第四緣，文分為二：初，「四分」下；次、「義云今」下。初又分二：初「四分」下，次，「律中僧」下。

〔四四〕**僧俗二食，俱得加法**　簡正卷一二：「律云：時有比丘，早起受得僧食也。置（原注：『置』疑『直』。）入村，彼受請，還餘比丘邊，作餘食。彼或分食，或都食盡。（此僧食緣也。）時有比丘，往檀越家乞得食，不知得作法不？佛言：得。今鈔准此故，云俱得也。」（七四三頁上）【案】「律中」下分二：初「律中」下；次「五分」下。

〔四五〕**先足食**　資持卷中三下：「約境為言。」（三一七頁中）

〔四六〕**豐時除儉**　資持卷中三下：「律中儉開八事，不作餘食法，是其一數。」（三一七頁中）

〔四七〕**未足食**　資持卷中三下：「律云：食已為他作不成。（準僧祇開。）」（三一七頁中）

〔四八〕**不淨食，不成作**　資持卷中三下：「謂興利邪緣、宿觸等，別有所犯故。」（三一七頁中）

〔四九〕**不覆藏食**　簡正卷一二：「覆藏食者，麤覆與者，上恐對首人食之。」（七四三頁上）資持卷中三下：「謂以惡食覆好食也。」（三一七頁中）

〔五〇〕**自作三法**　資持卷中三下：「『自』言現前，非遣他故。律云：使淨人作不成。」（三一七頁中）

〔五一〕**授與前人**　資持卷中三下：「律云：自手捉食作，持食置地，作皆不成。」（三一七頁中）

〔五二〕**口云「我止」**　資持卷中三下：「正示殘法。」（三一七頁中）

〔五三〕**此三「五種」，並約律文**　【案】疑作「此五『三種』」，即指上文「能中三」、「對法三」「食體三」「自作三」和「彼作三」。

〔五四〕**佛言，持食著鉢中，手擎，偏袒右肩，右膝著地**　鈔科卷中三：「『五』下，引諸部雜相。」（七七頁中）資持卷中三下：「引諸文中，五分示前威儀。」（三一七頁中）【案】五分卷七，五二頁下。

〔五五〕**餘如上**　資持卷中三下：「續云『知是』『看是』，作餘食法。」（三一七頁中）

〔五六〕**若都不食，還之**　資持卷中三下：「『若都』下，示略法。但取他語，不必須食。」（三一七頁中）

〔五七〕**尼具有殘食法**　簡正卷一二：「破古云：尼是女類，食不消化故，無食足犯。今云不然，尼律開通，文自明也。又，五分廣辨僧殘食法竟，則云比丘亦如是也。此依戒疏釋。」（七四三頁上）資持卷中三下：「此出五分。古謂尼無，故特點之。又身綺中，尼受不作餘食法，則僧尼同有明矣。」（三一七頁中）

〔五八〕**若持鉢、椀作法，但食鉢中，鉢中成殘，椀中不成**　資持卷中三下：「『僧祇』下，明器各別法有成否。彼云：若比丘持食來欲作殘食，即於缽上、碗中作殘者，止得碗中名作殘食，缽中不名作。若碗中汁流缽中，得俱名殘食。今文反之，存大意耳。」（三一七頁中）鈔批卷一九：「立謂：若准祇文，要須食之，乃至但食鉢中，不食椀中，椀中不成殘。四分不要須食，但使者人報言『是我殘』，則成。又，祇文，若持鉢椀作法，以食鉢中者，謂椀中、椀中，亦成殘。若持二椀，相並作法，以食餅橫其二鉢上。若食餅中央，則二鉢俱成殘法也。」（八〇〇頁下）【案】僧祇卷一六，三五六頁上。

〔五九〕**義云**　鈔科卷中三：「『義』下，決通時事。」（七七頁上）簡正卷一二：「約期作法，為食一口，准如他部。若都不食，云『是我殘』，得者，准此義，今食未竟，不須作法，真（【案】『真』疑『直』。）云『我殘與汝』，得成。此據前人，欲得食。若知前不欲，強勸犯得（【案】『得』疑『後』。）戒也。」（七四三頁上）

〔六〇〕**今有人食飯未竟，喚足食者來與食**　資持卷中三下：「初，明直與成殘。」（三一七頁中）

〔六一〕**若強勸，不云殘，犯後戒** 資持卷中三下：「『若』下，明強勸別犯。」（三一七頁中）

〔六二〕**食作非食想** 資持卷中三下：「是想差。如稠粥作稀想。」（三一七頁中）

〔六三〕**不受作餘食法** 資持卷中三下：「即上行，永無有犯。」（三一七頁中）簡正卷一二：「此約一向不受，謂從旦米（原注：『米』疑『來』。），未曾受食。」（七四三頁上）鈔批卷一九：「礪云：食作非食想者，如旦食稠粥作薄想。中食上，不受作餘食法，不犯。又一解：如旦食稠粥，決意作出釜時薄粥想。或可至中，飢不堪耐，謂前不足故。言不受者，明一向不受故，（八〇〇頁下）謂其人旦來，未曾受食也。」（八〇一頁上）

〔六四〕**非食不作法** 資持卷中三下：「約食體不淨。（或前食非正。）」（三一七頁中）鈔批卷一九：「謂既非五正食，何須作餘殘法也？但是非正，名為非食也。礪云：非食不作法者，謂前食薄粥故也。」（八〇一頁上）

〔六五〕**若病不作法** 資持卷中三下：「即病緣。」（三一七頁中）

〔六六〕**病人殘不作法** 資持卷中三下：「謂已殘。」（三一七頁中）

〔六七〕**若已作餘食法** 資持卷中三下：「是順教。（儉開不作，文無理有。）」（三一七頁中）鈔批卷一九：「謂先作餘食故也。（已上礪解。）」（八〇一頁上）

勸足食戒〔一〕**三十六。**

五緣〔二〕**：一、他足食竟，二、知**〔三〕**，三、發言強勸，四、不作殘法，五、前人食，犯。**

【校釋】

〔一〕**勸足食戒** 資持卷中三下：「（佛在舍衛。有弟比丘貪食，兄比丘以過責。心懷恚故，兄食已，便強勸食，反以過責。因制。）名中，強以飲食勸已足者，故云『勸足食』。疏中，對前戒四別：一、前身犯，後語犯；二、前開病，後不開病；三、前貪心，後三性；四、前己咽犯，後他咽已犯。」（三一七頁下）鈔批卷一九：「尼但犯吉。」（八〇一頁上）【案】四分卷一四，六六一頁下開始。

〔二〕**五緣** 資持卷中三下：「若彼受食，咽咽二俱墮。問：『已有前制，理應不違，復開殘法，自可依作。如何受勸，重興此戒？』答：『元彼懷恚，意欲令犯，強設巧言，誤令不覺。至論成犯，必與俱時，但所勸犯前，能勸犯後。故律中：若彼棄之與人，自作殘法等，則能勸但吉耳。』」（三一七頁下）簡正卷一二：「依戒疏云：『此與前足食戒何異，而分為兩？』答：『前戒自己犯，此戒自他同犯。又有四義，故開為二：一、前戒（七四三頁上）是身犯，此戒是口犯；二、前戒病緣乃開，此戒無開；三、前戒是貪心犯，此戒通三心；四、前戒是自食犯，此戒他咽食，以空犯故。』」（七四三頁下）

〔三〕知　鈔批卷一九：「立謂：知足食已，故勸犯，提。若實足已，作足食疑，勸則吉羅。若未足食，足想與疑，勸俱犯吉。立云：此戒與前戒，同是足食，以自、他有異，故為二戒。礪云：此戒與前戒，有四種不同：一、業有異。前足食戒，是『口止』共『身犯』。私云：『口止』，不作餘食法，又假『身業』咽咽也。此『勸足』是『口止』作業，假他身犯。『口止』不作餘食法，曰止也。發言勸他，名口作業。假他咽時，我始得罪，故曰假他身也。二、開緣有別，足食開病，勸足無開。三、起業不同，足食是貪心犯，勸足以嗔心生犯。此且據緣起說，然若好心勸，亦成犯。四、食不食異，足食要自咽犯，勸足自身不食，他咽有犯。有斯四異，故離為二戒。」（八〇一頁上）

非時食戒〔一〕三十七

智論，問曰：「若法無時，云何聽時食、遮非時食為戒〔二〕？」答曰：「我已說世界名字法有，非實，汝不應難〔三〕；亦是毗尼中結戒法〔四〕，是世界中實有，為眾人訶責〔五〕故；亦欲護佛法使久存，定佛弟子禮法〔六〕故。佛世尊結諸戒，不應求有何名字、相應不相應等〔七〕。」「若爾，云何但說假名時〔八〕？」答：「實時毗尼不說〔九〕，以白衣、外道不得聞，聞生邪見〔一〇〕故。說假名時，以通多分〔一一〕故。」今有妄學大乘者，多貪著非時食故，具引誡之〔一二〕。

經中說云〔一三〕：早起，諸天食；日中，三世諸佛食；日西，畜生食；日暮，鬼神食。佛制斷六趣因，令同三世佛〔一四〕故。

多論四解〔一五〕：一、從旦至中，其明轉盛，名之為「時」；中後明沒，名為「非時」。二、從旦至中，作食時節，乞不生惱；中後已去，反上可知。三、中前俗人事務，淫惱未發；中後閑預，入村乞食，多被譏謗。四、中前乞食濟身；過中靜緣修道，非是乞時，名為「非時」。又云：晝夜各分九時，事同須臾〔一六〕。日下近地，熱漸寒甚〔一七〕，夜則長也。

阿含中，時非時經具明二十四半月之相〔一八〕，準俗二十四氣量之〔一九〕。僧祇，令知時節，若作腳影〔二〇〕，事同上經；若作刻漏〔二一〕。四分亦爾。日極長，晝則十八須臾，夜十二〔二二〕也；長夜反之〔二三〕。

四緣：一、是非時，二、非時想，三、時食，四、咽咽，墮。

律云：「時」者，明相出，乃至日中〔二四〕。按此時為法，四天下亦爾〔二五〕。「非時」者，從日中乃至明相未出。僧祇：日正中時，名「時非時」，若食得吉〔二六〕；時過如一瞬一髮，食得提。

律云：若比丘非時受食食，咽咽墮；非時漿，明相出，七日藥，過七日，亦墮〔二七〕；盡形壽藥〔二八〕，無因緣服，吉羅。以曾加口法，無病不許服，犯有輕重〔二九〕。並謂加口法者；若不加法，非時中服四藥並墮〔三〇〕，故戒本唯除水、楊枝〔三一〕也。

五分：得嘗食，但不得咽〔三二〕。十誦〔三三〕：教人非時食、殺生草木、空地然火、手取金銀、掘地、啖殘宿食，為己、不為己，作者，皆二俱犯墮〔三四〕。五百問云：中後，一切有形之物，不得入口中〔三五〕。食已，用楊枝若灰漱口；不者，墮〔三六〕。

律不犯者。

若作黑石蜜〔三七〕和米作，法爾故；有病者服吐下藥〔三八〕，日時欲過，煮麥令皮不破〔三九〕，漉汁飲；若喉中哯出，還咽〔四〇〕不犯。善見：出喉還咽，犯墮。

【校釋】

〔一〕非時食戒　資持卷中三下：「（佛在羅閱城。人民節會，難陀、跋難陀共看伎，并受食，而暮還耆闍山；又，迦留陀夷夜入城乞食，女人電中見，稱言是鬼。由此二緣故制。）」（三一七頁下）鈔批卷一九：「此戒僧尼同犯。五分：非時時，想、疑俱提。言非時者。慧師云：旭旦則始營未異（八〇一頁上），晚日則飯食復終，莫若辰午之間，則是初成之際，故午以往，則號非時。礪云：將欲解非時，先反解時也。」（八〇一頁下）【案】「非時食戒」文分二：初，「智論」下；二、「四緣」下。四分卷一四，六六二頁中開始。

〔二〕若法無時，云何聽時食、遮非時食為戒　簡正卷一二：「彼第一因，解如是我聞一時義，破蕩時相，不可得故。因即問云『若法無時』等，此約真諦發問也。意道：『真如理性，本無時節，云何約時而制，遮非時食為戒耶？』（問竟。）答中，『我已說世界』至『不應難』者，論意：我先來已說俗諦世界，假有時名字法，雖有而非實，汝今不應將真諦來難我俗諦也。」（七四三頁下）鈔批卷一九：「謂見陰界入生滅，假名為時，所謂一、異、長、短等名字，出凡夫人心。（謂實性中，有無名相，言語路絕，求三際不可得，寧可於中論其時乎！）即問曰：『若無時，云何聽時食，遮非時食為戒？』」（八〇一頁下）資持卷中三下：「時成就文，彼明天竺說時有二：一名『迦羅』，（此云『實時』，謂年、月、日、時，四時部氣等，世俗背計為實故。）二名『三摩耶』。（此云『假時』，謂隨事緣長短不定，無有實故。）佛隨世諦，說三摩耶，不說迦羅，為除外道、俗人邪見故。（俗人著有，外道計常。若說實時，更增彼計。此亦大分為言，非俱不說。）論中，先破彼計『實時皆無有實』。然毘尼制法多依實時，則顯如來亦說實時，豈是無時？故以為問，如鈔所引。」（三一七頁下）【案】「智論」下釋第六，文分為四：初，「智論問」下；二、「經中說」下；三、「多論四」下；四、「阿含中」下。智論一節分二：初問答，二、「今有」下。智論卷一，六六頁上。

〔三〕**我已說世界名字法有，非實，汝不應難**　資持卷中三下：「初，約義釋通。……初中三義。初從假。釋論中，難破時已，乃云見陰界入、生滅，假名為時，無別時。（謂時經及餘經等，亦說實時，乃是隨世名字，故云假名。此與俗說假名，言同義別。又準佛說，則彼二皆是假名，隨彼而言，故云實耳。）文云『我已說』者，即指上文。世界法有故，不妨說時、非時；非實故，不妨無時。立論已明，不審重問。故反責之，云『不應難』。（『有』下闕『時』字，『實』下脫『法』字。論本有之。）」（三一七頁下）簡正卷一二：「論意：我先來已說俗諦世界，假有時名字法，雖有而非實，汝今不應將真諦來難我俗諦也。」（七四三頁下）鈔批卷一九：「答曰：我已說世界名字法，有時非實法，汝不應難，亦是毗尼中結戒法。是世界中，實非第一實法相，吾我法相，實不可得故，亦為眾人嗔呵故，亦欲護佛法使久存，定弟子禮法故。諸佛世尊結諸戒，是中不應求：有何實、有何名字等，何者相應、何者不相應，何者是法，如是相，何者是法，不如是相。以是義故，是事不應難。問意云：『理本無時，何以約時而制戒，不聽非時食也？』答云：『結戒依世諦，不依於真諦。以眾生計時為有，故聖隨世流布，約假名制非時食也。』」（八〇一頁下）【案】初答分二：初，「我已」下；次，「佛世尊」下。初又分三。

〔四〕**亦是毗尼中結戒法**　資持卷中三下：「『亦是』下，次，隨世釋。」（三一七頁下）簡正卷一二：「『謂毗尼結戒，約世法故，為眾生許時，為實時即不可，非時譏責。如迦留陀夷，即是其事。如以來遮，非時而結，戒以護人心也。」（七四三頁下）

〔五〕**是世界中實有，為眾人訶責**　資持卷中三下：「『世界實』者，俗所計也。（論文『實』下有『非第一實』一句。又無『有』字。）眾人呵者，即指緣起。（律中，女人呵迦留陀夷云：『寧自破腹，不應夜食。』）由彼計實，而致譏訶。律附世相，遮譏故制。」（三一七頁下）鈔批卷一九：「若不制此戒，遮非時食，則招外道、俗人譏呵之過也。即如緣中，迦留陀夷著衣持鉢，入羅閱城乞食，值天陰闇，至一懷妊婦女家乞。（八〇一頁下）此女持食出門，值天雷電，暫見其面，時女驚怖，稱言『鬼鬼』，即墮身。迦留報言：『大妹，我非鬼，我是沙門釋子。』婦女恚言：『沙門釋子，寧自破腹，不應夜乞食。』時迦留聞，還來白佛，故制，以息人呵也。」（八〇二頁上）

〔六〕**亦欲護佛法使久存，定佛弟子禮法**　資持卷中三下：「『亦欲』下，三、護法釋，謂受戒時分定上、中、下。（三一七頁下）互相敬事，令法不滅，故云使久存等。（初義，約假從道以釋；後二，約實從俗而釋。）」（三一八頁上）簡正卷一二：「謂佛結戒，令正法久住。見論亦云：毗尼藏，但佛法方住等。定佛弟子禮法者，謂外書制禮，是俗中禮法。今佛制時食軌儀，是佛弟子禮儀法則也。（上依玄釋也。）寶云：要定受戒時，分夏臈三時，入師房求教誡等。（此解，局也。）」（七四三頁下）

〔七〕**佛世尊結諸戒，不應求有何名字、相應不相應等**　資持卷中三下：「『佛』下，遮其來難。……遮來難中。以毘尼制教，隨順世諦，從權建立，不可橫以真理而難俗事，以化就蕩相制是建立，故云不應求等。論具云：諸佛世尊結諸戒，是中不應求：有何實，（體之虛實。）有何名字，（名之有無。）何者相應，何者不相應，（義之違順。）何者是法如是相，何者是法不如是相。（相之是非。）以是故，是事不應難。（化教詮理，必須『四義』求之。）」（三一七頁下）鈔批卷一九：「聖人昔日制戒，防禁緣非，隨機設教，藥病相稱，本唯麤現，未示真宗，或重解微，豈示衣中之實（原注：『實』疑『寶』。）？故凡所施設，約世裁規，何得於中比類真如之道，而言戒法與理相應不相應耶？據終而言，無非趣極，即事相覆，戒乃有為。」（八〇二頁上）簡正卷一二：「謂佛結戒防譏，不應求世間名字與真如理性、辨相應不相應也。」（七四三頁下）

【案】資持釋文中『四義』求之，即：體之虛實、名之有無、義之違順、相之是非。

〔八〕**若爾，云何但說假名時**　鈔批卷一九：「此問意云：汝既道真理中無時、非時，何不莫論時，而強立於時耶？」（八〇二頁上）資持卷中三下：「論文前云：如來為除邪見，不言迦羅說三摩耶，謂餘經中多說假時。如上引律，乃說

實時，義有相違，故以為難。」（三一八頁上）

〔九〕**實時毗尼不說**　簡正卷一二：「謂理本時毗尼教中，不得混亂。若白衣外道，聞說真諦無時，即生邪見也。又真如理性，小聖尚不能世界時分，多人共解，故曰以通多分故。」（七四四頁上）資持卷中三下：「答中，為二。初明毘尼說實意，上句正示。（『不』字誤。論文正作『中』字。）」（三一八頁上）【案】次答中分二，「實時」下為一，「說假名」下為二。

〔一〇〕**以白衣、外道不得聞，聞生邪見**　資持卷中三下：「『以』下，顯意。謂毘尼不許白衣、外道聞，故可說實時。以道眾自知非實，不生邪執故。（文中下『聞』字，論作『而』字。）」（三一八頁上）

〔一一〕**說假名時，以通多分**　鈔批卷一九：「立云：一切凡夫，皆計假名、有時、非時。若真如中，無時不時。世人未了，識者亦尠，今隱而不說。但世人計時、非時者多，今從多分而論。且立制於時中，以制此戒，又以眾宜聞故。若說真時，眾生不悟也。」（八〇二頁上）資持卷中三下：「『說』下，次明餘經說假意。通多分者，道俗俱可聞故。（古多錯解，妄改文字。學者難曉，不免繁文。）」（三一八頁上）

〔一二〕**今有妄學大乘者，多貪著非時食故，具引誡之**　資持卷中三下：「以學語者恥已貪嗜，濫謂大乘無時、非時，故今還引大論，以誡邪執。近世學大學小，噉食無時，不畏佛戒，銅漿鐵丸，焦爛喉腹，病徹心髓，誰當代之？」（三一八頁上）

〔一三〕**經中說云**　鈔科卷中三：「『經』下，取中意。」（七七頁中）簡正卷一二：「是毗羅三昧經。萍沙王問佛『何故日中食』，佛言『早起諸天食』等。今制日中，斷六趣因故，又表是中道，七佛所行也。」（七四四頁上）鈔批卷一九：「案毗羅三昧經上卷云：朝為諸天子食，日中為佛食，晡時為諸畜生食，夜為鬼神食。唯日中與朝食得福。晡、夜二食，使人得病也。」（八〇二頁上）資持卷中三下：「經即毘羅三昧經。通列四時，前後三種，大約不定。日中一種，佛佛常法，以住中道，假事表理，故凡所化儀，無不皆中。」（三一八頁上）

〔一四〕**佛制斷六趣因，令同三世佛**　資持卷中三下：「『佛制』下，正顯教意。上有三趣，地獄同鬼類，欲超三界，必斷六因。故制比丘不同彼食，令依極聖，出離可期。嗟彼愚人，多食晚食，肯斁諸佛，而甘同鬼畜，不知何意乎！」（三一八頁上）

〔一五〕**多論四解**　資持卷中三下：「多論初釋時非時。四義中，初約日明出沒，餘三

約乞食，合宜不宜。二、三約他事，第四就已行。」（三一八頁上）

〔一六〕**又云：晝夜各分九時，事同須臾**　鈔批卷一九：「晝夜各分九時者，有云：是多論亦如祇，分三十須臾也。」（八〇二頁上）資持卷中三下：「『又』下，明時分不定，晝夜各九時。（且約相等。）增輝引古解云：晝夜都十八時，一時有五十臘縛，（三一八頁上）十八時總九百臘縛，三十臘縛為一須臾。（三百為十須臾，九百為三十須臾。）事同者，同下僧祇故。（俱舍：一百二十刹那為一怛刹那，六十怛刹那為一臘縛，三十臘縛為一須臾，三十須臾為一日夜。）」（三一九頁中）簡正卷一二：「『又云』等者，謂前據麤相，而論今更細辨。且西天有三時，亦約十二月分之。從十二月十六至四月十五為春，從四月十六至八月十五為夏，從八月十六至十二月十五為冬。今此土四時，亦約十二月辨，但加秋也。於此四時，日月晝夜長短不定。夏至日，日極長、夜極短。冬至日，日極短、夜長。春分、秋分二日，晝夜平等。降茲已外，延促不定。今若辨時、非時，鈔云晝夜各分九時而同須臾者，意將多論晝夜各有九時，同於僧祇。俱舍三十須臾也。今先明須臾者，故俱舍云：百二十刹那為一怛刹那，十怛刹那為一臈縛，三十臈縛為一須臾，三十須臾為一晝夜。今春分、秋分二日，晝夜平等，各有十五須臾。從旦至中，（七四四頁上）七須臾半是時；過中已後，七須臾半，并夜十五須臾，都二十一須臾半，俱號非時。今多論有九時，從旦至中，四時半名時，過中已去，更有四時半，并夜九時，都十三時半，俱號非時也。夏至日極長，俱舍有十八須臾，於中九須臾名時，過中、後九須臾，并夜十二須臾，都亦二十一須臾，名非時。冬至日，反說即是。（云云。）中間諸日，延促不定，可以准知。多論：日夜十八時，亦類此多少。問：『多論晝夜共有十八時，僧祇、俱舍晝夜共有三十須臾。其數不等，何故鈔文將多論十八時，同他俱舍三十須臾，請為和會？』大德釋云：『俱舍中，三十箇臈縛為一，三十（原注：插入「三十」二字。）須臾為一晝夜。且一須臾，既有三十臈縛，十須臾即三百臈縛，三十須臾都九百臈縛。若准多論：一時即有五十臈縛，十時五百。又有八時，五八四十，即四百。并前，都計九百臈縛。雖則十八時與三十須臾，似有參差。然彼此總是九百臈縛不異，故云事同須臾也。諸記中，並未委此義，但是誦語消文。或有云約冬至、夏至，日極長、極短時，如僧（【案】『僧』後疑脫『祇』字。）及俱舍，須臾不別。」（七四四頁下）

〔一七〕**日下近地，熱漸寒甚**　鈔批卷一九：「謂冬日落南，離地近故。日短夜長，須與有增減也。」（八〇二頁下）資持卷中三下：「準俱舍，日月在須彌山半腹，去地四萬由旬。準此，則無『下』義。但日行極南，望之似『下』。以天上南北相去有一百八十道，日於此中來去，以分八節。且為夏至日在北第一道，向南行超四十五道是立秋，又越四十五道秋分，又越四十五道是立冬，又越四十五道、極南第一道是冬至。（從北至此，熱減寒至甚也。所以寒者，一云，南州北闊日光多故，南狹日光少故；又云：近須彌山邊冰山故；又云：去人遠故。）從北卻迴至立春、春分、立夏、夏至，各經四十五道，還至極北。如是終而復始，四十時、非時。」（三一八頁中）簡正卷一二：「約日行南道，近氷山上過，同於近地，熱漸退、寒漸增，非謂也。『下』，日在須彌半腹平轉故。且天上有一百八十道，夏至日在此第一道行行（原注：『行』字疑剩。），此後一日，向南行一道，越四十五道，是立秋；更過四十五道，是秋分；又過四十五道，是立冬；又過四十五道，是冬至。在南第一道，上日（原注：『上日』疑『晝』）有十二，夜有十八。從此卻向北行，經四十五道，是立春；又四十五道，是春分；又四十五，是立夏；又四十五，是夏至，此日有十八，夜有十二也。夏中熱者，蓋以日行北道，近須彌及七金山，金性熱；又去人近；又，南州北面闊，攝日光多故，冬寒反此。正法念又云：冬日極南海有氷山，此日近氷山山（原注：『山』字疑剩。）之地故。」（七四五頁上）【案】多論卷六，五四三頁中。

〔一八〕**時非時經具明二十四半月之相**　鈔科卷中三：「『阿』下，定時節。」（七七頁中）簡正卷一二：「謂一季十二月，分為半月，即二十四也。」（七四五頁上）資持卷中三下：「經即阿含別品，是以雙標。彼約腳影，定一年中日夜長短。」（三一八頁中）

〔一九〕**準俗二十四氣量之**　資持卷中三下：「準俗者，此方亦以十五日為一氣，一氣有三候，一候有五日，三氣為一節，（四十五日。）一年有四時、八節、二十四氣、七十二候、三十六旬。」（三一八頁中）簡正卷一二：「俗中有二十四氣，一氣亦是半月日。二十四『半月』，即成二十四氣也。若作腳影，事同上經，准腳影之步身為度，且如正月一日至十五是一半。此十五日，准氣合為用步身影長九腳半為時，步身影長七腳少三指為非時。從十六日至三十日，是第二氣。此十五日，九腳為時，六腳少三指為非時。（七四五頁下）如是例之，不能繁錄。」（七四五頁下）鈔批卷一九：「二十四氣者，謂齊中明相云十五日為一氣，事同佛法中二十四『半月』也。」（八〇二頁下）

〔二〇〕**腳影**　資持卷中三下：「立日中以腳步影也。」（三一八頁中）

〔二一〕**若作刻漏**　簡正卷一二：「戒疏云：唐國晷漏，分為百尅。出家時節，晝夜分百尅。」（七四五頁下）資持卷中三下：「刻漏者，量水為數，隨時增減，滴漏定時，謂之刻漏。」（三一八頁中）

〔二二〕**日極長，晝則十八須臾，夜十二**　簡正卷一二：「夏至極長，晝六十、夜四十。冬至夏（原注：『夏』疑『反』。）之。極長，晝十八、夜十二者，約夏至日也。」（七四五頁下）鈔批卷一九：「一日有三十須臾，日長者十八，夜有（原注：插入『有』字）十二；日短有十二，夜有十八。案祇云：二十念名一瞬須（原注：『瞬』疑衍文。）二十瞬名一彈指。二十彈指名一羅預，二十羅預名一須臾。」（八〇二頁下）

〔二三〕**長夜反之**　簡正卷一二：「大德迴文云：夜長反之，即夜十八、晝有十二。約冬至日說也。」（七四五頁下）

〔二四〕**明相出，乃至日中**　資持卷中三下：「釋初緣中。引律定時。」（三一八頁中）資持卷中三下：「此明極限，食必中前。」（三一八頁中）【案】「四緣」下釋犯與不犯。犯文分二：初列緣；次「律云時」下釋第一，「律云若」釋第三，「五分」下釋第四。

〔二五〕**按此時為法，四天下亦爾**　鈔批卷一九：「謂四天下皆以午前為曆。今日月則一日一夜，匝四天下。如南方午，西州日出，東則日沒，北則半夜。如是遷移，比對可知。今有神通者，於此方齊竟，有去西方食不犯，謂不是前也。如是一日中，得四過食不犯，由是午前故。」（八〇二頁下）資持卷中三下：「四天下者，俱舍云：日轉四天下，正照一面，傍照兩面，長背一面。又云：北洲夜半，東洲日沒，南洲日中，西洲日出。四洲皆約從明至中，故云亦爾。」（三一八頁中）

〔二六〕**日正中時，名「時非時」，若食得吉**　資持卷中三下：「正中犯吉，故知受食必在中前。經中，食時乃當辰巳。古德卯齋，護之彌急。有聞諸佛日中食，便謂中前非法，蓋不知教也。又有訛云『不過鍾食』，便聽鍾奉戒。況打鍾不定，何足為準？瞬即動目少時，髮謂影移少地。義淨內法傳云：宜於要處，安小土臺，圓闊一尺、（三一八頁中）高五寸，中插細杖。或時食上豎竹箸，可高四指，取正午之影，畫以為記。影過畫處，便不合食。西方在處悉有之，名『薛攞斫羯羅』，譯為『時輪』。」（三一八頁下）簡正卷一二：「謂僧祇律自有一須臾，名曰時、非時，於此中食犯吉也。有人破鈔句云：『日正中時名時』為一句，『非時，若食，得吉』。以彼不同四分，非時食，犯提。（此全未達意。）」（七四五頁下）鈔批卷一九：「景云：以是時非時中間，故名時非時也。」（八〇二頁下）

〔二七〕**非時漿，明相出，七日藥，過七日，亦墮**　簡正卷一二：「非時漿等者，戒疏云：口、手二受，明相未出，受法不失，名之為時；明出失法得罪，不應服，名非時也。蘇、油口法，未失名時；八日時過，失法名非時。盡形藥，有病加服名時，無病輒服名非時。」（七四五頁下）鈔批卷一九：「立謂：先加口法受竟，至明相出，非時之法有謝，已失受法。若飲，得不受食提。若從淨人受飯（原注：『飯』疑『飲』），亦吉。礪意云：時食過中，名為非時；非時過明相，名為非時家非時。七日過服，亦名非時。盡形之藥，無過時故，無有非時，不得約失。但無病服者，結不應吉。」（八〇二頁下）

〔二八〕**盡形壽藥**　資持卷中三下：「盡形者，疏云：有病加服名時，無病輒服名非時。若非口法，從時食論。故下注云：犯有輕重是也。」（三一八頁下）

〔二九〕**以曾加口法，無病不許服，犯有輕重**　資持卷中三下：「注文分二，初，別示盡形。」（三一八頁下）簡正卷一二：「通釋三藥，謂上三藥有法時在，無病不得服。犯有輕重者，謂此三藥，總名非時。若更服用二藥，並結非時墮罪，唯盡形一藥，結非時吉，故云犯有輕重也。」（七四五頁下）鈔批卷一九：「深云：若七日藥過，得提。（八〇二頁下）盡形藥無病服，吉。」（八〇三頁上）

〔三〇〕**若不加法，非時中服四藥並墮**　資持卷中三下：「『並』下，通明三藥。」（三一八頁下）簡正卷一二：「凡非時、七日、盡形三藥，皆為病開。若加口法，即知為病。文中牒其病緣，時過病盡，故不合服。若但手受，恐無病濫服。若病服四藥，並犯墮故。」（七四六頁上）

〔三一〕**戒本唯除水、楊枝**　資持卷中三下：「『故』下，引證，即『不受食戒』。開文顯知四藥通制也。」（三一八頁下）簡正卷一二：「此引『不食戒』。彼明不受楊枝及水，得入口中。由不受故，而不合咽。此中引用，其意即別。若是非時，水及楊枝為洗口故，得入口中。雖許入口，以非時不病故，不得咽也。有人不體，錯非鈔文。」（七四六頁上）鈔批卷一九：「大家相承云：南山不合對此引『除水及楊枝』，此乃『不受食戒』家之事。今引是錯也。有云：此鈔家依真諦了疏作此說，行護太急。故礪云：古師有解云：油、蜜等若加口法，得七日服；若無口法，但得時服。礪尺（【案】『尺』疑『又』。）云：此義今宣快（【案】『快』疑『決』。）此義。（原注：『礪』等十字未詳，異本無之。）

礪又云：油、蜜、生蘇等與時食雜者，作餘食法。若獨食者，是非時藥故，隨食無過。何以知者？如七百結集中，問言：『足食已，捨威儀，以蘇、油、蜜、生蘇、石蜜和酪，一處得食不？』離波多答言：『不得。』問言：『何處制？』答：『舍衛國。不作餘食法中制。』即指『足食戒』文也。故知蘇、油等雜時食者，須作餘食法，不雜時食，不須作（原注：插入『作』字。）餘食法。明知非時得噉蘇油也。」（八〇三頁上）【案】四分卷五四，卷九六九頁下～九七〇頁上。

〔三二〕**得嘗食，但不得咽**　鈔科卷中三：「『五』下，釋第四（三）：初，甞食；二、『十』下，教人；三、『五』下，急制。」（七七頁下）資持卷中三下：「五分開嘗者，謂非時中，約咽結犯，嘗但治舌故。」（三一八頁下）簡正卷一二：「得嘗食者，彼律緣中，諸比丘雇作人為比丘煮食，或淡酸等。諸比丘慊責。彼云：『我不能為比丘煮得。』以此白佛。佛開煮時為嘗。引此文勢，釋上楊枝、水等入口，但不合咽。與非時不病服四藥同故。」（七四六頁上）鈔批卷一九：「礪引祗（【案】『祗』疑『祇』。）云：開甞食，然不得咽。緣起諸比丘雇作人比丘為煮，食嫌或淡或鹹等。言：『我不能為比丘作。』比丘白佛。佛開煮時甞之，不得咽。若是供養僧，設會等食，准護淨經皆不許甞，甞有是殘。將供佛僧，無福有罪，唐勞辛苦。今鈔引文，明非時中，亦不得甞食。須知。」（八〇三頁上）【案】五分卷七，五三頁上。

〔三三〕**十誦**　資持卷中三下：「十誦六戒教人同犯，四戒同本律。非殘二戒，彼文制重。故引示之。」（三一八頁下）【案】十誦卷一三，九三頁上。

〔三四〕**作者，皆二俱犯墮**　簡正卷一二：「若約他宗，已上所列，能所俱提。若四分非時殘宿，能教但吉。今鈔意取同犯，云戒嚴制不作，抑亦誡勸也。」（七四六頁上）鈔批卷一九：「謂令比丘作如是上事，能教、所教同犯。」（八〇三頁下）【案】十誦卷一三，九三頁中。

〔三五〕**中後，一切有形之物，不得入口中**　資持卷中三下：「五百問有形物者，語通四藥。不漱墮者，準律應吉，咽物方墮。」（三一八頁下）鈔批卷一九：「立云：謂齊得也。其摩訶乾陀經中亦同此說。賓云：然『非時食戒』，遍尋諸部，曾無開文。唯十誦中，文開意蜜故。彼律六十云：那律弟子，病服下藥，中後心悶。佛言：『與熬稻華汁。』與竟，悶猶不止。佛言：『與笋汁。』不差（【案】『差』疑『愈』。下同。）。佛言：『囊盛米煮粥，絞汁與。』不差。佛言：『將屏處與米粥。』（述曰：）稻汁、笋汁、囊盛米汁，次第悶息，理即不開，悶極臨終，後方開粥。今有愚人，不服下藥，又非悶極，妄憑聖教，直進稠粥，咽咽結羅（原注：『羅』疑『罪』。）。上言意蜜者，文言開粥，乃是不開。以稻汁等，足至天曉故。五分第八：服吐下藥，不及時食，腹中而悶。佛言：『以蘇塗身故。』不差。『以麨塗身故。』不差。『酥和麨塗身故。』不差。『以煖湯澡洗故。』不差。『與煖湯飲故。』不差。『以瓮盛肉汁，坐著中。』以如此等，足以至曉，一切不得過時食。明知十誦稻汁等意，漸引至明，非直開也。僧祇十七亦云：若比丘服吐下藥，醫言應與清粥。若不得者，便死，當云何？爾時，應以洮米（音『番』，即泔是也。）汁槽盛清病比丘。若病人不堪者，取不破稻穬麥，七過淨洗，盛差（原注：『差』疑『著』。）囊中，（八〇三頁下）繫頭，淨洗器煮之，不得稻頭破。若破者，不得與病比丘。」（八〇四頁上）【案】五百問，九八〇頁上。

〔三六〕不者，墮　簡正卷一二：「五百問文中，食了須用灰等。若不用，恐口中有餘食味，咽即犯也。」（七四六頁上）

〔三七〕黑石蜜　資持卷中三下：「古記云：用蔗糖和糯米煎成，其堅如石，此明七日，雖兼時藥，過中開服。」（三一八頁下）

〔三八〕吐下藥　簡正卷一二：「吐上吐下。『下』即痢也。」（七四六頁上）

〔三九〕煮麥令皮不破　簡正卷一二：「麥是時藥，煮不破故，開喉中還咽不犯。」（七四六頁下）資持卷中三下：「雖似時漿，以清澄故。上二加法，如前所開。此據暫時直受者耳。」（三一八頁下）

〔四〇〕若喉中哯出，還咽　資持卷中三下：「哯，音『演』，嘔吐也。開文不顯，故引論決之。」（三一八頁下）簡正卷一二：「若出喉，如見論也。」（七四六頁下）

食殘宿戒〔一〕三十八

三緣：一、是殘宿，二、知是，三食，咽咽，犯。

律中：殘宿食者，今日受已至明日，於一切沙門釋子受大戒者，皆不清淨〔二〕。四藥以論，過限結罪，如前戒〔三〕。善見、十誦、五分：大比丘受食已，或食、未食，經夜，名「殘宿」〔四〕。

問：「殘之與宿，為一為異？」四句答之〔五〕：「一、殘而非宿，旦受四藥，不加口法，過中〔六〕。吉羅〔七〕；二、宿而非殘，亦吉；謂未受食，或共同宿，吉。不宿不犯。三、亦殘亦宿，提〔八〕；四、非殘非宿，可知。殘宿內宿，亦作四句〔九〕：一、是殘宿非內宿；今日受食安界外，不共宿，非「內宿」也，得墮；二、是內非殘〔一〇〕；三、四俱句，類知。有云：淨地無內宿〔一一〕。文云「除去比丘〔一二〕」，故知有也。

律中，「殘宿不受食」戒，以坐禪比丘為緣起〔一三〕者，為防未來惡比丘故。內無道觀，煩惱未伏。妄倚道業〔一四〕，便輕聖戒。此乃心涉愛憎，大我未伐〔一五〕。故諸三乘道人，並不輕戒〔一六〕。以深伐我根，傾慢使幢，敬戒而增道業。可不欽尚之哉！

十誦：若鉢著不淨脂酥，受麨食〔一七〕，應寫淨鉢中食之，著鉢者棄。繩綴鉢，受粥，脂出，但棄膩處，餘者得食。若新熏鉢及手〔一八〕，穌、脂、油著，二三澡豆洗。餘膩氣不盡，名淨。不淨殘宿鹽，食，吉羅〔一九〕。與四分同罪〔二〇〕。伽論：膩故不去者，非食膩故〔二一〕。

善見云〔二二〕：多比丘一沙彌行，比丘各自擔食，至時各各自分。分已，沙彌語比丘云：「我持己分，與大德易之。」易得已，復與第二比丘易，乃至下座。若沙彌不解者，比丘自持食與，教共易得，無犯。無殘宿、惡觸等。乃至持米行，沙彌小，比丘得作飯，唯不得然火〔二三〕。若沸，不得吹、攪〔二四〕，吉羅。熟已，如上分。展轉易者，得。義準，今食殘食，與俗人，若過與他者，惡觸不淨，以心不斷故不淨〔二五〕。十誦：比丘傳食與沙彌，沙彌傳鉢食與比丘，比丘洗手更受〔二六〕。以一心實與沙彌〔二七〕，故淨也。遠行難得食處，聽自持食從他易淨食者，得〔二八〕。今有直將食乞淨人，還從乞取，二彼俱無受、捨，不名「交淨」〔二九〕。如善見者好也〔三〇〕。有比丘使沙彌持鉢，沙彌食已，持不淨鉢與師〔三一〕。佛言：「無急事，不應使沙彌持鉢〔三二〕；若使持，應從沙彌受。」

十誦：無水處〔三三〕，水上有食，棄上飲取下。若下有食，飲取上。乃至穌油等，吹去飲。取水泉池中，有食亦爾。僧祇、多論〔三四〕：乞食食已，有殘，棄曠野石上。明日乞食，不得，不作本意，還從本道，石上故飯在者，無淨人，自取。有烏鳥食處，當扒去〔三五〕。五百問因緣同上〔三六〕。所以開者，以信施重〔三七〕故。又無主物，如鬱單越法取食〔三八〕者，得。五分：比丘殘果與淨人已，不作還意〔三九〕，後淨人還與比丘。佛言：「離手已名淨，食之。」

僧祇：莫問時、非時受，若過非時如髮瞬，若食得墮〔四〇〕。停過須臾，復得「停食食」，墮〔四一〕。謂旦起受食至中，過中已去，限一須臾〔四二〕。若過二時，名曰「非時」〔四三〕。比丘晨起，應淨洗手，齊腕已前。不得麤魯，洗五指頭〔四四〕。當以灰土洗，揩令作聲。洗已，更相摩〔四五〕者；不淨，更須洗之。今有安餅果手巾上，若有肥膩，氣勢相連，得「殘宿」「惡觸」等。若淨巾，無過〔四六〕。律令以手巾盛食、果。十誦中：手巾日別洗之〔四七〕。僧祇：若洗鉢已，不得摩拭，當停使燥〔四八〕。欲食時，當護淨手〔四九〕。若摩頭、口手相揩者，以上洗法洗之。捉袈裟者，更須洗之〔五〇〕。善見：若乞食，值風雨，塵土落鉢中〔五一〕，作念「當為沙彌乞」。得食還，語沙彌如上因緣已。沙彌受已，云：「此是沙彌食，今施與大德」，得食，無犯。

律不犯中。

若宿受食與父母〔五二〕；若塔舍作人計價與，後乞食比丘從作人邊乞得者〔五三〕；若鉢盂有孔罅〔五四〕，食入中，如法洗，餘不出者，得。若宿受酥油灌鼻〔五五〕，若隨唾出，棄；餘者不犯。

【校釋】

〔一〕**食殘宿戒**　資持卷中三下：「（佛在羅閱祇。迦羅坐禪，乞食疲苦，食先所得者，佛呵，制戒。）」（三一八頁下）鈔批卷一九：「尼提四藥，以論過限，結罪如前。戒者，深云：指前『非時食戒』中云受時藥已，過中瞬髮，過則失受，非時漿、七日藥，過七日墮等之文也。立云，此是通舉四藥：過時是殘宿義耳；時藥過午失受，食則結罪；非時藥加口手二法已。明相出，名非時食，即犯罪。七日藥，過七日，名非時。盡形藥，病差，名非時。皆是過限義，食者皆犯殘宿罪。故今通明也。」（八〇四頁上）【案】本戒鈔科稱為「殘宿食戒」，簡正稱「殘宿食」。「犯文」分二：初，列緣；二、「律中」下釋，又分四：初，「律中」下；二、「問」下；三、「律中」下；四、「十誦若鉢」下。四分卷一四，六六二頁下開始。

〔二〕**今日受已至明日，於一切沙門釋子受大戒者，皆不清淨**　鈔科卷中三：「『初，引示名體。」（七七頁中）資持卷中三下：「初科。前示名相，必約受已，方得成殘。」（三一八頁下）

〔三〕**四藥以論，過限結罪，如前戒**　資持卷中三下：「『四』下，示藥體。時藥，過中吉，隔宿提。非時，七日過限；盡形，無病緣，皆名殘。同前非時。」（三一八頁下）

〔四〕**大比丘受食已，或食、未食，經夜，名「殘宿」**　資持卷中三下：「『善』下，引他部。約受論殘，不取食殘。」（三一八頁下）【案】十誦卷一三，九五頁下。五分卷八，五四頁中。

〔五〕**四句答之**　鈔科卷中三：「初，約殘宿簡；二、『殘』下，對內宿簡。」（七七頁中～下）資持卷中三下：「初科四句：一、三兩句正屬此戒，輕重分異。第二乃犯內宿，第四無過，故云可知。」（三一八頁下）簡正卷一二：「鈔文先對殘宿作『四句』，後將內宿作『四句』，為簡濫故，尋文易曉。然前四句中第三句與後四句中第三句，如何取異？故須簡之。前約食安界外，明日食得單提；後據安界內，明日食，得提兼吉也。有云：『淨地無內宿者，古人云結淨竟，或有比丘在淨地內，共食同宿不犯。若不免犯，用結何為？』今云：『若不結者，遍界總犯，今結了界中不犯，豈非是益？』」（七四六頁下）

〔六〕**殘而非宿，吉羅**　鈔批卷一九：「礪云：亦有惡觸罪也。」（八〇四頁上）

〔七〕**旦受四藥，不加口法，過中**　資持卷中三下：「上句通明手受，下句別指三藥。時藥無口法故。」（三一八頁下）

〔八〕**亦殘亦宿，提**　鈔批卷一九：「礪云：得一提。又，是內宿一吉。并任運失受，惡觸一吉。從此已下，殘宿內宿，亦有四句義也。」（八〇四頁上）

〔九〕**殘宿內宿，亦作四句**　資持卷中三下：「四句中，三亦殘亦內，一提一吉。四非殘，非內無犯。初句屬此戒，第二屬內宿，第三涉二戒。」（三〇八頁下）

〔一〇〕**是內非殘**　鈔批卷一九：「立云：吉也。」（八〇四頁上）

〔一一〕**淨地無內宿**　資持卷中三下：「『有』下，斥濫。古謂結淨地已，開僧同宿，故引律破之。既令『除比丘』，明知有宿。」（三一九頁上）鈔批卷一九：「此明古師有此執也。既結淨地已，縱僧中經明相，亦無內宿。若使結竟，不免內宿，用結何為。今言不然。律令『除比丘』，當知有比丘則是內宿也。汝難言『結竟不免內宿罪，用結何為者』向若不結，遍藍通犯，今既結竟，淨地宿犯。大界無罪，何為無益？然外部通結，藍為淨地，（八〇四頁上）亦謂不結僧房，而通結庭下耳。」（八〇四頁下）

〔一二〕**除去比丘**　簡正卷一二：「除去比丘者，今引律文，淨地之內，不許有人，故云除去也。故知有也者，審定之詞。既有比丘在中，決定有內宿，成犯故。」（七四六頁下）鈔批卷一九：「此是鈔家意也。謂淨地不許有比丘，律文令除去，故云除去比丘。若不除去，得其內宿罪，故知有也。故人消此『除去比丘』之字，情見不同。有云『除去比丘』者，謂憂波離領述前言，謂：『如前所制，我已領竟，除比丘房外，更有尼房，得作淨不？』佛言：『得作。』故曰『除去』，非謂不得同宿，名『除去』也。」（八〇四頁下）

〔一三〕**以坐禪比丘為緣起**　鈔科卷中三：「『律』下，引緣勸持。」（七七頁中）資持卷中三下：「勸持中。初示教意，下不受食戒。糞衣、乞食比丘，恐妨道業，取廟中食，故合示之。世以禪觀為真道，戒撿為閑務，豈知道觀非戒不成，故云妄倚等。」（三一九頁上）簡正卷一二：「坐禪比丘為緣起者，難曰：『夫犯戒者，皆約惡心，今坐禪比丘，但為者（原注：『者』疑『煮』。）緣，是節儉故，因何制戒？』可引文答，云『為防未來』已下，釋通也。」（七四六頁下）鈔批卷一九：「律中，迦羅比丘以少欲省事故：我今一乞，以供多日，豈不省功耶？此乃善心犯戒。佛呵云：『汝意雖少欲知足，後代比丘相法而行，事不可也！』敬戒而增道業者，因戒發慧，破壞煩惱，終獲道益，功歸於戒也。」（八〇四頁下）

〔一四〕**妄倚道業**　簡正卷一二：「謂忌心倚於真如，至理本來，（七四六頁下）無相便輕侮。」（七四七頁上）

〔一五〕**此乃心涉愛憎，大我未伐**　資持卷中三下：「『此』下，顯過取道棄戒，故心涉愛憎，輕戒慢聖，故大我未伐。」（三一九頁上）

〔一六〕**故諸三乘道人，並不輕戒**　資持卷中三下：「『故』下，引勸。上敘眾聖尊戒，下句勸令效聖。近世禪講，率多此見，請披聖訓，勿任凡情。」（三一九頁上）簡正卷一二：「於聖戒三乘，不輕戒者，菩薩持息世戒，與性重無別等。」（七四七頁上）

〔一七〕**若鉢著不淨脂酥，受麨食**　鈔科卷中三：「『十』下，廣明行護。」（七七頁中）鈔批卷一九：「立謂：鉢曾貯蘇、脂等，洗不脫也。今將貯麨，但食鉢中央者，不犯殘宿也。」（八〇四頁下）資持卷中三下：「初科。十誦三相，初，棄膩物。」（三一九頁上）【案】十誦三相，即膩物、膩器、食體。十誦下分四：初，「十誦」下；二、「善見」下；三、「十誦無水」下；四、「僧祇莫」下。

〔一八〕**若新熏鉢及手**　資持卷中三下：「『若』下，淨膩器。」（三一九頁上）鈔批卷一九：「此是新熏。餘膩致（原注：『致』疑『故不』。）去，非食膩故也。」（八〇四頁下）【案】十誦卷六一，四五九頁中。

〔一九〕**不淨殘宿，鹽食，吉羅**　資持卷中三下：「『不淨』下，簡食體。四藥皆重，鹽非貪嗜，故罪輕降。不淨，謂內宿惡觸等。」（三一九頁上）簡正卷一二：「謂鹹、苦故，體是盡形，雖殘宿但制吉。順正記云：鹽體淨，不受膩，本不合有殘宿，但為能顯食中味故。人常須之，故制殘宿。若食，犯吉。（此釋妙得文旨。）」（七四七頁上）鈔批卷一九：「景云：此舉加法鹽，不病而服，故得吉耳；或是儉時故開。離此二緣，皆不合食也。深云：其鹽是盡形藥，以先加口法，今病差（【案】『差』疑『愈』。）而服，理合得吉。若先未加法鹽，食者得提。」（八〇四頁下）【案】十誦卷六〇，四五一頁中。

〔二〇〕**與四分同罪**　簡正卷一二：「律藥法中，六群比丘以鹽苦宿，不應食。既云不應，同是吉也。」（七四七頁上）

〔二一〕**膩故不去者，非食膩故**　資持卷中三下：「引伽論，證上洗缽。」（三一九頁上）【案】伽論卷一〇，六二三頁下。

〔二二〕**善見云**　資持卷中三下：「初持食轉易，以比丘自持，容有宿觸，對小眾易之，食則免過。」（三一九頁上）【案】善見卷一六，七八五頁上。

〔二三〕**唯不得然火**　資持卷中三下：「『乃』下，作食。轉易事，亦同上。」（三一九頁上）簡正卷一二：「防自煮也。」（七四七頁上）

〔二四〕**不得吹、攪**　簡正卷一二：「防惡觸也。」（七四七頁上）

〔二五〕**義準，今食殘食，與俗人，若過與他者，惡觸不淨，以心不斷故不淨**　簡正卷一二：「准上易淨心斷之義也。」（七四七頁上）鈔批卷一九：「立謂：如今過缽盌，與淨人沙彌等益食，缽中猶有殘食者，便過與他，以心不斷，擬後更來，其淨人將此食，更觸僧家淨食，即名惡觸，令一切僧得惡觸，不清淨食罪。今若有此事，可須絕心捨與淨人也。又一解云：以不絕心過與淨人，自成惡觸，以後來入手，即結罪也。」（八〇五頁上）資持卷中三下：「準上互易，心斷開成，反明不斷，不淨可知。（準『四藥』中，淨人觸失，洗手更受。此由與他，不合受食。）」（三一九頁上）

〔二六〕**比丘傳食與沙彌，沙彌傳缽食與比丘，比丘洗手更受**　資持卷中三下：「十誦前明互傳。」（三一九頁上）鈔批卷一九：「立謂：比丘與沙彌傳缽共食。若沙彌過與比丘，須洗手受，若過與沙彌時，須絕心與。若復從受，如前洗手，皆無惡觸之罪。」（八〇五頁上）【案】本節十誦引文，資持分之為三：初，「比丘」下；二、「遠行」下；三、「有比丘」下。十誦卷六一，四六五頁下。

〔二七〕**以一心實與沙彌**　資持卷中三下：「『以』下，義決，亦同『轉易』，但加『洗手』耳。」（三一九頁上）

〔二八〕**遠行難得食處，聽自持食從他易淨食者，得**　資持卷中三下：「『遠』下，次明易淨。初引示。」（三一九頁上）

〔二九〕**今有直將食乞淨人，還從乞取，二彼俱無受、捨，不名「交淨」**　資持卷中三下：「『今』下，點非。二彼俱無受捨者，反明俱有，方開成淨。初直乞時，僧

無捨心，俗無受心。及後乞取，僧無受心，俗無捨心，故言俱無。上『乞』字，音『氣』。交，即易也。」（三一九頁上）

〔三〇〕**如善見者好也**　鈔批卷一九：「謂如上見論云：多比丘與一沙彌行，比丘各自擔食，而與沙彌相易好也。」（八〇五頁上）資持卷中三下：「論中展轉易淨，明有受捨心故。」（三一九頁上）

〔三一〕**有比丘使沙彌持鉢，沙彌食已，持不淨鉢與師**　資持卷中三下：「『有』下，三、明受鉢。初緣起。」（三一九頁上）

〔三二〕**無急事，不應使沙彌持鉢**　資持卷中三下：「『佛』下，立制。應從受者，或恐鉢有餘膩，故令作彼物受。」（三一九頁上）鈔批卷一九：「謂沙彌食已，將不淨鉢與師，故不許也。今若朝朝，從受無過。文中明至不受耳。」（八〇五頁上）簡正卷一二：「玄云：恐有食膩故。必無膩，雖觸不受，理通。」（七四七頁上）

〔三三〕**無水處**　鈔科卷中三：「『十』下，取食（三）。」（五五〇頁上）資持卷中三下：「謂別求難得。水中有食，雖復宿膩，緣故開之。隨食浮沈，飲取清者。」（三一九頁上）【案】十誦卷六一，四六九頁。

〔三四〕**僧祇、多論**　鈔科卷中三：「『僧』下，取故食。」（七七頁中）資持卷中三下：「初，引律、論，開取故食。又開自取，應是儉緣。或雖豐時，乞求不得。時逼無人，故兩開之。」（三一九頁上）

〔三五〕**抓去**　資持卷中三下：「抓，『史鄰』反，撥除也。」（三一九頁上）簡正卷一二：「（『所中』反，說文云：從上取也。）」（七四七頁上）鈔批卷一九：「抓者，應師云：（『所隣』反），說文云：從上挹取也。通俗文云：減上取曰抓也。切韻云：從上擇取物也。」（七四七頁上）

〔三六〕**五百問因緣同上**　鈔科卷中三：「『五』下，取殘果。」（七七頁中）資持卷中三下：「初，指緣同上。」（三一九頁上）鈔批卷一九：「立謂：彼論明曠野石上，取食因緣，同上祇、多二文也。」

〔三七〕**所以開者，以信施重**　資持卷中三下：「『所』下，出開意。初明開食。」（三一九頁上）

〔三八〕**又無主物，鬱單越法取食**　簡正卷一二：「如鬱單越者，是無我所心之理故。」（七四七頁上）鈔批卷一九：「如鬱單越法者，立謂：彼國於一切物，無我所心也。今引此意，明石上舊食，無我所心，以施主又捨與，比丘又捨與鳥。鳥既不來，此食無主屬也。」（八〇五頁上）資持卷中三下：「『又』下，釋自取。

鬱單越，（三一九頁上）此云『勝』，勝三洲故。彼人於物，無我所心故。」（三一九頁中）

〔三九〕**不作還意**　資持卷中三下：「不作還意，即是斷心。」（三一九頁中）

〔四〇〕**莫問時、非時受，若過非時如髮瞬，若食得墮**　鈔科卷中三：「『僧』下，護淨（三）。初，淨杅護巾。」（七七頁中～七八頁下）資持卷中三下：「僧祇初明過時。文中二罪：上是非時，下即停食。未過須臾，但犯非時。若過須臾，併結二墮。」（三一九頁中）鈔批卷一九：「立謂：無問『時中』及『非時中』受食，但過中一瞬髮，則是非時食，犯一墮。更置地經須臾，又得停食，失受一墮。」（八〇五頁下）簡正卷一二：「謂過中及過須臾為二時。故祗（【案】『祗』疑『祇』。）云：時中受者，過髮瞬，食者，提；停置，過須臾者，犯二提。謂非時及停食，此約停置。若合藥，過須臾不犯。」（七四七頁上）【案】僧祇卷一七，三六〇頁上。

〔四一〕**停過須臾，復得「停食食」，墮**　鈔批卷一九：「案祇文直約時食以明也。文云：若五正食，若時中受，時中食無罪；若時中受，過時髮瞬食，得一提；若停置，過須臾食者，又得一提，謂犯非時食罪，及停食食罪也。若非時中食，得一提，停置過須臾，又得停食之提。如上明也。以祗中有停食食戒，與非時食戒合制，須知鈔家引意，還直約時食，一如祇律文也。非約非時漿。」（八〇五頁下）扶桑記：「停過須臾：若持之手應可失故，四藥停過須臾之中，引僧祇云非時受，不得置地停。」（二四三頁上）

〔四二〕**謂旦起受食至中，過中已去，限一須臾**　資持卷中三下：「初，示時限。」（三一九頁中）

〔四三〕**若過二時，名曰「非時」**　資持卷中三下：「『若』下，明非時。二時者，一是『過中』，二、『過須臾』。」（三一九頁中）鈔批卷一九：「謂若時中受得食，過非時如瞬髮，名一時也。又若入非時，經一須臾，又是一時，故曰二時也。此謂中前受食，過中得一提，名一時也。若入非時，放地經須臾，又得一提，即是二時也。深云：二時者，從旦至中，名一時也。正中之時，名非時，又是一也。」（八〇五頁下）

〔四四〕**比丘晨起，應淨洗手，齊腕已前**　資持卷中三下：「『比丘『下，次，明淨手。為防宿膩。粗魯謂約略也。」（三一九頁中）

〔四五〕**洗已，更相摩**　資持卷中三下：「謂後復相觸，而曾執物，容有不淨，故須更洗。」（三一九頁中）

〔四六〕**若淨巾，無過** 簡正卷一二：「謂不曾盛菓；又，日別洗之曰淨也。若乞食作念，為沙彌者，謂有未受物，落中相混，比丘手執，便是惡提，故作方便也。」（七四七頁上）資持卷中三下：「準淨手以決觸巾。下引二律，轉證注文。律令盛食，明須淨者。」（三一九頁中）

〔四七〕**日別洗之** 資持卷中三下：「日洗護淨。」（三一九頁中）

〔四八〕**若洗鉢已，不得摩拭，當停使燥** 資持卷中三下：「僧祇初明洗鉢。不摩拭者，恐損色故。」（三一九頁中）【案】僧祇卷一七，三六〇頁中。

〔四九〕**當護淨手** 資持卷中三下：「『當護』下，明護手。」（三一九頁中）

〔五〇〕**捉袈裟者，更須洗之** 資持卷中三下：「捉袈裟者，容有塵污，故須更洗。（舊云因明著袈裟須淨手者，非。）」（三一九頁中）

〔五一〕**若乞食，值風雨，塵土落鉢中** 鈔批卷一九：「景云：以無人授，雖落鉢中，故不成受。若自撮取者，更不須受也。」（八〇五頁下）資持卷中三下：「風塵落鉢，不受相雜，捨受聽食，方便免過。文約沙彌，餘眾淨人，理應通許。（諸文所明，不唯當戒。不受惡觸，事犯相涉，文中可見。臨文辨之，勿使參濫）。」（三一九頁中）

〔五二〕**若宿受食與父母** 資持卷中三下：「不自食。」（三一九頁中）

〔五三〕**若塔舍作人計價與後，乞食比丘從作人邊乞得者** 資持卷中三下：「與作人，還從乞得，義同新故。」（三一九頁中）

〔五四〕**若鉢盂有孔罅** 鈔批卷一九：「若鉢有孔罅者，（『呼亞『反）。罅，由說文罅，由裂也；又云坼也。」（八〇六頁上）資持卷中三下：「鉢中所餘，無由淨故。」（三一九頁中）

〔五五〕**酥油灌鼻** 資持卷中三下：「為治病非欲食故。西土患眼，多以酥油灌鼻。」（三一九頁中）

不受食戒〔一〕三十九

十門分之：一、制受意，二、能受人，三、所受境，四、所受食，五、受食處，六、受食法，七、須食觀，八、食食法，九、失受法，十、對文解。

初中

五分云：佛未制前，比丘各不受食。白衣訶言：「我不喜見著割截壞色衣人不受食食，是為不與取〔二〕。」多論五義故：一、為斷盜竊因緣；二、為作證明〔三〕；三、為止誹謗〔四〕；四、為成少欲知足〔五〕；五、為

物生信，令外道得益。昔有比丘，與外道共行〔六〕，止果樹下，比丘不上樹，不搖果，又不肯就地取，並答言：「佛不許作。」外道知佛法清淨，即隨佛出家，尋得漏盡。

二、能受者是比丘〔七〕

了論：能令受者，具戒比丘住於自性，求得，在此處〔八〕。解云：能受者，清淨持戒無毀，故言「住自性」〔九〕；欲求飲食，名為「求得」〔一〇〕。「此處」受食，即度與餘比丘，不須更受〔一一〕，即名此比丘為「能受」〔一二〕。若破戒、被擯〔一三〕、別住、十三難、三舉、滅擯、應滅擯、學悔等人，不成受故。

三、所對境〔一四〕

了論解云：除自己及同類〔一五〕。餘三類眾生，隨一被教、不被教，知比丘不得自取食食〔一六〕。又知此可食物，知比丘是受施人，度與比丘。若不解此義，雖與，不成受。多論：為作證明故。若在人中，非人、畜生，悉不成受。

五分：曠野無淨人處，聽自洗燒器安水，淨人安米，自煮；若熟，從他受〔一七〕。僧祇：曠野中行，牛上受食〔一八〕。長袋連紐，一日一繫，置牛上，人不得觸之。至時，一比丘引繩，一比丘受取〔一九〕，口云「受受」等。十誦：蠅不可遮〔二〇〕，故非觸；鳥來啄一口去，但棄啄處〔二一〕，餘殘得食。

善見：天人、鬼神、畜生、飛鳥，皆成受〔二二〕。五分：迦葉從帝釋受食〔二三〕。僧祇中，獼猴邊受蜜〔二四〕。十誦：輕繫地獄，亦應得受〔二五〕。準此，六道知解者，成〔二六〕；反則不成〔二七〕。

四、所受食〔二八〕

初汎明須不，二明轉變。

初中〔二九〕

十誦：五種塵不須受，謂食塵、穀塵、衣塵、水塵、風塵。應是細者。若麤，須受。善見：若塵大，落鉢中，可除者去之〔三〇〕，餘者不犯〔三一〕。細者，更受〔三二〕。前十誦者，或無人處，或是嚮明中塵〔三三〕。行食時，比座餘食迸入鉢中，成受〔三四〕。僧祇：一切塵，一切更受〔三五〕。除畜生振身塵，若作意，成受〔三六〕。乃至行餅〔三七〕、麨飯等，抖擻筐器，迸落盋中，不作意者，不成；反上成受。僧尼互淨互受〔三八〕。

善見：若病急緣，大小便、灰、土，得自取〔三九〕。明了論名「大開量」，如下卷說〔四〇〕。律中：灰、土、泥等，須受；應有人處〔四一〕。

十誦：聽擔食行，不使人見。若食，當下道，取一搦，不受而食〔四二〕。又，聽過大澤擔糧，從他易淨食〔四三〕。此是有人處，前是無人處〔四四〕。僧祇、多論：見昨日石上殘食，不受，開食。如前戒說。亦急難開，事同「儉時八事〔四五〕」。五百問云：山野處無人者，日中不得往反，應七日自作，先淨米取〔四六〕。

僧祇：濁水應受，性黃無犯〔四七〕。五分：鹹水性鹹，不著鹽，聽不受。伽論：濁、鹹、灰水見面，不須受〔四八〕。

善見：若額頭汗流入鉢中，須更受〔四九〕；臂中汗流入手，不須受〔五〇〕。準此作意，額頭亦成〔五一〕。

僧祇：楊枝者，口中有熱氣生創，咽汁，應受〔五二〕。若誤咽，不犯。雪、冰雹，無淨人處淨洗手，自取食；有者應受。四分戒本「除水及楊枝」，不言咽、非咽〔五三〕也。準僧祇好〔五四〕。

二明轉變〔五五〕

善見：受生薑後生牙，不失受〔五六〕。火淨已，生牙，牙處更淨，非生牙處得食。鹽變成水，得食〔五七〕。僧祇：自重煮，不失受。四分亦爾〔五八〕。酪、酥、甘蔗、石蜜、麻油等，由中前記識故，展轉不失受等〔五九〕。

五、受食處

明了論：求得在此處，地及水中〔六〇〕。空中不成。如前「受」中說〔六一〕。

六、明受食法

一器食相對。了論，至邊三種：一至身邊〔六二〕——謂以物置比丘手中；二至物邊〔六三〕——謂俗人擔物，令比丘自取，手至物邊；三至器邊〔六四〕——以器貯物，授與比丘，但捉器受，並得。

二身心相對。一身受非心〔六五〕——心緣他事，但申鉢受。二心受非身〔六六〕——施主置食而去，但作意受。毗尼母云〔六七〕：以嫌比丘故，置食捨地。佛言：離手已，是與竟。若準僧祇，口加三「受」。三身心平等〔六八〕——非所遮〔六九〕；若已足食竟，不作殘食法，不成受〔七〇〕。四非身心受——比丘與施主先相領當，中前緣事，不得對面，便畫地作相，後置食於中；或入定，或禮佛、誦經，身心不闕，故並成受〔七一〕。

三單心無對受〔七二〕。僧祇：邪見人不與比丘食〔七三〕。當滿荼邏規地作相〔七四〕，若葉蔽鉢下時〔七五〕，口云：「受！受！受！」前「畜寶戒」，俗人寶器不得捉〔七六〕，下食時亦云：「受！受！受！」大同明了〔七七〕。十誦亦同，「不相解」等同之〔七八〕。五分：火燒馬屋，送食置地，亦爾〔七九〕。僧祇：若禪、眠，與食，不覺者不成〔八〇〕；若不欲自食，自捉與淨人。

四連絆觸礙〔八一〕者。僧祇：若繩連器物，相連不斷，與比丘者，成受，非威儀〔八二〕。乃至淨人樹上搖果，比丘以衣鉢承取〔八三〕，或以手、腳、口，下果時，觸枝葉〔八四〕者，更生心言：「受！受！」善見：繩繫不成受〔八五〕。以無口加故。僧祇：若如上，成受，非威儀〔八六〕。四分：若遙過物〔八七〕，與者、受者，俱知中間無觸礙，得墮手中者，得。僧祇：井上懸食下〔八八〕，井底比丘「受！受」，勿突中間生草木。若在屋上，當繩連捍取〔八九〕，口言：「受！受！」。

十誦：寫酥油注鉢中，雖不絕，成受〔九〇〕，以注下流故。僧祇：淨人行果、鹽、菜，應語「懸放〔九一〕」。果墮草上，即去者不名受，小停者名受〔九二〕。中國行道人食法，淨衣、踞坐已，前施食案上，安草置鉢，如是食〔九三〕。若淨人難得，比丘至飯、餅、果、菜邊，受取行之〔九四〕。若淨人舉不離地，亦名受，非威儀，當語「稍稍授我〔九五〕」。若鎗鑊熱，不得受者〔九六〕，當以兩木橫置地，比丘腳躡，當安鎗時，口云「受！受」。

五心境相當受。淨人作三法〔九七〕，比丘作三法〔九八〕，食無七過〔九九〕等。廣如「四藥法」中。

六非心境受〔一〇〇〕。如上乞食自取、儉開等緣〔一〇一〕。不勞心境，自取無罪。

七、食須觀門

五別：一、計功多少，量彼來處〔一〇二〕；二、自忖己德行，全缺多減〔一〇三〕；三、防心顯過，不過三毒〔一〇四〕；四、正事良藥，取濟形苦〔一〇五〕；五、為成道業，世報非意〔一〇六〕。

故明了論中云：餘一切文句，縱廣道應知〔一〇七〕。解云：出家人受食時，或受竟，先須觀食，然後啖之。廣如下卷對施興治中。

但每日恒須，恐未見後文，故略知大旨〔一〇八〕。不爾，徒自衣食〔一〇九〕，終為聖訶。毗尼母中〔一一〇〕：鈍根比丘總作一念；利根比丘口口作念，著衣者著著作念，入房入入作念。不爾，食出腹中〔一一一〕。亦如後卷〔一一二〕。

八、正受食法

四分，受有五種〔一一三〕：手與，手受；手與，持物受；持物與，手受；若持物授，持物受；若遙過物，如上說〔一一四〕。復有五種〔一一五〕：身、衣、曲、肘、器與，還以上四受；若有因緣，置地與〔一一六〕。如上口云「受！受」〔一一七〕。

十誦：淨人不解行食，半在鉢，半棄地。若墮所受草上，應食〔一一八〕。若著土，吹卻食。土多者，水洗食之。僧祇〔一一九〕：下時覺，墮鉢中時不覺；二、初下不覺，墮時覺。此二俱非威儀，名受食。十誦：行食時，淨人輕比丘，故觸此丘手，不應受〔一二〇〕；不輕者，得。

九、明失受法。

一、「決意棄捨失〔一二一〕」。了論：若人不須此物，決捨此食，失受。更食得罪。二、「捨戒失〔一二二〕」。了論云：先受食已，後捨戒。餘比丘須者，更受。三、「捨命失」。一切退沒故。即如亡人不淨食器，皆不須翻穢〔一二三〕。四、「任運失」。謂曾受四藥，過時法滿，更無有受。如後律中〔一二四〕。五、「轉變失」。如麻出油，漿變成酒，酒變成醋，生變成熟，並失本受〔一二五〕。「若爾，僧祇中何故展轉不失〔一二六〕？」答：「此謂時中加記識〔一二七〕故，後得無過。若時中不記者，皆不成法。」六、「遇緣觸失」。如多論：淨人觸失，更洗手受〔一二八〕。僧祇亦爾。今有重受而不洗手者，成受〔一二九〕。皆無膩觸。但先洗手，意在淨心，非謂有污〔一三〇〕。

十、依文解〔一三一〕

四分，食：五種蒲闍尼——飯、乾飯、麨、魚、肉也。五種佉闍尼〔一三二〕，如上。五種奢邪尼〔一三三〕——酥、油、生酥、蜜、石蜜也。若不與食，自取著口中，咽咽墮〔一三四〕。非時、七日，限過，亦墮〔一三五〕；盡形，無緣不受食，吉羅〔一三六〕。

不犯者。

取淨水、楊枝。若不受酥油灌鼻，與唾俱出〔一三七〕，餘不犯。若乞

食時〔一三八〕**，鳥銜食，若風吹墮鉢中，除去此食，乃至一指爪可除去。餘者不犯**〔一三九〕。

【校釋】

〔一〕**不受食戒**　資持卷中三下：「（佛在舍衛。人為父母等，於四衢道乃至廟中祭祀供養，糞掃衣、乞食比丘自取食之。俗譏，因制。）名中，比丘凡食，必從人受，故違此教，名不受食。然受兼手口，食通四藥，如後具明。」（三一九頁中）鈔批卷一九：「尼提。諸家章疏，對此戒皆有十門利約。首疏大同。」（八〇六頁上）【案】文分為十，如鈔所示。四分卷一五，六六三頁中開始。

〔二〕**我不喜見著割截壞色衣人不受食食，是為不與取**　資持卷中三下：「初引五分白衣訶詞，義分三過。他不喜者，招譏謗也。著割截衣者，不生物善也。不與取者，同盜竊也。後制此戒，即反三過，以為三益。」（三一九頁中）【案】五分卷七，五三頁上。

〔三〕**為作證明**　鈔批卷一九：「謂能授人作證知，比丘非自取噉也。」（八〇六頁上）資持卷中三下：「假彼能授，證非竊盜。」（三一九頁中）

〔四〕**為止誹謗**　鈔批卷一九：「緣起呵言：我不喜見著割截衣人，不受而食。是為不與取，亦同賊相。」（八〇六頁上）

〔五〕**為成少欲知足**　鈔批卷一九：「既從他受，裁約由人，不得恣情，故成少欲之行也。」（八〇六頁上）

〔六〕**昔有比丘，與外道共行**　鈔批卷一九：「案多論第八卷云：如昔一時，有一比丘與外道共行，止一樹下，樹上有果。外道語比丘言：『上樹取果。』比丘言：『我比丘法，樹過人，不應上。』外道又言：『搖樹取菓。』比丘言：『我法不應搖樹落果。』外道有自上樹，取果擲地與之，語言：『取果食。』比丘言：『我法，不得不受而食。』外道生信敬心，知佛法清淨，即隨比丘於佛法中出家，尋得漏盡。」（八〇六頁上）【案】本句所言之事，為釋多論第五義。多論卷八，五五二頁上。

〔七〕**能受者是比丘**　簡正卷一二：「此文有三段：一、明自性，二、求得，三、在此處受食即度等。言此處通一切處，下文明明（【案】次『明』疑剩。）。」（七四七頁下）鈔批卷一九：「簡餘下眾及餘趣，為受比丘不得食也。」（八〇六頁上）

〔八〕**能令受者，具戒比丘住於自性，求得，在此處**　資持卷中三下：「準彼，無『令』字，寫錯不疑。」（三一九頁下）鈔批卷一九：「住於自性者，明比丘之法服，袈裟為相，受持禁戒為自性。今能受之人，須具持戒善，是破戒為受，即不合食，故言住於自性也。勝云：無犯是住自性。求得在於此處者，立謂：求得者，（八〇六頁上）謂所求之食也。此處者，謂一比丘受已，度與餘比丘食，詔此能受之人為此處也。餘一切比丘，從此比丘處取之，俱得食，故言在於此處。勝云：此處者，有下文『地及水中』也。」（八〇六頁下）【案】鈔批釋文中「地及水中」見本戒後文「五、受食處」。了論卷一，六六九頁上。

〔九〕**能受者，清淨持戒無毀，故言「住自性」**　資持卷中三下：「初，釋自性，即指戒體。」（三一九頁下）

〔一〇〕**欲求飲食，名為「求得」**　資持卷中三下：「『欲』下，釋求得，謂有所須。」（三一九頁下）

〔一一〕**「此處」受食，即度與餘比丘，不須更受**　簡正卷一二：「『即度』等言，此處通一切處，下文明明（【案】次『明』疑剩。）。」（七四七頁下）資持卷中三下：「『此』下，釋此處，謂受食處，下云地及水中是也。與餘不須者，顯示能受法通他故。」（三一九頁下）

〔一二〕**即名此比丘為「能受」**　資持卷中三下：「『即』下，簡濫。初，指上能受。」（三一九頁下）

〔一三〕**若破戒、被擯**　資持卷中三下：「『若』下，簡餘不能，並非住自性故。被擯一種，攝四羯磨，總二十五人。若十三難人，自他俱不成，餘並自成。望不通他，故總云不成耳。（準後懺篇學悔，成受。）」（三一九頁下）鈔批卷一九：「景云：此等人自受自食成。若過與餘清淨人，則不成也。」（八〇七頁下）

〔一四〕**所對境**　資持卷中三下：「所對者，即明授食人也。」（三一九頁下）

〔一五〕**除自己及同類**　鈔科卷中三：「初，簡能授。」（七八頁中）簡正卷一二：「除自己者，謂不得自右手過食者，左手中不成受。及同類者，同類是大比丘，不得自度與餘比丘也。」（七四七頁下）鈔批卷一九：「立謂：不得自取受，故言『除自己』。又不得從比丘受，故言『同類』。」（八〇六頁下）資持卷中三下：「初科。了論上二句簡除，謂自及同類，皆非能授。」（三一九頁下）

〔一六〕**餘三類眾生，隨一被教、不被教，知比丘不得自取食食**　資持卷中三下：「『餘』下正示。三類，即人、非人、畜。文取解知，必具三種，不具不成。多論：人中不通非畜，謂多人處反知，無人方開異類。」（三一九頁下）簡正卷一二：「餘三類眾生者，人、非人、畜生也。被交（【案】『交』疑『教』。）者，謂教他始解也，本為證明。若在人中，餘二趣劣，不能作證故。」（七四七頁下）

鈔批卷一九：「即人、非人、畜也。若從此人受，皆成也。然此中在通塞，謂約山（【案】『山』疑『出』。）世不同。可知。言隨被不被教者，謂被比丘使過食，故曰被教。彼自授與非比丘使過，故曰不被教，並成受也。」（八〇六頁下）

〔一七〕**曠野無淨人處，聽自洗燒器安水，淨人安米，自煮；若熟，從他受**　資持卷中三下：「五分既無淨人，而令安米者，或是年小，或可暫倩，文中但開自煮、惡觸二吉羅耳。」（三一九頁下）【案】五分卷二六，一七一頁下。

〔一八〕**牛上受食**　簡正卷一二：「祇云：有比丘欲遠行，從他借淨人。發時，告云：『我無淨人，有牛。若須者，當取。』使淨人長囊、盛粮食等，方法如文中。」（七四七頁下）鈔批卷一九：「案祇云：有比丘欲行，從他借淨人。臨發時，便言：『我無淨人，尊者有牛，須者當取。』使淨人長囊，盛種種粮食，計日日食分，作一齊已，紐結著牛上。至食時，當使淨人取。若無淨人者，一人挽紐，一人承取，口言『受受』。若裳食盡而行，未至前所，當解裳，淨洗已，更求粮食。著囊中，一如前法。」（八〇六頁下）資持卷中三下：「僧祇：牛上亦據無人，開從畜受。但授受非儀，須加口法。」（三一九頁下）【案】僧祇卷一六，三五九頁。

〔一九〕**一比丘引繩，一比丘受取**　鈔批卷一九：「又有比丘道行，過甘蔗園邊，守（【案】『守』前疑脫『向』字。）園人乞。答言：『尊者自取。』比丘爾時以繩紐繫好甘蔗著牛頭，作如是言：『知是眾生甘蔗國邊，有火聚。』即駈牛行過，火不使燒牛，使甘蔗得作淨已，一人快（原注：『快』疑『使』。）舉牛頭，一人解紐。作是言：『受受。』是名為受。蔓菁根，亦如是。」（八〇七頁上）

〔二〇〕**蠅不可遮**　資持卷中三下：「蠅停鳥啄，不名失受，故得食之。」（三一九頁下）

〔二一〕**鳥來啄一口去，但棄啄處**　鈔批卷一九：「約在手中也。」（八〇七頁上）

〔二二〕**天人、鬼神、畜生、飛鳥，皆成受**　簡正卷一二：「大德引見論云：畜生准約牛及獼猴，飛鳥約鸎鵡。」（七四七頁下）資持卷中三下：「善見總列四趣，鬼收修、獄，則為六趣。」（三一九頁下）鈔批卷一九：「立云：佛在時，鳥能言也，（八〇六頁下）知解人語，故成受。如多論中，畜生古時皆能言者，以劫先有人、天，未有三惡道，並從人、天中來，宿習故語。今多從三惡趣來，所以不語。若准祇文，受食義寬。案彼律中，有淨人食燉豆時，比丘欲得，從索淨人，不欲與。比丘擗淨人手，寫著衣裓中，口言『受受』，得名受，非威儀。

又，獼猴樹上噉果，比丘欲得果，語獼猴言：『與我果。』獼猴動樹下果。比丘以器承，墮器中，名受，但非威儀。又有比丘乞食時，若烏鳥墮段比丘鉢中，亦名受。」（八〇七頁上）【案】善見卷一六，七八五頁上。

〔二三〕**迦葉從帝釋受食**　鈔批卷一九：「案五分：時大迦葉從貧乞食。釋提桓因作是念：『今大德迦葉從貧乞，我今當作方便，使受我食。』即於迦葉乞食之次，作一貧窮織師，即在機上織。復化作一女人，為至作縷。迦葉從乞，織師取鉢盛百味飲食與之。迦葉得已，念言：『此人貧窮，從何得此食？』即入定，觀知是帝釋。（八〇七頁上）語言：『憍尸迦，復莫復作。』遂不敢食，以是白佛。佛言：『今聽諸比丘，從天受食。』」（八〇七頁下）【案】五分卷七，五三頁。

〔二四〕**獼猴邊受蜜**　簡正卷一二：「祇云：佛在黎耆河邊時，有獼猴行。忽見樹空中有無蜂熟蜜，遂來取佛鉢。諸比丘遮，佛言：『莫遮，此非惡意。』獼猴便持鉢取蜜奉佛。佛不受，謂未淨故。獼猴不解佛意，將謂有虫，乃轉鉢四面局之，見鉢中有流蜜。遂持往水邊洗之，水濺鉢中，持還上佛，佛即受之，謂已水淨壞味，故受。今引此證上畜生成受義也。」（七四八頁上）【案】五分卷二九，四六四頁。

〔二五〕**輕繫地獄，亦應得受**　簡正卷一二：「十誦云：目連、樓陀耆，池邊受食。又，億耳見人間日苦夜樂，謂大海邊及諸山畔，諸小地獄，受苦不重，曰輕繫也。若八寒、八熱、大獄等，即不成也。」（七四八頁上）鈔批卷一九：「謂大海畔邊，諸山間多有諸小地獄。晝則受罪，夜則受樂。或時夜受罪，晝則受樂。從此人受，成受。慈云：正大地獄，不成受食，以苦重故。」（八〇八頁上）資持卷中三下：「十誦：目連尊者、億耳沙彌，皆受彼食，則餘重獄，義無從受。」（三一九頁下）

〔二六〕**準此，六道知解者，成**　資持卷中三下：「準下總決，即前了論意也。」（三一九頁下）鈔批卷一九：「立謂：一切比丘，不得自取食食，二謂前食是可食物，三知比丘是受施人，故曰也。上引諸文，證成六道，俱成受食。」（八〇八頁上）

〔二七〕**反則不成**　簡正卷一二：「若八寒八熱大獄等，即不成也。」（七四八頁上）

〔二八〕**所受食**　簡正卷一二：「開汎明及想、轉變兩章也。」（七四八頁上）【案】鈔文分二，初又分六。

〔二九〕**初中**　鈔科卷中三：「初，塵食墮鉢。」（七八頁下）【案】汎明須不，下分六節：初中，「十誦」下；二、「善見」下；三、「十誦」下；四、「僧祇」下；五、「善見」下；六、「僧祇」下。

〔三〇〕**若塵大落鉢中，可除者去之**　資持卷中三下：「善見初明塵落，可決十誦。」（三一九頁下）鈔批卷一九：「意云：最大者，餘之極小。眼不見者，不須受，故言不犯。若不者，是眼所見。不可捉得者，須受，故言細者更受。」

〔三一〕**餘者不犯**　簡正十二：「謂塵大可除，餘雖被塵，觸而不失，故云不犯。」（七四八頁上）鈔批卷一九：「立云：是望艸木等，棄卻又不觸食，故云不犯。又云：餘者是食也。既除所落之塵已，餘食不成觸，故不犯。」（八〇八頁上）

〔三二〕**細者，更受**　簡正卷一二：「謂有細塵，猶不可除，連綴於食，故須更受。難云：『前十誦中，五種塵不須受。鈔主釋云應是細者，今此論文，何故細塵亦須受耶？』可引下注文答通。」（七四八頁上）鈔批卷一九：「十誦五種塵不用受，善見令受二文相違者，解云：前十誦恐是無人處，故不須受。此見論據有人處也。又一解云：前十誦所明據小塵，眼所不見者，故不須受。見論據是眼所見者，理須受也。」（八〇八頁上）【案】善見卷一六，七八五頁上。

〔三三〕**前十誦者，或無人處，或是嚮明中塵**　資持卷中三下：「注中。兩意和會律、論。嚮明，謂窗隙飛塵。細中復細者，則不須受。」（三一九頁下）鈔批卷一九：「嚮明中塵者，『許高』反，窻也。日光照窻時，小塵運運而動者是也。」（八〇八頁上）

〔三四〕**行食時比座，餘食迸入鉢中，成受**　簡正卷一二：「謂比丘並坐，彼比丘受（七四八頁上）得食已。餘食迸入己鉢中，故成受。若本淨人手中迸入鉢者，則不成受。」（七四八頁下）鈔批卷一九：「深云：比座比丘受得食已，餘食迸入己鉢中，故成受。若本從淨人手中迸入鉢者，則不成受也。」（八〇八頁上）資持卷中三下：「『行』下，次，明食墮。亦約作意故成。」（三一九頁下）

〔三五〕**一切塵，一切更受**　資持卷中三下：「僧祇初簡諸塵。」（三一九頁下）【案】僧祇卷一六，三五七頁上。

〔三六〕**若作意，成受**　資持卷中三下：「塵飛入時，須起受意。」（三一九頁下）

〔三七〕**乃至行餅**　資持卷中三下：「『乃』下，明諸食。初，明逆落成不。」（三一九頁下）

〔三八〕**僧尼互淨互受**　資持卷中三下：「『僧』下，明不淨成受。僧尼宿觸，互望為淨。」（三一九頁下）簡正卷一二：「玄云：僧有殘觸，於尼成淨。尼亦反此，互手遇受，皆成受食，形執（原注：『執』疑『報』。）別故。（順正記『約當疏，更洗手，重從淨人受，名互受』，非也。)」(七四八頁下) 鈔批卷一九：「景云：比丘殘宿惡觸，於尼為淨，尼於比丘亦然，故言互淨。尼得過食與比丘，比丘亦得過食與尼，而得非法吉，故言互受。」(八〇八頁上)【案】僧祇卷四〇，五四七頁下。

〔三九〕**若病急緣，大小便、灰、土，得自取**　鈔科卷中三：「『善』下，便利等物。」(七八頁下) 資持卷中三下：「善見四物不受，非可愛故。」(三一九頁下)【案】善見卷一六，七八五頁中。

〔四〇〕**明了論「名大開量」，如下卷說**　資持卷中三下：「了論五量攝一切物，如四藥備引，便利水土，並名『大開量』，謂得自取，無所遮故。」(三一九頁下) 扶桑記：「了論五量：一、時量，二、更量，三、七日量，四、一期量，五、大開量，(二四二頁上) 即藥加一大開量。」(二四二頁下)

〔四一〕**應有人處**　資持卷中三下：「律文令受，與論不同，(三一九頁下) 故約『有人』通之。據上二論，有人亦開。」(三二〇頁上)

〔四二〕**若食，當下道，取一搦，不受而食**　鈔科卷中三：「『十』下，緣開。」(七八頁下) 鈔批卷一九：「案十誦云：有守邏人從比丘乞食，若與食少，不與又嗔。是事白佛。佛言：『從今日聽擔食藏，莫使人見。若食出道，取一搦，不受得食，以逕 (【案】『逕』疑『經』。) 曠澤故。』景云：此舉無人處，但開一搦不受，而食不得過也。」(八〇八頁下) 資持卷中三下：「十誦初開不受，擔行不使人見，食須下道，皆謂避譏嫌故。搦，『寧尼』反，謂手一握也。」(三二〇頁上)【案】十誦卷六一，四五九頁下。

〔四三〕**聽過大澤擔糧，從他易淨食**　資持卷中三下：「『又』下，次，制易淨。二文相違，故注以會之。」(三二〇頁上) 鈔批卷一九：「大澤者，應是山澤處也。案十誦律云：憍薩羅國諸比丘、賈客俱向舍婆提城，逕過大澤。諸比丘從賈客乞食，報言：『汝知此間食難得，何不自擔粮？』比丘言：『佛未聽我道路賷粮。』諸比丘不知云何。白佛。佛言：『從今日聽自擔粮，從他易淨食，乃聽噉，不易不聽噉。』」(八〇八頁下) 簡正卷一二：「大澤者，謂空向死人處也。未取者，迴文應言：先淨取米也。」(七四八頁下)

〔四四〕**前是無人處**　鈔批卷一九：「立謂：指上一搦文也。」(八〇八頁下)

〔四五〕**儉時八事**　資持卷中三下：「『亦』下，決通開意。四分儉時開八事：內宿、內煮、自煮、惡觸、僧俗二食、水陸兩果，不作餘食法。」(三二〇頁上)

〔四六〕**山野處無人者，日中不得往反，應七日自作，先淨米取**　資持卷中三下：「五百問中，七日一受，自作不失，先淨米取文脫。彼具云：先淨米受取。（謂火淨已，受也。）」（三二〇頁上）鈔批卷一九：「景云：此舉無人處。初從淨人邊受得，七日自作而食，非謂都不受也。要先從淨人淨米已，受取故得也。」（八〇八頁下）簡正卷一二：「未（【案】『未』疑『米』。）取者，迴文，應言『先淨取米』也。」（七四八頁下）

〔四七〕**濁水應受，性黃無犯**　鈔科卷中三：「『僧』下，濁水。」（七八頁下）資持卷中三下：「僧祇、伽論約色，五分據味。」（三二〇頁上）【案】僧祇卷一六，三五七頁中。

〔四八〕**濁、鹹、灰水見面，不須受**　資持卷中三下：「水本大開，且約清者。今論鹹濁，亦須受之。」（三二〇頁上）鈔批卷一九：「謂清故見面，不須受也。」（八〇八頁下）【案】伽論卷一〇，六二三頁下。

〔四九〕**若額頭汗流入鉢中，須更受**　鈔科卷中三：「『善』下，流汗。」（七八頁下）資持卷中三下：「流汗有同鹹水，故亦須受。」（三二〇頁上）

〔五〇〕**臂中汗流入手，不須受**　簡正卷一二：「以臂汗流入手，即當受者。幽釋云：額頭以離身故，須受。臂汗流入手，以不離身，纔入手時，即當受也。」（七四八頁下）【案】善見卷一六，七八五頁上。

〔五一〕**準此作意，額頭亦成**　資持卷中三下：「上句決上臂汗，下句例成額汗。」（三二〇頁上）簡正卷一二：「准臂汗流入手成受，額汗作意亦成也。」（七四八頁下）

〔五二〕**楊枝者，口中有熱氣生創，咽汁，應受**　鈔科卷中三：「『僧』下，楊枝等物。」（七八頁下）資持卷中三下：「僧祇楊枝分咽不咽。」（三二〇頁上）【案】僧祇卷一六，三五七頁中。

〔五三〕**除水及楊枝，不言咽、非咽**　資持卷中三下：「四分：楊枝不分兩用，故令準上。」（三二〇頁上）【案】四分僧戒本卷一，一〇二七頁上。

〔五四〕**準僧祇好**　簡正卷一二：「謂若咽汁受，方是好。」（七四八頁下）鈔批卷一九：明至四分開楊枝不受。准上僧祇文，咽汁須受，此義為好。」（八〇八頁下）

〔五五〕**明轉變**　鈔科卷中三：「初，自然轉變；二、『僧』下，造作轉變。」（七八頁下）資持卷中三下：「下列諸物，雖有變動，不易本質，故皆不失受。」（三二〇頁上）

〔五六〕**受生薑後生牙，不失受**　資持卷中三下：「善見：生薑生牙，但須重淨。」（三二〇頁上）簡正卷一二：「謂薑受淨已，於後生牙，牙處割落，更令淨。非生牙處，雖連生相，不失受法。謂先已作淨法，本為防生故。『若爾，牙家（【案】『家』疑『處』。）何用更淨？『答：『新有生相，異本質故，本防之處不失。新生之處，必須受也。』（此且一釋。）更有解云：生牙之處，令淨人大一觸，由手按故，不失受法，如人觸食，促手按器，則不失也。可以例之，此釋亦正。」（七四八頁下）鈔批卷一九：「景云：此舉雖生牙，先已受得，牙從受生，後不失受。以牙新出，故須火淨，不淨而食得提。非生牙處得食者，此舉牙生已，不淨，非牙處得食也。」（八〇八頁下）

〔五七〕**鹽變成水，得食**　鈔批卷一九：「亦謂本受得鹽，後消滅水，不失受也。」（八〇九頁上）

〔五八〕**四分亦爾**　簡正卷一二：「阿難為佛祇桓門外溫飯是也。記中前記識者，謂酪食不盡，即記識言，此中有淨物生，我當作非時七日藥，如酪（七四八頁下）出蘇，甘蔗成石蜜等，雖變不失。」（七四九頁上）

〔五九〕**酪、酥、甘蔗、石蜜、麻油等，由中前記識故，展轉不失受等**　鈔批卷一九：「立明：時中受得此物，以食不盡故，便加記識云：『此中淨物生，我當受作非時藥，或作七日藥。』作此法竟，後雖轉變，不失受，皆謂酪變成蘇，蔗成石蜜，麻成油故，言蘇油等也。上釋所受義已竟。」（八〇九頁上）資持卷中三下：「『酪酥』等者，謂中前受酪、蔗、麻欲中，後作酥、蜜、油，須加記識法，云：『此中淨物生我，當作七日藥受。』（非時亦同。）過中變造，俱不失受。五、十空中不成，謂能受在空。若論所對，在空亦應不成，故知『能』『所』俱須在地，如前即指。」（三二〇頁上）

〔六〇〕**求得在此處，地及水中**　簡正卷一二：「地及水中者，受食不過此二處。若身在空中，受食此二處。若身在空中受食（原注：『此』等十字，一無），此處不成受，由空無所依故。」（七四九頁上）鈔批卷一九：「立謂：一清淨比丘受得食已，餘一切皆得食，故言求得在此處也。地及水中、空中不成等者，明了疏：處何者？地及水者，受食不過此二處。若身在空中受食，此受不成受。由空中無何（【案】『何』疑『可』。）依止故。（文止述此。）立云：地者，謂持食置地，令僧自取，有緣開成。有端正女人，及邪見人等之緣是也。水中者，即上流放食，使僧下接，義非成受。必有難緣，理亦開得。空中者，如得鳥吊食與比丘，義亦開成。又如樹上放果，比丘下接，但不觸中間枝葉，皆成受也。看了論意，義不相應，直言地及水中成受，空中不成。（云云。）景云：此舉比丘在地水中處成受，但比丘在空中則不成受。能受既爾，二俱在空，理不成也。義准：若『能授』在空，『所受』在地，義亦應成。」（八〇九頁上）

〔六一〕**如前「受」中說**　簡正卷一二：「此更引論疏。略同第二『能受門』中已述。」（七四九頁上）鈔批卷一九：「深云：指第二門中，（八〇九頁上）『明了義論解』至『求得在此處文』也。」（八〇九頁下）【案】第二能受門即本戒「二、能受者是比丘」文。

〔六二〕**至身邊**　鈔批卷一九：「立謂：施主持食，至比丘身邊，授與比丘也。」（八〇九頁下）

〔六三〕**至物邊**　簡正卷一二：「令比丘申手，自至物邊也。」（七四九頁上）鈔批卷一九：「謂施主擔食，令比丘來取，比丘行至物邊，前人過與，則成受也。」（八〇九頁下）

〔六四〕**至器邊**　鈔批卷一九：「立謂：器盛食與比丘也。此三各別：一、是物來就身；二、是身往就物，皆以手受；三、是器貯，捉器成受，異上二手受也。故有三別。」（八〇九頁下）資持卷中三下：「了論三位可解。今時就盤取食，準至物邊，理應成受。」（三二〇頁上）

〔六五〕**身受非心**　資持卷中三下：「雖非專緣，食境必須心境分明。一向無心，則不成受。」（三二〇頁上）簡正卷一二：「疏云：比丘申鉢，心緣別事，投食於中，不緣所受。由前有心，故得成也。」（七四九頁上）鈔批卷一九：「景云：以受時雖無心，方便有心，故成受也。」（八〇九頁下）

〔六六〕**心受非身**　簡正卷一二：「有三意：初明句義；二、『毗尼』下，引教證；三、『若准』下，令加諸。疏云：若人送比丘食，心攝屬。心攝屬已，施主置食而去，除不手受，此食亦成受。」（七四九頁上）鈔批卷一九：「立謂：施主置食而去，或端正女人送食與僧，置地而退，或邪見不喜見僧，置地令自取，皆成受。准祇文，當見放時，口加『受受』。」（八〇九頁下）

〔六七〕**毘尼母云**　資持卷中三下：「『毘尼』下，引緣。」（三二〇頁上）鈔批卷一九：「案母論云：毗舍離國穀貴，乞食難得。比丘有神力者，乘神力至外道國乞食。諸外道見比丘來乞，嫌其不淨，以食著地，捨之而去。諸比丘白佛。佛言：『雖手不受，將來著前，即是與竟，成受也。』又有比丘，此時往至登伽國乞食。彼國惡賤比丘，持食著地，不過手中。餘同前緣。」（八〇九頁下）

〔六八〕**身心平等**　簡正卷一二：「了疏云：由手授領，心不緣餘，名平等也。」（七四九頁上）鈔批卷一九：「立謂：其人未足食，則不遮於後食，名為非所遮。今身心平等，故成受。」（八〇九頁下）資持卷中三下：「謂正意仰手而受。」（三二〇頁上）

〔六九〕**非所遮**　簡正卷一二：「曾經足，名非所遮，已足成遮，則不成受。」（七四九頁上）鈔批卷一九：「若已足食竟，（八〇九頁下）又不作餘食法，後更不合食，名為所遮。雖身心平等，亦不成受。又解，非所遮者，約授食人，身心現前，專心奉養，手自過與，故曰身心平等。無所遮礙，即而成受，故曰非所遮也。景云：此舉身心是如法受，諸聖教不遮也。」（八一〇頁上）資持卷中三下：「謂正意仰手而受。」（三二〇頁上）

〔七〇〕**若已足食竟，不作殘食法，不成受**　資持卷中三下：「上明如法。『若』下，簡非法，身心雖等，違法不成。」（三二〇頁上）資持卷中三下：「『若』下，顯異，口加如後。」（三二〇頁上）鈔批卷一九：「立謂：既足食已，不得更食。雖身心平等，亦不成受。要欲作餘食法，方成受也。」（八一〇頁上）

〔七一〕**身心不關，故並成受**　資持卷中三下：「先有方便，故開後成。關，即涉也。」（三二〇頁上）簡正卷一二：「當下食時，身心與食，不相關涉，是非心亦成受故。」（七四九頁上）鈔批卷一九：「為中、前，先有口欵，期會已竟，後送食來，便不須受也。從此已下，明單心無對義也。」（八一〇頁上）

〔七二〕**單心無對受**　資持卷中三下：「單心者，即前第二句，前對身心歷句。此中獨約心論。」（三二〇頁中）簡正卷一二：「單有受心，不用身手，對受彼食故。」（七四九頁上）

〔七三〕**邪見人不與比丘食**　簡正卷一二：「僧祇云：有登瞿國是邊地，邪見惡（『烏故』反）比丘，故不授食與。」（七四九頁下）鈔批卷一九：「言不與比丘食者，不肯置手中也。」（八一〇頁上）【案】僧祇卷一六，三五八～三五九頁。

〔七四〕**當滿荼邏規地作相**　簡正卷一二：「當作『滿荼邏規』，此云『壇』，規地作相。說文云：規，圓也。以規地作其相，全置食安中。」（七四九頁下）【案】「荼」，底本為「茶」，据僧祇及大正藏本、敦煌甲本、敦煌乙本改。僧祇卷一六，三五八頁～三五九頁。

〔七五〕**若葉蔽鉢下時**　簡正卷一二：「或以樹葉敝掩於地作相，成（原注：『成』疑『或』。）以鉢置一家（原注：『家』一作『處』。）作相，並得成受。」（七四九頁下）鈔批卷一九：「將樹葉布地作壇，合置食於上也。」（八一〇頁上）

〔七六〕**俗人寶器不得捉**　資持卷中三下：「『前』下，指寶器緣。『畜寶』所引，亦僧

祇文。彼因施主作金碗盛食，比丘以手示器，口加三『受』等。」（三二〇頁中）

〔七七〕**大同明了**　資持卷中三下：「『明』下，指略。即彼二部，皆開口受。又中、邊不相解語，亦同開之。」（三二〇頁中）鈔批卷一九：「謂此祇文同前了論單心無對也，須云：『受、受、受。』」（八一〇頁上）【案】本處斷句依鈔批和簡正之義。若依資持釋文，此處則斷作「……大同。明了、十誦亦同，不相解等同之。」

〔七八〕**「不相解」等同之**　簡正卷一二：「別國之人，不可言語，不肯授食與比丘，亦如前云『受受』是同也。」（七四九頁下）鈔批卷一九：「首疏云：別國人不肯授受與比丘，亦如前文，故曰同也。立云：十誦不相解等者，能授之人，無有解心，不知比丘是能受之人，雖授要加口法『受、受、受』。」（八一〇頁上）

〔七九〕**火燒馬屋，送食置地，亦爾**　資持卷中三下：「五分：施主送食，未及授與，急緣置地，應加口法。」（三二〇頁中）鈔批卷一九：「案五分云：爾時有販馬人請佛僧。行水已，有人語言：『火燒馬屋。』彼以此不展授食，語比丘言：『可自取食。』言已便去。諸比丘疑，不敢食。白佛。佛言：『若無淨人，聽諸比丘以施主語食為受食。』」（八一〇頁上）【案】五分卷七，五三頁。

〔八〇〕**若禪、眠，與食，不覺者不成**　資持卷中三下：「僧祇禪、眠，彼云：覺者成受；若不覺者，覺持欲食，當從淨人更受。若不欲食等，如鈔引，得自捉者，以非自噉，故無惡捉。」（三二〇頁中）簡正卷一二：「禪、眠等者，謂僧祇：若比丘床上坐禪、若眠，淨人持食來著壞（原注：『壞』疑『鉢』。）中，若覺者，即是受；若不覺者，欲食時，當令人更受。若不欲食，當自捉與淨人等。」（七四九頁下）鈔批卷一九：「案祇云：若比丘床上坐禪、若眠，淨人持食，來著梔中。若覺者，即是受。若不覺者，覺時當從淨人更受。若不欲食者，當自捉，授與淨人。如是著床上，懸床邊亦爾。立謂：此舉先無契會，後忽送來，故不覺不成。上言畫地作相，食置於中成受者，謂先有契約，後雖入定等成受。若不欲自食，自捉與淨人者，謂禪眠覺已，見此食，不欲自食，將與淨人，不受輙捉，不成惡觸。」（八一〇頁下）【案】僧祇卷一六，三五八頁下。

〔八一〕**連絆觸礙**　簡正卷一二：「以物相連，不得自在，名為連計。遙擲至物，中間解上，然後方落，故云觸礙。」（七四九頁下）

〔八二〕**若繩連器物，相連不斷，與比丘者，成受，非威儀**　簡正卷一二：「謂僧祇：

若比丘乞食時，店肆家以斗盛麨與比丘，斗鏁連詣（原注：『詣』一作『諸』。）計，或五升、四升相連。比丘爾時應語施主：『解後諸斗已，授我。』若鏁不可得解者，即盛麨之，授與比丘。其餘升斗鏁連，仍在俗世手中，是名器物相連不斷，或（【案】『或』疑『成』。）受，非威儀。」（七四九頁下）鈔批卷一九：「案祇云：若比丘乞食時，店肆家以斗盛麨與比丘，斗鏁連諸斗，或五舛、四升、三升、二升、一升相連。比丘爾時應語施主：『解後斗，令相離已，授我。』若鏁不可得解者，當索葉已，令寫葉上受，是名器。」（八一〇頁下）資持卷中三下：「僧祇初明繩連。彼因蘭若比丘入井抒水時到，恐水還滿，就井中食，令淨人盛食器中，繩繫懸下，比丘一手挽繩，一手承之，作言『受受』，非儀犯吉。」（三二〇頁中）【案】僧祇卷一七，三五七頁～三七八頁。

〔八三〕**乃至淨人樹上搖果，比丘以衣鉢承取**　簡正卷一二：「『乃至』已下，彼律（七四九頁下）有十門，越取觸礙，故云『乃至』也。祇云：淨人上樹食菓，比丘言與菓，淨（原注：『淨』下疑脫『人』字。）搖即（原注：『即』字疑剩。）樹，菓落墮比丘器中，名受，非威儀。」（七五〇頁上）資持卷中三下：「『乃至』下，明遙擲。」（三二〇頁中）

〔八四〕**下果時，觸枝葉**　簡正卷一二：「菓下中間著枝葉，淨人及比丘，二心各驚，故失前法。應生心受，受成也。」（七五〇頁上）

〔八五〕**繩繫不成受**　資持卷中三下：「『善見』下，會異。」（三二〇頁中）簡正卷一二：「見論：無口加法成受，但得非威儀；四分：中間不觸礙成無（原注：『無』疑『受』。）；祇更加口法也。」（七五〇頁上）鈔批卷一九：「立明：見論無加受加受（【案】次『加受』疑剩。）之法，故繩絆等不成受，即如連斗之類也。」（八一〇頁下）【案】善見卷一六，七八五頁上。

〔八六〕**若如上，成受，非威儀**　鈔批卷一九：「見論繩繫不成，由無口法。僧祇既有口法，如上連斗應成，但非威儀，容有小罪。」（八一〇頁下）

〔八七〕**若遙過物**　資持卷中三下：「四分遙擲成受，須約能所，同知無礙。」（三二〇頁中）

〔八八〕**井上懸食下**　資持卷中三下：「初，明懸下，即向所引。」（三二〇頁中）簡正卷一二：「祇云：蘭若比丘無淨人，自抒井水，食時無暇出，恐水還滿，令繩連食下，下時并（原注：『並』疑『井』。）腹中有草木應避。井底比丘，一手挽繩，一手承食，口言『受受』，但云避草木，不云觸著成受、不成受。（此是連解中觸礙也。）故鈔云『勿突生菓（【案】『菓』鈔為『草』。）木』者，恐更觸礙。淨人及比丘，二心各驚故。遠本下食，授食之心。又，須准前樹上下菓，觸礙熏入生心，口云『受受』。不爾不成，故云『勿突』也。」（七五〇頁上）鈔批卷一九：「案祇云：為蘭若比丘無淨人，比丘自抒井故，在中受食也。勿突中間生草者，縱突亦名受，立謂，先解云：突則授受，兩心俱動，則不成受。祇文無此意。」（八一一頁上）【案】僧祇卷一六，三五八頁上。

〔八九〕**若在屋上，當繩連捍取**　資持卷中三下：「『若』下，明引上。捍，音『汗』，護也。」（三二〇頁中）簡正卷一二：「彼律云：阿練若比丘一手把繩上頭，淨人置食掛時，比丘一手扞繩，作其受意，口云『受受』。」（七五〇頁上）鈔批卷一九：「謂僧俗互在上下，皆得成受。」（八一一頁上）

〔九〇〕**寫酥油注鉢中，雖不絕，成受**　鈔批卷一九：「案十誦云：沙彌白衣捉瓶蘇麻油，注比丘鉢中不斷。諸比丘心中疑：我或非是受法。便白。佛言：『是注下流，非上流，不破受法。』古來相承解云：諸比丘從淨人受蘇（【案】『蘇』鈔為『酥』。）油，寫時注不斷，疑謂既一頭在淨人手中，一頭在比丘鉢中，將非淨人觸，失受耶？佛言成受，不名觸失，以注時流向下故，謂流入比丘鉢中也。向者，若流向上，入淨人手中，可言是觸。今流向下，非觸明矣。」（八一一頁上）資持卷中三下：「十誦：雖不絕者，謂初出瓶，未落鉢中者。」（三二〇頁中）【案】十誦卷六一，四五九頁。

〔九一〕**懸放**　鈔批卷一九：「謂淨人行食，若手觸比丘鉢，或拘（【案】『拘』疑『執』。）觸鉢等，皆非法，非惡觸故。」（八一一頁上）資持卷中三下：「初，明淨人行受，懸放恐觸器故。」（三二〇頁中）【案】本節僧祇引文四段。

〔九二〕**果墮草上，即去者不名受**　鈔批卷一九：「謂西方多用食案，案上著草，淨人行食落草上。若少時住草上，成受；若雖落草上不住，有行至地者，則不成受。景云：此舉局開，但置案上成受，非手受墮草也。」（八一一頁上）資持卷中三下：「『即去』，謂即時迸去者。」（三二〇頁中）【案】「即去者」，底本為「即去者者」，據大正藏本、敦煌甲本、敦煌乙本及義刪。

〔九三〕**中國行道人食法，淨衣、踞坐已，前施食案上，安草置鉢，如是食**　簡正卷一二：「中國行道人者，即脩行道人也。淨衣踞坐者，謂西土之人，例皆跪足，足上有泥，恐污三衣。為淨衣故，令其踞坐，雙足踏地，名為踞坐。前施食案者，即土埵埵（原注：『埵』字疑剩。）上布草置鉢。如是食也。若食著葉草，小停不落，稱本受心成受。（此名觸礙受。）若即落者，與受心違，故不成也。」（七五〇頁下）鈔批卷一九：「西方食時，皆踞坐也。三世佛出，（八一一頁上）皆有此法。佛昔受牧牛女乳糜，亦踞坐受也。」（八一一頁下）資持卷中三下：「踞坐，謂兩足踏地。準赴請篇，食須踞坐。三千威儀云：諸佛法皆著淨衣，踞坐而食。若有出家弟子，應如是法，以能防眾戒故，為淨衣故，異俗法故。因制『踞坐法』，廣如後引。此土跏坐受食，隨方所宜，非教所許。」（三二〇頁中）扶桑記：「會正：踞坐即是垂足坐。簡正：平足著地，方名踞坐。經云踞師子牀承足也。」（二四二頁下）

〔九四〕**若淨人難得，比丘至飯、餅、果、菜邊，受取行之**　資持卷中三下：「『若淨人』下，明比丘受行。初，示緣開。」（三二〇頁中）

〔九五〕**稍稍授我**　資持卷中三下：「『若』下，明就地受。又二，初明物重法。稍稍，猶言略略。」（三二〇頁中）簡正卷一二：「漸漸授我也。如一籮飯，謂前舉一邊，授與比丘，次舉一邊，授與比丘，為漸漸也。此謂一邊互離。地，由與地連絆，受。雖腳躡水，若下鑊時，要須口加云『受受受』。此是觸礙受，謂飵觸著所踏水上，礙不至地，稱本受心，故得成也。」（七五〇頁下）鈔批卷一九：「謂上既淨人，舉不離地。雖成受，以非威儀也。今則可令減之，稍稍授成也。當安鎗時，口云『受受』者，以為熱故，加此法也。」（八一一頁下）

〔九六〕**若鎗鑊熱，不得受者**　資持卷中三下：「『若』下，明器熱法。」（三二〇頁中）

〔九七〕**淨人作三法**　資持卷中三下：「淨人三法：一、火淨；二、別藥體；三、施心。」（三二〇頁中）簡正卷一二：「一、知是食非（原注：『非』下一有『食』字。）；二、有施；三、如法授與。」（七五〇頁下）鈔批卷一九：「深云：『能』『所』俱有領當之心，受授之法也。景云：淨人三法者：一、知比丘不得自取食；二、知可食物；三、知是受施人。」（八一一頁下）

〔九八〕**比丘作三法**　簡正卷一二：「一、比丘與淨人，所授相應；二、為食非餘；三、法手授食。」（七五〇頁下）資持卷中三下：「授與比丘三法：一、仰手受，二、或加記識，三、分體分。」（三二〇頁中）

〔九九〕**食無七過**　鈔批卷一九：「一、殘宿；二、內宿；三、惡觸；四、自煮；五、內煮；六、販博所得；七、犯竟殘藥。」（八一一頁下）資持卷中三下：「一、內宿；二、內煮；三、自煮；四、惡觸；五、殘宿；六、未手受；七、受已，停過須臾。準下，更有『手受已，變動』，謂之八患。」（三二〇頁下）

〔一〇〇〕**非心境受**　資持卷中三下：「由不對境，直爾自取，故無受心。」（三二〇頁下）

〔一〇一〕**如上乞食自取、儉開等緣**　鈔批卷一九：「立謂：乞食不得取昨日石上食也。及儉時開八事，不受食當一事也。此既得，即進噉，何論心境？」（八一一頁下）資持卷中三下：「『如上』，即僧祇、多論取石上故食。『儉開』，即本宗八事。」（三二〇頁下）

〔一〇二〕**計功多少，量彼來處**　資持卷中三下：「觀外食二事。上句念種作，下句思施意。」（三二〇頁下）

〔一〇三〕**自忖己德行，全缺多減**　資持卷中三下：「觀己行，全多缺減。下三並觀現心。」（三二〇頁中）鈔批卷一九：「立謂：戒行全是多，戒行缺是減。」（八一一頁下）

〔一〇四〕**防心顯過，不過三毒**　資持卷中三下：「即離過心。上食多貪，下食多瞋，中食多癡。離此三心，乃可進口。」（三二〇頁下）

〔一〇五〕**正事良藥，取濟形苦**　資持卷中三下：「即對治心。言正事者，謂更無宅意，正欲事同服藥，以治飢病。即遺教云：受諸飲食，當如服藥是也。（有云：正謂簡邪命；或云：事即四事之一。皆非文意。）」（三二〇頁下）鈔批卷一九：「意在療飢，以除渴乏。離食醉之過，及離求好顏色肥充之心。廣如下對施中說也。」（八一一頁下）

〔一〇六〕**為成道業，世報非意**　資持卷中三下：「即出離心。道業通三乘三學。世報即人天。」（三二〇頁下）

〔一〇七〕**餘一切文句，縱廣道應知**　鈔科卷中三：「『故』下，指廣。」（七八頁上）資持卷中三下：「『指廣』中。了論明受食法已，而以『餘一切』等二句結之，即是指略食觀。『故』下，引疏略釋，餘皆指後。」（三二〇頁下）鈔批卷一九：「景云：此是彼論偈兩句，彼論長行廣釋食觀。（八一一頁下）勝云：縱廣道應知者，論疏云：律為廣道行，此得至一切義中故，名廣道律中，廣明此義。故言應知。」（八一二頁上）簡正卷一二：「了疏中，謂律為縱廣道，行此道，得至一切義中，故名廣道。律中廣明此義，故曰應知。……餘一切文句者，謂除律五篇正制已外，所餘防護正戒文句。廣（七五〇頁下）其正制，名縱廣道，即前列五句觀食法是也。故制令應知，疏解出家人受食等，是律正制，不受得提。先須觀門，然後飡噉，望正制戒本，此觀即為縱廣道也。」（七五一頁上）

〔一〇八〕**但每日恒須，恐未見後文，故略知大旨**　鈔科卷中三：「『但』下，顯意。」（七八頁上）資持卷中三下：「初，明重出之意。」（三二〇頁下）

〔一〇九〕**不爾，徒自衣食，終為聖訶**　資持卷中三下：「『不爾』下，申誡。」（三二〇頁下）鈔批卷一九：「應作去聲讀之，義則寬通。若平聲為衣，入聲言食，義則是狹。且如言衣，但攝三衣，不攝裙被。若言去聲，通收裙被之屬。又復，外曰衣，內曰裳。言衣則攝不盡，亦如『冠』字，平、去二聲，義有所以。此衣食之義，亦復如是。」（八一二頁上）

〔一一〇〕**毗尼母中**　資持卷中三下：「『毘尼』下，引證。口口入入，非唯少時。四事通觀，不獨飲食。」（三二〇頁下）

〔一一一〕**不爾，食出腹中**　資持卷中三下：「不爾者，彼云：受人信施，不如法用，放逸其心，廢修道業，入三途中，受重苦故。若不受苦報者，食他信施，食即破腹，出衣則離身等。」（三二〇頁下）

〔一一二〕**後卷**　鈔批卷一九：「第二十興治之篇也。」（八一二頁上）

〔一一三〕**受有五種**　鈔科卷中三：「初，明多種受法。」（七八頁下）資持卷中三下：「四分十法。初五手，物俱互為四句。」（三二〇頁下）

〔一一四〕**若遙過物，如上說**　鈔批卷一九：「立謂：持物及手得四句竟，至第五句，如前文已明竟故。前云四分若遙過物與者，俱知中間無觸礙，即其文也。」（八一二頁上）資持卷中三下：「第五遙過，即非手物。『如上』，即前所引知無觸礙等。」（三二〇頁下）

〔一一五〕**復有五種**　資持卷中三下：「上四，物物相對，如云身與身受等。」（三二〇頁上）鈔批卷一九：「立謂：明至此五句，相對受也。上五句是交互作，此句是自相對。如身與身受，器與器受，乃至置地與也。此後一句加口『受受受』。此上兩五句，依律如此。」（八一二頁上）

〔一一六〕**置地與**　資持卷中三下：「置地則無所對。」（三二〇頁下）

〔一一七〕**如上口云「受！受」**　資持卷中三下：「注準僧祇，須加口法。」（三二〇頁下）

〔一一八〕**若墮所受草上，應食**　資持卷中三下：「十誦墮地皆成。準前應是停案上者。」（三二〇頁下）

〔一一九〕**僧祇**　資持卷中三下：「僧祇約心前後有無，應具四句。文出二互，得罪成受。二俱不覺，準應不成。」（三二〇頁下）【案】僧祇卷一六，三五九頁上。

〔一二〇〕**行食時，淨人輕比丘，故觸此丘手，不應受**　鈔科卷中三：「『十』下，對行食辨成否。」（七九頁下）資持卷中三下：「十誦中，觸謂以物搪觸輕。不應受者，以非授心，受亦不成故。」（三二〇頁中）鈔批卷一九：「以心輕浮，何（原注：『何』疑『所』。）以不應從受也。」（八一二頁上）【案】十誦卷六一，四六九頁下。

〔一二一〕**決意棄捨失**　資持卷中三下：「決意者，謂作斷念，理應更受。」（三二〇頁下）簡正卷一二：「鈔文都六段，過時法滿。」（七五一頁上）

〔一二二〕**捨戒失**　資持卷中三下：「餘須更受，故知已失。」（三二〇頁下）

〔一二三〕**如亡人不淨食器，皆不須翻穢**　資持卷中三下：「初二句亦即了論。由失本體故，行法皆（三二〇頁下）失，故云一切。『沒』即滅也。『即』下，引例。分亡物中，殘宿、內宿、惡觸等食，餘比丘得食，以彼命終，諸罪皆失，例今頗同。」（三二一頁上）鈔批卷一九：「景云：以穢從畜生，無畜心故，無穢可翻也。」（八一二頁上）

〔一二四〕**如後律中**　簡正卷一二：「如後第十依文解中。非時七日過限，亦隨等文也，謂時已過，法期又滿。此中更有口、手二受也。」（七五一頁上）資持卷中三下：「時藥，過中失受。三藥不加口法，同時藥斷。若加口法，各隨限滿即失。」（三二一頁下）

〔一二五〕**如麻出油，漿變成酒，酒變成醋，生變成熟，並失本受**　鈔批卷一九：「生變成熟，並失本受者，謂失加說（原注：『說』疑『記』。）識法也。」（八一二頁上）

〔一二六〕**若爾，僧祇中何故展轉不失**　資持卷中三下：「『若』下，會通僧祇。如前轉變，不失中引。」（三二一頁下）

〔一二七〕**此謂時中加記識**　簡正卷一二：「會前祇文。若不記識，轉變即失受也。」（七五一頁上）

〔一二八〕**淨人觸失，更洗手受**　鈔批卷一九：「然若遇緣觸竟，比丘勿即捉之，喚淨人來更授，未必要須洗手。若遇緣觸竟，比丘未受（原注：插入『受』字。），即捉是惡觸，今更受要須洗手，以比丘手中有惡觸食氣故也。若准西方，不論觸不觸，要須行水者，表沙門淨心法也。如佛受園，索水洗手等可知。」（八一二頁下）

〔一二九〕**今有重受而不洗手者，成受**　資持卷中三下：「初判不洗亦成。此據無膩，有則須洗。」（三二一頁上）。

〔一三〇〕**但先洗手，意在淨心，非謂有污**　資持卷中三下：「『但』下，本其洗意。謹奉佛制，不妄貪噉，即是淨心。雖有此通，縱令手淨，但得成受，不無違制。」（三二一頁上）簡正卷一二：「古師云：淨水恐手上有穢污膩觸也。今云但表淨心，如瓶沙王女施園，金瓶行水，何處手中有污？」（七五一頁上）

〔一三一〕**依文解**　簡正卷一二：「正依戒文解故，鈔闕具緣。今依戒疏具緣犯，一、是四藥，二、輒自取不受，三、食咽犯。」（七五一頁上）

〔一三二〕**五種佉闍尼**　鈔批卷一九：「如『足食戒』中明五不正是也。」（八一二頁下）

〔一三三〕**奢邪尼**　資持卷中三下：「即七日藥。文闕非時盡形。」（三二一頁上）

〔一三四〕**若不與食，自取著口中，咽咽墮**　資持卷中三下：「『若』下，結犯。初，通示犯相。」（三二一頁上）

〔一三五〕**非時、七日，限過，亦墮**　鈔批卷一九：「非時藥，明相出則失受。七日藥，過七日失受。若不復受而食者，提。」（八一二頁下）資持卷中三下：「『非』下，別簡三藥。上二藥，限中無過。盡形一藥，法無限齊，但約無病，結犯仍輕。」（三二一頁上）

〔一三六〕**盡形，無緣不受食，吉羅**　簡正卷一二：「謂無前病緣，不受而食，得吉。何不犯提？以有受法在，故不犯提（原注：『提』一作『但』。）。為無病，與無受之緣不相當，故不應也。」（七五一頁上）鈔批卷一九：「謂無病緣也。此藥既加法竟，若無人觸，永不失受，更不須受。有病有服，無病而服，得吉。是此不受食戒中明，故言『不受』，非謂失受竟，不受而食，只得吉也。至藥既名盡形，一受之後，無任運失，但可有遇緣失耳。已下明不犯法也。」（八一二頁下）

〔一三七〕**若不受酥油灌鼻，與唾俱出**　資持卷中三下：「不犯中。上二非食。『若不』下，治病。」（三二一頁上）

〔一三八〕**若乞食時**　資持卷中三下：「『若乞』下，開物墮，麤者可除。或不可辨，理應再受。」（三二一頁上）

〔一三九〕**餘者不犯**　資持卷中三下：「『餘』即除不盡者。準上善見，細塵更受。以一向不可除故」（三二一頁上）

索美食戒〔一〕**四十**

四緣：一、是美食〔二〕**；**乳、酪、魚、肉〔三〕。**二、無病**〔四〕**；**一坐間不堪食竟。**三、自為已；四、食咽。犯。**

祇中：不得從屠家乞肉汁〔五〕。**八種，乳酪家，**亦不得〔六〕。**恐招譏過**〔七〕。**蠶家乞緜，亦同於此。**

五百問：不病索好食，犯重〔八〕。

律不犯者。病人自乞，為病人乞〔九〕**，或自他交乞，不求自得，一切得。**

【校釋】

〔一〕**索美食戒**　資持卷中三下：「（佛在舍衛。跋難陀與商賈為檀越，便語云：『欲得雜食。』彼問：『何患思此？』答言：『無患但意欲耳。』彼譏因制。）」（三二一頁上）鈔批卷一九：「律中，尼吉羅也。問：『何以尼結輕者？』疏云：『大僧丈夫，身報力強，喜乞美食，取資身故，所以重制。尼乞美食，女人所諱，為希故輕。律結吉者，結不同罪，實結提舍。』問：『不同何罪，而結於尼？』答：『不同非罪，示不同成。隨結方便，使異二部。』」（八一二頁下）【案】四分卷一五，六六四頁上開始。

〔二〕**美食**　鈔批卷一九：「案論解云：何以名美食者？以價貴故，以亦難得故，以愈疾病故。有四句：一、是美食，非美藥，乳、酪、蘇等是；二、是美藥，非美食，生蘇、油是；三、亦美食，亦美藥，蘇、肉、魚脯是；四、非美食，非美藥，呵梨勒是。」（八一二頁下）

〔三〕**乳、酪、魚、肉**　資持卷中三下：「注示四物，簡餘得輕。緣起云：雜食通收此四。戒疏具五緣，加第二『隨非親乞』，準此開親。」（三二一頁上）

〔四〕**無病**　鈔批卷一九：「依祇文，約此『無病』緣與下第四『食咽』犯緣，作四句：一、不病時索，病時咽，吉；二、病時索，不病時咽，無犯；三、病時索，病時咽，無犯；四、不病時索，不病時咽，提。犯此戒也。」（八一三頁上）

〔五〕**不得從屠家乞肉汁**　資持卷中三下：「釋初緣中。前引僧祇，以明譏過。」（三二一頁上）簡正卷一二：「謂肉汁堪煎作脂，能治風病，憙往乞也。」（七五一頁下）【案】僧祇卷一七，三六二頁上。

〔六〕**八種，乳酪家，亦不得**　資持卷中三下：「八種是總舉，乳酪即別相。彼律，酥、油、乳、酪、蜜、石蜜、魚、肉為八種。」（三二一頁上）鈔批卷一九：「案祇云：一謂不得無病時往蘇家乞蘇；若乞食時自與者，得受。二、不得從押油家乞油；若乞食時自與者，得。三、不至採蜜家索蜜。四、不得至笮甘蔗家乞石蜜。五、不得從放（原注：『放』疑『牧』。）牛家乞乳。六、不得從作酪家乞酪。七、不得從捕魚家乞魚。八、不得從屠家乞肉汁。此上八種，若不病時輙索，僧提罪，尼犯八提舍尼罪。若病時，開乞，仍不得從上來八種家乞得，從餘家乞。若餘乞食時，至此八種家索餘食，語比丘言『我無餘物，正有此等物』者，得受無罪。又云：若比丘服吐下藥時，醫言：『此應服肉汁。』爾時，得乞肉汁，（八一三頁上）不得至屠家乞，不得往不信家乞。何以故？恐索時，譏比丘『但貪味故索』耳。若餘乞食時，從索漿。若檀越言『無漿，正有肉汁』，須者當與，爾時得取，無罪。」（八一三頁下）【案】僧祇卷四〇，五四四頁。

〔七〕恐招譏過　資持卷中三下：「彼律俗人譏言：瞿曇沙門不能乞麤食，而乞酥油等。此敗壞人，何道之有？」（三二一頁上）

〔八〕不病索好食，犯重　鈔科卷中三：「『五』下，釋第二。」（七九頁下）資持卷中三下：「次五百問，以云別犯，彼約盜心，不病言病故，成重罪。今此無病直索，故不同之。（舊云『論重律輕』，非，以犯相別故。）」（三二一頁上）簡正卷一二：「五百問：喚提，作重也。」（七五一頁下）【案】五百問，九七七頁上。

〔九〕為病人乞　資持卷中三下：「為病人乞，得而食之，此開自食。自他交乞，乃是為他。律云：或己他為他、他為己是也」（三二一頁上）

與外道食戒〔一〕四十一

五緣：一、是外道〔二〕，二、知〔三〕，三、自與食〔四〕，四、非置地、使人〔五〕，五、彼手受，便犯〔六〕。

五分：乞食、乞兒、乞狗畜，量己食分減施〔七〕。十誦：外道伺求長短，與食不名汙家〔八〕。多論：與無見人，不犯〔九〕。若眾僧與外道食，無過，不得手與。

【校釋】

〔一〕與外道食戒　資持卷中三下：「（佛將弟子從拘薩羅遊至舍衛。大得餅食，令阿難分與乞人，遂以粘餅與女人，餘皆得一，女獨得二，（三二一頁上）彼因譏謗。又，外道得食，人問，便云：『禿居士處得。』以此二緣，故制。）」（三二一頁中）鈔批卷一九：「僧尼犯同，緣異可知。制此戒時，闕無呵責。」（八一三頁下）【案】四分卷一五，六六四頁中開始。

〔二〕外道　鈔批卷一九：「戒疏云：謂出家外道。以在家者，道俗位別，不生疑惑，但犯小罪。然由出家名同，真偽難別，生人惑倒，故所以重。高問云：『外道有九十六種，佛道為在其數外、數內？』答：『諸律、論不同。祇律：佛法在九十六之內，故彼販賣戒云：與一切九十六種出家人，賣買不犯。既不甄簡，佛法明在其中。若准多論淨施中云：一切九十六種，無淨施法，唯佛法有；又云此三衣名，九十六種外道所無，秘故勝故；又云：六師各有十五弟子，師徒合有九十六。准此，佛法在外也。若准大莊嚴論，佛法在內，故草繫緣中云：佛之正道，不同於彼九十五種邪見倒惑，無有果報，修行佛道，必獲正

果。』」（八一三頁下）

〔三〕**知**　鈔批卷一九：「除置地遣人與不犯，以食味是通，理無獨飽。既不自授，寧生惑倒，故開不犯。」（八一三頁下）

〔四〕**自與食**　簡正卷一二：「律開親里父母，恩重。若據祇中，尚乃不開，縱與，須使淨人。若慊責，但答云：『出家人不得，佛已制戒。若不食，亦隨意。』」（七五一頁下）鈔批卷一九：「甄去非親里與父母外道恩重，故聽。（八一三頁下）若如僧祇十八，父母、兄弟、姊妹，在外道出家者，不得自與，當使淨人。無淨人者，語全自取。彼若嫌言：『汝今便作旃陀羅，禮遇我。』比丘應答云：『汝出家不得處，我佛制戒如是。若食便食，不食者隨意。』」（八一四頁上）【案】僧祇卷一八，三七四頁。

〔五〕**非置地、使人**　簡正卷一二：「以食味是通，理共獨食，置地使人，不生惑倒，故開。」（七五一頁下）鈔批卷一九：「約是食，除與衣，犯小罪。然食味是通與之義，故制以重；衣則別屬，情著難捨，與希故輕。」（八一四頁上）扶桑記：「初一向不開與。時諸外道有怨言：『一二外道有過，我曹復有何過，而不見與？而開直地與，若使人與。』」（二四四頁上）

〔六〕**彼手受，便犯**　鈔批卷一九：「此五緣，心疏所立，與鈔不同。」（八一四頁上）

〔七〕**乞食乞兒乞狗畜，量己食分減施**　鈔科卷中三：「『五』下，明開。」（七九頁下）資持卷中三下：「五分不明外道，乞兒語通，故此引之。下二『乞』字，並去呼。」（三二一頁中）【案】五分卷八，五五頁上。

〔八〕**外道伺求長短，與食不名汙家**　資持卷中三下：「十誦、多論，二文並開。但非自手，則同今宗。」（三二一頁上）【案】十誦卷一四，一〇〇頁下。

〔九〕**與無見人，不犯**　簡正卷一二：「空見人也。此人不分別勝負、好惡，彼此不取僧過也。」（七五一頁下）鈔批卷一九：「立謂：邪見人也，亦名斷見人也。又一解：無見者，謂無斷常二見，識有因果，能契中道，故曰也。既計有因果，非即邪見，故與食非犯也。深云：此是著空外道，不見有一師教十五弟子，各各受行異見，六師各別有法，與資不同。故師及資，通數有九十六。如是相傳，常有不絕也。」（八一四頁上）資持卷中三下：「無見即邪空外道，或住邪見無正見者，文略不犯。準律有五：一、若捨著地與；二、若使人與；三、若與父母；（謂住外道者，僧祇不開。）四、與塔別房作人，計作食價與；五、若力勢強奪去。」（三二一頁中）【案】多論卷八，五五三頁下。

不囑同利入聚戒〔一〕四十二

五緣：一、先受他請，以不受故，佛開不囑入村；二、食前後〔二〕；三、不囑授；四、詣餘家無緣〔三〕；五、入門。犯。

僧祇：若乞食比丘，次行乞食，到檀越家，即請令住，因往他家，得二墮〔四〕。如上「背請」中。若一人受請〔五〕，無同請〔六〕者，須白請家，或白淨人，後得餘行。一不惱食主，來問知處〔七〕故。彼律又云：若二比丘各受常請，交往亦爾，須白施主〔八〕。

四分云：食前者，明相出至食時；食後者，從食時至日中〔九〕。準此，與時經〔一〇〕「食時」同。家者，男子女人所居。白餘比丘者，同一界住〔一一〕。不同「非時」，以同受請知處〔一二〕。若囑授〔一三〕：詣村而中道還〔一四〕，或至餘家〔一五〕，或至寺內庫藏處及邊房〔一六〕，若至尼寺中，若出彼白衣家，並失前囑授，當更囑他；不者，入門，墮。

不犯者。

若病；若白；若迦提時；若施衣時；若無比丘，不囑，至餘庫藏及尼寺〔一七〕；若家家多敷坐具請比丘〔一八〕。十誦：若食不足，若不正，餘處求，不犯〔一九〕。多論：主人明日供，今日往，墮〔二〇〕；除主人喚。廣如下卷〔二一〕。

【校釋】

〔一〕不囑同利入聚戒　資持卷中三下：「（佛在舍衛。長者為跋難陀飯僧，彼時欲過，方來比丘，食竟不足。又，羅閱城大臣得果，令僧中分後食已，詣餘家僧不得食。二緣故制。）名云『同利』，即同受請者。凡受他請，有緣入聚，須白同請，令知所在，不白故犯。」（三二一頁中）鈔批卷一九：「同受一家請，利養是同，故曰同利。尼同犯提。」（八一四頁上）【案】本戒鈔科稱為「不囑入聚戒」。四分卷一五，六六五頁上開始。

〔二〕食前後　簡正卷一二：「謂大食。小食後，若大食入聚，如下戒條，非此犯也。」（七五一頁下）鈔批卷一九：「約小食前後也。若大食之後，入聚罪，非此科。此戒約時明犯。下戒，准祇約食竟明犯，不論早晚。縱旦食五正已，亦不得入聚，此戒要是中前，故約小食前後也。故律云：食前者，從明相出，至食時，此應是約小食時也。又云：食後者，（八一四頁上）從食時至日中，此是從小食時至日中也。只呼禺（【案】『禺』疑『辰』。）中時，是食時，要約中前，分為食前後也。高云：食前者，喫齋食之前也。食後，喫齋食竟，猶在中前也。問：『既食齋竟，往他家何過？』答：『緣中，食雖已竟，時猶午前，有檀越送果子與僧。為待跋難陀故，不傳與僧，故制食後，不得不囑入白衣家也。今雖食竟，或未飽足，日時未過，後還房中，得食得果，直得更噉。或雖飽足，日亦未過，開作餘法，亦得食之。故使食前、食後俱不許入於聚也。若過午入聚，自犯後戒。案十誦所明，食前後大異。文云：若比丘許他請僧中前、中後，行到餘家，波夜提。下解云：中前者，從地了至日中。中後者，從日中至地未了。……賓云：律文言『前食』『後食』者，梵語倒也，應言『食前』、『食後』。譯者不迴文也。（述曰：）謂齋食前、齋食後也。」（八一四頁下）

〔三〕無緣　簡正卷一二：「謂迦提月，施衣作衣。白已去，皆因緣。」（七五一頁下）鈔批卷一九：「若迦提月，及作白已去，皆曰緣也。」（八一四頁下）

〔四〕二墮　簡正卷一二：「如上『背請戒』（七五一頁下）：一、不白請家，二、是背無請，得二提也。」（七五二頁上）鈔批卷一九：「一是背犯前『背請戒』，故提；一是不囑同利，犯此戒也。」（八一四頁下）【案】僧祇卷一六，三五四頁上。

〔五〕若一人受請　簡正卷一二：「今師約一人之義。」（七五二頁上）資持卷中三下：「以文制同利，則據多人，不明獨請故。準僧祇，令白請家等。」（三二一頁中）

〔六〕無同請　簡正卷一二：「即准『背請戒』中，若乞食在諸（原注：『諸』疑『請』。）家，即自白施豆（原注：『豆』疑『主』。）。若在寺內，即白淨人。施主後來問其淨人，即知去處。」（七五二頁上）

〔七〕一不惱食主，來問知處　資持卷中三下：「『一』合作『以』。或可『來』上脫『二』字，即配上兩白也。」（三一頁中）

〔八〕若二比丘各受常請，交往亦爾，須白施主　資持卷中三下：「『彼』下，引證。常請，謂長供不絕。交往，謂我往彼家，他來此家。」（三二一頁中）鈔批卷一九：「祇云：有二比丘，各各別受一家長請。若第一比丘語第二比丘言：（八一四頁下）『長老，今日共到我檀越家食去。』第二比丘應白已去。若不白去者，提。若第二比丘請第一比丘亦如是。（看文意，似白施主。）立亦云：張王二家，各請一人。張家比丘欲往王家，王家比丘欲往張家，各自（原注：『自』疑『白』。）本施主也。」（八一五頁上）【案】僧祇卷一六，三五四頁上。

〔九〕**食後者，從食時至日中**　鈔科卷中三：「『四』下，通釋後四。」（七九頁下）資持卷中三下：「初，釋食前後。食時者，相傳以為辰時，用此為中，以分前後。」（三二一頁中）鈔批卷一九：「從食時至日中者，鈔意准時經，正在禺（【案】『禺』疑『辰』。）中，故是食時。」（八一五頁上）【案】初釋食前後，「家者」下，釋餘緣。

〔一〇〕**時經**　資持卷中三下：「『經』即時非時經。」（三二一頁中）簡正卷一二：「彼經約二十四半月，辨時非時。且正月一日至十五日，約腳步身影，九腳半為時，正是食時。此經即約中前通論，都有九腳半影。四分約中前分食，前後兩時。食前時者，二腳半三指影，為食時。從明相出，至小食時也。食後者，七腳少三指，為非時。從十（原注：『十』疑『小』。）食後，至日中前也。鈔通取四分，食前後二時，都有九腳半。與經通論，故曰與時經食時同也。」（七五二頁上）鈔批卷一九：「謂此經明步影而食，與四分同，以齊約日中也。祇文不爾，雖早了，即曰非時。」（八一五頁上）【案】時經，即佛說時非時經，一卷，西晉時天竺三藏若羅嚴譯，可見大正藏第十七冊。

〔一一〕**白餘比丘者，同一界住**　資持卷中三下：「『白』下，明囑授。初，明所囑人。」（三二一頁中）

〔一二〕**不同「非時」，以同受請知處**　簡正卷一二：「謂非時入聚，隨有比丘，或路上見，白並得。此要須囑同受請者，成。覓即知處，不惱於人。其白詞句云：『長老憶念，我某甲雜同食行至餘家。』答云：『爾。』」（七五二頁上）資持卷中三下：「注文簡異，以非時白，通界內外。」（三二一頁中）

〔一三〕**若囑授**　資持卷中三下：「『若』下，明失囑法。有六緣。」（三二一頁中）

〔一四〕**中道還**　資持卷中三下：「準約息意，不往故失。」（三二一頁中）

〔一五〕**餘家**　資持卷中三下：「非向所囑家。」（三二一頁中）鈔批卷一九：「餘家者，白衣舍也。」（八一四頁下）

〔一六〕**或至寺內庫藏處及邊房**　鈔批卷一九：「有云：並是寺內邊遠處。向如是處，則失前授法。若至餘僧寺，亦無失文。若向餘等庫藏，倒失也。礪云：此言囑授竟，至餘庫藏、尼寺等，皆失前法，當更須囑。」（八一五頁上）

〔一七〕**若無比丘，不囑，至餘庫藏及尼寺**　鈔科卷中三：「初，引本律不犯。」（七九頁中）資持卷中三下：「以無法可違故。」（三二一頁中）鈔批卷一九：「後開通文云：若無比丘，不囑至餘庫藏及尼寺等不犯者，此約無人可囑。以不囑故，雖入諸處，皆開也。」（八一五頁上）【案】底本無「不」，據敦煌甲本、敦煌乙本、鈔批釋文及四分加。

〔一八〕**若家家多敷坐具請比丘**　鈔批卷一九：「景云：此舉一聚落，多家共設一供，而家別各敷待比丘也。隨至何處，皆是請處，故不犯也。以元通請故。」（八一五頁上）資持卷中三下：「家家請。如欲往彼請家，中途他家相命，因而暫止。律文更開難緣，今此略耳。」（三二一頁中）簡正卷一二：「戒疏云：多家同會，處處待僧，隨至何處，皆是請處，不囑不犯。」（七五二頁上）扶桑記釋「六家家請」：「疏云：多家敷具者，謂多家同會處，處處待僧；隨至何家，皆是請處。記云：但約同會，不同亦犯。今記少異。」（二四四頁上）

〔一九〕**若食不足，若不正，餘處求，不犯**　鈔科卷中三：「『十』下，引他部雜相。」（七九頁中）資持卷中三下：「十誦約正足，此開背請，亦聽不囑。」（三二一頁中）【案】十誦卷五三，三九六頁中。

〔二〇〕**主人明日供，今日往，墮**　資持卷中三下：「多論明犯，非關此戒。或緣輒往，令眾不知。少有同故，寄此明之。」（三二一頁中）簡正卷一二：「明日沒（原注：『沒』疑『設』。）供先往提者，惱施主也，如訃請篇中述。大德云：此戒云同利者，謂同僧受檀越之利。今諸方寺院，斂嚫錢等，百錢抽十，名為同利，此非法也。有或問出在何文，即三藏中並無說處。」（七五二頁上）【案】多論卷九，五六〇頁中。

〔二一〕**廣如下卷**　鈔批卷一九：「即訃請法中明也。景問曰：『如大聚落，有眾多家，初入村門，未知犯罪，分齊如何？』答：『初入村門，得一提；後過家界，隨至眾界，結多犯，不要入家方犯。』賓云：囑授辭句義。立云：『大德一心念，我某甲比丘，（八一五頁上）先受某甲請，今有某緣事，欲入某聚落、至某家。白大德知。』今詳。但須的囑一人，令善憶持，不必要須『大德一心念』等。設今遙相告白，理亦是開。」（八一五頁下）

食家強坐戒〔一〕四十三

「四食」之中，是觸食家，眼根對色，故名「觸食」〔二〕。五分：男女情相共食〔三〕。僧祇：見色愛著〔四〕，故名「食」也。

四緣：一、是食家〔五〕。二、知是。十誦：若斷淫家，若受齋家，男女互受一日戒〔六〕，不犯。三、強坐屏處。五分：坐者，知妨其事〔七〕。十誦：此舍多人出入，不犯〔八〕。四、無第四人〔九〕。僧祇：母女姊妹亦犯〔一〇〕。

律云「有寶〔一一〕」者，多論：以著寶衣輕明〔一二〕，發欲故也。

【校釋】

〔一〕**食家強坐戒**　資持卷中三下：「（佛在舍衛。迦留陀夷與本俗友婦繫意後往其家。其婦嚴身，其夫極愛比丘，食已坐住。夫瞋。故制。）」（三二一頁中）鈔批卷一九：「此戒僧尼同得提罪也。」（八一五頁下）【案】四分卷一五，六六五頁上開始。

〔二〕**「四食」之中，是觸食家，眼根對色，故名「觸食」**　簡正卷一二：「四食者，於中分二：先汎明，次釋鈔。且汎明者，故俱舍云：如契經言，世尊在人天眾中作如是語：『我於菩提樹下，成等正覺，誠悟於一法，謂一切有情，皆依飲食而住。』外道聞之，撫掌大笑：『一切有情，依仰飲食，誰不知之？何假菩提樹下，唯佛得悟？』世尊反問問（【案】次『問』疑剩。）：『汝既知一切有情依食住者，汝因何自餓？汝又知食有幾種？三界有無，如何分別？有漏無漏，義復云何？』於是外人，莫能醻對，故佛一一為彼解說食。今此准論疏，略分五門：一、釋名，二、出體，三、界繫，四、有漏無漏，五、明廢立。初中，有總有別。問曰：『食是何義？』答：『是資益義。謂能資益諸根大種故。』次別名者，一、段，二、觸，三、思，四、識。言段食者，四塵所成形質名段。古云『摶食』，可摶握故，攝義未（七五二頁下）周。新云『段食』，有分段故。於中有二：一細段食，謂諸天及劫初時，及嬰兒食，全無便穢，如油沃沙，散入支體故。二麤段食，即今所食物也。又，光影炎涼，於人有益，亦名為食。今人所見，但是食具，未能資益，由如樂具。故正理論云：食者，非在手中、器中，可成食事，要須進度咽喉，牙齒咀嚼，墮生藏中，攝益諸中（原注：『中』疑『根』），方成食事。二、觸食者，根、境、識三和合名觸。三、思食者，悕求受境想念名思。四、識食者，為諸識蘊了別名識。二、出體者。段食，雖具八事成，但以香、味、觸三為體，不取色。故俱舍云：非色不能益，自根解脫故。如眠見色時，不能資益，且自根大種，尚不能資持，何況資益諸根大種？又不能益於諸解脫者解脫，謂第三果人及羅漢，雖斷欲貪，見色無益，須得食物。二觸食，以心所中觸為體，非色觸為鉢體。三思食者，故正理云：思食者，准與意識相應。四識食，即是識蘊。三、界繫者。段食准欲界，餘三通三界。問：『段食何不通上二耶？』答：『要離段食貪，方能生上故。』四、有漏無漏者。段食唯有漏，餘三雖通無漏。『今為食者，唯取有漏門，何不通取無漏？』答：『食者，資（七五三頁上）益義。無漏觸思識，破壞三有，不能資益故。論引經云：食者，能令部（【案】『部』

疑『諸』。次同。）多有情安住，及能資益。諸求生者，部多謂已生五趣，求生謂中有身，常嘉尋求，當生處故。以香為食，無漏觸思識，無此義故不取。』五、明癈主者（原注：『主』疑『立』。）。問：『諸有漏法皆有資益三有之義，何故世并（原注：『並』字疑剩。）尊唯說四食？』答：『約增勝，說四無失。』問：『其勝者何？』答：『頌云：前二益此世，所依及能依。此明前二食勝也。（前二者，段、觸也。）所依者，謂有情身根，段食於彼，能資益故。能依者，謂心心所。觸食於彼，能為資益。此云二食於已生，有資益功能，最為殊勝，故云此世所依及能依。後之二食者，頌云：後二於當有，引及起如此。於當有身，為資益義，謂思業能引當為；思力引已，識種子力，能趣當為。由業所熏，識種子力，當為力方便起。故此二食，能益當來，最為殊勝。前二如養母，已生身故，後二如生母，生未生故。若准論中，四句分別：一、是段非食，謂所飲噉為緣，損壞諸根大種；二、是食非段，謂觸等三食；三、亦段亦食，謂所飲噉為緣，資益諸大種；第四句者，為除前相觸等三食，皆為此四句。然就中是『觸』等而非『食』者，謂（七五三頁下）無漏觸為緣，損壞諸根大種。餘四可知。』問：『五趣四生，皆具此四食不？』答：『並具。』『若爾，如何地獄有段食耶？』答：『吞熱丸、飲洋銅汁，雖能損壞，亦能暫時消除飢渴，得食相，故亦為食。又，孤獨地獄，飲食如人，故五趣中，俱有四食。』（已上五門。總多汎四食義竟。）次，結歸鈔意者，文云：眼根對色，故名觸食。故律云：女以男為食，男以女為食。此觸即心所誠法。界（原注：『界』疑『男』。）女所欲，由似食故。」（七五四頁上）鈔批卷一九：「四食，謂：揣、觸、思、識也。立謂：舊云『搏食』，亦曰『段食』。段食則攝義寬通也。案攝大乘論云：四食者，一段食，二觸食，三思食，四識食。言段食者，變成為相。何以故？此段若變異，能作身利益事，是名段食。觸食者，依塵為相，由緣色等諸塵，能作利益身事，是名觸食。思食者，望得為相，此望得意，能作利益事，如人飢渴，至飲食處，望得飲食，命身不死，是名思食。識食者，執持為相，由此識能持身故，住世不壞，若無識執，則同死人，身即爛壞，是名識食。此四食中，觸食屬六識，思食屬意，望得段食屬色、不關心。識食於三義中屬何義？若汝不說有阿梨耶識，依何義說此識食？復次，若人眠中不夢，及心悶絕、入滅盡定等，六識已滅，又無段、思、觸三食，何法持此身令不壞？若無阿梨耶識執持，此身則壞，故知定應以阿梨耶識為食。（八一五頁下）此是觸食者，依前攝論解，六識所得，皆屬觸食。立云：

男女相視、情相愛染，義如食也，以眼對故，故言觸也。四分云：男以女為食，女以男為食。案祇云：麨飯魚肉，名為食也。復有食，名眼識，見色起愛，念生欲著，乃至鼻、舌、身、意亦如是，皆名食。復有食，名釜，以蓋為食；臼以杵為食；斛以斗為食。復有食，名男子是女人食，女人是男子食。如上皆名為食。賓云：南山云『四食之中，此是觸食』者，謬也。此意說貪，不欲辨食。今言食家有寶者，從喻為名也。噉貪欲味故，名為食。互相愛重，名之為寶。」（八一六頁上）

〔三〕**男女情相共食**　資持卷中三下：「五分情者，但就識論。」（三二一頁下）【案】五分卷八，五五頁下。

〔四〕**見色愛著**　資持卷中三下：「僧祇具列根、境、識三。」（三二一頁下）【案】僧祇卷一八，三七四頁上。

〔五〕**是食家**　鈔批卷一九：「礪云：以男女情相視曰食家。若斷婬等之家，即不名食家也。」（八一六頁上）

〔六〕**若斷淫家，若受齋家，男女互受一日戒**　鈔批卷一九：「以緣起妨事故制。今夫妻互持一日戒，以無婬事可妨，故開不犯。賓云：受八戒也。」（八一六頁上）資持卷中三下：「十誦斷淫，謂夫婦修梵行，受齊（【案】『齊』疑『家』。）即八戒，斷正淫故。」（三二一頁下）

〔七〕**坐者知妨其事**　資持卷中三下：「令彼夫婦，不得隨意故。」（三二一頁下）

〔八〕**此舍多人出入，不犯**　資持卷中三下：「十誦多人，即同第四人故。」（三二一頁下）

〔九〕**無第四人**　鈔批卷一九：「夫妻及比丘是三，故犯。更有異人成四。妨事非獨在我故也。」（八一六頁上）資持卷中三下：「三人外，更有一人，不犯。」（三二一頁下）

〔一〇〕**母女姊妹亦犯**　資持卷中三下：「僧祇簡非證人，彼律有比丘伴無犯，白衣雖多亦犯。多論：二師、父母、尊人，在座不犯。」（三二一頁下）

〔一一〕**有寶**　資持卷中三下：「有寶者，律列金、銀、真珠等，即以嚴身之具目於女人，引論顯意可見。律不犯中。若舒手及戶處坐，（已內不及則犯。）若二比丘為伴有識別人，或客人在一處，（準此通俗。）若不盲聾，（互闕吉羅，俱闕非證。）或從前過不住，（多人行處。）或病發到地，力勢所持，命、梵難緣等，並開。」（三二一頁下）

〔一二〕**以著寶衣輕明**　鈔批卷一九：「立謂：此解其家有寶義也。謂女著寶衣，輕明照內身，外現發欲，故曰有寶也。准祇云：俱男女亦不犯，以非食家故。」（八一六頁上）簡正卷一二：「以男（原注：『以男』為倒。）女為寶。夫人未以餘衣覆身，名未藏寶也。」（七五四頁上）

屏與女坐戒〔一〕四十四

四緣：一、是俗女，二、屏處〔二〕，三、無第三人，四、申手不及戶坐，犯。

多論〔三〕：閉戶，無淨人，墮；開戶，外有淨人，吉。戶內有淨人，不犯。僧祇：若母、姊、妹，若大小淨人，睡眠、癡狂、嬰兒〔四〕，雖有是人，名「獨」。以人多犯故，前已重明，故又出之〔五〕。若淨人作務，來往不斷〔六〕。若門向道，有行人如食頃不斷。若閣上、閣下，淨人遙見者，不犯。

律不犯者。舒手及戶坐，使乞食比丘見；若二比丘為伴；若有識別人在邊，及難緣。並開。

【校釋】

〔一〕屏與女坐戒　資持卷中三下：「（迦留陀夷念前戒開手及戶處坐，即與女人在戶扉後坐，共語。招譏，故制。）若準戒本，亦標食家，乃是因前而制。至於論犯，不必假夫，故略之耳。」（三二一頁下）鈔批卷一九：「尼同提。」（八一六頁上）扶桑記釋「不必假夫」：「通釋：若依律夫婦相兼，名之食家；故律云：食者，男以女為食，女以男為食。準此，通男女名食家。」（二四四頁下）【案】本戒鈔科稱為「屏與女坐戒」。四分卷一五，六六六頁下開始。

〔二〕屏處　資持卷中三下：「律云：若樹牆壁、籬柵，若衣及餘物障。」（三二一頁下）

〔三〕多論　資持卷中三下：「『多』下，釋第三。」（三二一頁下）資持卷中三下：「多論約戶內外，次列三相。今時入聚，須帶淨人。或對女坐，勿使離身，可得免過。不爾，如論結犯。」（三二一頁下）【案】多論卷八，五五三頁上。

〔四〕若母、姊、妹，若大小淨人，睡眠、癡狂、嬰兒　資持卷中三下：「僧祇初簡非證。七人，三類。初三，親囑（【案】『囑』疑『屬』。）。小淨人、嬰兒無解。睡、狂無知，皆非可畏。『大』字，讀為『太』。」（三二一頁下）鈔批卷一九：「若大小淨人等者，立云：或年八、九十老耄，不知時事；七歲已下，未識時事也。」（八一六頁下）【案】僧祇卷一九，三八二頁下。

〔五〕以人多犯故，前已重明，故又出之　鈔批卷一九：「『二不定』中已廣辨屏

義。」（八一六頁下）資持卷中三下：「『二不定』及『強坐』中已釋，故注顯重重之意。」（三二一頁下）

〔六〕若淨人作務，來往不斷　資持卷中三下：「『若淨人』下，明假緣成證。三相可分。不犯，並同前引」（三二一頁下）

獨與女人坐戒〔一〕四十五

四緣：一、是俗女，二、露處，淨人見、聞屏處〔二〕。三、無第三人，四、在申手內共坐，犯。

十誦：與女露地坐，隨起還坐，隨爾數墮〔三〕。相去一尋內〔四〕，墮；一尋半，吉；二尋若過，無犯。

前「食家」，不犯者如前〔五〕。若互受一日戒，吉羅〔六〕。

【校釋】

〔一〕**獨與女人坐戒**　資持卷中三下：「（亦因迦留陀夷與女露坐。招譏，故制。）」（三二一頁下）鈔批卷二〇：「尼提。」（八一七頁上）【案】本戒鈔科稱為「與女露坐戒」。四分卷一五，六六七頁中開始。

〔二〕**淨人見、聞屏處**　鈔批卷二〇：「如『二不定』中所明。若互見聞，吉羅；見聞俱離，方提。謂常語不聞，名為『聞屏』。雲霧黑暗中，名為『見屏』也。」（八一七頁上）資持卷中三下：「注釋露處。由此二屏，皆無障故。前云：塵霧暗黑名『見屏』，（三二一頁下）常語不聞聲名『聞屏』。」（三二二頁上）

〔三〕**與女露地坐，隨起還坐，隨爾數墮**　資持卷中三下：「十誦初約身動止。」（三二二頁上）【案】十誦卷一二，八五頁中。

〔四〕**相去一尋內**　資持卷中三下：「『相去』下，二、就處近遠，罪相遞減，譏過淺深故。一尋八尺，即伸手內。」（三二二頁上）

〔五〕**前「食家」，不犯者如前**　鈔科卷中三：「『前』下，點前開。」（七九頁中）簡正卷一二：「謂釋前『強坐戒』。」（七五四頁上）鈔批卷二〇：「立明：此重釋前『食家強坐戒』也。謂上之三戒，犯緣、制意是同，故於今重明前戒也。又前『強坐戒』中，未明開通文也，謂前強坐戒中，若互受一日戒不犯者，謂不犯提，非不犯吉。故今文云『若互受一日戒，吉羅』，即指前戒也。若『獨與女坐戒』及『屏坐戒』，此二戒，縱互受一日戒，亦提。意在招譏故也。」（八一七頁上）資持卷中三下：「前引十誦，但云不犯。恐前遺筆，寄之點之。或別有意，來者更詳。注戒指不犯，同前。」（三二二頁上）

〔六〕**若互受一日戒，吉羅**　簡正卷一二：「謂不犯者，提。如前已明。（七五四頁上）今後兩戒，縱互受戒，亦犯提，以招譏故，由夫主不在。又，前戒隱此吉，至此方顯。文勢似難，尋之易解。」（七五四頁下）鈔批卷二〇：「謂不犯提，非不犯吉。故今文云：若互受一日戒，吉羅，即指前戒也。若『獨與女坐戒』及『屏坐戒』，此二戒縱互受一日戒，亦提，意在招譏故也。言受一日戒者，皆約八戒，得名淨行優婆塞。若夫妻互受五戒者，比丘強坐亦提，以自妻不廢故。立云：上解不好。又解云：言前『食家』不犯者，謂指前『食家坐戒』。若夫妻互受一日戒，比丘坐則不犯，以夫妻同在此故。今此中比丘，與女露處坐，雖女受一日戒，亦犯吉，為人見生譏故也。若論露處，招譏故，合得提。由女已受戒故，過輕但吉。」（八一七頁上）

驅他出聚戒〔一〕**四十六。**

四緣：一、是比丘，二、期與設食，三、無諸緣礙〔二〕**，四、遣去，犯。**

律中不犯。與食令去〔三〕**；若病，若無威儀，人見不喜，自送食與**〔四〕**；若破戒、見故，命、梵等難，方便遣，不以嫌心**〔五〕**。**

【校釋】

〔一〕**驅他出聚戒**　資持卷中三下：「（佛在舍衛。跋難陀與比丘鬥，結恨在心，便誘至城中無食處。知還寺時過，便驅出，令彼不得食，疲乏。因制。）」（三二二頁上）鈔批卷二〇：「比丘尼得提。」（八一七頁下）【案】四分卷一五，六六七頁下開始。

〔二〕**無諸緣礙**　簡正卷一二：「如下病無威儀等，是遣去犯者，律約離見聞即犯。」（七五四頁下）鈔批卷二〇：「立謂：因此有命、梵等難，或其人破見威儀。若眾中所舉，若被擯等，駈出不犯。此戒鈔立四緣，戒疏立五緣：一、大比丘，二、先許食，三、不與食，四、惡心駈出，五、離見聞。若礪大疏，有六緣，如（原注：『如』疑『加』。）『無因緣』。」（八一七頁下）資持卷中三下：「即下不犯破戒、見、命、梵等也。」（三二二頁上）

〔三〕**與食令去**　資持卷中三下：「初，先與後遣。」（三二二頁上）

〔四〕**若病，若無威儀，人見不喜，自送食與**　資持卷中三下：「『若病』下二緣，先遣後送。」（三二二頁上）

〔五〕**若破戒、見故，命、梵等難，方便遣，不以嫌心**　資持卷中三下：「『若破戒』等，不與而遣。文令方便，反明嫌心，非無小過。」（三二二頁上）【案】底本無「難」，據四分、敦煌甲本、敦煌乙本加。

過受四月藥請戒〔一〕四十七

六緣：一、是藥請〔二〕，二、施主限定，三、知限，四、過受〔三〕，五、無緣〔四〕，六、食，便犯。

僧祇中：春、夏、冬，若過皆犯〔五〕；或一月、半月，不得更過。

律中不犯者。除四緣，如戒本〔六〕。過藥限，墮；過夜限，吉羅〔七〕。

【校釋】

〔一〕過受四月藥請戒　資持卷中三下：「（佛在釋翅瘦。施主請僧給藥，六群求難得藥，彼為市求，便呵罵之。因制。）戒名『四月』，且從緣說。準下僧祇一月、半月。」（三二二頁上）鈔批卷二〇：「礪云：約時藥、七日、盡形，三種藥犯，謂諸部計會，有斯義也。若非時一藥，以體賤故，又療患義微，過受義希，故犯小罪。言四月者，立謂：據緣起是四月也。今不問四月、一月、半月、春、夏等，但使過施主之限有結。」（八一七頁下）【案】本戒鈔科稱為「過受藥戒」。四分卷一五，六六八頁中開始。

〔二〕是藥請　資持卷中三下：「犯緣第一，十誦四藥通犯。」（三二二頁上）簡正卷一二：「事鏡云：四藥中，過受三藥犯提。准伽論云：受時食，亦犯提。七日、盡形，此律下文，醫所教服藥，故知是犯。若非時藥賤，又療患義劣，過受義希，但犯吉。故十誦云：過四月已，更索蘇等，七日及終身，椒、薑等犯提。若索阿羅勒毗醯勒漿，但吉。」（七五四頁下）

〔三〕過受　資持卷中三下：「過受四月時食者，提。索餘事，吉。（謂非四藥。）四月過已，求七日終身，（即盡形也。）亦提。非時藥，吉。」（三二二頁上）

〔四〕無緣　資持卷中三下：「即下四緣。」（三二二頁上）鈔批卷二〇：「謂有病緣，得過受也。」（八一七頁下）

〔五〕春、夏、冬，若過皆犯　鈔科卷中三：「『僧』下，釋第二。」（八〇頁下）資持卷中三下：「僧祇三時，各有四月，通有過限。」（三二二頁上）簡正卷一二：「春夏分，若過皆（原注：『皆』字原本不明。）犯者，謂此律緣起，是夏四月請。今准祇文，春分亦犯，但是過限，不論三時、半月、一月等。」（七五四頁下）鈔批卷二〇：「謂此三時各有四月，以施主限約四月，故過結犯。」（八一七頁下）【案】僧祇卷二〇，三八五頁下。

〔六〕除四緣，如戒本　簡正卷一二：「一、常請者，施主云『我常施藥』。『更請者』，斷已後續。分請者，自持到伽藍中，分作分好與比丘，五分名為『自送請』。盡形請者，我當盡形壽與藥。戒疏，問：『常請與盡形何別？』答：『但就能所自分也。或為云盡二人形，故名盡形也。』」（七五四頁下）鈔批卷二〇：「一者常請，不作日限也。二、更請，謂先雖限期四月，後更續請也。三、分請者，謂持業（原注：『業』字未詳。）藥至寺中分為分分（【案】『為分分』疑剩。）與比丘也。四、盡形請者，施主盡一報形，常施藥也。有此四緣，無過受罪。」（八一七頁下）資持卷中三下：「（『常請』約能施，『盡形』約所施。）」（三二二頁上）

〔七〕**過藥限，墮；過夜限，吉羅**　鈔科卷中三：「『過』下，示犯相。」（八〇頁中）簡正卷一二：「律文四句料簡。藥之與夜夜時節，日月分齊。藥即參、苓，味敷分二果。初句云：夜有限齊，（定四月，當分請。）藥無限齊，（謂與種種之藥；）第二句：夜無限齊，（當常請是。）藥有限齊，（與參、不與苓也；）第三，俱有；第四，俱無，可知。准律，四句不分輕重，今鈔分輕重者，據制戒義也。本為索藥過限，故結提。若四月止夜齊、非索藥，過限故結提；若四月止夜分，非索藥相，即不應索，故犯吉也。」（七五五頁上）資持卷中三下：「猶同昔義，準疏反之。彼云：此戒索輕，過限重也。所以然者，先有好心，四月與藥，期限已滿，供養心息。過受置惱，敗損處深。又承前受請，人喜過日，故重。餘不具引。」（三二二頁上）鈔批卷二〇：「立謂：施主但施一臍藥，不限日夜，比丘過此藥限而受，得提。若施主本請一月、半月，不限藥分齊，若過夜住，犯吉也。宜作四句：一、過藥限，（八一七頁下）不過夜限，提；二、過夜限，不過藥限，吉；三、藥夜俱過，提吉；四俱不過，無犯。」（八一八頁上）

觀軍戒〔一〕四十八

多論有三意〔二〕：一、為尊重佛法故；二、為滅誹謗故；三、為息諸惡，增長善法故。

四緣：一、是軍陣〔三〕，二、故往觀，三、無緣〔四〕，四、往見，犯。

四分：陣者，若戲，若真，看者皆墮〔五〕。若軍在前後，下道避，不者吉羅〔六〕；方便見，墮。若被請去，力勢、道斷等，不犯〔七〕。

僧祇：若逢軍，不作意見者，無犯〔八〕。若作意，舉頭窺望，見，墮。若天王出，作意看者，越〔九〕。乃至看畜生鬬，及人諍口〔一〇〕，看者亦越。十誦：為觀無常故，雖觀不犯〔一一〕。

【校釋】

〔一〕**觀軍戒**　資持卷中三下：「（佛在舍衛。人民反叛，王領軍征伐，六軍觀陣，匿王不悅。故制。)」(三二二頁上)鈔批卷二〇:「依光律師九段,此下至『三染衣』來,有十三戒,當第五段明繫意住緣,離逸修道無著行。礪云:車幕屯聚稱之曰軍,行列相對曰陣。(已下三戒,尼亦犯提)。」(八一八頁上)【案】本戒鈔科稱為「觀軍陣戒」。四分卷一五,六六九頁中開始。

〔二〕**多論有三意** 資持卷中三下:「初,明住持;二、是化他;三、成自行。由觀兵鬥,凶暴無慈,失諸善利。」(三二二頁上)

〔三〕**是軍陣** 簡正卷一二:「戒疏:車幕長聚稱軍,行列相對曰陳(【案】『陳』疑『陣』。)。大德云:象軍用四人,馬軍用八人,車用十六人,步軍三十二人。不同今時二十五人為一旗、百人為一隊也。」(七五五頁上)資持卷中三下:「律中,下至一馬一車一步卒,皆犯。」(三二二頁上)

〔四〕**無緣** 鈔批卷二〇:「立謂:無請緣也。律中,時有大臣,在軍中欲見比丘,佛開往也。」(八一八頁上)資持卷中三下:「即下被請、道斷等開。」(三二二頁上)

〔五〕**陣者,若戲,若真,看者皆墮** 資持卷中三下:「戲謂遊驛教習之時。真謂正鬥。律作『若戲若鬥』。」(三二二頁上)【案】「四分」下,通釋諸緣。

〔六〕**若軍在前後,下道避,不者吉羅** 資持卷中三下:「『若軍』下,次,明相值。『方便』謂雖下道,偷目顧眄。」(三二二頁中)鈔批卷二〇:「案祇云:有四種,謂:象力最大,有四人從之,成一象兵;馬力次弱,有八人從之,成一馬軍;車軍次弱,十六人從之,成一車軍;步軍者,有三十二人帶伏,成一步軍也。善見稍別,言:象兵者,一人騎象,八人從之;馬兵,一人乘馬,二人(原注:『人』下疑脫『從之』二字);車兵則四人為腳;步兵亦四人也。」(八一八頁上)

〔七〕**若被請去,力勢、道斷等,不犯** 資持卷中三下:「『若被』下,明不犯。律列多種,謂:若有事往,若下道避惡獸、賊難、大水漲、命、梵等。不下道,無犯。」(三二二頁上)

〔八〕**若逢軍不作意,見者無犯** 鈔科卷中三:「『僧』下,別釋第二。」(八〇頁下)資持卷中三下:「僧祇初明逢軍,準意斷犯。」(三二二頁中)【案】僧祇卷一八,三七四頁下。

〔九〕**若天王出作意,看者越** 資持卷中三下:「『若天』下,明非陣。三相皆輕,天王即國君,儀伏畜鬥人爭,皆相因而制。」(三二二頁中)簡正卷一二:「天子也,若出即為軍陳遮從也。」(七五五頁上)

〔一〇〕諍口　【案】底本及僧祇為「口諍」，據大正藏本、貞享本及弘一校注改。

〔一一〕為觀無常故，雖觀不犯　資持卷中三下：「十誦：由睹相殘，易生厭離。雖有此文，世多濫倚，自非實行，往觀皆犯。」（三二二頁中）【案】十誦卷五三，三九四頁下。

有緣軍中過限戒〔一〕四十九

四緣：一、有請緣〔二〕。多云〔三〕：開往〔四〕者，為沙門果故，長養佛法故，長信敬故。又，道俗相須，成就佛法故，聽往有益。二、曾經二夜〔五〕。三、第三宿不離見、聞處。四、明相出〔六〕。犯。

【校釋】

〔一〕有緣軍中過限戒　資持卷中三下：「（六群有緣至軍中宿。招譏，因制。）」（三二二頁中）【案】本戒鈔科稱為「軍中過限戒」。四分卷一五，六七〇頁上開始。

〔二〕有請緣　鈔批卷二〇：「先有請喚，名為有緣。」（八一八頁上）

〔三〕多云　資持卷中三下：「多論四意。上三利他，四即相利。彼又云：若不開往，便謗云：比丘有求，不喚自來；無求時，雖喚不來。若往說法，令悟道果，故開往也。」（三二二頁中）【案】多論卷八，五五四頁上。

〔四〕開往　簡正卷一二：「阿羅漢三果等，欲令前人獲此果，故聽往。」（七五五頁上）鈔批卷二〇：「立謂：大臣有力，若請不去，能作損滅，故開聽往。得無惱害，安神修道，長沙門果。」（八一八頁上）

〔五〕曾經二夜　簡正卷一二：「謂前人懇請，事（原注：『事』下疑脫『不』字。）獲已即往。其事纔訖，便反。若未了，應一宿，又不了再宿。若又不了，至第三宿。」（七五五頁上）

〔六〕明相出　簡正卷一二：「明未出，須去。若不去，明現犯。」（七五五頁上）資持卷中三下：「律不犯者，第三宿明相未出，離見聞處，水陸道斷、命梵等，不往，皆開。」（三二二頁中）

觀軍合戰戒〔一〕五十

四緣〔二〕：一、先有緣在宿，二、軍陣合戰，三、方便往觀，四、見，便犯。

【校釋】

〔一〕觀軍合戰戒　資持卷中三下：「（六群有緣在軍中觀鬥力，一人彼（【案】『彼』

疑『被』。）箭射异，歸。招譏，故制。）此戒因前而制。疏云：既有緣至，應坐說法。後看合戰，為刃所中，犯同於初。（即『觀陣戒』。）不犯，亦同前戒。故文不列。」（三二二頁中）【案】本戒鈔科稱為「軍中過限戒」。四分卷一六，六七一頁上開始。

〔二〕四緣　簡正一二：「祇云：若在城中住，賊來圍城，至令比丘盡出城，現多人相。不故著（原注：『著』疑『看』。次同。），不犯。方便著，即提。」（七五五頁下）

飲酒戒〔一〕五十一

三緣：一、是酒〔二〕，二、無重病緣〔三〕，三、飲咽，犯。

律云：若以我為師者，乃至不得以草木內酒中滴口〔四〕。因說酒有十過〔五〕。五分：以降龍故，得酒醉，衣缽縱橫〔六〕。佛與阿難舁〔七〕至井邊，佛自汲水，阿難洗之，著衣臥於牀上，令頭向佛。須臾轉側，伸腳蹋佛。佛集僧言〔八〕：「昔日敬佛，今不能敬，昔伏毒龍，今不能降蝦蟇。」因說漸斷酒制，乃至嗅酒器〔九〕。多論云：此戒極重〔一〇〕。能作四逆，除破僧，又能破一切戒，及餘眾惡〔一一〕故。

四分中：但使是酒，乃至草木作者〔一二〕，無酒色、香、味〔一三〕；若非酒，而有酒、色、香、味，並不合飲〔一四〕。若酒煮〔一五〕、酒和合食飲，一切墮。若甜、醋酒〔一六〕，食麴、酒糟，一切吉羅。十誦：若飲似酒、醋酒、甜酒、糟醫〔一七〕、若麴，能醉人，咽咽墮。多論〔一八〕：麴犯墮者，謂「和酒麴」乾，持行者。若餘麴〔一九〕，不犯。四分：若酒作酒想，若疑，若無酒想，皆墮〔二〇〕。莫非取境犯，謂前有方便〔二一〕。十誦：為恐冷發，和酒與之，不看即飲，故制〔二二〕。若看知非而是〔二三〕者，如上開之〔二四〕。

律不犯者。

若病，餘藥治不差，以酒為藥〔二五〕；若用身外塗創。一切無犯。

五百問：若醫言必差，得和藥服，不得空服。彊勸人，不飲，吉；飲，犯墮〔二六〕。善見：若酒煮藥故，有酒香、味，犯吉；無者，得飲。

僧祇：一切果漿，令人醉，越〔二七〕；若麴飯和食〔二八〕者，提；啖糵〔二九〕者，越毘尼。

【校釋】

〔一〕飲酒戒　資持卷中三下：「（佛在支陀國。娑伽陀比丘降龍示俱睒彌王，得酒，飲醉臥路。因制。)」(三二二頁中)鈔批卷二〇:「尼飲亦提。」(八一八頁上)【案】本戒「犯文」分三:初,「三緣」下;二、「律云」下,又分三;三、「四分」下。四分卷一六,六七一頁中開始。

〔二〕**酒** 簡正卷一二:「酒者,一是唐三藏有三名:一、梵云『窣羅』,此云米酒;二、云『迷𨢿耶』,此云根莖華菓酒;三、云『末陀』,引(【案】『引』疑『此』。)云蒲桃酒。大德引疏云:是毒水,能昏汎(原注:『汎』疑『沉』。)人,兼諸放逸。從水作酉,日入酉即漸昏黑,不能昇舉也。」(七五五頁下)

〔三〕**無重病緣** 簡正卷一二:「病開也。」(七五五頁下)

〔四〕**若以我為師者,乃至不得以草木內酒中滴口** 資持卷中三下:「本律初示嚴敕以為資者,必稟師教,不可違故。『乃』下,明急制也。今時學法,率多嗜酒,臨此慈訓,那不自慚?」(三二二頁中)

〔五〕**因說酒有十過** 資持卷中三下:「『因』下,顯過。一、顏色惡;二、少力;三、眼視不明;(此三及六損色。)四、現瞋恚相;(此一與九亂神。)五、壞業資生;(破家。)六、增疾病;七、益鬥訟;(長業。)八、無名相;(喪德。)九、智慧少;十、命終墮三惡道。(上九現惡,十即來苦。)觀斯十過,現事灼然。世愚反云益力治病者,不亦謬哉。」(三二二頁中)【案】四分卷一六,六七二頁。

〔六〕**以降龍故,得酒醉,衣鉢縱橫** 資持卷中三下:「五分緣同四分。彼云:娑竭陀比丘,梵音,少異。初緣起。」(三二二頁中)鈔批卷二〇:「案五分云:佛從拘舍彌國往跋陀越邑。時彼編髮梵志住處有一毒龍,常雨大雹,破壞田苗。時諸居士聞佛與千二百五十弟子俱來此邑,皆出奉迎。禮敬已,白佛言:『此邑常有一惡龍,破壞田苗。我恒願得大威德人,而降伏之。』時沙竭陀比丘在佛後扇佛。佛即領(【案】『領』疑『顧』。),勅令往降之。彼聞佛命,禮佛足已而去,向彼龍所。即入其室,卻坐一面。龍身便出烟,沙竭陀身亦出烟。龍即舉身火燃,沙竭陀亦舉身火然。龍火出五色,沙竭陀火亦出五色。於是化龍身令小如箸,內著鉢中,持至佛所。白言:『此惡毒龍,今已降伏,當著何處?』佛令著世界中間。沙竭陀受教,屈申臂頃,持著世界中間,須臾便還。諸居士聞其降伏惡龍,皆大歡喜,悉皆作禮。白言:『願受(【原注:插入『受』字。)我請。』嘿然受之。此比丘性好酒肉,往到其家,飲酒極。飲已,還拘舍彌。於僧坊外,醉臥吐曳,衣鉢縱橫。佛以天眼遙見,共阿難往僧坊外看。佛與阿難,舉著井邊。佛自汲水,(八一八頁下)使阿難洗。著衣臥繩床上,令頭向佛。須臾轉側，申腳踢佛。佛以是，集比丘僧。問諸比丘：『沙竭陀先敬佛，今能敬不？』答言：『不能。』又問：『其人先能降毒龍，今能降蝦蟆不？』答言：『不能。』因是制酒戒。」（八一九頁上）【案】五分卷八，六〇頁。

〔七〕**舁** 資持卷中三下：「舁，音『餘』，對舉也。」（三二二頁中）

〔八〕**佛集僧言** 資持卷中三下：「『佛集』下，立制。初，示過。上二句無恭敬，下二句無威德。」（三二二頁中）

〔九〕**因說漸斷酒制，乃至嗅酒器** 資持卷中三下：「『因』下，正制。」（三二二頁中）鈔批卷二〇：「案五分云：時沙竭陀比丘，因佛制戒，不敢復飲，以先習故，氣絕欲死，飲食不消，不知云何。以是白佛，佛令嗅酒氣。嗅酒氣，復不差。佛言：『以酒著餅中、羹中、粥中。』猶不差。佛令：『聽以酒與之。』得已便差。佛言：『已制。漸漸斷之，乃至嗅酒器不復惡者，不待復嗅。』」（八一九頁上）

〔一〇〕**此戒極重** 資持卷中三下：「多論初句，通標制重。」（三二二頁中）鈔批卷二〇：「立云：一切遮戒中，此戒最重，能造四逆，唯除破僧。破僧者，要須體是清淨，方能破僧。體若不淨，自稱為佛，誰肯信之？且如五戒，於非情中，唯禁一酒戒。意可知矣。」（八一九頁上）【案】多論卷九，五六〇頁。

〔一一〕**能作四逆，除破僧；又能破一切戒，及餘眾惡** 資持卷中三下：「『能』下，舉事。別釋有三：初，成逆業，破僧立佛。醉者，人必不信，所以除之。（三二二頁中）二、能破戒。『一切』者，總收五、八、十、具。彼論云，有人飲酒，淫母、盜雞、殺人，人問皆云『不作』。（即妄語也。）四戒尚毀，餘則可知。良以昏神亂思，放逸之本，沙門大患，可不然乎？三、餘眾惡者，謂非戒所攝，三不善業也。」（三二二頁下）

〔一二〕**但使是酒，乃至草木作者** 鈔科卷中三：「『四』下，釋初緣（二）。初示物體；二、『四』下，明疑想。」（八〇頁下）資持卷中三下：「初科。四分初明是酒，不論色、香、味，草、木作者。律云：梨汁酒、閻浮果酒、甘曬（【案】『曬』疑『蔗』。）、舍樓伽、蒲萄酒等。」（三二二頁下）簡正卷一二：「律中有梨汁酒、閻浮菓酒，及蒲桃酒等。」（七五六頁上）

〔一三〕**無酒色、香、味** 簡正卷一二：「律有四句：一、是酒，有酒色、香、味；二、是酒，無酒色香（原注：『香』字疑剩。），有香、味；三、是酒，無酒色、香，有酒味；四、是酒，無酒色、香、味。（四句皆提，從境制定也。）鈔云：無酒色、香味者，舉第四句，反以前三句。」（七五六頁上）鈔批卷二〇：「案律文云：是酒，有色、香味等，不應飲，但使是酒，互作句，皆不應飲。若非酒，雖有酒色、香味，應飲。如是互作句，『非酒』為頭，皆應飲。礪疏束為二段：初不應飲，以是酒故；二、應飲，以非酒故。高云：此後四句，約體故不犯。然望五分，此四句有犯義，部別故也。（八一九頁上）（此上與鈔引文不同律。更細尋律文。）案五分云：是酒有酒色、酒香、酒味；是酒有色、香，無味；是酒有色、味，無香；是酒無色、香、味。飲令人醉，皆提。（上四句：能醉人，飲皆提。）有非酒而有酒色、香、味，飲令人醉，若飲，得吉羅。有非酒而有色、香、味，不令人醉，欲飲者，聽屏處飲也。」（八一九頁下）

〔一四〕**若非酒，而有酒、色、香、味，並不合飲**　簡正卷一二：「『若非酒』等者，律亦有四句：一、非酒，有酒色、香、味；二、非酒，無酒色，有香、味；三、非酒，無色、香，有味；四、非酒，無酒色、香、味。鈔云：非酒，有色、香、味。四句中，舉初句攝後三句也。准四句文，（七五六頁上）非酒四句，但言不應飲，不云得罪，今准五分，結吉。二俱有罪，故法（【案】『法』疑『律』。）文云：並不合飲。」（七五六頁下）資持卷中三下：「『若非』下，明非酒。具三同酒。必不具者，如下甜酢，但犯吉羅。」（三二二頁下）扶桑記：「非酒：東野云：『此一段與律違。律云：非酒，酒色酒香味應飲。』疑脫『不』字乎！」（二四五頁上）

〔一五〕**若酒煮**　資持卷中三下：「『若酒』下，明和食。準注戒，『煮』字下多『酒』字。」（三二二頁下）

〔一六〕**若甜、醋酒**　資持卷中三下：「上明犯重。『若甜』下，明結輕。律作甜味酒、錯（【案】『錯』疑『醋』。）味酒。今文合之。」（三二二頁下）

〔一七〕**若飲似酒、醋酒、甜酒、糟醫、若麴**　資持卷中三下：「十誦：五種皆墮，並取能醉。四分結吉，應非醉者。醫即酒滓，食麴能醉，於義難顯故。」（三二二頁下）簡正卷一二：「甜酒者，僧祇云：和釀訖，始變生甜也。酢者，味變壞，成酢也。」（七五六頁下）鈔批卷二〇：「糟醫者，謂酒下滓也。礪云，十誦律：若飲似酒、甜酒、糟醫等，飲咽咽提，四分但吉。案十誦文云：若噉麯能醉人者，咽咽提。若噉酒糟，隨咽咽提。若飲酒澱，隨咽咽提。」（八一九頁下）

〔一八〕**多論**　資持卷中三下：「引多論決之。論云：以麥及藥草以酒和之，後乾持行，和水飲，令人醉也。」（三二二頁下）鈔批卷二〇：「上言和酒麴乾者，謂先將酒（原注：插入『酒』字。）和麴，暴乾後食，得提。」（八一九頁下）

【案】多論卷九，五六〇頁上。

〔一九〕**若餘麴**　鈔批卷二〇：「立云：如今時常所用麴也。」（八一九頁下）

〔二〇〕**若酒作酒想，若疑，若無酒想，皆墮**　資持卷中三下：「初引律境想，事同婬戒。」（三二二頁下）

〔二一〕**莫非取境犯，謂前有方便**　資持卷中三下：「注中。初句示律文，次句明今釋。謂先有方便欲飲，至後飲時，乃生非酒想、疑後，心無犯，成前方便，故須結重。必先無意，迷忘須開。疏云：諸師約心從境制，余意不同。聖制有以文少不了，豈有智人由來不嗅須漿，誤飲可結提耶？」（三二二頁下）簡正卷一二：「注文非取境犯者，古人義也。謂先有方便心者，今師釋也。古人見中酒戒，五句境想，三句皆約是酒。縱使比丘作非酒疑，或作非酒相迷心，亦犯墮者，即云莫不約境而犯，不就心論。今師云：豈有智人，一生不嗅酒氣！欲酒飲水，悞而咽之，可結他提。今律文疑想迷心，結正重者，據先有方便之心，欲飲此酒，或舉盞時，卻生非酒想、疑，約從心邊，但合犯吉緣。為前有方便心，冥然契合，故結墮罪。若無前心，直爾想疑，終不結重。（已上取戒疏意解之。）想宗（原注：『想』疑『相』。）學者破南山云：酒戒，律自分明約境，今便臆課，從心無教。可據法寶云：當宗不了，不可依承。酒戒從心，非戒約境。是以鈔主下引十酒（【案】『酒』疑『誦』。），證成上義。」（七五六頁下）鈔批卷二〇：「注云莫非取境犯者，立謂：古師云：所制戒無有定相，或有制心從境，或有制境從心，此戒則制心從境。若殺人戒，則制境從心，謂境實是人，作非人、兀木想疑，不犯重。此戒不爾，但使是酒，作非酒想疑亦提。注云謂前有方便者，立明：本擬飲酒，臨至境邊不問，若作酒想，若疑，若作非酒想、疑，但使前境是酒，皆結。若前無方便，縱得來作非酒想飲者，亦無犯。由本無心迷，故不犯。戒本疏云：境想三句皆重，諸師約心從境制者，余意不同，聖制有以，文少不了。（八一九頁下）豈有智人由來不喫酒漿，悞飲可結提耶！此謂重者，先有方便欲飲此酒，及舉向口，乃生非酒想、疑。約後心邊，止吉羅耳，成前方便非重。」（八二〇頁上）

〔二二〕**為恐冷發，和酒與之，不看即飲，故制**　資持卷中三下：「十誦彼約不看，同今取境。看則非意，可證迷心，無方便者。」（三二二頁下）【案】十誦卷一七，一二一頁上。

〔二三〕**若看知非而是**　鈔批卷二〇：「謂實是酒，比丘看竟，謂言非酒。又，本無方便，即是本迷，故不犯。」（八二〇頁上）

〔二四〕如上開之　簡正卷一二：「若知非而悞飲，如上來第二句無酒想，即開不犯。又必是酒，又無色、香、味，容有悞義，或可約舌不別味，鼻根壞等。此是明文有開，固非臆說也。」（七五六頁下）鈔批卷二〇：「謂本有方便，故無方便者不結。」（八二〇頁上）

〔二五〕若病，餘藥治不差，以酒為藥　鈔批卷二〇：「戒疏云：非謂有病，即得服之。然須遍以餘藥，治之不差，方始開服也。」（八二〇頁上）

〔二六〕若醫言必差，得和藥服，不得空服　資持卷中三下：「五百問中，必取醫語，以定可不。『強』下，即教他犯。」（三二二頁下）【案】五百問，九七七頁下。

〔二七〕一切果漿，令人醉，越　鈔科卷中三：「『僧』下，僧祇急制。」（八〇頁中）資持卷中三下：「僧祇果漿，同上甜酒、麴，知飯提，亦約能醉。」（三二二頁下）【案】僧祇卷二〇，三八七頁中。

〔二八〕麴飯和食　鈔批卷二〇：「立謂：如上多論和酒之麴。今將和飯喫，故犯。非和酒者，噉亦無罪。」（八二〇頁上）

〔二九〕糵　簡正卷一二：「糵者，（『儀哲』反，說文云：是米芽也。）此能糵消米（七五六頁下），將糵作酒。噉此多，令人醉故。」（七五七頁上）鈔批卷二〇：「啖糵者，今用麥牙所作者是也。」（八二〇頁上）資持卷中三下：「糵即米牙，謂糟粕也。此方多有糟藏之物，氣味全在，猶能醉人。世多貪噉，最難節約。想西竺本無，故教所不制。準前糟麴，足為明例。」（三二二頁下）

水中戲戒〔一〕五十二

多論四意：一、佛法尊重，理宜敬奉，入水遊戲，損壞不輕；二、動越威儀，招世譏過；三、妨廢正業〔二〕；四、又失正念〔三〕故。

三緣：一、是水，二、無緣〔四〕，三、入中戲，犯。

律中〔五〕，戲者，放意自恣：以手畫水，或水相澆灒，乃至以缽盛水弄，一切墮。除水已，若漿、若酒，弄者，吉。僧祇：水陸互澆灒，越；俱水中者，提。五分：摶雪及草頭露，弄者，吉。伽中：乃至水滴地，亦吉。

律中不犯〔六〕者。若道行渡水，沈水取沙石諸物，若學知浮法而浮〔七〕，掉臂畫水，灒者，不犯。

【校釋】

〔一〕水中戲戒　資持卷中三下：「〔佛在舍衛。十七群在阿耆羅婆提河中嬉戲澆灒，匿王與未利夫人（【案】『未』疑『末』。）在樓上見。夫人令以石蜜奉佛。便呵責。而制〕。」（三二三頁上）鈔批卷二〇：「尼提。上代光統述制意：水性漂蕩無恒，不可常令淺在中戲笑，招譏呵止。上流忽增，容損身命。」（八二〇頁上）【案】四分卷一六，六七二頁中開始。

〔二〕妨廢正業　鈔批卷二〇：「比丘本懷，靜緣進道，入水遊蕩，動越威儀，故妨正業也。」（八二〇頁上）資持卷中三下：「三、四，損己，佛慈制戒，反損成益。」（三二三頁上）

〔三〕又失正念　鈔批卷二〇：「馳散沈浮，乖違至理，入水遊戲，正念斯亡也。首疏引大雲法藏經云：王與夫人樓上遙見遊戲，王說偈向夫人云：『吾聞諸比丘，意謂離塵羈，戲暴泥水中，云何作人師？』（八二〇頁上）時十七群童子，遊戲足已。中有一人，著衣上岸，入定知王心，即作十八變，拂王疑意。遂以神力，鴈行而去。夫人見之，而向王說偈云：『我家諸比丘，久已離塵羈，沙彌尚如此，何況釋迦師？』王內生信也。如餘三律云：十七群并得無學，水中遊戲，尚招譏過，何況下凡？故舉上聖，禁約下凡也。撿大雲經無文也。僧祇十九云：童子迦葉，至年八歲出家，得阿羅漢，共十六群，入水浮戲。波斯匿王在樓望見，王未信佛法，見倍生不信，即語末利夫人言：『看汝所事福田。』童子迦葉於其水中，入頂第四禪，以天耳聞。語諸伴言：『王倍不信。』末利夫人心亦不悅。迦葉云：『今當令彼發歡喜心。』皆言：『善哉。』各提澡罐，盛滿中水，以著於前，結跏趺坐，次第行列，陵雲而去，於王殿上空中而過。夫人見已，心大歡喜，即白王言：『看我福田，神德如是。』王大歡喜。案五分云：十七群比丘水中戲已，立水上著衣。夫人語王言：『看我所事福田。』著衣已，以瓶盛水，擲空中飛而逐之，從王樓上過，猶如鴈王。夫人復白王：『更看我福田。』其王亦生信心。餘緣同四分。賓云：戒本水中，且據緣起。（八二〇頁上）後解釋中，鉢盛水戲，亦提。」（八二〇頁下）

〔四〕無緣　資持卷中三下：「謂道行渡水等，皆不犯故。」（三二三頁上）

〔五〕律中　鈔科卷中三：「『律』下，釋第三。」（八〇頁下）資持卷中三下：「第引四文，攝相斯盡，罪有輕重，隨事不同，莫非皆約戲弄之意。」（三二三頁上）

〔六〕不犯　資持卷中三下：「不犯，三緣，皆非戲意：道行渡水一也，沈水取物二也，學浮防難三也。」（三二三頁上）

〔七〕若學知浮法而浮　資持卷中三下：「準注戒，『而』下多『浮』字。掉臂畫水，浮法須爾，因而潛故。」（三二三頁上）

擊攊戒〔一〕五十三

四緣：一、大比丘，二、作惱意，三、首腳十指，四、觸著，便犯。

僧祇：以指指比丘〔二〕，亦提；五指指，五提；乃至差會，以指指「某甲去」〔三〕者，亦墮。沙彌眠，喚覺，當挽衣〔四〕。五分：若擊攊沙彌乃至畜生〔五〕，亦吉。四分：若以餘物擊攊〔六〕者，吉羅。

不犯者。不故作；若眠，觸令覺。一切開。

【校釋】

〔一〕擊攊戒　資持卷中三下：「（佛在舍衛。六群中一人擊櫪，十七群中一人幾死。因制。）戒名者，古謂以手於腋下挃弄令痒。若準犯緣，必具惱意，故知成犯。非唯戲劇。」（三二三頁上）鈔批卷二〇：「尼提。」（八二一頁上）【案】本戒鈔科稱為「擊攊他戒」。四分卷一六，六七三頁上開始。

〔二〕以指指比丘　鈔批卷二〇：「景云：此舉遙指得提，非謂著方犯。案僧祇十九名『相戒』（【案】『相』後疑脫『指』字。），與此律似別。彼律緣起，尼坐不正，十六群見已，指示而笑，因此故制。彼云：一指指，提，乃至五指亦如是。一切手指，提；以捲指，簡（原注：『簡』疑『蘭』。）。若竹木指者，越毗尼也。」（八二一頁上）資持卷中三下：「釋中，僧祇指觸，須論惱意。」（三二三頁上）【案】僧祇卷一九，三三八頁。

〔三〕乃至差會，以指指「某甲去」　簡正卷一二：「彼月直、知事人，差次食以指指言『某甲去』，犯。」（七五七頁上）鈔批卷二〇：「以遙指故犯也。依撿祇文云：若月直、若知事人，差次食，以指指，言某甲去，波夜提。看文似遙指。四分要著，始犯罪也。」（八二一頁上）【案】「指指」，底本為「指」，據敦煌甲本、敦煌乙本及僧祇加。

〔四〕挽衣　資持卷中三下：「深防意也。若準四分，眠觸皆開。」（三二三頁上）

〔五〕若擊攊沙彌、乃至畜生　資持卷中三下：「五分簡異類。」（三二三頁上）

〔六〕若以餘物擊攊　資持卷中三下：「四分簡餘物。」（三二三頁上）

不受諫戒〔一〕五十四

五緣：一、已欲作非法事；二、他如法設諫；三、知已所作非，前人諫者是；四、拒諫不受；五、隨作犯根本〔二〕，違諫波逸提。此謂諫時不受，犯吉〔三〕；後作六聚，通犯墮〔四〕也。

不犯者，如僧殘末戒開之〔五〕。

【校釋】

〔一〕**不受諫戒**　資持卷中三下：「（佛在拘睒毘。闡陀欲犯戒，比丘諫言『莫作』。不從他諫，即犯諸罪。故制。）」（三二三頁上）鈔批卷二〇：「尼提。十三『違僧諫』，得殘。此違別人諫，故提。」（八二一頁上）【案】四分卷一六，六七三頁上開始。

〔二〕**隨作犯根本**　簡正卷一二：「五篇之中，隨犯何罪，達（原注：『達』疑『違』。）諫提者，隨作五篇，下一一皆有也。」（七五七頁上）

〔三〕**此謂諫時不受，犯吉**　簡正卷一二：「謂根本違諫，二罪同時結也。」（七五七頁上）資持卷中三下：「『此』下，點上四、五。前僧殘中，違僧命重，隨諫即結。此別人諫，要待作成。若不作事，便成受勸故也。又，不同下『拒勸學戒』，諫於止犯，出言即止。此諫作犯，待作成違。（上並疏意。）」（三二三頁上）鈔批卷二〇：「謂此諫時不受，犯吉者，將欲造惡，人諫須捨，故違不從，有犯吉也。」（八二一頁上）

〔四〕**後作六聚，通犯墮**　簡正卷一二：「既不受諫，隨前作夷、殘、蘭、提、吉等六，皆結連（原注：『連』疑『違』。）諫提也。故知此罪，要作前事，方結違諫罪。若正諫不受，但得吉羅。問：『前違僧諫竟，即犯，不待作前事。今此得作方犯，何以不同？』答：『前有僧法可違，諫竟即犯。此是屏諫，無信法違，故作前事方犯。』」（七五七頁上）鈔批卷二〇：「既不受諫，隨前作何罪，結違諫之提。前告有謝，以攬因成果故。若作前事，隨犯六聚中根本，自得夷、殘、提、吉也。故知違諫提罪，要約作前六聚罪成，方結違諫提也。礪自（原注：『自』疑『同』。）此說。礪問：『違僧諫中，諫竟有犯，不待作事，此中所諫竟，未犯，要待作事方犯，違諫之罪者何？』答：『前文僧諫中，有僧命眾法可違，情過是重，故諫竟有犯，（八二一頁上）不待作事。此中，說是一人諫，無僧命眾法可違，是以諫竟未犯。要待作事，方表違諫義成，是以不類。』『若爾，下拒勸學戒，亦是一人諫，無眾命可違，何以諫竟有犯，與此相違耶？』答：『彼諫止犯，先是不學，止犯之人，發言拒諫，道已不學，即是止犯，表違已成，故所以犯。此諫作犯，雖言拒諫，道我作者，仍猶未作，表違未就，要待作事，違諫義成。亦非一類也。』」（八二一頁下）

〔五〕**不犯者，僧殘末戒開之**　簡正卷一二：「謂指惡性，不受諫戒。彼云：若無智人來諫，報云『汝可問汝師，學知諫法，然後來諫於我。若非法諫，不受』等，一切不犯。」（七五七頁下）鈔批卷二〇：「謂勸前人如法諫者，須受。若非法而諫，違則無罪。」（八二一頁下）資持卷中三下：「不犯指上者，若無智人諫，報言『可問汝師和尚，更學問』等。若戲笑、獨語、夢中語、錯亂。」（三二三頁上）

怖比丘戒〔一〕五十五

五緣：一、大比丘；二、作怖彼意；三、以色、聲等六塵事，一一示說〔二〕；四者、一一相現〔三〕；五、見聞〔四〕。便犯。不問前人怖以不怖，皆墮〔五〕。律中：不了者，吉羅〔六〕。

不犯者。或闇地無火，或大小便處，謂是惡獸，便怖；乃至行聲、謦咳聲〔七〕等而恐畏。若以色示人，不恐意〔八〕；餘塵亦爾。若實有是事相〔九〕；或夢中見〔一〇〕當死、罷道、失物，和尚、父母重病，若死，語彼令知，若戲若誤。一切不犯。

【校釋】

〔一〕怖比丘戒　資持卷中三下：「（佛在波羅梨毘國。迦波羅比丘為佛侍者，於輕行處，反披拘執，怖佛。明旦制此戒。）」（三二三頁上）鈔批卷二〇：「尼提。」（八二一頁下）【案】四分卷一六，六七三頁中開始。

〔二〕以色、聲等六塵事，一一示說　鈔批卷二〇：「色怖者，或著獸皮，或作鳥形、鬼形，可畏之狀，令前生怖，此是示怖；『說』者可解。聲怖者，作虎豹及鬼神等聲，此示怖；說者可知。（下一例，有『示』有『說』。）香怖者，作奇異氣息，或臭或香，云是虎、狼、師子之氣也。味者，或作苦味、酢味，令他嘗之，云是殺人之藥也。觸者，或冷、熱、澁、滑，或將毒虫、蛇、蠍，令他手觸，尼（原注：『尼』字疑剩。【案】『尼』疑『令』。）而生怖也。法者，云『我夜夢見汝和上、父母得病』，或『死休道』等，種種惡事，向他說也。（上是立解。）言一一示說者，立謂：示，現；說，謂言說也。明將上六種事，有示怖、有說怖者，若身自作，令他怖，名『示怖』。若說此六事，令他怖，名『說怖』也。（八二一頁下）云『我聞此聲』，『見此色』等也。其六塵中，各有示說之相，故言一一示說也。」（八二一頁下）資持卷中三下：「律云：若說色、聲等，恐怖說而了了者，提。（此約『說』也。）又云：若以色聲，恐怖人，一一皆墮。（此『示』也。）言色怖者，或作象、馬、鬼形等。聲怖者，或貝、鼓、啼聲等。香怖者，樹葉、華果香及臭氣等。味怖者，醋、甜、苦、澀，令彼嘗怖。觸怖者，熱、冷、重、輕、麤、細、滑、澀，令觸怖。法怖者，語云『夢汝死、罷道』等。」（三二三頁上）【案】僧祇文卷一九，三八〇頁。

〔三〕一一相現　簡正卷一二：「謂六塵中，隨一一相現。有解云『二相現』（原注：『二』疑『一一』。），謂身相、口相，身業口相，此亦為對古人，但有示怖，而無說怖，今此俱有。（此解示得。）」（七五七頁上）鈔批卷二〇：「有示說二相也，亦云身、口二相。此明上六塵怖他，不出身、口二業。身即是示，口即是說，還是示說也。昔人相傳，止有六塵示怖，而無說怖。今謂不然，具有示說。律文明顯，何得不論？疏亦立『示』『說』二怖也。有鈔本作『一一相現』者，謂六塵中，隨一一相現也。」（八二二頁上）

〔四〕見聞　資持卷中三下：「對上兩緣。」（三二三頁上）

〔五〕不問前人怖以不怖，皆墮　資持卷中三下：「『不』下，示犯。不問前人者，以怖就能犯作意為言，不取所怖。」（三二三頁中）簡正卷一二：「戒疏云：欲明輕怖，極聖尚遭，況餘下類，義須滅疏（原注：『疏』一作『跡』。）。文顯佛無怖心，但屬能怖，結犯也。」（七五七頁上）

〔六〕不了者，吉羅　鈔批卷二〇：「謂作怖相，前人未了了見也。」（八二二頁上）

〔七〕謦咳聲　資持卷中三下：「不犯中。初，開色、聲。謦欬，謂嗽聲也。」（三二三頁中）【案】此戒不犯有四。初二句，上句明色，下句明聲。

〔八〕若以色示人，不恐意　資持卷中三下：「『若以』下，開非意，則通六塵。」（三二三頁中）

〔九〕若實有是事相　資持卷中三下：「『若實』下，點法塵。」（三二三頁中）

〔一〇〕或夢中見　鈔批卷二〇：「此舉法怖開通文也。」（八二二頁上）

半月浴過戒〔一〕五十六

五緣：一、曾前洗浴，二、未滿半月，三、無緣，四、更浴，五、洗半身，犯。

四分：除熱時，春後四十五日，夏初一月〔二〕。病者，下至身體臭穢〔三〕；作時，下至埽屋前地〔四〕；風、雨二時，下至一旋風、一滴雨著身；道行時，下至半由旬來往——皆開。無者，過洗半身，墮；方便悔，吉。多論〔五〕：天竺熱早，從三月初至五月半，聽洗。隨國土早晚熱，用此限洗。

十誦：大雨空中，立洗，亦得〔六〕；若有緣，不語餘比丘輒浴者，吉〔七〕。不得共白衣同浴室〔八〕；知善好、無口過者，聽入。比丘揩白衣，吉。若頭陀，不用他揩，編繩自揩身者，善。五分：共白衣浴室中浴者，偷蘭〔九〕。多論〔一〇〕：凡露、覆處浴，要不共白衣。如論者好〔一一〕。**要著**

竭支〔一二〕：一、當有慚愧，二、喜生他欲〔一三〕。因說羅漢身耎，有凡見便起染，失男根，乃至還悔，得本身。

五分：已浴師及病人，身體已濕，因浴不犯〔一四〕。

僧祇〔一五〕：隨數滿十五日〔一六〕。若洗時，料理湯火訖，然後打木作聲〔一七〕，令一切僧次第入〔一八〕。若無緣者，作陶家法〔一九〕，先洗兩髀、兩腳，後洗頭、面、腰、背、臂、肘、胷、腋。餘如下卷〔二〇〕。

【校釋】

〔一〕半月浴過戒　資持卷中三下：「（佛在羅閱祇。竹園有池，瓶沙王聽比丘常在中浴，六群後夜入浴。王與婇女詣池，相值王不得浴，大臣嫌恚。因制。）戒名云『過』，謂未至半月，過越聖制故。疏標云『減半月浴戒』是也。若準後開邊方五事，得數洗浴，為生世善，故知此戒，局制中國。此當邊地，計是常開。然省事知足，依制彌善。」（三二三頁中）鈔批卷二〇：「尼提。高云：非謂半月已，然後方洗。乃半月之中，過度數洗，故曰過。此約洗之過，非約日過。」（八二二頁上）【案】本戒鈔科稱為「半月浴戒」。四分卷一六，六七四頁中開始。

〔二〕除熱時，春後四十五日，夏初一月　鈔科卷中三：「初釋諸開緣。」（八一頁下）簡正卷一二：「眷（原注：『眷』疑『春』。）後四十五日者，謂從三月初一日至四月半是。夏初一日（【案】『日』疑『月』。），從四月十六日至五月半是。合上二部，七十五日。此據西天說也。今東土極晚，亦可移時。故多論云：隨國土早晚極用，此限洗也。」（七五八頁上）鈔批卷二〇：「春後四十五日者，是三月一日至四月半也。夏初一月者，自四月半至五月半也。中間得七十五日，是熱時。（此據天竺熱時。）故下文云：天竺熱早，從三月初至五月半也。景云：中國熱早故爾。今則不可依之，但可隨方早晚熱也，但不得過七十五日耳。」（八二二頁上）資持卷中三下：「初，明熱時，春後四十五日者，三月初一至四月十五；夏初一月者，四月十六至五月十五。共七十五日，名熱時。」（三二三頁中）【案】「四分」下釋第三，鈔科分二：初，「四分除」下；次，「僧祇隨」下。

〔三〕病者，下至身體臭穢　資持卷中三下：「病等五緣，皆約極下以為開限。再詳教意，止為約勒。下流營身無度，由非大過故，隨事通容。」（三二三頁中）

〔四〕作時，下至埽屋前地　鈔批卷二〇：「案祇云：下至掃地，五、六掃箒，名作時也。行時者，下至一拘盧舍。若來若去，是名行時，洗浴無罪。（八二二頁上）十誦中，欲行行竟，洗得提罪。唯正行時，始開洗也。彼律十六云：昨日來，今日洗，提；明日行，今日洗，提；即日行，洗，不犯。准善見論：正行行竟，皆開洗也。便還悔吉者，臨至浴處，即悔不洗也。」（八二二頁下）

〔五〕**多論**　資持卷中三下：「引多論，別顯初緣，即同上解。方土熱，雖早晚七十五日為定，故云用此限。」（三二三頁中）【案】多論卷八，五五六頁下。

〔六〕**大雨空中，立洗，亦得**　鈔科卷中三：「『十』下，示離過法。」（八一頁下）資持卷中三下：「十誦有四，初開雨中。」（三二三頁中）扶桑記：「若非大雨，理應不開。」（二四六頁下）【案】十誦卷二七，一九五頁中。

〔七〕**若有緣，不語餘比丘輒浴者，吉**　鈔批卷二〇：「此謂拂他疑心，故須白也。」（八二二頁下）資持卷中三下：「『若』下，明有緣須白。謂有上開緣，示非專輒故。」（三二三頁中）

〔八〕**不得共白衣同浴室**　資持卷中三下：「『不得』下，明同俗可不。揩俗制罪者，屈道乖儀故。」（三二三頁中）

〔九〕**共白衣浴室中浴者，偷蘭**　資持卷中三下：「五分制不通俗，偷蘭應犯下品。」（三二三頁中）

〔一〇〕**多論**　資持卷中三下：「多論初明制俗。十誦容許善好，五分但制室中。不如論文，覆露齊約，故注取之。」（三二三頁中）【案】多論卷九，五六一頁上。

〔一一〕**如論者好**　鈔批卷二〇：「依上多論，不共白衣，同浴好也。」（八二二頁下）

〔一二〕**要著竭支**　鈔批卷二〇：「即祇支者也。」（八二二頁下）資持卷中三下：「『要』下，明浴衣。『竭支』即『祇支』。相量四方，披身而浴。」（三二三頁中）簡正卷一二：「諸記相傳云是僧祇支也。大德不許此解，不可祇支洗浴。此是泥洹僧，亦云『舍勒』，即今行裙子是，亦非胜褌之類。」（七五八頁上）

〔一三〕**當有慚愧**　資持卷中三下：「今時裸形，由無恥故。」（三二三頁中）簡正卷一二：「准多論云：昔有羅漢比丘洗浴，有一比丘後入，見羅漢身體鮮淨細耎，便生染心。不久，男子（原注：『子』字疑剩。）根墮落，即生女根。遂休道為俗生子，後還遇見，即便識之。知本所因，即請歸舍，求哀懺悔，用心純志（原注：『志』疑『至』。），還得男根，故知今時不得露形浴也。」（七五八頁上）鈔批卷二〇：「由不著竭支，身體既露，人見起欲心也。……又婬持戒本（原注：『本』字疑剩。）大比丘及沙彌，罪同破七寶塔。勸人出家精進，斯福同塔。（已上論文。）」（八二二頁下）

〔一四〕**已浴師及病人，身體已濕，因浴不犯**　鈔科卷中三：「『五』下，明為他緣。」

（八一頁下）資持卷中三下：「為他中，因他開己，同作務故。」（三二三頁中）

〔一五〕僧祇　鈔科卷中三：「『僧』下，明無緣浴法。」（八一頁中）【案】僧祇卷三五，五〇九頁上。

〔一六〕隨數滿十五日　資持卷中三下：「示時限，不必黑白兩月。」（三二三頁中）

〔一七〕打木作聲　鈔批卷二〇：「立謂：今時浴僧，既用常住，必須作相。景問：『半月洗浴，得用僧物不？』答：『得。祇律有明文。若洗浴者，先料理湯火，後打木作聲，（八二二頁下）令一切僧次第入。若不得用僧物，何須作相，令僧次第入耶？』又，諸律，浴者是僧常法。十誦洗浴有五利：一、除垢，二、身清淨，三、除身中寒浴（原注：『浴』疑『冷』。），四、除風，五、得安穩也。又如溫室經，施七物，除七病，得七福。法式廣如溫室經。抄付待說者。（云云。）然浴僧功德，難以備陳。如智論中明：難陀比丘一浴僧曰（原注：『曰』疑『而』。）作願言：使我世世端正淨潔，又於異世值辟支佛塔、餝以彩畫、莊嚴辟支佛像。而作願言：使我世世色相嚴身，以是因緣故，世世得身相端正，乃至今日得出家成道。眾僧遙見，謂其是佛，悉皆起迎。良嚴餝支佛，兼以浴僧，廣發願言，獲此果報。」（八二三頁上）

〔一八〕令一切僧次第入　簡正卷一二：「玄云：古人據祇文，得用常住僧物，供浴所須。既明打木次第入之，故知是僧物也。」（七五八頁上）

〔一九〕若無緣者，作陶家法　鈔批卷二〇：「作陶家法者，立謂：從下洗，次第向上也。此即祇文，似寬，不同四分。」（八二三頁上）資持卷中三下：「言無緣者，由依制限，不必約緣。陶家即範土家，洗法先下後上，於事順便，故取為式。」（三二三頁中）

〔二〇〕餘如下卷　簡正卷一二：「指諸雜篇，廣明浴有利益及方法等。」（七五八頁上）

露地然火戒〔一〕**五十七**

四緣：一、是露地，二、無緣〔二〕**，三、然草木有燄者，四、然，便犯。**

五分〔三〕**：為炙身然火，燄高四指**〔四〕**者，墮。多論：若他已然，後隨作何事**〔五〕**，皆墮。四分：病者須火便身也，得自然；若教人**〔六〕**，**謂在死土、石及餘物上也。**若無緣**〔七〕**，燒草、木、穅、糞，一切墮。若半焦，然炭**〔八〕**，及不云「知是！看是」，一切吉羅。**

僧祇：旋火作輪〔九〕，或火中有草、木，撥聚，一切墮。若壞生，二罪〔一〇〕：一、壞生；二、然火。若在生地，理又一墮〔一一〕。僧祇：若抖擻火炬，在灰上、瓦上，不得在生地〔一二〕。

律不犯者。語言「知是，看是」；若病人，自然、教人然；有緣看病人，為病者煮糜粥、羹、飯；若在廚屋中、浴室中；熏鉢，煮染，然燈，燒香。一切並開。

【校釋】

〔一〕**露地然火戒**　資持卷中三下：「〔佛在曠野城。六群露地拾柴草然火，向（【案】『向』疑『有』。）蛇從木出，遂驚擲火，燒佛講堂。故制。〕」（五五四頁上）鈔批卷二〇：「尼提。」（八二三頁上）【案】四分卷一六，六七五頁上開始。

〔二〕**無緣**　鈔批卷二〇：「立謂：開病及為病人煮食等也。」（八二三頁上）

〔三〕**五分**　鈔科卷中三：「『五』下，釋二、三。」（八一頁中）【案】五分卷九，六四頁下。

〔四〕**燄高四指**　資持卷中三下：「四指即四寸，此為分齊。」（三二三頁下）簡正卷一二：「謂前列緣，依四分但云有『焰』，不說高促（原注：『促』疑『低』。），故取五分四指便犯。〔亦是人指，拒（【案】『拒』疑『姫』。）尺四寸。〕」（七五八頁下）

〔五〕**後隨作何事**　簡正卷一二：「謂隨後添薪益木，或炙身煮物，整頓前火、聚斂等，皆犯提。」（七五八頁下）鈔批卷二〇：「謂他在露地然竟，後比丘隨於火上，或進火撥火聚，或足薪等，隨作一一事，隨結提也。須火便身者，以其病故，假火以益其身，故曰也。」（八二三頁上）資持卷中三下：「事即指物。彼云：凡有五事，一、草，二、木，三、牛屎，四、木皮，五、糞掃。若一時，以五種著火中，一提；一一著火中，一一提。」（三二三頁下）【案】多論卷八，五五五頁上。

〔六〕**若教人**　資持卷中三下：「初，明緣開，恐謂生地，故注簡之。」（三二三頁下）

〔七〕**若無緣**　資持卷中三下：「『若』下，二、明無緣結犯，且列四物。律中更有枝葉、紵麻、芻摩、牛屎，亦攝於四。（上三即草木，下一即糞掃。）」（三二三頁下）

〔八〕**若半焦，然炭**　資持卷中三下：「律云：若被燒半焦，擲著火中，及然炭者，突吉羅。」（三二三頁下）鈔批卷二〇：「燒無燄，故得吉也。又，若令他然

時，不作知淨語，亦吉也。」（八二三頁下）

〔九〕旋火作輪　資持卷中三下：「僧祇初明本罪。旋火作輪者，彼云弄火輪。謂以手旋火炬，有如輪焉。」（三二三頁下）簡正卷一二：「謂以手持此等之火，而旋為輪，亦犯。若壞，若生等，約義合有，若在生地即犯，故引祇證之。」（七五八頁下）鈔批卷二〇：「景云：謂作火輪，雖離地亦犯，恣遺火落地故也。只是將火爈空中旋是也。或火中有草木撥聚犯者，立謂：見他然火竟，使為進火，或撥聚足薪等也。撥，（『補達』反。）。撥，由理也；廣疋云：撥者，除也。」（八二三頁下）【案】僧祇卷一七，三六五頁上。

〔一〇〕若壞生，二罪　資持卷中三下：「『若』下，明兼犯。」（三二三頁下）

〔一一〕若在生地，理又一墮　鈔批卷二〇：「立明：前戒生草上然火，壞生故，一提；又，是露地犯此戒，又一提；既是生草下，生地壞地，又提。故得三提。」（八二三頁下）資持卷中三下：「『在』字上脫一『若』字。古本有之，謂燒生地，又犯掘戒，則有三罪。據文二罪，此準義加。」（三二三頁下）【案】底本無「若」，據敦煌甲本、敦煌乙本及資持釋文加。

〔一二〕若抖擻火炬，在灰上、瓦上，不得在生地　資持卷中三下：「復引彼文為證。此約隨有，不必定具。若在死地復然乾木，則單犯此戒。」（三二三頁下）扶桑記：「通釋：下不犯中，不云比丘自露地捉炬燭，準此文可開耳。」（二四七頁上）【案】僧祇卷三三，四九五頁上。

藏他衣鉢戒〔一〕五十八

三緣〔二〕：一、大比丘衣鉢，二、驚動意，三、取藏，便犯。

多云：若五大色衣、不淨衣，吉羅〔三〕。未熏鉢、鍵鎔、衣鉢，作淨畜者，皆墮〔四〕。準此，五大色非佛開〔五〕。

律不犯者。若實知彼人物，相體悉而取舉〔六〕；若在露地，風雨漂漬，舉之〔七〕；若物主為性慢藏，衣物狼藉，為誡勑故藏之〔八〕；若借他衣，而彼不收，故舉〔九〕；若因此衣鉢，有命、梵等緣故藏。一切不犯。準此，今官不許私度，在道行有衣鉢自藏，應不犯持罪〔一〇〕也。

【校釋】

〔一〕藏他衣鉢戒　資持卷中三下：「（佛在舍衛。六群背取十七群衣物藏之，諸比丘察知。因制。）」（三二三頁下）【案】四分卷一六，六七五頁下開始。

〔二〕三緣　鈔批卷二〇：「礪具四緣，加一『無因緣』。若有因緣，則不犯者。」（八二三頁下）

〔三〕**若五大色衣、不淨衣，吉羅**　鈔科卷中三：「『多』下，釋第一。」（八一頁下）鈔批卷二〇：「由非佛常開之物也。」（八二三頁下）資持卷中三下：「多論上明非法物犯輕。不淨者，彼作駝牛、雜毛衣，今以『不淨』二字替之。」（三二三頁下）【案】多論卷八，五五八頁中。

〔四〕**未熏鉢、鍵鎡衣鉢，作淨畜者，皆墮**　資持卷中三下：「『未』下，明如法結重。」（三二三頁下）鈔批卷二〇：「謂但是比丘說淨衣鉢。若藏，皆提也。」（八二三頁下）

〔五〕**五大色非佛開**　簡正卷一二：「謂是非法，不開貯畜，故結小罪。未熏鉢，雖非正物，佛開畜之不遮，故得提也。（准此文勢，是和會之竟也。）」（七五八頁下）資持卷中三下：「以色衣白鉢，據理應同。而論分輕重，則知色衣定為非法，故特示之，以懲謬濫。」（三二三頁下）

〔六〕**若實知彼人物，相體悉而取舉**　資持卷中三下：「是同心。」（三二三頁下）【案】「不犯」分五，以「若」字間之。

〔七〕**若在露地，風雨漂漬，舉之**　資持卷中三下：「為愛護。」（三二三頁下）

〔八〕**若物主為性慢藏，衣物狼藉，為誡勑故藏之**　資持卷中三下：「為誡敕。」（三二三頁下）

〔九〕**若借他衣，而彼不收，故舉**　資持卷中三下：「己有。」（三二三頁下）

〔一〇〕**準此，今官不許私度，在道行有衣鉢自藏，應不犯持罪**　簡正卷一二：「謂不犯，闕持衣之罪也。玄云：罪官急不許，或著俗服，三衣收藏一家。應不犯不持衣罪。（法寶約沙汰僧尼以釋，亦可也。）」（七五八頁下）鈔批卷二〇：「此明據上恐有命、梵二難，藏他衣。既不犯，我今既是私度，恐主見衣自藏不著，何成失威儀也！深云：既官不許私度，不得（原注：插入『私度不得』四字。）著用，自藏餘處，出外經夜，不犯離宿之罪。」（八二三頁下）資持卷中三下：「謂國禁關津，或藏衣離宿。準此難開，例決離衣，故云不犯持罪。若治生經，販犯禁之物，即名盜稅。自餘隨身道具，例傳自藏。」（三二三頁下）。

真實淨不語取戒〔一〕**五十九**

四緣：一、是己物，二、作真實淨，三、不語主，四、取，便犯。

戒本列五眾〔二〕**者，以明犯、不犯義**〔三〕**。辨相具解**〔四〕**。**

展轉淨施，問、不問，俱得〔五〕**。**

【校釋】

〔一〕**真實淨不語取戒**　資持卷中三下：「〔佛在舍衛。六群真施親厚比丘（【案】

『丘』後疑脫『衣』字。）後，不語取著。因制。〕」（三二三頁下）鈔批卷二〇：「疏云：絕捨不虛，稱為真實；永斷染心，名為淨施，故曰也。此謂對面將物淨施與前人，（八二三頁下）後乃輒取，不語主故，所以犯也。」（八二四頁上）【案】本戒鈔科、鈔批稱為「真實淨戒」。四分卷一六，六七六頁上開始。

〔二〕戒本列五眾　簡正卷一二：「戒疏云：『真（【案】『真』疑『淨』。）法兩部不合，更互而作，何故戒文通列耶？』答：『欲明五眾，俱有犯相。雖輕重有異，而淨施義同，故通列名。至於淨法，自從當眾，故辨相文中云：今為淨故，與長老作真實淨。驗知，唯局因同類，不犯（原注：『犯』字疑剩。）在懷疑。若准善見，展轉通五眾也。」（七五八頁下）鈔批卷二〇：「立明：謂非比丘得對下四眾作真實淨，皆須當眾相對作也。礪云：如善見論，若展轉施主，得以互為，以其不對施主說淨故。又，復物不付彼，不生譏過，為是大僧得。以下三眾，尼以僧家二眾，各為展轉施主，真實淨法，要僧尼當眾。二、三不得互為，以其黑服雖同，男女相別，何有大僧將物對尼為法？又，容生染習，招致外譏。文中列者，此僧尼同戒，故通舉五眾，說僧尼故也。」（八二四頁上）

〔三〕以明犯、不犯義　資持卷中三下：「犯不犯者，僧尼同重，下三眾並輕，不犯正罪。」（三二三頁下）鈔批卷二〇：「立謂：戒本列五眾者，欲明五眾俱有犯之相。若比丘對比丘作淨已，不語將還是犯，語已將還不犯。乃至沙彌尼對沙彌尼作淨已，取時語主，不犯；不語而取，是犯，故曰也。戒疏云：為明五眾俱有犯相，雖輕重異，淨施義同，故通列名。至於淨法，自從律法。」（八二四頁上）

〔四〕辨相具解　鈔批卷二〇：「立謂：指律中自辨相解釋也。」（八二四頁上）資持卷中三下：「辨相具解，指律廣解。疏云：為明五眾俱有犯相，雖輕（三二三頁下）重異，淨施義同，故通列名。至於淨法，自從律法。（謂真實淨主各對本眾，不得互為。）」（三二四頁上）

〔五〕展轉淨施，問、不問，俱得　鈔科卷中三：「『展『下，簡異。」（八一頁中）資持卷中三下：「淨施有二，真實淨者，物過主邊，故有輒取。展轉不爾，取用通得。」（三二四頁上）簡正卷一二：「謂作法時對別人故，物不付彼。後用此（七五八頁下）物，不假更問本施主。」（七五九頁上）鈔批卷二〇：「以作法時，對於別人，後用此物，不假問本施主故也。」（八二四頁上）

著新衣戒〔一〕六十

四緣：一、是三衣，二、是己物，三、不染壞，四、無緣輒著〔二〕，犯。

善見：若遭賊緣等，得權著五大色衣〔三〕。

四分〔四〕：新衣者，若是新衣，若初從人得。十誦：得他故者，初得故，亦名新衣〔五〕。

四分云：壞色者，若青、黑、木蘭〔六〕也。彼得衣不作三種壞，著者，墮〔七〕。若重衣，若輕衣，不作淨而畜者，吉羅〔八〕。若非衣——鉢囊〔九〕、革屣囊、針線囊及諸巾，不作淨畜者，吉羅。若未染衣寄白衣家者，吉羅〔一〇〕。準此，言「淨」者，謂以成色衣〔一一〕，或以餘物點〔一二〕，或以點著名「淨」，而並須染壞；非謂三衣須染，餘者但「淨」而已〔一三〕。若準文中，一切不染，皆提〔一四〕；一切不淨，皆吉羅。

五分，所以淨者〔一五〕：異外道故；令與俗別；三種記故，失則易覓。

多論：五大色衣，不成受〔一六〕。黃者，鬱金根，黃藍染〔一七〕；赤者，落沙染〔一八〕；青者，藍黛染〔一九〕。若自染，吉羅，不成受〔二〇〕。應量、不應量，一切不得著〔二一〕。若點著，吉羅〔二二〕。此律犯墮。更改如法色，則成受。若先如法色，後以五大色者，不成受〔二三〕。若以五大色點淨者，吉。還用青、黑、木蘭三種，更互作點〔二四〕。若衣先已作淨，後更染色，不須更點〔二五〕；先已作淨，後洗脫，不須更淨。故紫草〔二六〕、柰皮、柏皮、地黃、絳緋色、黃櫨木，皆不如法色；以如法色覆，即成受也。僧祇：憍奢耶衣、欽婆羅衣，細耎者，染汁麤澀，損壞〔二七〕。佛言：「如是好衣，二種淨〔二八〕：一割縷淨，二點淨。」餘衣三淨，加一染法〔二九〕。青者，銅器覆苦酒甕上〔三〇〕，著器者是；藍澱青、石青、碇青，不持是等作淨〔三一〕。黑者〔三二〕，諸果汁合一鐵器中，作泥——若池井泥亦爾。木蘭者，用上果，生鐵上磨，作點淨〔三三〕。餘如衣法中分別。十誦：作淨色者，謂以別色相點；如青衣以泥、棧淨〔三四〕；餘互淨亦爾。「棧」者，赤黑，猶同四分木欄皮〔三五〕。

多論：除靴履，一切並點淨〔三六〕。十誦：若衣不淨，試著，吉羅。五分：得革屣，令本主著，下至五六步〔三七〕。

僧祇：作淨者，極大齊四指，極小如豌豆〔三八〕。善見：如麻子大。不得並作〔三九〕，或一、三、五、七、九。不得如華形作。若浣褻，有泥汙、鳥足汙，即名為淨〔四〇〕。若新僧伽梨，趣一角作，乃至一切衣，新細揲亦爾〔四一〕。若眾多碎衣，一處合補〔四二〕者，一處作；別者，一一作淨。

【校釋】

〔一〕著新衣戒　資持卷中三下：「（佛在舍衛。六群著白色衣行，俗譏。因制。）名中，且約初作不染為言，不妨體故，亦入犯科。下引十誦，於義可見。」（三二四頁上）【案】後文分釋第四、一、三緣。四分卷一六，六七六頁中開始。

〔二〕無緣輒著　鈔批卷二〇：「若遭賊、失奪、燒漂之緣，開著五大上色也。若初從人得者，雖故名新，（八二四頁上）以色未如法故也。」（八二四頁下）

〔三〕若遭賊緣等，得權著五大色衣　鈔科卷中三：「初釋第四。」（八一頁中）簡正卷一二：「遭賊緣等，等取燒漂也。」（七五九頁上）【案】善見卷一四，七七五頁上。

〔四〕四分　鈔科卷中三：「『四』下，釋第一。」（八一頁中）

〔五〕初得故，亦名新衣　簡正卷一二：「謂初得他故，不如法色，亦號新衣。不染壞色，俱犯提也。」（七五九頁上）

〔六〕壞色者，若青、黑、木蘭　鈔科卷中三：「『四』下，釋第三（五）。初結犯重輕。」（八一頁中）資持卷中三下：「四分初定色相。」（三二四頁上）簡正卷一二：「謂被褥等，并及俗衣。不點淨吉。」（七五九頁上）【案】「四分」下分五：初，「四分」下；二、「五分」下；三、「多論五」下；四、「多論除」下；五、「僧祇作」下。

〔七〕彼得衣不作三種壞著者，墮　資持卷中三下：「『彼』下辨犯。分二：初明不染；『若重』下，次明不作淨。上列餘衣，重謂被褥，輕即助身；下示非衣，其相可解。」（三二四頁上）鈔批卷二〇：「立謂：不作青、黑、木蘭染也。賓云，僧祇、十誦：白衣但吉，不點提，與此律一倍相翻也。」（八二四頁下）

〔八〕若重衣、若輕衣，不作淨而畜者，吉羅　簡正卷一二：「輕衣者，謂三衣已外自餘衣，不點淨，畜並吉。」（七五九頁上）鈔批卷二〇：「立謂：重即旃𣯾、敷具等，輕即布絹、衣被等。不染得提，不點得吉也。景云：重衣即氍氀毾㲪等，輕衣准知。重衣不作淨，得吉。戒疏成犯中云：初不以三色染，故墮。此明三衣耳。若輕重衣，不作點以壞色者，吉羅。賓云：重衣者，寒衣也。輕衣者，夏衣也。此等非三衣，故吉也。餘小細物，並須點淨。非謂革履，以三色

染，更成驚俗，可笑之甚。景云：三衣及餘衣，皆須染淨。則帛者，但點淨而已。」（八二四頁下）

〔九〕**若非衣——鉢囊**　鈔批卷二〇：「立云：此舉點淨。」（八二四頁下）

〔一〇〕**若未染衣寄白衣家者，吉羅**　資持卷中三下：「『若未』下，明寄俗舍。」（三二四頁上）鈔批卷二〇：「立謂：若未染壞色，恐白衣用之也。」（八二四頁下）

〔一一〕**謂以成色衣**　簡正卷一二：「今師約此染淨二義，准於諸部釋也。古云三衣不染，今云三衣長衣並須染，更點淨。不染得提，不淨犯吉也。」（七五九頁上）鈔批卷二〇：「自意云：謂成其壞色，更須點淨也。」（八二四頁下）資持卷中三下：「注有二意，初至染壞，明作淨之法，必須通染。言成色者，即已染也。」（三二四頁上）

〔一二〕**或以餘物貼**　鈔批卷二〇：「立明：將餘故物，貼衣作淨，亦成淨。此當點淨也。夫得衣來，不問新故，皆須三種淨。以初從人得，亦同新也。」（八二四頁下）資持卷中三下：「物貼點著此二種淨，隨一即成。」（三二四頁上）

〔一三〕**非謂三衣須染，餘者但「淨」而已**　資持卷中三下：「『非』下，例通餘衣。」（三二四頁上）鈔批卷二〇：「三衣固是須染，餘一切衣，皆須染壞色，仍須更點淨，非但直點而已，（八二四頁下）即不染之也。礪云，祇律：純色不點淨，提；不染壞，著白色衣，吉。與此相反，此則不染得提，不點唯吉。」（八二五頁上）

〔一四〕**若準文中，一切不染，皆提**　資持卷中三下：「『若』下，準文決犯。以前文但云『得衣不壞者，墮』，則知通該一切。若據列緣，唯約三衣。或可彼從緣制，或是此就急論。思之。然餘衣染壞，但據助身可染者為言。故戒疏云：非謂巾屣以三色染，更成驚俗。可笑之甚！（故知巾襪，但須點淨。）」（三二四頁上）

〔一五〕**所以淨者**　資持卷中三下：「五分二（【案】『二』疑『三』。）意：一、異外道，二、異俗，三、防失。三種記者，即三色也。」（三二四頁上）鈔批卷二〇：「案五分云：有諸比丘，遇賊剝衣都盡，還所。邏人問言：『何處遇賊？』答言：『某處。』即為捕捉，獲其賊，將比丘衣與俗人衣及外道衣，盡安一處。邏人令諸比丘自識者前取。諸比丘不識自衣，悉被外道先擇，將好者而去。以此事白佛。佛言：『從今已去，若得新衣，應三種色作誌：若青，若黑，若木蘭。若不以三種色誌者，提。若不誌者，著著提、宿宿提。』言三種記者，立云：青、黑、木蘭。景云：即點淨也。」（八二五頁上）簡正卷一二：「復有云：三種者，一、染，二、點，三、割縷，即異俗人并外道也。」（七五九頁上）【案】五分卷九，六八頁上。

〔一六〕**五大色衣，不成受**　資持卷中三下：「多論分四。初，明本染非法。」（三二四頁上）鈔批卷二〇：「有青、黃、赤、白、黑，下自出其相貌也。」（八二五頁上）【案】鈔科本節分三：多論下、僧祇下、十誦下。多論引文分四，如資持釋文所示。

〔一七〕**鬱金根，黃藍染**　資持卷中三下：「鬱金根，方志云：出烏仗那國，根黃赤，可染衣。黃藍，指歸云：即今紅華，染紅黃色。」（三二四頁上）扶桑記：「方志，具云釋迦方志，三卷，南山撰。」（二四七頁下）

〔一八〕**落沙染**　資持卷中三下：「應法師云：應云『歎』。又，此云『猩猩血』。」（三二四頁上）簡正卷一二：「此云『性』（原注：『性』一作『牲』。）性（原注：『性』字疑剩。）血也。又僧亮注涅槃經曰：落沙從鉢羅奢華中出，出時煞虫，可用染也。若點著，吉，此犯墮者。此五大色，若准多論，不點而著。」（七五九頁上）鈔批卷二〇：「案多論第八云，有五大色，謂：黃、赤、青、黑、白也。黃者，鬱金根，黃藍染；赤者，羊草，落沙染；青者，或言藍黛是。餘未識其本。凡此五大色，若自染，得吉。若作衣，不成受。又云：落沙染者，外國染法，多殺諸虫，是故不聽。今秦地染法，亦多殺虫，墮五大染數也。立云：落沙染者，孔雀、鸚鵡血染。又云：是生生毛也。（未詳。）若自染，吉者，自染五大上色也。」（八二五頁上）

〔一九〕**青者，藍黛染**　資持卷中三下：「藍黛即今藍青。」（三二四頁上）

〔二〇〕**若自染，吉羅，不成受**　鈔批卷二〇：「謂將此上來五大色，或作染將作三衣，皆不成受持。加法亦不成也。」（八二五頁下）

〔二一〕**應量、不應量，一切不得著**　鈔批卷二〇：「謂三肘、五肘已下，亦名不應量。若過三肘、五肘，名應量。此約五大上色，不得著也。」（八二五頁下）

〔二二〕**若點著，吉羅**　鈔批卷二〇：「深云：此五大色，若准多論，不點而著，墮；點竟而著，犯吉。四分中，縱點已著者，還墮，由是大色故也。」（八二五頁下）資持卷中三下：「謂以三如法色點上非色，論但犯輕。」（三二四頁上）扶桑記：「通釋：彼論及善見、五分等不染吉，不點提；此律兩反故。」（二四七頁下）【案】四分，犯墮。

〔二三〕**若先如法色，後以五大色者，不成受**　資持卷中三下：「『若先』下，次，明改

如為非。」（三二四頁上）

〔二四〕**還用青、黑、木蘭三種，更互作點**　鈔批卷二〇：「立謂：如法，青、黑、木蘭，更互作淨，不淨作墮。將五大上色作點淨，得吉也。先以水淨故者，景云：初得衣以水洗，後不須淨。又先以點淨，後以水洗，脫更不須點也。」（八二五頁下）

〔二五〕**若衣先已作淨，後更染色，不須更點**　資持卷中三下：「『若以』下，三、明點色是非。」（三二四頁上）

〔二六〕**紫草**　資持卷中三下：「『故』下，四、明先『非』後『如』。列諸色中，除紫草、縫（【案】『縫』疑『絳』。）緋，餘並黃色。縫即赤色。」（三二四頁上）【案】以上多論卷八，五五六頁中。

〔二七〕**憍奢耶衣、欽婆羅衣，細耎者，染汁麤澀，損壞**　資持卷中三下：「僧祇中，二。初，明麤、細二種。梵言，即絲毛細者。下云『餘衣』，即是麤者。然上細衣若是三衣，必先通染。若餘服飾，止須點割。」（三二四頁上）簡正卷一二：「憍奢耶者，幽（原注：『幽』疑『絲』。）中最細也。欽婆羅者，此云細毛衣，亦云雜碎衣。」（七五九頁上）鈔批卷二〇：「憍奢耶者，蠶口初出者是也。欽婆羅者，此云細毛衣也。明此二種衣，體既細軟，佛開不用染淨，恐損壞故，但須割點二淨也。景云：此上是細軟衣，染汁麤忽，恐壞此衣。佛令權用二淨等法，割縷點等也。割去三五，縷即名淨，後得染汁，應須更染。不以二淨竟，而即不染。案祇云：佛在舍衛城，曠野有比丘得憍奢耶衣，煮染汁欲染，世尊以神足，空中住。問比丘：『欲作何事？』比丘答言：『染憍奢耶。』佛言：『憍奢濡（原注：『濡』疑『耎』。次同。）細，染汁麤忽，損壞此衣。從今日後，此憍奢耶作二種：截縷淨、青點淨也。』（八二五頁下）復有毗舍離比丘，得濡欽婆羅，煮染汁欲染。佛亦以神足，往到其所，如前示教。」（八二六頁上）【案】此處僧祇引文分二：初，「憍奢耶衣」下；次，「青者」下。僧祇卷一八，三六九頁。

〔二八〕**二種淨**　簡正卷一二：「一謂割縷淨，二、點淨。所言割者，謂割三五縷也。（七五九頁上）以染汁麤，且令二種作淨。若著，終須染也。」（七五九頁下）扶桑記：「割縷淨，通釋：愚按十誦說沙門衣有三賤：刀賤、體賤、色賤。今割縷淨，即彼刀賤耳。」（二四七頁下）

〔二九〕**餘衣三淨，加一染法**　簡正卷一二：「謂除上二細耎衣外，即須染也。」（七五九頁下）

〔三〇〕**青者，銅器覆苦酒甕上**　簡正卷一二：「祇云，青為三種：一、銅青，如文；二、長養青，即藍澱青；三、石青，即�青是。」（七五九頁下）鈔批卷二〇：「此下明其如法三色也。上明落沙、鬱金等非法色，銅器是青色，果汁泥等是黑色，木蘭為赤色也。」（八二六頁上）資持卷中三下：「『青者』下，次辨三色，用以為點。青有四種，第一銅青，是如法色，（三二四頁上）下三皆非法色。石青者，有石生青，可磨以取之。碎青，亦生石中，可以為藥。」（三二四頁中）

〔三一〕**藍澱青、石青、碎青，不持是等作淨**　簡正卷一二：「『不持』下，二、青作淨也。」（七五九頁下）

〔三二〕**黑者**　資持卷中三下：「云作泥者，謂以泥置上器中，染黑而用。」（三二四頁中）簡正卷一二：「黑者，祇云：『名字泥』『不名字泥』。且名字泥者，即呵梨勒、鞞醯勒、呵摩勒，令鐵器中，是名字泥也。不名字泥者，謂實也。泥即池泥、井泥，如是等一切泥也。」（七五九頁下）【案】「名字泥」，不是真正的泥，而將其名之為「泥」。「不名字泥」者，即是真正的「泥」。

〔三三〕**木蘭者，用上果生鐵上磨，作點淨**　鈔批卷二〇：「謂木蘭之衣將何物點淨？謂用上來果汁為淨也。言果汁者，用呵梨勒果，亦云用阿摩勒果，宜鐵上磨也。」（八二六頁上）資持卷中三下：「木欄，指衣法者。下云僧祇翻在吳地，不見木欄（【案】『欄』疑『蘭』。），謂是果色等。」（三二四頁中）簡正卷一二：「木蘭者，呵梨勒等三菓汁，置生鐵上磨，持作點淨即是。青銅等為青色，菓汁泥等為黑色，木蘭赤色。此如法三色也。」（七五九頁下）

〔三四〕**作淨色者，謂以別色相點；如青衣以泥、棧淨**　資持卷中三下：「十誦中，三如法色，互點作淨，一一衣中，皆具三種。泥即黑色，棧如注顯。」（三二四頁中）【案】十誦卷一五，一〇九頁中。

〔三五〕**「棧」者，赤黑，猶同四分木欄皮**　簡正卷一二：「箋（【案】『箋』鈔作『棧』）色，字合縱木也。玄云：似蜀地木蘭色。以四分是北地翻修，正將蜀地木蘭為正木菓色也。」（七五九頁下）鈔批卷二〇：「深云：箋色似如蜀地木蘭色。以四分律是北地翻。正明蜀地木蘭為正木蘭色也。」（八二六頁上）

〔三六〕**除靴履，一切並點淨**　鈔科卷中三：「『多』下，制必須淨。」（八一頁中）資持卷中三下：「多、十兩文，正明制約。」（三二四頁中）【案】多論卷八，五五六頁中。

〔三七〕**得革屣，令本主著，下至五六步**　資持卷中三下：「後引五分，決上論文。雖不制點，而有別法。」（三二四頁中）【案】五分卷二一，一四七頁上。

〔三八〕**作淨者，極大齊四指，極小如豌豆**　鈔科卷中三：「『僧』下，點淨之法。」（八一頁下）資持卷中三下：「僧祇衣（【案】『衣』後脫『法』字。）明點之大小，豌烏丸反之。古記云：似今菉豆。」（三二四頁中）

〔三九〕**不得並作**　資持卷中三下：「『不得』下，明安著多少。」（三二四頁中）

〔四〇〕**若浣褻有泥汙、鳥足汙，即名為淨**　資持卷中三下：「『若浣』下，明染污成淨。」（三二四頁中）【案】「鳥」，底本為「烏」，據大正藏本、敦煌甲本、敦煌乙本改。

〔四一〕**若新僧伽梨，趣一角作，乃至一切衣，新細褋亦爾**　資持卷中三下：「『若新』下，明隨作無在。一切衣，謂餘衣新細。褋，謂補褋者。」（三二四頁中）簡正卷一二：「細褋亦爾。祇云：趣一角作淨。若一條條（原注：『條』字疑剩。）補者，亦作淨。一切衣，乃至細褋，亦作淨，謂新物細褋成衣。細褋（原注：『褋』字疑剩）物雅（原注：『雅』疑『雖』）眾多，為卻刺故，但趣一角作淨，不須段段別作，故云『亦爾』也。」（七五九頁下）

〔四二〕**若眾多碎衣，一處合補**　鈔批卷二〇：「立謂：且如補衣，若補兩孔相離，須別別點淨。若同補一處，雖段碎物眾多，隨點一處則得。若多碎物，合作一衣，但點一處，有得也。」（八二六頁上）資持卷中三下：「『若眾』下，明總別俱通。律不犯者，得白衣染作三色。餘經（【案】『經』疑『輕』。）重乃至巾等，作淨已，畜也。」（三二四頁中）

奪畜生命戒〔一〕**六十一**

多論〔二〕**：一、出家之人，四等**〔三〕**為懷，乃加殺害，違慈非憫；二、自損惱他，生死根本，障道惡業故；三、為長信敬，息誹謗**〔四〕**故。**

五緣成，同前「大殺戒」〔五〕**。**

【校釋】

〔一〕**奪畜生命戒**　資持卷中三下：「（佛在舍衛。迦留陀夷不喜見烏，以竹弓射殺，成大積。招譏。因制。）」（三二四頁中）鈔批卷二〇：「依光律師九段，此下即當第六段。至『與賊同行』來，有七戒，明常行遠離，修慈愍物行。此謂迦留陀夷射烏成聚，故制此戒。案五分云：迦留陀夷憎烏，云有十弊惡：一、慳惜，二、貪飯，三、強顏，四、耐辱，五、姐弊，六、無慈悲，七、悕望，八、無猒，九、藏積，十、喜忘。有此十法，故應可殺。」（八二六頁上）【案】四分卷一六，六七六頁下開始。

〔二〕多論　資持卷中三下：「制意中，三：初為順行，二為趣道。上二自利。三是化他。」（三二四頁中）【案】多論卷八，五五七頁上。

〔三〕四等　資持卷中三下：「『四等』即慈、悲、喜、捨，亦名四無量心。」（三二四頁中）

〔四〕誹謗　資持卷中三下：「居士禮拜，因見共譏嫌是也。今時沙門，不知因果，多害生命，以資口腹，削鱗撏羽，火炙湯煎，但嗜甘肥，寧思痛苦？刀砧自執，實壞服之。屠兒血肉輒餐，信髡頭之羅剎。俗中君子隱惻為心，出世道人兇頑若此？」（三二四頁中）

〔五〕五緣成，同前大殺戒　資持卷中三下：「一、是畜生，二、作畜生想，三、有殺心，四、起方便，五、命斷。不犯，亦同前。但無殺意，錯、誤皆開。」（三二四頁中）

飲蟲水戒〔一〕六十二

前戒限分，此是深防，不待命斷〔二〕。

五緣〔三〕：一、是蟲水，二、作蟲想，三、不作漉法，四、飲用，五、隨咽，犯。

鼻柰耶律說：二比丘向佛所，一人渴死生天，見佛得道〔四〕。一人飲蟲水後，至佛所。佛問其故已，脫憂多羅僧，示黃金身，「汝癡人，用觀是四大身，為純盛〔五〕臭處。其見法者，則見我身。」

僧祇：比丘受具已，要畜漉囊、應法澡鑵〔六〕；無者，用袈裟一角。同伴中都無者，舉眾有罪。若卒無水洗手著衣，可用樹葉拭〔七〕，然後著衣。多論：舍利弗以淨天眼〔八〕，見水中、空中蟲，如水邊砂、器中粟，無處不有，遂斷食。佛言：「肉眼所見，漉囊所得。乃至三重猶有者，捨住處去。」十誦：不持漉袋，行二十里，犯罪〔九〕。若清流、大河、泉水，從此寺至彼寺者，得。僧祇：若漉水得已，不得厭課看〔一〇〕、暗眼人看——能見掌中細文者看；看時，如大象載竹車一迴頃，知無，應用〔一一〕。若施主請比丘食〔一二〕，應問「漉水未」；若未者，自看漉。或使可信人，應教漉；不可信者，自應漉蟲，不得語「莫殺傷〔一三〕」。蟲水著器中，還送本水來處瀉中〔一四〕。若來處遠者，近有池七日不消〔一五〕者，以蟲著中。若知水有蟲，不得持器、繩借人〔一六〕。若池汪水有蟲，不得唱云「此水有蟲〔一七〕」。若問者，答言：「長老自看」。知友同師者，語言：「此中有蟲，當漉水用。」

此戒人亦喜犯，與「澆用戒」同，故具鈔出〔一八〕。餘如衣法中〔一九〕。

【校釋】

〔一〕**飲蟲水戒**　資持卷中三下：「（佛在舍衛。六群取雜虫水飲，招譏。故制。）」（三二四頁中）【案】文分為三：初，「前戒」下；二、「五緣」下；三、「此戒」下。【案】四分卷一六，六七七頁中開始。

〔二〕**前戒限分，此是深防，不待命斷**　資持卷中三下：「須知飲用二戒，俱是深防。」（三二四頁中）簡正卷一二：「謂前戒是限分中制，要須斷命。此是深防中制，為養物命。但知為虫，飲用結罪，不待命斷。斷即屬前戒收之。」（七六〇頁上）鈔批卷二〇：「前戒限分等者，指前奪畜生命戒，要損虫命，方犯前戒。此戒深防者，不待命斷，但飲虫水則結，故疏云『不同十誦』。彼律言：隨虫死，一一提。此則損虫方犯。此律但有虫之水，飲即結犯，不待損虫者。屬前殺畜戒也。」（八二六頁下）

〔三〕**五緣**　鈔批卷二〇：「此四分制境，從心故輕。若案十誦，則制心從境故。彼境想五句云：一、是虫水、有虫想，用者提；二、有虫水，無虫想，用提；三、有虫水，有虫水疑，用提；四、無虫水，有虫想，用吉；五、無虫水疑，吉也。要是無虫水、無虫想，用者無犯。」（八二六頁下）簡正卷一二：「第四飲用，第五隨咽，不待中死。」（七六〇頁上）

〔四〕**二比丘向佛所，一人渴死生天，見佛得道**　鈔批卷二〇：「一人渴死生天見佛者，案鼻奈耶律第八云：佛在舍衛國，爾時有二比丘住拘薩羅界，深山中住，未曾見佛，常懷企望，欲得見佛。二人共議，便發進路，來見世尊。時春後月，值曠野中了無有水，身體焦渴。二人處處求水，值一滄水，水少虫多。其一比丘語一比丘言：『飲此虫水，度此曠澤，得覲世尊。』一伴答言：『受世尊戒，如何當壞？』時一人飲，一人不飲。其不飲者，命終生三十三天，（八二六頁下）著百寶冠，來詣世尊所，頭面禮足，在一面住。佛與說法，已得見諦。其飲水者，在後方至，佛遙見來，脫鬱多羅，示黃金體：『汝為痴人，用觀是四大身為，純盛臭處。其見法者，則見我身，用樹葉拭者，謂死葉也。若是生葉，得壞生罪。』」（八二七頁上）【案】鼻奈耶卷八，八八五頁上。

〔五〕**盛**　【案】底本為「成」，據鼻奈耶律及弘一校注改。

〔六〕**應法漉鑵**　資持卷中三下：「僧祇制必須具漉鑵。二斗已下名應法。無水開葉，須取枯者。」（三二四頁下）

〔七〕**用樹葉拭**　簡正卷一二：「謂是乾枯之葉，生者不合。」（七六〇頁上）

〔八〕**舍利弗以淨天眼**　資持卷中三下：「多論緣起，以明制限。」（三二四頁下）簡正卷一二：「謂尊者以淨天眼，見空中虫如水邊沙等，無處不有，遂斷食三日。佛言（原注：『言』字疑剩。）知已，語令食：『凡制虫水，齊肉眼所見、漉囊所得，不制天眼。』更有細虫，天眼不見，唯佛見眼。如微塵十分之一，極為細矣。」（七六〇頁上）【案】多論卷八，五五二頁中。

〔九〕**不持漉袋，行二十里，犯罪**　資持卷中三下：「十誦：犯罪違制，吉羅。」（三二四頁下）【案】十誦卷三八，二七三頁上。

〔一〇〕**不得厭課看**　資持卷中三下：「僧祇中五。初，明漉已看法。厭課，謂事不得已，有同課率。象步遲緩，況有所載！迴必延久，故取為限。」（三二四頁下）簡正卷一二：「不得猒課看者，此是此人（原注：『人』疑『方』。）時俗語也。今此間即云：影嚮看，俱是不子細之貌。事不得已，（七六〇頁上）心中甚猒，身但強收，故云猒課也。」（七六〇頁下）鈔批卷二〇：「濟云：北人時俗之語，喚粗略為『猒課』也。」（八二七頁上）【案】此句下為僧祇五句之一。僧祇卷一八，三七三頁上。

〔一一〕**大象載竹車一迴頃，知無，應用**　簡正卷一二：「祇云：不得太速、不得太久，當如大象一迴頃，無虫方用。若有虫者，應漉用之，不得語。」（七六〇頁下）鈔批卷二〇：「案祇云：當至心看，不得大速、不得太久，當如大象一回頃。若載竹車一回頃，無虫應用。若有虫者，應漉用。景云：此謂一迴轉頃也。」（八二七頁上）

〔一二〕**若施主請比丘食**　資持卷中三下：「『若施』下，明請家漉法。」（三二四頁下）【案】此句下為僧祇五句之二。

〔一三〕**莫殺傷**　簡正卷一二：「祇云：若不可信者，應自灑虫。不得語令『灑（【案】『灑』疑『漉』。）莫煞傷虫』，恐前人邪見，或性好煞生。若聞勸『莫煞』，便故故（原注：『故』字疑剩。）煞也。」（七六〇頁下）鈔批卷二〇：「恐其人邪見，或性好殺生，若聞勸『莫殺』，則故故（【案】次『故』字疑剩。）違汝之言，憎狀而殺傷也。」（八二七頁上）資持卷中三下：「虫不得語者，恐彼知而成犯故。」（三二四頁下）

〔一四〕**蟲水著器中，還送本水來處瀉中**　資持卷中三下：「『虫水』下，明還水法。」（三二四頁下）【案】此句下為僧祇五句之三。

〔一五〕**七日不消**　簡正卷一二：「虫生七日一變，故令安七日不消水中，無煞生罪也。」（七六〇頁下）鈔批卷二〇：「和上云：虫生七日一變，故令送七日不消處，無殺生過。其漉水之法，如飾宗記九十戒中，文極可觀。」（八二七頁上）資持卷中三下：「不消，謂經久不涸。」（三二四頁下）

〔一六〕**若知水有蟲，不得持器、繩借人**　資持卷中三下：「『若知』下，明知已存護法。」（三二四頁下）簡正卷一二：「恐同教他煞也。」（七六〇頁下）【案】此句下為僧祇五句之四。

〔一七〕**此水有蟲**　簡正卷一二：「祇云：於注（原注：『注』疑『汪』。）水池中，若見有虫，不得唱告長老其水有虫，令他生疑，不樂他。若不知，或作無虫想，猶免其罪。今若告他知了，即決定有虫想故。是以勸令自著（原注：『著』疑『看』。）。」（七六〇頁下）鈔批卷二〇：「深云：前用者，作無虫想，由汝唱有，使他想疑，獲罪提吉，故勸令自看也。首疏引十誦，（云云。）（八二七頁上）有諸鬪將，因尼教化，王遣往征，弓頭盡持漉水囊，若值有虫，當漉水飲。王聞大嗔：『汝等誑我。小虫尚欲不飲，何能殺賊？』諸將答言：『虫有過者，當為治之。於國無損，是故漉之。』王甚歡喜，時諸鬪將至於陣所，或得慈三昧，入慈力故，破是賊陣，有時（【案】『時』疑『所』。）折伏。（述曰：）據此，漉水非唯近能護命防提，亦能遠發慈心三昧也。」（八二七頁下）【案】此句下為僧祇五句之五，明問水法。

〔一八〕**此戒人亦喜犯，與「澆用戒」同，故具鈔出**　簡正卷一二：「彼文因說漉袋，乃廣彰用水方軌等。」（七六〇頁下）

〔一九〕**餘如衣法中**　資持卷中三下：「指同前。戒疏云：若據虫水，應合為一。為重物命故，內外兩結。律不犯中。先不知，若無虫想，若虫蠃觸水使去，若漉水飲用，並無犯。」（三二四頁下）

疑惱比丘戒〔一〕六十三

五緣：一、大比丘〔二〕，二、故生惱意，三、以六事一一說告，四、言辭了，五、前人聞知〔三〕。

律中，六事惱〔四〕者：若以生時〔五〕，若年歲〔六〕，若受戒〔七〕，若羯磨〔八〕，若犯六聚〔九〕，若犯聖法〔一〇〕。隨一一事，皆墮。僧祇：當受時，應語令知；受後，不得，恐疑悔〔一一〕。若即用語者，如律開〔一二〕。

律不犯者。其事實爾，不故作〔一三〕。彼非爾許時生〔一四〕，恐後有疑悔，無故受他利養，受大比丘禮敬，便語言：「汝非爾許時生。」若實無爾許歲〔一五〕，恐後悔，受利養敬奉，語言：「未爾許歲。」若實年不滿二十，界內別眾，作白不成，羯磨不成，非法別眾，恐後疑悔，受利養

禮敬，語彼令知，還本處受戒〔一六〕故。準此，欲重受戒，佛令還本處，勘問得不〔一七〕故。若實犯波羅夷乃至惡說〔一八〕，恐後悔恨，受利養，受持戒比丘禮敬，欲令如法懺悔，語知犯六聚者。又為性麤疏，不知言語〔一九〕，便語「汝所說者〔二〇〕，自稱上人法」等。若錯、若戲。一切皆開。

【校釋】

〔一〕疑惱比丘戒　資持卷中三下：「（佛在舍衛。十七群語五群言：『云何入初禪？云何得羅漢果？』彼報言：『汝說者，犯波羅夷。』佛呵因制。）」（三二四頁下）鈔批卷二〇：「先明疑惱。制意者，意出家所期，標心處遠，盡形畢命，專心崇道。今以生、年等六，惱他懷疑，廢彼正修，損惱過甚，故所以制。」（八二七頁下）【案】本戒資持簡稱作「疑惱戒」。四分卷一七，六七七頁下開始。

〔二〕大比丘　簡正卷一二：「多論云：十三難，癲狂比丘，但犯吉。學悔六夜，別住四羯磨，並是提也。」（七六〇頁下）

〔三〕前人聞知　簡正卷一二：「若未聞知，未犯。外難曰：『戒文中云：約他須臾不樂始犯，今何纔聞知即犯，豈不相違？』答：『非約他人不樂而犯，蓋熟能惱人之意，欲令前境少時不樂故也。』（此依戒疏解。）」（七六〇頁下）鈔批卷二〇：「礪問：『既云前人聞知結犯者，不問惱不惱，但使聞使得罪，何以文中少時不樂？』答：『非待不樂方犯，此就能惱者之意，下至欲令不樂。非謂要待前人少時不樂，方始結罪。若定，非初在聞知也。』」（八二七頁下）

〔四〕六事惱　鈔科卷中三：「『律』下，釋第三。」（八二頁下）資持卷中三下：「六事：初，生時者，即云『汝非爾許時生』。二、年歲者，云『汝非爾許歲』，如餘受者。三、受戒者，云『汝受戒年不滿』，又界有別眾。四、羯磨者，『汝受時羯磨不成』。五、六聚者，云『汝犯夷』乃至『惡說』。六、聖法者，云『汝所問法，則自稱上人法，犯重，非比丘也』。」（三二四頁下）簡正卷一二：「六事慳（原注：『慳』疑『惱』。下同。）者，舉數總標也。初中，舉受，為疑慳，下二舉隨，為疑慳（原注：『慳』疑『惱』。下同）。」（七六一頁上）

〔五〕若以生時　簡正卷一二：「若以生時者，『汝非爾許時生』等，約俗年以惱。」（七六一頁上）鈔批卷二〇：「律文云：『何為生時？』疑者報言：『汝非爾許時生也。』」（八二七頁下）

〔六〕若年歲　簡正卷一二：「『汝未爾許歲』等，約夏臈慳（原注：『慳』疑『惱』。）也。」（七六一頁上）鈔批卷二〇：「律文云：何問年歲時生疑者？謂語言『汝

非爾許歲』，謂言『汝未有若干夏』也。」（八二七頁下）

〔七〕**若受戒**　簡正卷一二：「語云：『汝夅不滿』，界內別眾，約人眾惱也。」（七六一頁上）鈔批卷二〇：「律云：云何問受戒生疑者？語云：『汝戒既年不滿』，（八二七頁下）又『界內別眾受戒不得』。」（八二八頁上）

〔八〕**若羯磨**　鈔批卷二〇：「謂報言：『汝受戒時，作白不成，羯磨不成。』」（八二八頁上）

〔九〕**若犯六聚**　簡正卷一二：「通約六聚慳也。」（七六一頁上）

〔一〇〕**若犯聖法**　簡正卷一二：「語云『汝所門者，則犯波羅夷，非比丘』等。此別約大妄語慳（原注：『慳』疑『惱』。）也。故祇云：若比丘臨受具足時，若羯磨不成，應彈指語云：『長老，汝羯磨不成就。』若臨受持不語者，後不得令疑悔。」（七六一頁上）鈔批卷二〇：「詐言『汝犯過人法』也。此事因十七群問六群：『云何名初禪，乃至云何第四禪？云何空無相無願？云何須陀洹，乃至云何阿羅漢？』六群報言：『汝所說者，已犯過人法故。言汝犯聖法。』此六事，隨語一事得一時語，六得六提。令他疑惱不樂，故制。」（八二八頁上）

〔一一〕**當受時，應語令知，受後不得，恐疑悔**　資持卷中三下：「引僧祇，但開正受。」（三二四頁下）【案】僧祇卷一九，三七八頁下。

〔一二〕**若即用語者，如律開**　資持卷中三下：「注準不犯，亦開受後。」（三二四頁下）簡正卷一二：「如此、彼二律，俱開無疑惱罪也。」（七六一頁上）鈔批卷二〇：「謂前人聞生信不生疑惱者，開語不犯。」（八二八頁上）【案】簡正釋文中「此、彼二律」，即四分、僧祇。

〔一三〕**其事實爾，不故作**　資持卷中三下：「不犯中。初二句通標。」（三二四頁下）簡正卷一二：「謂前人實有此事，復非實心，利益彼意，不欲為慳（原注：『慳』疑『惱』。）也。」（七六一頁上）

〔一四〕**彼非爾許時生**　資持卷中三下：「『彼』下，別列。還對前六事，以明開相。初至『時生』，開第一也。」（三二四頁下）

〔一五〕**若實無爾許歲**　資持卷中三下：「『若實無』下，即第二也。」（三二四頁下）

〔一六〕**語彼令知，還本處受戒**　資持卷中三下：「『若實年』下，合明三、四也。」（三二四頁下）簡正卷一二：「語令知還本處受者，謂律文上第三、第四事，皆令還本處受。故注解云：佛令還本處，期問得戒不得戒也。以受戒託緣，非相難識。若於事諸有疑，須還本處受戒處，詳審知遇（原注：『遇』疑『過』。下同），方可受之，則於後無濫。問：『既曾聞羯磨，即是偷法，便屬難收，何得再受？』答：『為許聞故，非是偷也。不成難收，得再受也，為性麤疎。」（七六一頁上）

〔一七〕**準此，欲重受戒，佛令還本處，勘問得不** 資持卷中三下：「注決重受，先須究勘。今時受者，年多不滿。十師愚教，不能提誨。下檀（【案】『檀』疑『壇』。）已後，輒同僧事。」（三二四頁下）

〔一八〕**若實犯波羅夷乃至惡說** 資持卷中三下：「『若實犯』下，即第五也。」（三二四頁下）

〔一九〕**又為性麤疏，不知言語** 資持卷中三下：「『又』下，即第六也。上六並謂心懷慈濟，餘戲、錯等，皆非惱意，故並開之。」（三二四頁下）簡正卷一二：「前人立性疎慢，（七六一頁上）不識言改善（原注：一無『改善』二字。）輕重，恐出言犯過人法。」（七六一頁下）鈔批卷二〇：「前人心性疎慢，不識言語輕重，恐出言犯過人法。」（八二八頁上）

〔二〇〕**汝所說者** 簡正卷一二：「犯其聖法，意在前人改革，不是故有惱意等，並不犯。」（七六一頁下）鈔批卷二〇：「犯其聖法，意令改革，非有惱意也。」（八二八頁上）

覆他麤罪戒〔一〕**六十四。**

五緣：一、大比丘〔二〕**，二、知犯二篇已上，三、作覆心，四、不發露，五、經明相。**

善見：覆他罪，百千共覆一人〔三〕**，俱得提。**十誦子注云：向一人說便止〔四〕。**僧祇：向善比丘說，不得趣說**〔五〕**。若犯者凶惡，恐有難緣**〔六〕**，應念：「彼人行業，自有果報。猶如失火，但自救身，焉知餘事？」時與護根相應，不犯**〔七〕**。多論：若疑未了，不須說他**〔八〕**。律中：若知他犯麤罪，小食知，至食後說，吉**〔九〕**。食後知，初夜說，初夜知，中夜說，一切吉羅。若中夜知，至後夜，欲說而未說，明相出，墮。除麤，覆餘罪**〔一〇〕**；自覆罪**〔一一〕**；除尼，覆餘人罪者**〔一二〕**——一切吉羅。**

不犯者。先不知〔一三〕**；不麤罪想**〔一四〕**；若向人說**〔一五〕**；或無人向說**〔一六〕**；若發心向說**〔一七〕**，明相已出；若諸難緣**〔一八〕**者。並開。**

【校釋】

〔一〕**覆他麤罪戒** 資持卷中三下：「（佛在舍衛。跋難陀與親友比丘數犯，向說『不語人知』，後與共鬥，便相說。因制。）名標麤罪，對簡下篇。」（三二四頁下）

鈔批卷二〇：「所以前文不聽說他麤罪者，為護於外，恐生不信，損辱佛法。今此內護，制不聽覆，潔淨眾心，防過不起。」（八二八頁上）【案】四分卷一七，六七八頁下開始。

〔二〕**大比丘**　鈔批卷二〇：「簡餘四眾。尼自相覆，僧提。比丘覆尼，亦提。覆下三眾，吉。三眾自相覆，亦吉。」（八二八頁上）

〔三〕**覆他罪百千共覆一人**　鈔科卷中三：「初，多人同覆。」（八二頁中～下）資持卷中三下：「善見：所覆雖一，能覆情同，多人皆犯。一覆多人，多罪可知。」（三二四頁下）簡正卷一二：「百千共覆者，謂百千同知，一時共覆故。各結提罪，非展轉覆。」（七六一頁下）鈔批卷二〇：「有云：謂展轉而覆，則比丘提。若不作覆心，向一人說竟則止，更不須說。深云：百千人同知，一時共覆，故各犯提，非展轉覆也。（八二八頁上）故下注云：向一人即不犯，故知展轉不成覆也。（未詳。）」（八二八頁下）【案】善見卷一六，七八五頁下。

〔四〕**向一人說便止**　簡正卷一二：「向一人說不犯，故知展轉不成覆也。」（七六一頁下）資持卷中三下：「注引十誦，示發露相。但為表己心無私曲，復恐相惱，故不須多。」（三二五頁上）【案】「子」，底本為「字」，據大正藏本、貞享本、敦煌甲本、敦煌乙本及弘一校注改。

〔五〕**向善比丘說，不得趣說**　鈔科卷中三：「『僧』下，開覆。」（八二頁下）資持卷中三下：「僧祇初簡對露。」（三二五頁上）【案】僧祇卷一九，三七七頁上。

〔六〕**若犯者凶惡，恐有難緣**　資持卷中三下：「『若』下，次明難開。」（三二五頁上）簡正卷一二：「謂兇麤暴惡。若依王力、大臣力、兇惡人力，或致奪命因緣，毀傷梵行。」（七六一頁下）

〔七〕**時與護根相應，不犯**　資持卷中三下：「護根謂意根也。」（三二五頁上）簡正卷一二：「自守其根，不管他事，前人雖犯，我心猶預，不說非覆也。」（七六一頁下）鈔批卷二〇：「立謂：在心名護，在身口名戒。向戒見他犯罪不覆，而說無犯，名為與護心相應。今為彼人兇惡，說則有命梵難起。今若不說，到（【案】『到』疑『則』。）與護心相應，故言時與護心相應也。說與不說，但知時故，名與護心相應。景云：自守其根，不豫他事也。」（八二八頁下）

〔八〕**若疑未了，不須說他**　鈔科卷中三：「『多』下，開疑。」（八二頁下）資持卷中三下：「多論開疑，由未審決，不成覆故。」（三二五頁上）鈔批卷二〇：「前人雖犯，我心猶豫，不說非覆。」（八二八頁下）【案】多論卷三，五二三頁下。

〔九〕**若知他犯麤罪，小食知，至食後說，吉**　鈔科卷中三：「『律』下，犯分齊。」

（八二頁下）資持卷中三下：「引律明犯。初，約晝夜，各分時限，遞明知說，故知露罪制在半日之內。問：『小食時知，食後不說，復有罪不？』答：『約義以求，初夜、中夜，不說皆吉，並是方便。若論犯墮，須約明相。文中結墮，因前次第，且據中後夜耳。』」（三二五頁上）【案】「律中」下，分四，如資持釋文所示。四分卷一七，六七八頁～六七九頁。

〔一〇〕**除麤，覆餘罪**　資持卷中三下：「『除』下，次明所覆輕重。餘罪即下三篇。」（三二五頁上）簡正卷一二：「除麤者，除夷殘是麤，覆得提也。覆餘罪者，下三篇得吉也。問：『或覆蘭，得何罪？』大德云：准多論，『覆二逆，得對首蘭，與提罪鉢（原注：『鉢』疑『體』。）不異。」（七六一頁下）鈔批卷二〇：「謂下三篇，但得吉也。礪問：『覆他上二篇得提，下三篇吉，何故自覆七聚，齊一品吉者？』答：『覆藏他麤罪，彼我俱損，故所以重。自覆麤罪，但有自損，開無損他故，與下篇同吉。』『覆他二篇齊提，何以將二篇謗他，便有輕重？』答：『以重事誣人，治重永損，惱處尤深，故初篇重。以殘謗人，可懺之罪，非永甄外，損微故輕。引中，覆他，以不發眾，無治罰之義。同是麤罪，壞眾義齊，故同是提罪。』」（八二八頁下）

〔一一〕**自覆罪**　資持卷中三下：「『自』下，三、簡自他不同。疏云：覆他名重而治輕；（但悔本罪。）自覆名輕而治重。（覆殘行別住，餘篇並先悔。）又云：覆他有本，故重制令露，以戒淨故，（釋上有本。）自覆本壞，不須重制等。」（三二五頁上）簡正卷一二：「戒疏云：自造七、自覆七，得一促，各得一吉，無提。」（七六一頁下）鈔批卷二〇：「謂自犯六聚，覆通一吉。故大疏云：造七得（原注：『得』疑『犯』。）七，覆七唯一（原注：『一』疑『吉』。）。」（八二八頁下）

〔一二〕**除尼，覆餘人罪者**　資持卷中三下：「『除尼』下，四、簡餘眾。覆尼同僧，此論輕罪，故簡除之。餘人即三眾也。」（三二五頁上）簡正卷一二：「謂比丘覆尼，亦犯提，故言除也。尼若覆僧，罪得蘭。外難：『覆既犯蘭，必須發露；若發露罪，莫成舉大比丘，違於八敬法不？』大德云：『不然。但在當眾中發露，不往大僧中，不名舉也。思之。』餘人者，下三眾得吉也。」（七六一頁下）鈔批卷二〇：「立謂：覆尼罪提，覆下眾吉。」（八二八頁下）【案】四分卷一七，六七九頁上。

〔一三〕**先不知**　資持卷中三下：「無心覆故。」（三二五頁上）

〔一四〕**不麤罪想**　資持卷中三下：「由心差故。」（三二五頁上）

〔一五〕若向人說　資持卷中三下：「若向說者，已發露故。」（三二五頁上）

〔一六〕或無人向說　資持卷中三下：「闕所對故。」（三二五頁上）簡正卷一二：「唯（【案】『唯』疑『准』。）伽論（七六一頁下）云：有比丘犯殘，晝在比丘處，夜在無比丘處，夜在無比丘處（原注：『夜』等六字疑衍。）。若夜無比丘處，終身不發露，不犯露他罪。」（七六二頁上）

〔一七〕若發心向說　資持卷中三下：「非覆意故。」（三二五頁上）簡正卷一二：「玄據無人處為言。或有約始知，方欲向說，明相即出，故開無犯也。」（七六二頁上）

〔一八〕若諸難緣　資持卷中三下：「如上僧祇，開護心故。」（三二五頁上）

與年不滿戒〔一〕六十五

四緣〔二〕：一、是年未滿二十，二、知，三、與受具，四、三法竟〔三〕，犯。

多云：六十已去，不得受大戒〔四〕；設師僧強授，亦不得。以不任堪苦行道，心智鈍弱，聽為沙彌〔五〕。七歲已下，亦不許度〔六〕。未滿二十，不得受者，以其輕躁為寒苦所惱，若受大戒，人多訶責〔七〕。若是沙彌，人則不訶。僧祇：若減七十，不堪造事，臥起須人，是則不許〔八〕。過七十、減七歲，不應與出家等。廣如上、下二卷〔九〕。律、論言有牟盾二情，兩通無損〔一〇〕。

律中不犯〔一一〕者。先不知〔一二〕；信受戒人語〔一三〕；若旁人證；若信父母語〔一四〕；若受戒後疑者〔一五〕：當數胎中年月，數閏月，一切十四日布薩以為年數，滿者不犯。開和尚墮，餘人吉羅〔一六〕。

今取諸部會通〔一七〕，勘餘曆術〔一八〕，總括明練〔一九〕，廣如大疏〔二〇〕。但鈔者為末學之流，余雖明委具張〔二一〕，終恐後人不曉，但通略舉一句，以定昔來謬解〔二二〕。

謂取極小沙彌，臘月三十日生，年滿二十，正月一日受者，實年十八歲二日〔二三〕；便以胎、閏等緣增之，則正年二十，猶長五月一日〔二四〕也。此「長」含虛增月，約實退減〔二五〕。年十九歲，年月俱不滿者，至八月九日前受，是不滿二十，是罪無戒；九日後受，無罪有戒。

然諸國用曆不同，此唐國內，亦有六、七家曆法〔二六〕。且據一家，如上略述。自餘易緯律曆，故不重申。至如諸部「不滿得戒〔二七〕」，具如戒疏引述。

【校釋】

〔一〕**與年不滿戒**　資持卷中三下：「（佛在羅閱城。十七群童子，大者十七，小者十二，以信出家。不堪一食，夜啼。故制。）」（三二五頁上）鈔批卷二〇：「然遮難非一，悉不聽受，難之一色，無得戒義。自餘諸遮，體例不一，如衣、鉢等。（八二八頁下）為辨成法，如無十戒，得戒得罪。年歲不爾，未滿是遮，待滿即得。理容消息，有何急事。而輕心慢法，故為非理。令他虛受，已獲重提。故大集經云，佛問王言：『王子年幾，不得入宮？』王言：『年滿二十。』佛言：『我亦為弟子制戒，年滿二十，與受具足。』」（八二九頁上）【案】犯文分二，初列緣；「多云」下釋。四分卷一七，六七九頁上開始。

〔二〕**四緣**　簡正卷一二：「和上犯提，餘犯輕也。」（七六二頁上）

〔三〕**三法竟**　資持卷中三下：「犯緣，三法竟犯。此制和尚犯墮，餘師但吉。」（三二五頁上）

〔四〕**六十已去，不得受大戒**　鈔科卷中三：「『多』下，釋第一。」（八二頁中）資持卷中三下：「多論前明制老。」（三二五頁上）【案】「多云」下分二：初「多云」下，次「律、論言」下。多論卷九，五五九頁中。

〔五〕**以不任堪苦行道，心智鈍弱，聽為沙彌**　資持卷中三下：「『以』下，顯意。力衰故，不堪苦；情耄故，智鈍。」（三二五頁上）

〔六〕**七歲已下，亦不許度**　資持卷中三下：「『七』下，次明制少。初簡極小者，亦不得作沙彌。」（三二五頁上）

〔七〕**未滿二十，不得受者，以其輕躁，為寒苦所惱，若受大戒，人多訶責**　資持卷中三下：「『未』下，明七歲已上者，不得受具。『以』下，釋意亦二：初不堪苦，二是招譏。」（三二五頁上）

〔八〕**若減七十，不堪造事，臥起須人，是則不許**　資持卷中三下：「僧祇與論少同，老別如下會通。造事，造即作也。」（三二五頁上）【案】僧祇卷二三，四一八頁上。

〔九〕**廣如上、下二卷**　簡正卷一二：「上卷則受戒篇，下卷則沙彌篇，俱明所度季歲大小等。」（七六二頁上）

〔一〇〕**牟盾二情，兩通無損**　鈔科卷中三：「『律』下，會通。」（八二頁中）鈔批卷二〇：「上多論六十已上不得與受，僧祇七十已上不許。兩文相違，故言牟楯。今若通會，既俱是聖教，任隨兩用，須觀受者。雖六十已上，而能作事，縱違論文，依祇與受。若過六十不能作事，依可多論，不可度之。濟云：祇約七十已上，據能作事。論約六十已上，據無所堪能。今觀受者，為堪不堪，必過六十。而堪能者，依祇與受。若不堪能，依多論不許。故曰二情兩通也。」（八二九頁上）資持卷中三下：「『二情』即兩部各計。論約六十已上，堪苦則如律不遮。律據七十，已還不堪，則同論亦制，故云『兩通無損』。『牟』合作『予』（【案】『予』一作『矛』。）。」（三二五頁上）簡正卷一二：「鉾楯者，多論：六十已上不得。僧祇七十已上，不（原注：『不』字疑剩。）堪造事者，許度之。故是相違之貌也。二情兩通無損者，多論六十已上不許。意道：不堪持戒，以志弱也。僧祇七十已上受者，即據志性耐強，堪持戒也。若論堪者，堪（原注：『堪』字疑剩。）二文俱許，若志劣者，二文俱遮。」（七六二頁上）【案】簡正斷作「二情兩通無損」。

〔一一〕不犯　鈔科卷中三：「初，通列諸緣。」（八二頁上）簡正卷一二：「律問五節：一、先不知；二、信受者語；三、傍人證；四、父母言；五、數胎因也。復有三位：一、計胎季；二、數潤月；三、約布薩。」（七六二頁上）【案】「不犯」文分為二：初，「律中」下；次，「今取」下。

〔一二〕先不知　資持卷中三下：「初，憑他語。」（三二五頁上）【案】僧祇卷一九，三八三頁。

〔一三〕信受戒人語　資持卷中三下：「師僧無過，受者無戒。」（三二五頁上）

〔一四〕若信父母語　簡正卷一二：「祇云：父母不知者，生季又無者，觀顏皃。富樂家子，形大季小，當觀手足成就。復不知者，當問何王、何歲、國土、豐儉、旱澇時節生等。」（七六二頁上）

〔一五〕若受戒後疑者　資持卷中三下：「『若受』下，次開後疑。（三二五頁上）有戒無過，據此止開三位。頻大一位，古師相傳。故戒疏中，不用亦得。」（三二五頁中）

〔一六〕開和尚墮，餘人吉羅　鈔批卷二〇：「礪云：約和上、眾僧，知、不知等，有十六心，得罪差別。律文具有言十六者，且約和上有於『四心』：一、知，二、謂，三、疑，四、不知，是四心吉也。和上了了知年滿，故曰『知』。未滿滿想，但覩其相，作必滿之意，名之為『謂』。猶豫不決曰『疑』。都無所了，稱為『不知』。（八二九頁上）餘眾僧，緣彼前境，『四心』亦爾。以眾僧『四心』，且對和上『知心』，作四句：一、和上知，眾僧謂（原注：『謂』疑『知』。）；二、和上知，眾僧謂；三、和上知，眾僧疑；四、和上知，眾僧不知。此四句，和上四提，眾僧二吉，謂初句、第三句犯吉，二四無犯。次，將眾僧『四心』，對和上『謂心』，亦四句：一、和上謂，眾僧知；二、和上謂，眾僧謂；三、和上謂，眾僧疑；四、和上謂，眾僧不知。和上全無罪，眾僧同前段。次，將眾僧『四心』對和上『疑心』，亦四句，可知。和上四提，眾僧同前。次，將眾僧『四心』，對和上『不知心』，亦四句，可知。和上全無罪，眾僧同前。此四，十六句。第一、第三兩个四句，和上犯提；第二、第四，和上無犯。眾僧十六中，亦各第一、第三犯吉，二四無犯。問：『和上疑心應輕，所以提者？』答：『前受戒人，有身可撿，何不安詳細撿取實，然後受戒？今懷疑慢法，而與受具，令不得戒，惱他處深，故制與知同罪。』」（八二九頁下）【案】鈔批釋文中「此四十六句」，意為四個十六句。

〔一七〕**今取諸部會通**　鈔科卷中三：「『今』下，別示三位（三）：初，敘意示略；二、『謂』下，正明筭法（二）……三、『然』下，結示指廣。」（八二頁上～中）簡正卷一二：「十誦、僧祇不滿得戒；五分，母、見二論，分開三種，次第得戒。將十、祇二文會通，四、五二律亦同，季月不滿，通皆得戒也。」（七六二頁下）資持卷中三下：「言諸部者，伽論云：從母胎數取一切閏月；（不數布薩。）五分中，初聽數胎，次聽數閏，後聽以沙門年足。（亦無布薩，而有沙門果，亦四分上法。但四分不列開中。）母論：初聽數胎中年，次聽數閏，三數十四布薩，四言實得羅漢。（此同四分。羅漢即上法也。）」（三二五頁上）

〔一八〕**勘餘曆術**　簡正卷一二：「此則依俗，以文比校，為勘陰陽、律呂，遍涉支干，故謂之曆。作法數其近（原注：『近』疑『延』。）促，故稱為術。即唐國（七六二頁下）六七家曆法等是也。今並比勘。（此依諸家所解竟。）法寶云：堪餘也，堪謂人姓，餘乃人名。古有堪餘算法，今鈔依之。後人抄寫，錯書『勘』字也。」（七六三頁上）鈔批卷二〇：「勘（平聲），名餘，其人善閑曆術者，道也、法也。如今曆中，月有大小，閏有前後，陰陽侵候，理實難知，名為術也。曆即曆日。將以示人曆家之義，乃為名術，不示人也。余曾問城南杜生，亦云勘餘者先有兩解云爾。（八二九頁下）言曆術者，杜生云：術，謂筭也，乃是筭子。以計會日、月數也。且如二十四氣，以應四時之節，入（【案】『入』疑『人』。）皆不知，所以而然，故名術也。又解：勘餘者，只是勘校其餘論家曆日也。（立有二解。）」（八三〇頁上）資持卷中三下：「勘曆者，古師云：此國用曆三年一閏。疏破云：勘餘曆術，三十二三月，方有一閏，何限三年。」（三二五頁上）

〔一九〕**總括明練** 簡正卷一二：「搜求並盡，故云總括。無細不委，謂之明練。」(七六三頁上)

〔二〇〕**廣如大疏** 簡正卷一二：「指在首疏，故云如大疏也。」(七六三頁上)

〔二一〕**但鈔者為末學之流，余雖明委具張** 資持卷中三下：「『但』下，顯略。初敘略意。」(三二五頁中)鈔批卷二〇：「濟云，鈔主意言：我雖具識律曆，今欲廣敘，然後人何能卒了，故不勞述。」(八三〇頁上)

〔二二〕**但通略舉一句，以定昔來謬解** 資持卷中三下：「『但通』下，示略法。言一句者，句通長短，即下今、古二科。以自古算法，立義極繁，今以數行，總括大要，意彰至少，故云一句。」(三二五頁中)簡正卷一二：「以今望古謂之通。古人舉極小沙彌，秊滿月不滿者，許依律三種開數得戒。今師舉極小沙彌若依律三種開數得戒（原注：『今』等十六字，疑衍文。）今舉極小沙彌，若依律三種開文，縱使秊月俱不滿，亦獲戒。舉此極小沙彌一句，今古雖同，若許律三種開文數數（原注：『數』疑字剩。），何論秊月不滿？向下舉之，以定昔人要秊月不滿，得戒之謬解也。故戒疏云：如昔解受者，俗秊日月俱少，不開胎閏。本俗秊滿，日月不滿方開。今解但數胎月，得滿二十，俗秊不滿，開無所犯。(上是疏文。)」(七六三頁上)鈔批卷二〇：「戒疏云，昔人解云：受時俗年日月俱少，不開胎閏。本俗年滿，日月不滿，方開胎閏。今解不然，但數胎閏，得滿二十，俗年不滿，開無所犯。礪亦不開。又云：此國用曆，三年一閏，以減小月，成於閏故，(謂月有大小者，由將小月一日積成閏。)並非正論，不入俗中。勘餘曆術，日餘閏別。礪云：若以小月故有閏者，則三年猶不足也。云以其日行周天，此十二月剩十一日，故有閏也。(謂日則一年中周天三餘度，名一歲，有十二月，猶長十一日。將此長日，積之為閏，故三年之中，即長三十已來日，故成一箇閏月也。由日行遲，月疾故小。)又云：必是受後生疑，方開無容，先問以年少故。今亦不同，此開得戒，非謂筭出，方得此體業，乃是壇上白四時生也。今開筭者，是拂疑故也。其論得不，不由筭也。故知。」(八三〇頁上)

〔二三〕**謂取極小沙彌，臘月三十日生，年滿二十，正月一日受者，實年十八歲二日** 鈔科卷中三：「『謂』下，正明筭法(二)：初出古筭。」(八二頁中～下)資持卷中三下：「出古算中。彼謂年滿、月不滿，方開增算。故取極小，須十八年二日也。」(三二五頁中)簡正卷一二：「戒疏云：今且約極小沙彌，臈月三十日，生秊滿二十，正朝受具。計實秊，始十八二日，欠二十三月二十八日，未滿二十故。且同古人，通舉極小之位。於上次開法，增季於下也。」（七六三頁下）【案】「謂取」下分二：初，「謂取」下；次，「此長」下。

〔二四〕**便以胎、閏等緣增之，則正年二十，猶長五月一日**　鈔批卷二〇：「胎閏積成歲者，理是滿位，故說得戒。今先筭出，深知能持，與戒無損。鈔約十二月三十日，（八三〇頁上）生年滿二十，正月一日受戒者，實年則是十八歲二日也。立云：將生之一日為一年，受戒一日為一年，此並年虛年也。今先計胎者，然論受氣多不定，如羅云六年在胎，生死苦比丘六十年在胎。亦有五月或一年為（原注：『為』疑『在』。）胎便誕育者，不可依準。今從多分為論。道俗典文，九月為胎定也。何以知之？如五王經說：七七日（【案】即七個『七日』。）成人。七日一轉云受胎，七日如薄酪；二七日如稠酪；三七如凝酥；四七如肉團；五七日，五胞（【案】『胞』經作『皰』。）成就；六七日已去，六情開張。如是在胎中，總有三十八轉，一轉有七日，計二百六十日，今約作九月數之。一月有三十日，九个三十日，則三九便成二十七，合有二百七十日。但為九月中，有四个月小，所以唯得二百六十日也。明知。與三十八轉，同正得九月日在胎也。自九月之中，與母同氣，謂出息入與母同，臨至將產，九月之外，復有四日，與母氣別。（謂臨欲產時，母若出息，兒即入息；母若入息，兒即出息。故使母腹痛也。若至四日竟即生，所以更得四日，得九月四日而在胎。）已上足前十八年二日，總成十八年九月六日也。次、數閏者。且閏亦不定，如瓶沙王六年一閏，今時此五（原注：『五』疑『土』。）三年一閏，（八三〇頁下）然今還不用三年，互（【案】『互』疑『共』。）以三十三月，則得一閏。今且取十九年數之，合得七閏，謂三年一閏，九年三閏，五年再閏，十年四閏，故有七閏。謂止三年一閏，九年三閏，五年再閏，十年四閏，故有七故。謂止於十九年，分為二段：初九年為一段，則有三閏。後十年，更為二段，於一段中各有五年。一个五年中，則有二閏，成四閏也。合前初段，總成七閏。然由前來，滿十九年，但有十八年九月六日。且作十九年，抽則欠二月二十四日。今有退除閏中三日，但只得六閏二十七日在耳已。此閏家六月二十七日，配前所件，總成十九年四月三日也。次，數稹大月者（原注：『稹』疑『積』。）。諸律無文，此間曆有十九年中，合得一十四日，謂上十九年四月，散開總成二百三十二月。大分為四段，一一段中，且分取四十九月，四段合有一百九十六月，餘有三十六月在。又於前四十九月段中，更分為二，取三十月為一段，十九月又為一段，於十九月，抽得一頻大日。又於三十月段中，更分為兩段中，各有十五月。一个十五月中，各抽得一頻大日，并前十九月段中一日，總得三日。(八三一頁上)一个四十九月大段中，既得三日，餘三大段亦然，總得一十二日。又，前餘有三十六月在，中更抽得頻大二日，并前十二日，總成十四日也，(或兩月、或三月，並大，名為『頻大月』也。)足前十九年四月十七日也。次，計十四日布薩者。有於前十九年四月上抽之，然一年有十二月，皆六月大、六月小。小月上抽得六日，大月上抽得兩个六日，三六成十八日也。一年既得十八日，十年則得一百八十日，九年又九十日，八九七十二，總成一百六十二日，并前總得三百四十二日。復有四月在，有兩大兩小。又得六日，總并前，合成三百四十八日，用二十八日為一月，將三百三十六日，為十二月作一年，餘有十二日在也。足前奇十七日得一月一日也。如是足前，當二十年，猶長五月一日也。此長含虛增月者，謂猶長五月一日者。此五月中，是長含虛增，得若干日也。謂五月中，含其布薩閏日，此是虛日。今含此虛日，增成五月一日也。故道至年十九，七月三十日得受。今所以八月九日只得戒者，為長五月一日，由並是二十八日為月，此五月家乃許言：『汝既年十九，(八三一頁下)七月三十日而受者，然未經我此五月一日中行過，何得抽我五月一日中布薩日？汝若未經五月中過乃數為者，亦應受戒始了應言有夏耶？』所以乃更還他九日，為此義故，至八月十日，只得戒耳。將五日還他布薩日也。又將四月還於閏家也。準戒疏，還十三日，以八日還布薩家，五日還閏家，則至八月十四日，只得戒耳。有云：此長含虛增等者，謂此五月一日，是虛計得。以虛計故，不容數閏及十四布薩頻大等，故今退減。前五月一日上，一十三日，唯得四月十八日在。准此，年暮生，滿十九者，八月十二日應預受。若全去頻大一十四日，則八月二十六日得受。今鈔言八月九日得受者，未詳。」(八三二頁上)【案】五王經，即佛說五王經，失譯人名，今附東晉錄。七九六頁。

〔二五〕**此「長」含虛增月，約實退減**　扶桑記：「問：『何故偏於此五月一日作填補耶？』答：『古師以此長月入本位中，於此上通經四位增之故，則含虛增月；若依鈔主離此長月，不入本位，唯於實年十七歲七月十一日曆四位增之，則有四月二十日長。縱依古師，取年滿非五月一日長。』」(二四九頁上)簡正卷一二：「此謂立今一句，定昔時謬解。此長(去聲)指適來所剩五月一日，並是於布薩位，抽得兼是，含虛二十八日成月。今須約實，一依常途，二大三小。准戒疏，於五月中，前白半月，還他五日，後半還二日(成七)，於五月一日，抽除七日，將一日除第五月一日，於第四月中，除後六日，但成四月二十三日。（此約『實』也。）次，退減者。於虛季正月一日，上退除此四月二十三日，先將一日，退受戒一日。次將四月退十九季，後之四月，又將二十二日退第八月中，後二十二日，便至八月八日，即當虛季十九。八月八日，受戒生疑，故開此筭。（七六五頁下）和上眾僧，並無提吉，沙彌得戒。」（七六六頁上）鈔批卷二〇：「景以五月一日足之，則年滿二十也。立云：約三十日為一月，即是實月，故言約實也。要須還他九日，故言退減也。而八月八日中長七日者，景云：以前五月一日足虛月，云何名虛月，乃一切十四日布薩。今若十九，八月受者，乃是實月也。」（八三二頁上）資持卷中三下：「此長者，指上五月一日也。約『實』者，謂用此虛月，還填令實，則有四月三十日。準戒疏，出填補法，則有四月十八日。彼云：就五月中，七大布薩減取七日。（二大月得四日，三小月得三日。）又，減閏餘弱，得五日。（四月十八日中有二小，盡得二日，并每月餘二十八半分，即十四分。四月十八日共得六十五分，將六十四分為二日，共得四日零一分。今總開前為一百二十九分，將為五日。本三十二分為一日。今始成二十六分，故云『弱』也。今鈔但還四日，不取弱得。）又減頻大，弱得半日，（以八箇月，方得半日。今四月十八日取半日，故云弱也。今鈔不還此日，以不成半日故。）總計所減弱，得十三日，減前五月一日，就實唯四月十八日。準此，年暮日生，滿十九者，八月十二日應預得受。若除頻大，則八月二十六日得受。今鈔閏還四日，頻大不還。則但虛增十一日，五月一日還十一日，豈非四月二十日實也！退減者，謂於十八年二日內，退除四月二十日，故至八月九日。後受者，即當十日已滿二十矣。然於下細算，猶少二日。故疏中，約弱得多填兩日。由閏與頻大，皆沾少分，故深取所退，成滿所增故也。然自古章記，不出今師算法。後學多迷，不免繁重，故略出之。今師約年月俱不滿者，開算此年，十九者，前臘月盡日，當一年，實唯十七年七箇月零（三二五頁下）十一日，還約四位明之。初，胎法者。九月四日足前成十八年四月十五日。二閏者。十九為章，一章七閏，計十八年四月十五日。猶少七月十五日，則不滿一章，應得六月二十三日。將此足前成十八年十一月八日也。三、頻大者。展前成二百二十七月零八日，四十九月為章，一章有三日，用一百九十六月為四章，得十二日，除三十一月零八日應得二日，共十四日，足前成十八年十一月二十二日。四、布薩者。十八年十一月，抽得三百四十日，將三百三十六日為一年，添成十九年，餘四日添前十一月二十二日成二十六日，約二十八日為月則少二日。在戒疏至十二日方得，則於今鈔十日外更加二日，恰成一月，方得滿足二十年也。今則以疏為定。然此算法，連代共迷，講師至此，謬妄最甚。學者聽之，但增昏悶。故特委曲，勿謂繁長。至於詳細，卒書何盡。故且削之。」（三二六頁上）

〔二六〕**此唐國內，亦有六、七家曆法**　資持卷中三下：「初指俗曆。六、七家者，此蓋鈔主所見，未詳誰撰。一家者，古記亦多妄指，但是億度，曾無所據，故今不定。易緯八卷，王弼撰，鄭玄注。」（三二六頁上）簡正卷一二：「六、七家曆法者，自皇帝至開元曆，總有二十四家，明其曆法，並有增減，則：李淳風、一行禪師『大衍』、劉歆、周髀等。今鈔言一家者，諸記皆云依麟德筭法，如上略述。猶長五月一日，更有王弼作易緯筭法，不能再述，故云更不重申。（法寶釋云：鈔依一家是堪餘所筭等。如前已辨也。）」（七六六頁上）

〔二七〕**不滿得戒**　簡正卷一二：「戒疏云，十誦云：若不滿二十，或忘不知，僧問『滿不』，答『滿』得戒。僧祇：若不滿等，謂言『已滿二十』得戒。更有見論、五分，各有開文。（繁而不敘之。）」（七六六頁上）資持卷中三下：「『至』下，指餘義。不滿得戒者，即十誦中若年不滿二十，自想不滿或忘不知，僧問『滿不』，答『滿』得戒，答『不滿』不得。又前引五分、母論，上法得戒，不待年滿。」（三二五頁上）鈔批卷二〇：「戒疏別十誦中，若年不滿二十，自心不知滿，或忘不知。僧問，答『滿』，得戒；（八三二頁上）答『不滿』，不得戒。僧祇：若不滿二十，多半謂無犯，半謂不滿者，提。名受具足，俱謂不滿。不名受具，可尋戒疏。」（八三二頁下）

發諍戒〔一〕**六十六**

五緣：一、是四諍事〔二〕**。若餘私諍**〔三〕**，律得吉羅。二、僧如法滅**〔四〕**。三、知**〔五〕**。四、輒發起**〔六〕**。五、言了。結。**

【校釋】

〔一〕**發諍戒**　資持卷中三下：「（佛在舍衛。六群鬥諍，如法滅已後，更發起。故制。）」（三二六頁上）【案】犯文分二，初列緣；「多云」下釋。四分卷一七，六八〇頁下開始。

〔二〕**四諍事**　鈔批卷二〇：「謂諍有四種：一、言，二、覓，三、犯，四、事。礪釋四諍名者：第一言諍者，理不自頒，藉言以顯，詳評是非，定理邪正。彼此諍言，遂成乖忿，名之曰諍。諍由言起，故曰『言諍』。律中云：諍十八法，法非法、毗尼非毗尼，乃至說非說，如是相諍，彼此共鬪，是為『言諍』。第二覓諍者，內有三根，伺覓前罪，因舉詣僧，遂生其諍。諍由覓起，故曰『覓諍』。律中，與比丘覓罪，以三舉事，破戒見、威儀、見聞疑，如是相覓罪諍，故曰『覓諍』。第三犯諍者，緣具作過，稱之為犯，評犯生諍，故名『犯諍』。律云：云何為犯諍？犯七種罪，波羅夷，乃至吉羅，是為『犯諍』。第四事諍者，已起一百三十五番羯磨，相別稱事，評事致忿，名為『事諍』。律云：云何為事諍？言諍中事作，覓諍中事作，犯諍中作，是為『事諍』。謂於三个諍中，羯磨事上起諍故也。『言諍』、『覓諍』，約因受名，謂由覓而生此諍故也。『犯』、『事』兩諍，從境立目，（八三二頁下）謂諍評犯事，而生此諍故也。今更略解四諍名者，諍理之言，是其『言諍』。伺覓他罪，因生忿競，是其『覓諍』。犯致忿是其『犯諍』。共諍一百四十五番羯磨之事已起成否，是其『諍』（【案】『諍』前疑脫『事』字。）。由斯諍起，僧用七藥和殄，六群比丘後更發起，云『前滅時不善觀，不善滅』，故使僧未有諍事而有諍事，已有諍事而不除滅，佛因制戒。」（八三三頁上）

〔三〕**私諍**　資持卷中三下：「私諍者，律云：除此諍，若餘鬥罵發者，（三二六頁上）若發已諍。（謂先諍後發。）除二眾餘人諍，而發起者，一切吉羅。」（三二六頁中）簡正卷一二：「簡餘鬪諍，不能陷僧。若自身四諍滅已，更發犯吉，以希故輕。若發他諍，數故重也。此戒僧尼，互發皆提。」（七六六頁上）

〔四〕**僧如法滅**　簡正卷一二：「謂如法毗尼，如佛所教，識病識藥，名如法滅。」（七六六頁上）

〔五〕**知**　簡正卷一二：「謂知法滅，已更發者，提。若不知，非犯。故下文，觀作不觀想，亦不犯。觀，謂深達藥病起滅之方。今發淨者，不知如法滅，謂非法滅，所以輙發不犯。」（七六六頁上）

〔六〕**輙發起**　簡正卷一二：「准律，三句發起，皆提：一、不善觀、不成觀者，疏解云：道僧不識四諍體相、起之因本，促（【案】『促』疑『但』。）是（七六六頁上）闇心斷理，故云不善觀。（觀謂觀察。若作如是觀，不成觀也。）二、不善解、不成解者，疏云：道僧不達七藥體相差別之義，名不善解。（『解』者，決了。若作如是解者，以無終益，不成正解故也。）三、不善滅、不滅。成（【案】『成』疑『善』。）滅者，疏云：道僧不識藥病相對，除滅之方軌，違理判淨故。不善滅者，不能究竟消殄，故云不成滅也，此皆犯提。」（七六六頁下）資持卷中三下：「不犯中。若先不知，若觀作不觀想，（僧如法觀斷想，謂不善觀。）若事實爾語言不善觀等，（謂實非法。）若戲，若錯等。」（三二六頁中）

與賊期行戒〔一〕六十七。

六緣：一、是賊，二、知，三、期，四、同一道行，五、不離見聞處，六、過限〔二〕，犯。

祇中：與負債人行，越〔三〕。十誦：共惡比丘期行，吉〔四〕。

【校釋】

〔一〕與賊期行戒　資持卷中三下：「（佛在舍衛。眾多比丘至毘舍離，賈客度關，不輸王稅，與比丘為伴，為守關人所提。王俗譏訶。因制。）」（三二六頁中）【案】四分卷一七，六八一頁中開始。

〔二〕過限　鈔批卷二〇：「行經一村界，有結過限罪。未經一村，不名過限。」（八三三頁上）資持卷中三下：「若村間處處道行，至一道犯提，半道吉。曠野處，行十里，提。若減，吉。方便共期，不去亦吉。」（三二六頁中）

〔三〕與負債人行，越　鈔科卷中三：「『祇』下，釋第一。」（八二頁下）簡正卷一二：「負債人者，欠債不償，是賊家氣分。」（七六六頁下）鈔批卷二〇：「負債不還，乃是賊家氣分，故與期行，結其小吉。願律師云：與賊女期行，得二提。一是與女期行，二是與賊期行。准於祇文，亦爾。」（八三三頁上）資持卷中三下：「二律伴行，雖非是賊。或恐近習，或生譏過，故制。準此，遊方必擇良伴。」（三二六頁中）【案】僧祇一九，三八四頁下。

〔四〕共惡比丘期行，吉　簡正卷一二：「期行，結吉也。」（七六六頁下）資持卷中三下：「不犯者。先不知，不共結伴，逐行得安隱，力、勢、命、梵等，並開。」（三二六頁中）【案】十誦卷五三，三九五頁下。

惡見違諫戒〔一〕六十八

五緣：一、是惡見，說「欲非障道〔二〕」；二、屏諫；三、不受；四、僧如法諫；五、三諫竟。犯。

【校釋】

〔一〕惡見違諫戒　資持卷中三下：「（佛在舍衛。阿梨吒惡見，說婬欲不，障道。比丘諫，不捨。佛令白四諫，便呵而制。）婬欲鄙惡障，謂非障固執不捨，故云惡見，亦名惡邪。然雖口說，傷毀正化，引誤盲愚，開惡道門，令他墜陷，為害甚重，特須禁斷。」（三二六頁中）鈔批卷二〇：「依光律師九段。此下當第七段，至『不攝耳』（【案】即『恐舉先言戒七十三』。）來，有六戒。明深心信解，敬順教法行。釋名者。違理滅善，名之曰『惡』；邪見穴徹，目之為『見』；固執拒僧，名為『違諫』。」（八三三頁上）【案】四分卷一七，六八二頁上開始。

〔二〕欲非障道　簡正卷一二：「多論云：利（【案】『利』多論作『阿利吒』。）此是外道弟子，聰利甚故，擬人（【案】『人』疑『入』）佛法中，行於倒亂。其人不久通達三藏，故倒說欲，盡其智辨，不能令成。」（七六六頁下）資持卷中三下：「此由經說淫欲是道，不知即事顯理，令通染性。復是大慈，曲被重障，鈍根具縛，凡愚未離欲者，結緣下種，以為來習，非佛本意。倚濫聖教，不達深旨，堅執化人，故須訶諫。諫而不捨，復加舉法。今學大者，多墮此見，戒制口說，故作呵治。必若身行，定須擯棄，餘同前諫戒，唯罪名異耳。」（三二六頁中）【案】多論卷八，五五五頁下。

隨舉戒〔一〕六十九

四緣：一、是惡見被舉人，二、知是，三、隨順同事〔二〕，四、隨一一事，結。

【校釋】

〔一〕隨舉戒　資持卷中三下：「（因前作舉六群供給，所須同羯磨。故制。）疏中：三意故制，一、增彼見熾盛，二、必同深著，三、違僧命重。」（三二六頁中）【案】四分卷一七，六八三頁上開始。

〔二〕隨順同事　簡正卷一二：「律文：供給所須中有法，謂教習定慧，學問誦經等，則為衣服、飲食、床敷、臥具、醫藥等，皆一一結提。五分云：雖捨惡見，僧未解羯磨，亦提（原注：『提』疑『犯』。）提。」（七六六頁下）資持卷中三下：「隨順有三：一、供給所須，（有二種：若法、若財；）二、共同羯磨，（同說戒羯磨；）三、止宿言語，（謂一切覆障，或一切覆不一切障，或一切障不一切覆，或不盡覆不盡障，或彼此先後入或俱時八，隨脅著地，一一墮。）」（三二六頁中）資持卷中三下：「不犯中。若不知，若屋一切覆無障、半障、少障，或一切障，無覆、半覆、少覆、半覆障、少覆障、露地，若病；祇：繫，命、梵難等。」（三二六頁中）

隨擯沙彌戒〔一〕七十

犯緣，大同前戒〔二〕也。

【校釋】

〔一〕**隨擯沙彌戒** 資持卷中三下：「（佛在舍衛。跋難陀二沙彌共行不淨，便說『欲不障道』。佛令白四遙諫，不捨滅擯。六群誘將畜養。因制。）」（三二六頁下）【案】四分卷一七，六八三頁下開始。

〔二〕**大同前戒** 資持卷中三下：「疏云：一、是被擯沙彌，二、知，三、同事止宿，四、隨事同犯。自餘並同。」（三二六頁下）

拒勸學戒〔一〕**七十一**

五緣〔二〕**：一、作止不學意；二、前人如法勸；三、知己非，前人諫是；四、不受勸意；五、言辭了。便結。**

十誦：說四事，一一乃至七滅諍〔三〕**，言「我不學此」，一一墮。五種人不應為說毗尼**〔四〕**，如後卷中。**

【校釋】

〔一〕**拒勸學戒** 資持卷中三下：「（佛在拘睒毘。比丘如法諫闡陀，乃言：『我今不學此戒，當難問餘智慧持律者』。故制。）」（三二六頁下）鈔批卷二〇：「礪云：昔人解言，屏、諫為兩，謂前不受諫戒，是諫作犯人。此拒勸戒，是諫止犯人。以其所諫，不過止、作二行，總立二戒。今解不然，據理言之，（八三三頁上）拒非違諫。又言：我今不學此戒者，非於法止，未必止犯。是故文言『我當難，問餘持律比丘』。故今更解，屏、諫唯一，事該七聚，義通止、作。（指前違別人諫戒也。）今此戒者，乃是輕人，不受訓導，故結提罪。是以文言『我今不學此戒，當難問餘持律者』。又，唯（原注：『唯』疑『准』。）五分，諸比丘諫言：『汝等數數犯戒，莫作此行，負人信施。』六群言：『我不學此是戒，我當先問持法律智慧勝汝者。』佛因制戒。准此文意，但數數犯戒，斯亦所學，義通止、作，直令不學此戒，志必專止。若作此解，應名輕人，不受訓導戒也。」（八三三頁下）【案】四分卷一八，六八五頁中開始。

〔二〕**五緣** 簡正卷一二：「外難前不受，屏間諫戒，正不受時，促（【案】『促』疑『但』。）犯吉。要須待後，造作前事，方所隨六聚，結違諫提。『今亦違屏諫，何得言詞了即結提？』答：『前諫作犯，要作方結，此諫止犯，故言了犯。』（上依戒疏解也。）」（七六七頁上）

〔三〕**說四事，一一乃至七滅諍** 資持卷中三下：「初明結犯。四事即四重。」（三二六頁下）鈔批卷二〇：「立謂：即四重也。云『我不學之，所以結墮。』」（八三三頁下）

〔四〕五種人不應為說毗尼　簡正卷一二：「下諸雖篇（【案】『雖』疑『雜』。）引十誦云：一、試問，二、無疑問，三、不為悔所犯問，四、不受語問，五、結問，並不須答，反上即答。」（七六七頁上）鈔批卷二〇：「撿十誦，文云：一、試問，二、無疑問，三、不為悔所犯問，四、語詰問，五、不受語問。反此五種，可為說之。謂：不試問，有疑問，為悔所犯問，不詰問。（【案】依十誦文，此處闕第五反，即『受語問』。）今引此文，通方汎舉耳。不正屬此戒中能所也。」（八三三頁下）資持卷中三下：「『五』下，以明對答。彼欲難問，故令答者，須察來意。五種人者：一、試問，二、無疑，三、不為悔所犯，四、不受語，五、詰問，並不須答。不犯者，彼諫者，癡不解。語云：汝還問和尚、闍梨，學問誦經等。」（三二六頁下）【案】十誦卷五〇，三六五頁。

毀毗尼戒〔一〕七十二

多論〔二〕：為尊重波羅提木叉故，二、為長養戒故，三、為滅惡法故。又，多論云：以十二年前常說一偈〔三〕，今說五篇，名為「雜碎〔四〕」。

五緣〔五〕：一、是毗尼；二、前比丘誦戒時；三、作滅法意，不令久住。

五分：令人遠離毗尼，不讀不誦，而毀呰，墮〔六〕。十誦：何用說為？令人疑惱、熱惱不樂〔七〕。若說隨經律，一切墮〔八〕。多論：若誦一一戒，一一呰，一一墮；通訶，一墮〔九〕。戒序中說二百五十戒義〔一〇〕故，亦墮。律中：毀毗尼，墮；阿毗曇及餘契經，吉羅〔一一〕。

不犯〔一二〕者。先誦毗曇，然後誦律，餘契經亦爾〔一三〕；若病者差已誦律〔一四〕；若勤求方便，成四沙門果，後當誦律；不欲滅法者；開。

【校釋】

〔一〕毀毗尼戒　資持卷中三下：「（佛在舍衛。比丘共集毘尼，六群恐舉，乃言用學『雜碎戒』，為可至十三事。佛便呵制。）」（三二六頁上）【案】四分卷一八，六八五頁下開始。

〔二〕多論　資持卷中三下：「多論三意：初，即重戒，是道本故；二、增己行；三、是護法毘尼，禁惡毀則，惡法熾然。」（三二六頁下）【案】多論卷六，五四三頁上。

〔三〕一偈　簡正卷一二：「略教試（原注：『試』疑『誡』。）也，即善護於身口言，是五篇。」（七六七頁上）資持卷中三下：「『又』下，釋雜碎義。若據律緣，指下三篇威儀為雜。論約廣略，對明純雜。」（三二六頁下）

〔四〕**雜碎**　簡正卷一二：「雜碎者，廣也，以犯不少，種類寔多，名為雜碎也。」（七六七頁上）

〔五〕**五緣**　簡正卷一二：「鈔總標五，促（【案】『促』疑『但』。）列三緣次第。四、發言毀，五、言了結，此依疏添也。」（七六七頁上）資持卷中三下：「誦戒時者，不必在眾。五緣列三，疑是寫脫。準疏加之，而（【案】『而』疑『四』。）發言毀，五、言詞了。」（三二六頁下）

〔六〕**令人遠離毗尼，不讀不誦而毀呰，墮**　資持卷中三下：「初引五分。今時新戒欲誦戒本，師多苦障，或加毀呰，正犯此戒。」（三二六頁下）簡正卷一二：「此釋第三『作滅法意』也。」（七六七頁上）【案】五分卷六，四一頁中。

〔七〕**何用說為，令人疑惱熱惱不樂**　資持卷中三下：「十誦初出毀詞，恐犯故疑惱，有犯則熱惱。」（三二六頁下）【案】十誦卷一〇，七四頁下。

〔八〕**若說隨經律，一切墮**　資持卷中三下：「『若』下，斷犯。」（三二六頁下）簡正卷一二：「隨經文中有說戒律處，如涅槃經等而毀，亦提。」（七六七頁上）鈔批卷二〇：「謂毀隨經之律，如遺教、楞伽等是。」（八三三頁下）

〔九〕**若誦一一戒，一一呰，一一墮；通訶，一墮**　資持卷中三下：「多論初呵（【案】『呵』疑『訶』。）戒本，通別兩犯。下明戒序，通得一罪。」（三二六頁下）簡正卷一二：「『何用此戒，一提。若誦序（原注：『序』下一有『時呵言雜碎亦提蘭序』九字。）文，非戒條，何故亦犯鈔？』答云：『說二百五十戒義等。（云云。）又若呵序，序中既總說二百五十戒義，即是通呵，但犯一罪。』」（七六七頁上）

〔一〇〕**戒序中說二百五十戒義**　鈔批卷二〇：「立謂：戒序中，通二百五十戒之義，若呵毀戒序，亦墮。故多論云：（八三三頁下）若誦戒序，呵言雜碎，亦提。多論問曰：『戒序非戒，何以呵亦（原注：本文無『呵亦』二字。）得罪？』答：『戒序說二百五十戒義。若呵戒序者，即是呵一切戒，是以（原注：『以』本文作『故』。）得罪。』礪問：毀毗尼得提。」（八三四頁上）

〔一一〕**毀毗尼，墮；阿毗曇及餘契經，吉羅**　簡正卷一二：「約勝劣論也。」（七六七頁上）鈔批卷二〇：「多論云，有四義故重：一、戒是佛法平地，萬善由之出（原注：『出』本文作『生』。）；二、一切佛弟子，皆依戒而住；三、是趣涅槃之初門。若無戒者，則無由入涅槃城也；四、戒是佛法之瓔珞，莊嚴佛法。具斯四義，功強於彼，故毀罪重。經無此義，故所以輕。及餘契經者，相承解云謂小乘契經，若毀大乘，其罪極重。故戒疏云契經據小乘為言，大乘罪重，非格量所辨。故法華云：其人命終，入阿鼻獄，具足一劫，劫盡更生，如是展轉，至無數劫，從地獄出，當墮畜生。（云云。）言契經者，契謂契當（去聲），謂佛說此法，契理契機，故曰契經也。」（八三四頁上）資持卷中三下：「多論：四義故，毀毘尼重：一、能生萬善；二、一切佛弟子依住；三、趣涅槃初門；四、是佛法纓絡。餘經無，故輕。又疏云：此據小乘為言，毀大乘罪重，非校量所辨。私謂：約制教邊，大小同吉，就業道邊，重輕須分。智論云：此間劫火起，其罪未盡，故轉至十方世界大地獄中。若彼火劫起，復展轉至他方。他方火劫，起復生此間阿鼻地獄。展轉如前，是破般若波羅蜜罪。又如法華譬喻品偈，廣明惡報。」（三二六頁中）

〔一二〕不犯　資持卷中三下：「並謂期心後誦，非毀滅故。」（三二六頁中）【案】不犯有四。

〔一三〕先誦毗曇，然後誦律，餘契經亦爾　資持卷中三下：「初開，先習經論。雖無所犯，乖學次第，非本教意。淨心觀云：越學空宗，佛不隨喜是也。」（三二六頁中）鈔批卷二〇：「立謂：不作滅法意，縱先誦經、後誦律，亦不犯。」（八三四頁上）

〔一四〕若病者差已誦律　鈔批卷二〇：「立謂：其受戒竟，遇病不得誦律，病差方誦，不犯此戒。」（八三四頁上）資持卷中三下：「次開病緣，後開進行。謂直修三學，破惑取果，擬後誦之。故知至聖，不違此制。」（三二六頁中）

恐舉先言戒〔一〕七十三

四緣：一、是廣誦戒時；二、在眾中；三、作不聽之意；四、說過五篇，即言「我始聞」。結犯。

祇云：隨中間一一戒不聽，吉；一切不聽，墮〔二〕。受具已，應誦二部毗尼〔三〕。不能者，誦一部；又不能，當誦五眾戒〔四〕；即五篇也。四、三、二眾，如初句〔五〕；不能誦二眾，當誦一眾及偈。若布薩時，廣誦五眾，乃至四、三、二；無者乃誦一眾及偈〔六〕。餘比丘，不得坐禪、作餘業，應專心聽〔七〕。

【校釋】

〔一〕恐舉先言戒　資持卷中三下：「（佛在舍衛。六群中一人自知有罪恐舉，故先詣清淨比丘所，言：『我始知此法戒經所載耳。』佛因制戒。）戒名，『恐舉』，據彼情也。疏作『不攝耳戒』，推其本也。古師云『詐驚張戒』，與今語別意同。」（三二七頁上）簡正卷一二：「戒疏云：有師名為『乍驚張戒』，若是『不攝耳』者，何故言我今始知？又，不攝耳，在他心內，何得證他曾聞？若是不攝耳，應開重聽。（上敘古義。）今師難云：『若爾，便是妄語誑僧，我今始聞也。』今立二名，因時名不攝耳，果時名恐舉。先言由其實不攝耳，是以不知。今既始知，恐被舉治，乃先首過。」（七六七頁下）鈔批卷二〇：「并部願律師名為『詐敬張戒』。戒疏及礪疏名為『不攝耳聽法戒』，彼云：『若是不攝耳者，（八三四頁上）何故云我始知等？又不攝在他內心，比丘如何證他曾聞？若是不攝，應開重聽。然今就諸律論，多約不攝結罪。若戒本及緣起中，應言恐舉先言。故緣起中，自知罪障，恐他舉發，先詣水（【案】『水』義不明。）聽。故戒本云：我今始知，計我前作，頗入犯不。所以文中約法勘撿。今言恐舉先言者，謂既有犯，恐他糺舉，即無（原注：『無』字原本不明。）自言，故曰恐舉先言也。謂先言我有是過，先謂無罪，今始是犯等也。立云：此人犯罪竟，後聞說戒，即云我先不知作某事、犯某罪，望僧恐之，不舉治我。故云：我今始知此法是戒經中來等也。故鈔主約此戒意，結不學無知之罪，云是提也。亦有人不許南山所執，理亦難詳。若准礪疏云：此戒言『重增波逸提』者，是『不攝耳』提也，非謂『無知』得提。高說：南山云『無知得提』者，亦有道理。今律文戒本中云：彼無知，故波逸提。下廣解中，復云：無知故重與波逸提。今據此文，似若無知得提。既言重與，明是無知之提，不攝耳邊，別有一提。疏家意別，不同南山釋也。」（八三四頁下）扶桑記引行宗釋「古師云『詐驚張戒』」：「古解即光師。彼實曾聞，而云始知，故云詐驚張。於義雖然，在言頗質。」（二五〇頁下）【案】本戒或稱為『詐敬張戒』、『不攝耳聽法戒』。四分卷一八，六八六頁上開始。

〔二〕**隨中間一一戒不聽，吉；一切不聽，墮**　鈔科卷中三：「『祇』下，釋第三。」（八三頁中）資持卷中三下：「僧祇初明結犯，彼律但據不聽，判犯輕重，不必如緣，待言方結。疏云：若曾聞戒，即是久知，而言始知，結妄語提。若無知解，但有不攝罪。」（三二七頁上）【案】僧祇卷二一，三九六頁。

〔三〕**受具已，應誦二部毗尼**　資持卷中三下：「『受』下，次明制學。二部、一部，並約廣律。」（三二七頁上）【案】此處幾句的意思是：若不能誦二部，當誦一部；不能誦一部，當廣誦五眾戒；不能誦五眾，當四眾乃至一眾戒及偈。

〔四〕**又不能，當誦五眾戒**　資持卷中三下：「『又』下，即是戒本。」（三二七頁上）

〔五〕**四、三、二眾，如初句**　簡正卷一二：「四、三、二眾，如初句者，如初句，云不能誦一部，當誦五眾戒。今若依次第，即合云：不能誦五眾，當誦四眾、三眾、二眾、一眾，及偈等。(『眾』者，『篇』也。喚『五篇』為『五眾』故。)。」（七六七頁下）鈔批卷二〇：「立謂：若能誦五篇，隨能誦四篇、三篇，下至序也。如初句者，如上注子云即『五篇』也。（八三四頁下）今則是四篇、三篇、二篇等也。」（八三四頁下）資持卷中三下：「如初句者，文中略牒三篇。應準上云：又不能當誦四眾戒等及偈，即諸惡莫作等。」（三二七頁上）

〔六〕**若布薩時，廣誦五眾，乃至四、三、二；無者乃誦一眾及偈**　資持卷中三下：「『若』下，三明制說。初制能說。」（三二七頁上）【案】「若」下分兩層，上言誦者，下言聽者。

〔七〕**餘比丘，不得坐禪作餘業，應專心聽**　簡正卷一二：「不得坐禪者，恐不專聽也。」（七六七頁下）鈔批卷二〇：「立明：正說戒時，須專心聽，不得於中坐禪等。」（八三五頁上）資持卷中三下：「『餘』下，制聽眾。『餘業』謂誦經等。戒是行本攝修之要，故須正制，不許餘事。」（三二七頁上）資持卷中三下：「不犯中。若實未聞、廣說今始聞，若戲、錯等。」（三二七頁上）

同羯磨後悔戒〔一〕**七十四**

四緣：一、是僧得施物〔二〕**，二、同羯磨賞他**〔三〕**，三、輒反謗僧**〔四〕**，四、言了，便犯。**

【校釋】

〔一〕**同羯磨後悔戒**　資持卷中三下：「（佛在羅閱祇。沓婆摩羅子為知事，僧得貴衣，白二與之，六群後悔。故制。）」（三二七頁上）鈔批卷二〇：「依光律師九段，此下即第八段。至『無根僧殘謗戒』來，有七戒，明同住安樂詳和，莫二相遵（【案】『遵』疑『違』。）行。」（八三五頁上）【案】四分卷一八，六八六頁下開始。

〔二〕**僧得施物**　簡正卷一二：「十誦、五、祇並云施現前（原注：『前』下一有『僧』字。）應分物，非是常住物也。故十律云：時陀驃衣壞，居士多與現前僧應分物，眾僧乃將賞他。四分促（【案】『促』疑『但』。）云：有人施僧，貴價衣不言，常住現前，亦不了也。」（七六七頁下）鈔批卷二〇：「礪云：要是僧得施物，非謂常住僧物。若常住僧，衣裘粟帛、田地園林，將賞知事人，與受俱獲罪。祇云謂眾僧可分物。十誦謂是僧應分物，將賞知事人也。」（八三五頁上）資持卷中三下：「僧物四種，如盜戒說。二種現前，可以和賞。二種常住，一切不開。即衣缽、針筒，尼師壇，下至飲水器，隨用賞之。」（三二七頁上）

〔三〕同羯磨賞他　簡正卷一二：「多云：凡僧和合，不問羯磨、不羯磨。呵者並犯。」（七六七頁下）

〔四〕反謗僧　資持卷中三下：「反謗者，即戒本云：諸比丘隨親友以僧物與也。」（三二七頁上）資持卷中三下：「不犯者。其事實爾，隨親與之，若戲、錯說。」（三二七頁上）

不與欲戒〔一〕七十五

五緣：一、是如法僧事〔二〕，二、知，三、不與欲，四、輒去，五、雙腳出戶〔三〕，結。

五分：有事，與欲去；不與欲，應三羯磨〔四〕。屋下，隨出，一一提〔五〕。露地，去僧一尋，提〔六〕。若不羯磨，私房斷事，一一吉羅〔七〕。僧祇：若僧集說法、毗尼，有緣不訖座，不白去者，越〔八〕。若大小便，須臾還，不廢僧事，不犯。若疑來晚，應白與欲〔九〕。乃至聽他人讀誦、受經，皆須白之〔一〇〕。中間止，作餘語者，無犯〔一一〕。五分：不羯磨斷事，沙彌在中，若起亦吉〔一二〕。

律不犯〔一三〕者。若與欲去；若為非法，同師作損減，不與欲而去者。開。

【校釋】

〔一〕不與欲戒　資持卷中三下：「（佛在舍衛。多比丘論法毘尼，六群相謂『諸比丘似為我作羯磨』，從座起去。比丘喚住而故去。因制。）」（三二七頁上）【案】四分卷一八，六八七頁上開始。

〔二〕如法僧事　簡正卷一二：「戒疏云：此唯約斷四諍，事不與欲，犯提；餘法事，但吉。四諍不滅，容破僧故。」（七六八頁上）資持卷中三下：「初緣。疏云：此唯斷四諍事，不與欲者，犯提；餘者吉羅。」（三二七頁上）

〔三〕雙腳出戶　資持卷中三下：「第五緣。律云：一足在戶內，方便欲去而不去，吉。」（三二七頁上）簡正卷一二：「若方便欲去，或一腳出戶，皆吉也。」（七六八頁上）

〔四〕有事，與欲去；不與欲，應三羯磨　鈔科卷中三：「『五』下，釋第三（三）：初明犯相；二、『僧』下，明白行；三、『五』下，明不作法。」（八三頁下）資持卷中三下：「五分初明正犯。三羯磨，謂單白、白二、白四。下約覆露，明犯分齊。」（三二七頁上）鈔批卷二〇：「有事與欲去者，謂既緣事說欲，竟任去也。不與欲應三羯磨者，立謂：身雖有緣，應須與欲。不與欲輒去，出戶犯提。更來，重出復提。若露地，離僧一尋外提。去已還來，重去出一尋，更提。故言隨出一一提。言三羯磨者，即單白、白二、白四也。」（八三五頁上）【案】五分卷八，五八頁下。

〔五〕**屋下，隨出，一一提** 簡正卷一二：「五分云：隨幾過出，一一提，隨出一一（原注：「一」下一有「房一一戶皆提，又是不肯與欲出已更入入」十七字。）已還出，隨數結犯。今師約此義，傳欲入僧，未說而出，為離眾失。」（七六八頁上）鈔批卷二〇：「景云：此舉出限內，即犯，非謂出簷也。以簷內非室攝故。」（八三五頁上）

〔六〕**露地，去僧一尋，提** 鈔批卷二〇：「礪云：神通比丘去地四指，得提。今時計免此過。」（八三五頁上）

〔七〕**若不羯磨，私房斷事，一一吉羅** 資持卷中三下：「『若』下，次明輕過。」（三二七頁中）

〔八〕**若僧集說法、毗尼，有緣不訖座，不白去者，越** 資持卷中三下：「僧祇初說毘尼，但非斷諍故，犯小罪。」（三二七頁上）簡正卷一二：「『僧祇』等者，彼有兩緣：一者，說法毗尼；二、作折伏羯磨，乃至別住羯磨等。若有緣欲去，須白及與欲。說法毗尼者，應白不白者，越。」（七六八頁上）【案】僧祇卷二〇，三八八頁下。

〔九〕**應白與欲** 資持卷中三下：「白即說欲大小便。」（三二七頁中）

〔一〇〕**乃至聽他人讀誦受經，皆須白之** 資持卷中三下：「止是白告比座，不必陳欲，中間餘語，非三藏正教故。」（三二七頁中）鈔批卷二〇：「立謂：眾人聚處，聽經輒去，不白得吉。」

〔一一〕**中間止，作餘語者，無犯** 簡正卷一二：「謂聽他人受誦經竟，作其餘言語，去時不白，不犯。」（七六八頁上）鈔批卷二〇：「景云：羯磨作餘語不犯也。案祇云：若比丘聽眾多比丘說法、（八三五頁上）說毗尼、誦經，去時應白，不者，起（【案】『起』僧祇作『越』。）。若誦者止，誦作餘語者，無罪。又，若聽他比丘受經，及聽他比丘讀經，應白。不白去者，越。」（八三五頁下）【案】僧祇卷二〇，三八八頁。

〔一二〕**不羯磨斷事，沙彌在中，若起亦吉** 資持卷中三下：「五分明非羯磨，故不簡眾。」（三二七頁中）鈔批卷二〇：「案五分云：若僧不羯磨斷事，及私房斷事，沙彌得在其中。若起去，得吉羅。（謂結大比丘罪，非謂結沙彌罪也。）立云：既不作羯磨，故有沙彌在座。若沙彌輒去，結沙彌吉。看五分文，即不然，但是結大僧吉耳。」（八三五頁下）【案】五分卷八，五九頁上。

〔一三〕律不犯　資持卷中三下：「文略『口噤不說』。」（三二七頁中）資持卷中三下：「準此暫去，即來不須說欲。」（三二七頁中）

與欲後悔戒〔一〕七十六

四緣：一、如法羯磨〔二〕，二、如法與欲，三、輒反悔言「不成」〔三〕，四、言了，結。

多論〔四〕：若僧作非法羯磨，當時力不能轉，默然不訶；後言「不可」，無犯。若順法、毗尼者，墮〔五〕。王制不順，吉羅〔六〕。

【校釋】

〔一〕與欲後悔戒　資持卷中三下：「（佛在舍衛。六群恐舉六人相隨，無由得作。後時作衣，僧喚受欲，即與比丘作舉羯磨。後六群言：『我以彼事與欲。』佛呵，因制。）」（三二七頁中）鈔批卷二〇：「開文云，其事若實者，准多論第八云：若僧一切羯磨事，作不如法。當時力不能有所轉易，嘿然而不呵，後言不可，無罪。」（八三五頁下）【案】四分卷一八，六八七頁中開始。

〔二〕如法羯磨　資持卷中三下：「初緣。多論除僧法。餘事和後悔，吉羅。」（三二七頁中）

〔三〕輒反悔言「不成」　資持卷中三下：「反悔者，作是言：『汝作羯磨，非法羯磨不成，我以彼事故與欲，不以此事。』」（三二七頁中）

〔四〕多論　鈔科卷中三：「『多』下，釋第一。」（八三頁下）資持卷中三下：「多論初明緣開。」（三二七頁中）【案】多論卷八，五五五頁中。

〔五〕若順法、毗尼者，墮　資持卷中三下：「『若』下，次明正犯。順法，謂如法羯磨。」（三二七頁中）

〔六〕王制不順，吉羅　資持卷中三下：「『王』下，因示別制。如今國令，違皆小罪。世人妄以紫服為王制者，餘僧服褐，皆應犯制。但欲飾非，寧知毀教！」（三二七頁中）資持卷中三下：「其事實爾，作非法羯磨，錯說彼此者，開。」（三二七頁中）

屏聽四諍戒〔一〕七十七。

五緣：一、先起四諍，二、前人屏量〔二〕，三、作鬪亂意，四、往彼盜聽，五、聞〔三〕，便結犯，不待向說〔四〕。

律中〔五〕：若二人闇地共語，隱處共語，前在道行共語〔六〕，若不彈指謦欬驚者，吉羅。

不犯者。若恐作無利故聽者，開。

【校釋】

〔一〕屏聽四諍戒　資持卷中三下：「（佛在舍衛。六群聽諸比丘鬥已，而向彼說，令諍不滅。故制。）」（三二七頁中）【案】四分卷一八，六八八頁上開始。

〔二〕前人屏量　鈔批卷二〇：「私處擬滅此諍，比丘未聽，擬向他說，令諍事發起。雖未及說，若作意聽聞，則結犯。礪問：『若聞語犯者，何故戒本聽此語向彼語（原注：『語』疑『說』。）提？』答：『此就屏聽者，意本屏聽此語，為欲向彼說，作鬪亂意。聽時得罪，不待向彼說也。若向彼說得罪者，落在兩舌戒，不在此攝。』問：『此戒所以聽時，即犯前兩舌戒，待傳彼此犯者何？』答：『前戒先未有諍，一往聽時，未必生諍，要說方犯此戒。先有諍事，若往聽者，（八三五頁下）必生其諍，過情深重，是以聽時得罪。』祇二十云：若二比丘在堂私語，比丘欲入，應彈指動腳作聲。若前人默然者，還出；若前人故語不止者，入無罪。（二人在外私語，一人堂內，反說應知。若嘿然，堂內人應出。）若比丘鬪，結恨，在（【案】『在』疑『作』。）是罵詈：『我要當殺。』聞已，語彼人：『長老好自警備，我聞有惡聲。』若知事人，聞客比丘作是言：『我當盜某庫其塔等物。』聞已，應嘿然還。還已，應眾僧中唱言：『諸大德！某物等當警備，我聞有惡聲。比丘有多弟子，日暮行諸房，知如法不？』若聞說世俗談語，若說王說賊等，不得便入呵責，待自來已，然後誨責：『汝等信心出家，食人信施，應坐禪誦經，云何論說非法之事？此非出家，隨順善法。』若聞論經說義，問難答對，不得便入贊欲（原注：『欲』疑『歎』。），待自來已，然後贊美：『汝等能共論經說義，講佛法事，如世尊說：比丘集時，當行二法，一者賢聖嘿然，二者講論法義。』」（八三六頁上）【案】僧祇卷二〇，三八八頁中。

〔三〕聞　簡正卷一二：「戒疏云：聽此語未向彼說，提，但聞即犯。若待向說，自屬『兩舌戒』收。『若爾，何故戒疏文云：聽此語向彼說者，（七六八頁上）提？』答：『此約能聽人心，聽此淨（原注：『淨』疑『諍』。）事，有意向彼陳說，非謂往彼說時犯也。』問：『何故兩舌須向彼說，始犯此纔聞便結？』答：『前是未有諍，待說方有諍起，故說時結。今此先有諍，豈待向說，故聞便犯。』」（七六八頁下）

〔四〕不待向說　資持卷中三下：「疏云：戒本向彼說者，據聽者意至於結罪，但聞便犯。若待向說，落『兩舌』中。又云：『兩舌』未有諍，聽不必生，待說方

有。此先有諍，往聽必生，故深前制，豈待其說。」（三二七頁中）

〔五〕律中　鈔科卷中三：「『律』下，釋第四。」（八三頁下）簡正卷一二：「祇云：若二比丘在堂，比丘欲入，彈指動腳作聲。若堂中比丘，聞有人聲，即嘿住不語者，前比丘卻須退。若故語不止者，即入無犯。」（七六八頁下）

〔六〕若二人闇地共語，隱處共語，前在道行共語　資持卷中三下：「三種『共語』，不許竊聽。凡情所好，智者誡之。」（三二七頁中）

瞋打比丘戒〔一〕七十八

四緣：一、大比丘〔二〕，二、生瞋心，三、作打意，四、著，便犯。

律中〔三〕：打犯重者，亦墮〔四〕。若以手、石、杖等，墮；若餘戶鑰、拂柄挃者，吉羅〔五〕。十誦：如一把沙豆散眾多比丘〔六〕，隨著，一一墮。伽論：欲心打女人，僧殘〔七〕。僧祇：若惡象、馬、牛、羊，來入塔寺，觸突形像，壞華果樹，得以杖打木石，恐怖令去。不得杖擬畜生，一一吉羅〔八〕。

律不犯者。

有病，須人椎打；食噎，椎脊；共語不聞，觸之；乃至誤觸。不犯〔九〕。

撿諸經律，無為訓治故，開比丘行笞杖者。釋迦一化〔一〇〕並無，末代往往見有。前卷已明〔一一〕。故是法滅之相。大集經云〔一二〕：若道俗等，打破戒、無戒比丘，罪重出萬億佛身血。何以故？以能示人出要道，乃至涅槃故。智論〔一三〕：律中結戒，為世間事，為攝僧故，為護佛法故，有人、有眾生，隨逐假名〔一四〕而結戒，不觀後世罪多少〔一五〕。如道人鞭打、殺牛羊〔一六〕，罪重而戒輕；歎女人〔一七〕戒罪重，後世罪輕等。

【校釋】

〔一〕瞋打比丘戒　資持卷中三下：「（佛在舍衛。六群中一人打十七群中一人，大喚。故制。）」（三二七頁中）【案】四分卷一八，六八八頁中開始。

〔二〕大比丘　資持卷中三下：「簡下眾吉。」（三二七頁中）

〔三〕律中　簡正卷一二：「由先得戒人，雖犯重打，亦提。若十三難，本受不得戒者，打但吉，義同於結。」（七六八頁下）

〔四〕打犯重者，亦墮　資持卷中三下：「犯重墮者，不簡境故。」（三二七頁中）鈔批卷二〇：「立謂：由先得戒人，雖犯重，打之亦提。若十三難本受不得者，打但吉羅，義同打俗，亦但犯吉。准大集經，其業則重，不問有戒無戒、袈裟掛身，皆同出佛血。高問：『此但得提，（八三六頁上）大集頓重者？』答：『佛制戒者，就希數故，不觀後世罪。結提者，且就希作，故輕。經約業理，故同出血。』又云：出血，據教亦是偷蘭。蘭、提罪體，氣類稍等。據此經律，亦無輕重。又解：律，約比丘同徒互打，故輕；經據俗人打僧，以陵尊，故重。按祇十八云：打尼蘭，下至俗人越。若惡象、馬、牛、羊、狗，如是種種惡獸來，不得打，得提。杖木石等，作恐怖相。若來入僧寺，觸突形像，壞華果樹，亦得以杖瓦石等，打地恐怖令去。把沙豆散眾，多比丘隨豆著數豆，得提。非約隨著人數也。見論十六云：若嗔心打乃至死，得提；乃頭破、手腳折，亦提。若打未受具，下至畜生，吉。若欲心打求脫，不犯。」（八三六頁下）

〔五〕**若以手、石、杖等，墮；若餘戶鑰、拂柄搓者，吉羅**　資持卷中三下：「『若』下，約事分犯，重輕兩別。搓，『陟栗』反，撞觸也。」（三二七頁中）

〔六〕**如一把沙豆散眾多比丘**　資持卷中三下：「若取所打，即望多人。若約能打，即隨沙豆多少。」（三二七頁中）簡正卷一二：「約豆數結罪也，非隨著人數結。」（七六八頁下）

〔七〕**欲心打女人，僧殘**　資持卷中三下：「論約欲心戲打，即同摩觸。若但瞋心，應同餘眾。」（三二七頁中）

〔八〕**不得杖擬畜生，一一吉羅**　資持卷中三下：「僧祇：擬畜即吉，護之急耳。」（三二七頁中）

〔九〕**有病，須人椎打，食噎椎脊，共語不聞，觸之乃至誤觸，不犯**　鈔科卷中三：「初，正明不犯。」（八三頁上）資持卷中三下：「乃至者，文略睡時，身委他上。（三二七頁中）若來往經行時，共相觸。若掃地時，杖頭誤觸。」（三二七頁下）【案】不犯文分為二：初明不犯，後斥非法。

〔一〇〕**一化**　資持卷中三下：「諸教不開，即知佛世所不行也。」（三二七頁下）【案】鈔科卷中三：「『撿諸』下，斥非法，分二：初，『撿諸』下，明諸教不開；二、『大集』下，引諸文以證。

〔一一〕**前卷已明**　資持卷中三下：「『前卷』即師資篇。」（三二七頁下）

〔一二〕**大集經云**　資持卷中三下：「大集據能說法，化世有益。雖破戒無戒，罪業猶爾，況餘持戒，固不在言。一切罪中，五逆為重。五逆罪中，出血復重。出一佛血，一劫阿鼻，況萬億耶？由罪極重，故以比之。」（三二七頁下）

〔一三〕智論　資持卷中三下：「智論初敘制戒，隨順世相。結戒是制教，後世罪即業道。」（三二七頁下）簡正卷一二：「論中因辨供養真佛及化佛，得無限福。若惡心毀真、化二佛，俱得達（【案】『達』疑『違』）罪。『若爾，毗尼中，何故煞化人不犯？』可引鈔釋，云律中結戒，為世間事等。」（七六八頁下）

〔一四〕假名　簡正卷一二：「於諸五蘊上，假立人、畜等名，即於人畜上，約世譏謙，結戒輕重。」（七六八頁下）

〔一五〕隨逐假名而結戒，不觀後世罪多少　簡正卷一二：「不觀後世得罪多少者，約業罪說也。」（七六八頁下）鈔批卷二〇：「立明：此言證上打僧。約制戒中，罪名雖輕，業報則重。佛所制戒，但就希數而制。」（八三六頁下）

〔一六〕如道人鞭打、殺牛羊　簡正卷一二：「正釋上文結業輕重意也。」（七六八頁下）資持卷中三下：「『如』下，舉相以示。欲彰鞭打業重，令信者誡之。」（三二七頁下）鈔批卷二〇：「此打搏殺生等，比丘作希，故制輕名，就業實重。若嘆媒、房等戒，由作數故，故制重名。約其業報，是輕非重也。」（八三六頁下）

〔一七〕歎女人　資持卷中三下：「歎女即麤語。」（三二七頁下）

搏比丘戒〔一〕**七十九**

前是限分〔二〕**，此戒深防**〔三〕**，擬便是犯**〔四〕**。伽論：舉手向眾多比丘，一一提**〔五〕**。**

【校釋】

〔一〕搏比丘戒　資持卷中三下：「（亦因六群以手搏十七群。故制。）戒名者。僧祇中，六群側掌為刀相，用擬於人，號為『搏』也。」（三二七頁下）簡正卷一二：「犯具四緣：一、大比丘舌，二、嗔心，（七六八頁下）三、作意，四、舉手，便犯。」（七六九頁上）【案】四分卷一八，六八八頁下開始。

〔二〕前是限分　簡正卷一二：「前是限分中，制打著方犯；此是深防中，制手擬便犯。須定罪相。若本為打不搏，但犯吉，即是打家方便。若標心本為搏，不打，動心時，即是搏之，方便擬之，即犯根本。祇云：六群以側掌為力，用擬於人，故號為搏。若舉手向多人，隨境數犯也。」（七六九頁上）資持卷中三下：「對前戒者，疏云：本為打非搏，但打家方便，吉羅；本為搏非打，動心即搏方便。」（三二七頁下）

〔三〕此戒深防　鈔批卷二〇：「不假著竟，方犯也。但舉手是犯，著則自犯前戒。」（八三六頁下）

〔四〕擬便是犯　鈔批卷二〇：「立明：舉手擬他比丘，即提。戒疏云：若本為打非搏，（八三六頁下）搏但打家方便，吉。本為搏非打，動心即搏方便，舉手即提。祇十八云：六群以側掌刀擬十六群，言：『我以掌刀，斫墮汝面。』彼恐怖故，即大啼。佛問六群：『汝何故如是？』答言：『以戲樂故。』佛言：『痴人，汝莫輕彼。彼若入定，能以神力，擲汝著他方世界。』（述曰：）側掌刀者，舉手側掌，其形似刀。即此律中，舉手側掌，名之為搏。問：『四分有十七群，何故祇唯十六群？』解云：『四分據本有十七，由前一人被擊攊死，故祇據少，唯十六人。』伽論云：若舉手刀，向眾多比丘，一一皆提。」（八三七頁上）

〔五〕舉手向眾多比丘，一一提　鈔科卷中三：「『伽』下，明多罪。」（八四頁下）資持卷中三下：「約所搏之人，復隨舉手，以明多罪。律不犯中。若有緣事，須舉手遮、招、觸等。」（三二七頁下）【案】伽論卷二，五七七頁中。

無根僧殘謗戒〔一〕八十。

略同第二篇〔二〕，罪墮為別。

【校釋】

〔一〕無根僧殘謗戒　資持卷中三下：「（亦因六群以無根僧殘謗十七群。故制。）」（三二七頁下）【案】四分卷一八，六八九頁上開始。

〔二〕略同第二篇　簡正卷一二：「指第二無根謗戒，八緣犯等。」（七六九頁上）資持卷中三下：「恐忘前戒，略引緣成，有八：一、是大比丘，二、作大比丘想，三、內有瞋心，四、無三根，五、下至對一人說，六、以殘罪加誣，七、言詞了了，八、前人知，犯。」（三二七頁下）

突入王宮戒〔一〕八十一

四緣：一、是剎利王〔二〕；二、王共夫人同處〔三〕；三、王未出，寶未藏〔四〕；多論：采女著寶衣，眾具未藏舉本處。**四、入王宮門限〔五〕。便犯。**

律中，若入粟散小王、豪貴長者門限內，吉羅〔六〕。

【校釋】

〔一〕突入王宮戒　資持卷中三下：「〔佛在舍衛。未利夫人（【案】『未』疑『末』。）奉信聽比丘入宮無障，迦留陀夷入宮，夫人拂床形露。因制。〕」（三二七頁下）鈔批卷二〇：「濟云：依如外國比丘來往王宮，其王又防備少故也，至如此間國王，兵仗防衛，禁門極急，出入須有藉傍（原注：『傍』疑『榜』），豈可突入？入亦不得，無犯此戒義也。依光律師九段，此下當第九段，說此篇來，有十戒。明衣服、外儀、節量，謹攝無逸行。」（八三七頁上）【案】四分卷一八，六八九頁中開始。

〔二〕剎利王　資持卷中三下：「『剎利』即四姓之長，律約灌頂受位，即戒本中水澆頭也。餘三姓如是立者，亦名『灌頂』。」（三二七頁下）簡正卷一二：「准祇四句：一、是王，非剎利入者，無犯；二、是王，是剎利，非灌頂入，亦不犯；三、是王，是剎利，是灌頂，無國土分，入無罪；（四分文中，此三句皆吉。）四、是王，是剎利，是灌頂，有國土分入者，提。（四分亦爾。）所言灌頂者，即四分戒文云澆頭是也，即受職之法。律云：取白牛右角，盛四大海水及一切種子，置金輦上，使諸小王舉之。王與第一夫人，共在輦上，婆羅門以水灌頂，立之為王，故云『剎利王種』也。若婆羅、毗舍、首陀種，以水灌頂，作如此立，亦得名為『剎利灌頂種』也。以水洗種子者，取滋閏，反發（七六九頁上）生義，以表王養萬民。右甬（【案】『甬』疑『角』。）者，取吉祥義。」（七六九頁下）鈔批卷二〇：「准佛本行集經云：『剎利』，梵音，此云『田主』，即劫初時，立為分田主，相承為王，至今也。案祇律云：過去世時，此世界劫盡時，諸眾生，生光音天上，世界還成。光音諸天，來下世間時，天人行住坐臥，以禪悅為食。（八三七頁上）爾時，無有晝夜、日月、歲數、時節。永（【案】『永』疑『水』。）既去，地味遍生，如天甘露，人便食此地味，其身麤重，退失神通，光明悉滅，世間便有日月、昏明、歲數、時節。爾時，眾生、非男、非（原注：插入『男非』二字）女，因食地味，形色皆異。其食多者，形色麤醜；其食少者，身端正。其端正者，自恃勝他，便起憍慢，因此地味即滅。便生地膚，味如純蜜。是時，眾生皆驚言：『如何地味忽然而滅？』便共食地膚，後起憍慢。地膚又滅，便生地脂，味如石蜜。眾生食之，轉生憍慢，地脂又滅。次有自然粳米，久食粳米，便有自然男女形生，更相染著，婬欲轉熾，遂成夫婦。時有眾生，併聚取粳米，兼明日食，乃至取得十日、二十日，一月、二月。以貪意儲畜故，粳米變生糠糩，朝取處暮則不生。是時眾生，便立制限，分其田地，令有畔埒，即便分之。此分屬我，彼則屬汝，於是眾生漸行盜竊，取他田分。（云云。）其分田主，相承紹位，至今為王，故（原注：『故』下疑脫『有剎』二字。）利也。王者，案祇云：或是王，非剎利，入者無罪；或是剎利，非灌頂，入亦無罪；或是王，是剎利，是灌頂，無（原注：『無』字疑剩。）入者無罪；或是王，是剎利，是灌頂，有國土不得入，入者提。」

（八三七頁下）【案】僧祇卷二，二三九頁中。

〔三〕王共夫人同處　資持卷中三下：「『同處』，準下王未出，須約寢宮方犯；已外應輕。此土王庭不許輒入，事亦希也。」（三二七頁下）

〔四〕王未出，寶未藏　鈔批卷二〇：「戒疏云：謂王未出，女未還本處。言寶未藏者，多論云：進御采女，令著寶衣，內身外現，輕明發欲故也。今此比丘，突至此處，故曰也。據緣起意，迦留陀夷見末利夫人形露，還僧坊中言：『我見王第一所重者訖，計是女寶』，以王貴之如寶，故曰也。多論文中，自有二解，故多論第九云：門者，王宮外門。閫者，宮門前一限木也。過此木，犯。未藏寶者，王已出外，夫人未起，其進御時，所着寶衣，輕明照徹，內身外現，以發欲意。未藏此衣，名未藏寶。又，女為男寶，夫人未於餘衣覆身者，亦名未藏寶。言水澆頭者，案四分云：取四大海水，取白牛石（【案】『石』疑『右』。下同。）角，收拾一切種子盛滿中，置金輦上，使諸小王轝。王與第一夫人共坐輦上，大婆羅門以水灌王頂上，以立為王，是名刹利種。作如是立王，故得名也。若婆羅門、毗舍、首陀，如是五（原注：『五』字未詳。）者，亦名刹利王，水澆頭種，名灌頂王也。高云：上據律文所辨者，外國立王法也。以水澆種子潤故，有發生之義。表為王者，子育羣生也。白牛石角者，表不行左道。凡吉祥事，皆右遶右行也。」（八三八頁上）【案】多論卷九，五〇六頁中。

〔五〕入王宮門限　資持卷中三下：「疏云：深防而制。初入已結，何況見寶？」（三二七頁下）

〔六〕若入粟散小王、豪貴長者門限內，吉羅　鈔科卷中三：「『律』下，釋第一。」（八四頁下）資持卷中三下：「粟散言餘小王如粟之多。不犯中。若有奏白、請喚，若命、梵難」（三二七頁下）鈔批卷二〇：「礪云：五緣。第五因緣者，謂有奏白被請，諸難等緣，不犯也。」（八三八頁上）扶桑記：「此依天台仁王疏。青龍疏云：如劫初分香稻者，以粟散布，名粟散王。」（二五一頁下）

捉寶戒〔一〕八十二

此是捉寶戒，多論明文〔二〕。因拾遺為緣起，不用舊語〔三〕。

具五緣〔四〕：一、是重寶，通自、他〔五〕；二、及莊飾具〔六〕；三、非住處及宿處〔七〕；四、無心盜取〔八〕，擬還主；五、捉。便犯。

多論：七寶捉者，墮〔九〕。「七」名如「三十戒」中。若似寶，銅、鐵、雜色珠等，取得，吉羅〔一〇〕；不取〔一一〕，如法說淨，不犯。若捉

金薄、金像舉藏，若捉他寶，自說淨寶，得墮〔一二〕。似寶入百一物數〔一三〕者，得，不須說淨。僧祇中：乃至知佛、僧事人，有寶不得自取〔一四〕。若四月八日及大會供養時〔一五〕，浴像、金銀塔及菩薩像，供養具有金銀塗者，使淨人捉。若倒地者，佐助捉無金銀處；若塗徧者，裹手捉〔一六〕。若浴金銀菩薩，使淨人洗，乃至使淨人持，比丘佐助〔一七〕。若已先捉，不得後放〔一八〕。

多論：若似寶，作女人莊飾具，捉者，吉羅〔一九〕；男子莊嚴具，除矛矟兵器、樂器〔二〇〕，餘一切捉，無犯。若使比丘捉寶，亦墮〔二一〕。律中開〔二二〕：若是供養塔、寺莊嚴具，為牢固收舉，不犯。謂無淨人處開。故五百問云：知事人不得捉佛、法金銀錢，亦墮〔二三〕。

四分云〔二四〕：若在寺內、奇宿處有寶，自捉、教人舉〔二五〕。當識囊相、器相，開解看〔二六〕：幾方圓、幾新故。有索者，問相貌，同者還；不相應者，云：「我不見此物。」若二人同來取，語同者，持物置前，各自取去〔二七〕——不作如是方便，吉羅。若餘處捉遺落物者，墮〔二八〕。僧祇：若見遺衣物者，當唱令之〔二九〕。無主者，懸高顯處，令人見。若來取，問何處失。答相應者，與。無來者，停三月已，若塔園中得者，作塔用；僧園中得者，四方僧用。若貴價物〔三〇〕，金、寶等，不得顯露處，屏看相已，有認相應，對多人前與，教令受三歸〔三一〕。語云：「佛不制戒者，眼看不可得。」無人來者，停至三年〔三二〕，如上處所，當界用之〔三三〕。比丘若失物〔三四〕，先生心言「後知處當取」，後知得取，無罪。客比丘遺衣鉢，主人徙著餘處藏，犯重〔三五〕。彼衣主憶來取者，無罪〔三六〕。若掘地得寶藏者：淨人不可信，當白王〔三七〕；淨人可信，停至一二年，應作塔用。若王覺者，答言「已用作塔」。若索者，應以塔物，若乞還之。若王問「律中云何」，答云「佛言：隨塔、僧地得者，還作塔、僧用之」。若寶藏上有鐵劵姓名，亦得直用〔三八〕。進退如上〔三九〕。成論〔四〇〕：有人言「伏藏屬王，取此物犯盜」者，答云：「但地上屬王，不論地中。何以故？給孤獨等聖人〔四一〕，亦取此物，故知無罪。又，自然得物，不名劫盜〔四二〕。」僧祇：入聚落中，有遺物，不得取〔四三〕；有人取與比丘者，得，即是施主。若曠路無人處有者，得取〔四四〕；若衣有寶，以腳躡斷〔四五〕，露捉使人見；至住處見有寶者，與淨人掌，作衣藥直。五百問云：寄白衣物，過期不來〔四六〕，白衣持來施比丘，不合

取。若活，是有主；若死，屬僧物。

【校釋】

〔一〕**捉寶戒**　資持卷中三下：「（佛在舍衛。外道路中止息，忘千兩金，比丘見之持還。便言金少，王斷罰讁入宮。因制。）（三二七頁下）正名中。初示名有據，論如下引。因下廢古所立，彼執緣起，謂拾遺犯提，手捉但吉，故召為拾遺。」（三二八頁上）【案】四分卷一八，六九一頁中開始。

〔二〕**此是捉寶戒，多論明文**　鈔批卷二〇：「案多論第八云：若寶者，金、銀、車渠、馬瑙、瑠璃、真珠，若金薄、金像，凡是寶器，捉者，一切波逸提。又云：若捉自他說淨寶，皆提。今引此文，將欲破昔義也。」（八三八頁下）【案】多論卷五，五三五頁下。

〔三〕**不用舊語**　簡正卷一二：「道疏云：此名『捉遺落寶戒』。若非遺落，捉犯等罪。今云不然。雖以捨遺之寶為緣，從制戒後，但捉即犯，何論遺與不遺也？」（七六九頁下）鈔批卷二〇：「不用昔人解也。昔師立此戒名，名為『捉遺落寶戒』，以拾遺為緣起故。故捉遺落者，提。餘非遺落，捉犯小罪。如須提那犯婬為緣，則制『婬戒』。檀尼迦犯盜為緣，則制『盜戒』。此既拾遺為緣，亦須制『不得捉遺落』。礪疏亦然。今不同之。如（原注：『如』疑『約』。）戒本中，及諸部明解，但捉即犯，何論拾遺？故初列戒本，捉寶則犯，但除兩緣。下開收拾塔具，都無別開之相，如何乃云捉寶犯吉、遺者提乎？羯磨（【案】『磨』後疑脫『疏』字。）云：古師拾遺落寶為緣起，故今捉餘寶，皆吉羅耳。宣云不然。然戒律中，多從緣起，因制入法，至於以犯，未必如緣。『婬戒』，本二自是制緣，後犯那科，何問新舊？賓引多論第五『畜寶戒』云：是戒體，正以畜寶制戒，乃至不為畜故。若捉他寶，若自說淨寶，但捉得提；一切錢，若銅錢乃至木錢，若自，若他，但捉吉羅，非是此戒體，是九十事捉寶。（已上論文。述曰：）既指此中是『捉寶戒』，故彰不應專言遺落，（八三八頁下）但應名為捉寶戒。」（八三九頁上）

〔四〕**具五緣**　簡正卷一二：「戒疏四緣：一、是寶物，二、非塔者莊具，三、非餘緣，四、捉，便犯。掌依此四，足可稟承。鈔文不合，開為初二開緣也。」（七六九頁下）資持卷中三下：「此戒犯相有二，若但捉寶，唯有三緣，初、二及五。若於聚落，拾他遺寶，方具五緣。共拾遺衣，但應得吉。伽濫（【案】『濫』疑『藍』。）宿處，有寶、無寶，一切開拾。如下引明。」（三二八頁上）

〔五〕**是重寶，通自、他**　簡正卷一二：「重寶等，即異古。首疏云：一是遺落寶也。

通自、他者，戒疏云：問：『佛制寶物，自捉不合，何得使他亦犯？』答：『審是非法，自他同犯。多論云：使人亦犯，必有所開，自執無罪。』」（七六九頁下）

〔六〕**裝飾具**　簡正卷一二：「謂銅、鐵、鈆、錫、白鑞等，諸寶裝嚴也。」（七六九頁下）

〔七〕**非住處及宿處**　資持卷中三下：「即非伽濫。及宿處者，謂非俗舍。」（三二八頁下）簡正卷一二：「非此二處即犯。在此二開之住處者，開僧伽藍。毗舍佉母入祇桓，見佛遺卻瓔珞，故開及宿處者，開寄巧師處捉金也。」（七六九頁下）鈔批卷二〇：「此明四分開捉之處也。」（八三九頁上）

〔八〕**無心盜取**　簡正卷一二：「若有盜心，捉離犯夷，非此我攝。」（七六九頁下）鈔批卷二〇：「立謂：但捉犯提。若有盜心，初篇所攝。」（八三九頁上）

〔九〕**七寶捉者，墮**　鈔科卷中三：「初，釋第一。」（八四頁中）資持卷中三下：「多論初明真寶，七名即金、銀、摩尼、真殊、珊瑚、硨磲、碼瑙。律中，又有琥珀、琉璃、具玉。（彼論錢入似寶。）。」（三二八頁上）【案】多論卷八，五五六頁上；卷五，五三五頁中。

〔一〇〕**若似寶，銅、鐵、雜色珠等，取得，吉羅**　資持卷中三下：「『若』下，次明似寶。取得吉者，論云：為畜，故取也。」（三二八頁上）

〔一一〕**不取**　資持卷中三下：「論作『不應自取』，如法說淨。（準不為畜捉，應無過。）上文通論畜捉。」（三二八頁上）

〔一二〕**若捉金薄、金像舉藏，若捉他寶、自說淨寶，得墮**　資持卷中三下：「『若捉』下，單明捉犯。金薄謂裹貼之物，金像或貼或鑄者。」（三二八頁上）

〔一三〕**似寶入百一物數**　資持卷中三下：「似寶入百一捉畜，皆開。已外俱吉。」（三二八頁上）

〔一四〕**乃至知佛、僧事人，有寶不得自取**　資持卷中三下：「僧祇中。初通明制意，知事當開，教亦不許。而況餘人，故云『乃至』。」（三二八頁上）鈔批卷二〇：「此恐忘謂僥倖，謂言為佛、法、僧，應得捉，故今明之。雖是知事，猶不開捉。」（八三九頁上）

〔一五〕**若四月八日及大會供養時**　資持卷中三下：「『若』下，別示供具。又三，初通列供會。『供養具』下，明鋪設供興。」（三二八頁上）

〔一六〕**若塗偏者，裹手捉**　資持卷中三下：「恐損壞故，暫開佐助。世有持戒者，裹手捉錢，愚教之甚。」（三二八頁上）

〔一七〕**若浴金銀菩薩，使淨人洗，乃至使淨人持，比丘佐助**　資持卷中三下：「『若浴』下，正明浴像。」（三二八頁上）

〔一八〕**若已先捉，不得後放**　簡正卷一二：「不得在淨人後（七六九頁下）放。捉時應淨人在前，放時應比丘在先，即是佐助。若先捉後放，即是正捉，非佐助也。」（七七〇頁上）鈔批卷二〇：「立云：淨人持金像，比丘佐助，先捉得後放，又提，合得二墮。自意恐不然。但舉其前後之緣，未必一捉得兩墮也。若作助時，要須褁手，不得觸金。」（八三九頁上）資持卷中三下：「不得後放者，必須先放，意表助他故。」（三二八頁上）【案】僧祇卷一〇，三一一頁～三一二頁。

〔一九〕**若似寶，作女人莊飾具，捉者，吉羅**　資持卷中三下：「釋第二中。多論初明女飾，下簡男物。」（三二八頁上）

〔二〇〕**除矛稍兵器、樂器**　簡正卷一二：「准論，矛、稍，皆提，故除也。」（七七〇頁上）資持卷中三下：「兵、樂二器，捉亦犯吉，所以除之。槊，『所角』反，矛之長者。」（三二八頁上）

〔二一〕**若使比丘捉寶，亦墮**　資持卷中三下：「『若』下，明使同類，能所俱重。」（三二八頁上）

〔二二〕**律中開**　資持卷中三下：「『律』下，次引本律。即不犯中文與上相違，故注決之。」（三二八頁上）

〔二三〕**知事人不得捉佛、法金銀錢，亦墮**　資持卷中三下：「引論證顯非常開。」（三二八頁上）【案】五百問，卷九七三頁上。

〔二四〕**四分云**　鈔科卷中三：「『四』下，釋第三。」（八四頁中）資持卷中三下：「四分先明方便還他。」（三二八頁上）

〔二五〕**有寶自捉、教人舉**　資持卷中三下：「據此拾遺，明開自捉。」（三二八頁上）

〔二六〕**當識囊相、器相，開解看**　鈔批卷二〇：「以緣起中，比丘拾他金囊，後主來認，比丘將還。云：『我囊先金多。』此比丘答言：『止有若干。』相諍不已，至斷官所，官依其口，取百千兩金，以捉囊，不容之。驗知物主誑妄，官即語言：『此非汝囊。』當時驗遣，將物入官。是事白佛。佛令：『自今已去，當問其囊相，金又幾許。答相應者還之，答不相應者，可語言：我不見此物也。』」（八三九頁上）

〔二七〕**若二人同來取，語同者，持物置前，各自取去**　資持卷中三下：「二人同取，謂二人各來識認。語同，謂二皆相應，無由辨故。」（三二八頁上）

〔二八〕**若餘處捉遺落物者，墮**　資持卷中三下：「『若餘』下，明無緣結犯。」（三二八頁上）簡正卷一二：「謂非伽藍，并及宿處，皆名餘處。」（七七〇頁上）鈔批卷二〇：「謂非僧伽藍及寄宿處，二處之外，皆名餘處也。」（八三九頁上）

〔二九〕**若見遺衣物者，當唱令之**　資持卷中三下：「僧祇五節。初，明拾衣。以物輕故，停三月。下是貴寶，故待三年。」（三二八頁上）【案】僧祇卷一八，三七一頁。

〔三〇〕**若貴價物**　資持卷中三下：「『若貴』下，次，明拾寶。由此貴物，多容妄認，故但屏看，異前衣也。」（三二八頁上）

〔三一〕**教令受三歸**　資持卷中三下：「受三歸者，因而接引。（三二八頁上）眼看不得者，明非汝分也。」（三二八頁中）鈔批卷二〇：「由持戒，今還汝物。向若無戒，拾得汝物，縱汝眼見，亦不相還。戒由佛制，汝應敬佛，意令生信，尊尚三寶。」（八三九頁上）

〔三二〕**無人來者，停至三年**　簡正卷一二：「表久無人來取，是無主物，雖有性名，時既久違，亦是無主。」（七七〇頁上）

〔三三〕**如上處所，當界用之**　資持卷中三下：「即隨佛僧用也。」（三二八頁中）

〔三四〕**比丘若失物**　資持卷中三下：「『比丘』下，三、明失物作念。若心捨棄，後取成盜。」（三二八頁中）

〔三五〕**客比丘遺衣鉢，主人徙著餘處藏，犯重**　資持卷中三下：「『客』下，四、明移他遺物。『徙』即訓『移』。言犯重者，此約盜心，恐彼還取故重。若為收藏，雖移無過。彼取無罪，客心不捨，主意未決故。」（三二八頁中）

〔三六〕**彼衣主，憶來取者，無罪**　鈔批卷二〇：「既是己物，雖遺來取，無犯也。」（八三九頁下）

〔三七〕**淨人不可信，當白王**　資持卷中三下：「『若掘』下，五、明取伏藏。淨人不可信須白王者，恐為告首故。上約無名，下據有名。」（三二八頁中）鈔批卷二〇：「立謂：恐其浪用也。」（八三九頁下）

〔三八〕**若寶藏上有鐵券姓名，亦得直用**　鈔批卷二〇：「祇云：彼若問者，須尚道索者，若已用作塔等功德者，主若來索，塔有物將還。若無者，乞還。」（八三九頁下）

〔三九〕**進退如上**　簡正卷一二：「如上盜戒中，明指得『伏藏處』說也。或有指『畜寶』中等。」（七七〇頁上）鈔批卷二〇：「指『盜戒』中也。又云：指前文云，若掘地得寶藏者，淨人不信等文也。」（八三九頁下）資持卷中三下：「同前白

王、答王等。」（三二八頁中）

〔四〇〕成論　資持卷中三下：「成論對破他義，故先標為問。」（三二八頁中）【案】成實卷八，三〇四頁下。

〔四一〕給孤獨等聖人　鈔批卷二〇：「謂長者須達就祇陀太子買園，為佛造精舍之時，布金不遍，自念：『當取何藏金足』，則是取伏藏也。然須達是三果聖人，尚取此物，故知不屬王也。」（八三九頁下）資持卷中三下：「答中二義。初明無屬。給孤取者，論自引證。彼得二果，故云聖人。在聖既取，可驗無犯。」（三二八頁中）【案】成論卷八，三〇四頁下。

〔四二〕自然得物，不名劫盜　資持卷中三下：「『又』下，次顯非盜。引此以明伽濫（【案】『濫』疑『藍』。）之處，得取伏藏。」（三二八頁中）

〔四三〕入聚落中，有遺物，不得取　資持卷中三下：「僧祇但制聚落。」（三二八頁中）【案】僧祇卷一八，三七一頁中。

〔四四〕若曠路無人處有者，得取　資持卷中三下：「唯開拾衣，而非捉寶。以無人處不慮妄索，必畏後患，不取彌善。」（三二八頁中）

〔四五〕以腳躡斷　鈔批卷二〇：「曠路逢衣，復有寶繫，取衣將還，躡斷寶也。若當時不意，有寶所繫，還寺乃見者，無犯。使淨人掌之。」（八三九頁下）

〔四六〕寄白衣物，過期不來　鈔批卷二〇：「謂客僧衣寄白衣居士，以違期不取，白衣將來施僧，故有此進否也。」（八三九頁下）資持卷中三下：「五百問中，謂比丘以衣寄白衣家也。不犯中。若僧伽濫（【案】『濫』疑『藍』。）及寄宿處，（此開拾遺；）若供養塔、寺莊嚴具收舉，（此開捉寶；）或約無淨人處，或是部計緩急。今或併淨塔廟，且就本宗開之。」（三二八頁中）【案】五百問，九七九頁中。

非時入聚落戒〔一〕八十三

五緣：一、非時分〔二〕，二、無啟白、喚緣〔三〕，三、不囑授，四、向俗人舍，即寺內淨人家院是〔四〕。五、入門〔五〕，結。

十誦：若入聚落僧坊，尼寺須白〔六〕。入蘭若處，入本住處，無犯〔七〕。

四分：非時者，從中後至明相未出〔八〕。不囑授比丘，初入村門，墮。若僧塔寺事、病事，當囑比丘；若獨處一房，當囑比房。

十誦：無比丘白者，四衢見，應白〔九〕。又無者，發心已，去〔一〇〕；無者，應白尼三眾。僧祇：食雖早竟，即是非時〔一一〕。作白言〔一二〕：

「長老，我非時入聚落。」前人言：「可爾。」若道從聚落中過，村中有塔、天祠者，當順行直過〔一三〕；若下道左右旋去〔一四〕者，墮。智論：一切白衣舍，皆名「聚落」〔一五〕。準此，寺內淨人房院，何為不白？慎之哉！慎之哉！五分：若路所經，暮須往宿，八難起等，並不須白〔一六〕。多論：若總白，隨到所至處〔一七〕；若別相白，亦善。若先不白，見異寺比丘白，無犯。明了論：若有緣須入，先簡擇此事〔一八〕。謂白同戒、觀察正行、律中威儀者，得〔一九〕；不者，不合。

律不犯者。若道由村過，若有所啟白，若喚若請，皆不囑授直往。有三寶緣者，開囑如上〔二〇〕。

【校釋】

〔一〕非時入聚落戒　資持卷中三下：「（佛在舍衛。跋難陀非時入村，與居士樗蒱。故制。）明了疏，二意故制：一、恐作羯磨，不知所至，則惱眾僧；二、令不自在入白衣家。」（三二八頁中）【案】本戒鈔科稱為「非時入聚戒」。四分卷一九，六九二頁下開始。

〔二〕非時分　鈔批卷二〇：「謂通（原注：『通』疑『過』。）齋已去，入非時分齊也。」（八三九頁下）

〔三〕無啟白、喚緣　資持卷中三下：「啟白、喚召兩緣，不白非犯。」（三二八頁中）

〔四〕即寺內淨人家院是　簡正卷一二：「多有迷意，云不是村，故今注出也。」（七七〇頁上）

〔五〕入門　鈔批卷二〇：「景云：初入村門，墮，後入一一家亦墮。」（八三九頁下）

〔六〕尼寺須白　資持卷中三下：「注簡尼寺，同俗舍故。本住處謂所居寺。」（三二八頁中）

〔七〕入蘭若處，入本住處，無犯　鈔科卷中三：「初，釋第四。」（八四頁中）資持卷中三下：「十誦三處不白。初，即聚落中僧坊。」（三二八頁中）鈔批卷二〇：「若入聚落僧坊者，謂聚落相周，中間復有僧坊。從聚落外，欲入僧坊，不須白之。入本住處無犯者，立謂：住處是僧坊也。雖在聚落中，今若從外還，（八三九頁下）雖經聚落，過不犯也。深云：此明在俗人家停住，後暫出外卻還，故不白也。」（八四〇頁上）【案】十誦卷五三，三九六頁中。

〔八〕非時者，從中後至明相未出　鈔科卷中三：「『四』下，釋第一。」（八四頁中）

鈔批卷二〇：「四分則日中已去，名曰非時。祇文不約時辨，唯論食後。雖且食訖，即曰非時。」（八四〇頁上）【案】四分卷一九，六九三頁上。

〔九〕**無比丘白者，四衢見，應白**　鈔科卷中三：「『十』下，釋第三（六）：初，無所白；二、『僧』下，作白法；三、『智』下，通寺內；四、『五』下，有緣開；五、『多』下，總別法；六、『明』下，所對人。」（八四頁中～下）資持卷中三下：「開四衢者，住處無人，出街求也。」（三二八頁中）簡正卷一二：「其文似倒，理合云：『無比丘者，路中見應白。』又無者，見尼三眾應白。又無者，發心已去。今注出也。祇文約食，以論雖食，早竟了便，是非時作。」（七七〇頁上）

〔一〇〕**又無者，發心已，去**　資持卷中三下：「發心去者，衢中復無，擬道逢也。白三眾者，道中又無，開別類也。疏云：淨人亦得知其去處，有可尋求。」（三二八頁中）

〔一一〕**食雖早竟，即是非時**　資持卷中三下：「僧祇初明非時。不必中、後時內，亦犯，急於本宗。」（三二八頁中）

〔一二〕**作白言**　資持卷中三下：「『作』下，引示白法。準羯磨云：『長老我非時入聚落，至某城邑、聚落、（三二八頁中）某甲舍。』（依此誦之。）」（三二八頁下）簡正卷一二：「所以須白者，有二義：一、為不障，（七七〇頁上）僧法中恐作羯磨，不知所至，令僧生惱。二、欲令前人不得自在入白衣家也。」（七七〇頁下）鈔批卷二〇：「准祇二十云：『長老，我非時入聚落，前人言可爾。』（已上祇文。）今詳，囑授之法，令餘人知，即成防過。不同自餘對首之法，辭句落非，不成法事，故未須『大德一心念』等，辭句圓足故。伽論第三云：『若自在地，白空中人，成白不？』答：『成白。』今詳。但應的屬我向某甲家等，合（原注：『合』疑『令』。）善憶持，即成白法。戒疏引了論作白云：『我為如是緣，須至某處，白大德知。』答言『得』者，是名白法。有二義故：一、為示障僧事，恐作羯磨，餘緣要須共作，不知所至，則惱眾故。二、令不自在入白衣家故也。礪云：若住處無比丘可囑，有三寶緣，聽入無罪。若行至夜，欲入村宿。祇律：應展轉相向，無罪，不白則犯。依此律，容可不白不犯。五分：若行經聚落，若暮往宿，及八難起，不犯□時入村也。」（八四〇頁上）【案】僧祇卷二〇，三八九頁。伽論卷三，五七八頁。

〔一三〕**若道從聚落中過，村中有塔天祠者，當順行直過**　資持卷中三下：「『若』下，制其遲迴。道從聚過者，如今通街店也。中有塔廟，不得旋迴，開中制也。」

（三二八頁下）鈔批卷二〇：「立謂：若過天祠，下道迴轉得提，要須直去不犯。」（八四〇頁上）

〔一四〕**左右旋去**　簡正卷一二：「即顯非直遇之相，同入聚故結。」（七七〇頁下）

〔一五〕**一切白衣舍，皆名「聚落」**　資持卷中三下：「智論語通例準，淨人住處亦犯。若攝衣村界，必須男女，此制專輒，不由譏染，單男亦犯。」（三二八頁下）【案】智論卷六一，四九一頁上。

〔一六〕**若路所經，暮須往宿，八難起等，並不須白**　簡正卷一二：「若俗所經，從村聚中，至日暮須，往宿處為至八難等，不白簡擇。」（七七〇頁下）資持卷中三下：「五分開難。八難如說戒篇。」（三二八頁下）【案】五分卷九，七〇頁上。

〔一七〕**若總白，隨到所至處**　資持卷中三下：「多論總白。應云：『長老，我非時入聚落，隨到所至處，（隨至多家皆得。）別相如上。」（三二八頁下）鈔批卷二〇：「言總者，（八四〇頁上）不得直言『我至眾多聚落、知眾多是誰家』耶。此應出法家語云『眾多』也。應一時言：『我至張某甲、王某甲、趙某甲等家』，故曰者，各各作白也。」（八四〇頁下）

〔一八〕**若有緣須入，先簡擇此事**　資持卷中三下：「了論明觀量可否。初標示『此事』，總下三事。」（三二八頁下）簡正卷一二：「此事者，謂簡所對比丘也。論自釋言，謂白同戒，觀察正行威儀，帶僧伽梨等，此人可白。餘不知法不可白，故云『不合』。」（七七〇頁下）鈔批卷二〇：「案了疏曰：若比丘欲入他家，先簡擇事，後方得入者。解云：出家，若自出入白衣家，因此生諸過失，故須立制防之，令其不得自在入白衣家。若入，須先簡擇其事竟，方可得入。」（八四〇頁下）【案】明了，六六七頁。

〔一九〕**謂白同戒、觀察正行、律中威儀者，得**　鈔批卷二〇：「又論偈云：同戒、觀察正行、律中威儀，結腰繩、僧伽梨紐等者，解云：同戒是同具足戒人，應對一比丘說：『我今為如此因緣事，須至某處，白大德知。』答言『聽長老』者，方得去也。言觀察正行，律中威儀等者，解云：律是三磨遮，律中翻為『正行律』。此律中所明比丘正行威儀，應須觀察。謂於聚落中，不得令威儀有蹉跌。結腰繩，令衣不墮落；僧伽梨紐，令衣著身，風吹不開。若壞威儀，為他所輕笑，生白衣不善心。若威儀如法，令他恭敬，生白衣善心，此是佛所立『入聚落戒』。悉須觀察之，然後方入，故曰先簡擇等也。」（八四〇頁下）資持卷中三下：「『謂』下，釋有三。白同戒者，即作法也。觀正行者，量其所作事也。律中威儀者，齊整著衣也。疏引云：所以開白，謂於死人處觀過失故，為護法故，為受依止故，為說聽法故，為有食請故，並有利故，聽往其處。須避天廟、店肆、婬女、外道、出家女處，觀察遠離。（此即正行。）論中又明著僧伽梨等。（即律威儀。）」（三二八頁下）

〔二〇〕有三寶緣者，開囑如上　鈔批卷二〇：「立云：雖是三寶緣，入聚須白。濫自倖，謂不須白，今指上僧塔寺事等文，故言如上。」（八四〇頁下）資持卷中三下：「『如上』指前四分，略命、梵難緣。」（三二八頁下）

過量牀足戒〔一〕八十四

五緣〔二〕：一、是床，二、僧牀及已〔三〕，三、過量，四、自作使人，五、作成，便犯。

本為截者，不截方犯〔四〕。

律云：高如來八指〔五〕。多論：木牀高大悉犯，俗人八戒亦同〔六〕。八指者，一指二寸〔七〕。姬周尺，一尺六寸；唐尺，一尺三寸彊〔八〕。五分：得高牀施，先作念「截卻」，得受〔九〕；不爾者，墮。

僧祇：僧牀亦犯〔一〇〕。恐施主嫌者，木筩盛腳埋之〔一一〕。乃至截腳木，還搘牀腳，亦犯。隨坐起，一一墮〔一二〕。若下溼處，用八指木搘腳，得。準此，下溼處搘牀者，應開得在上禮佛〔一三〕。若搘高者，不合也〔一四〕。若俗家高牀，不犯〔一五〕。四分亦同。

十誦云：截竟，僧中懺罪〔一六〕。八指者，「用我指量〔一七〕。」上開搘腳木，用人八指量〔一八〕。第三分入梐〔一九〕。準此，十誦疏家以八寸為量，四等分之〔二〇〕。又云：長牀極小，容四比丘坐處〔二一〕。臥床過三肘，降四歲共坐；若減，不得〔二二〕。坐牀長一肘半，得二人共坐。牀搘不得過八指。

四分：不犯者，去地八指，若減、若脫腳，無犯。

【校釋】

〔一〕過量牀足戒　資持卷中三下：「（佛在舍衛。迦留陀夷知佛從此道來，敷高好床，白言：『著我床座。』佛呵。因制。）」（三二八頁下）鈔批卷二〇：「景云：無問僧私二床，但是過量，即犯也。俗人八戒，亦同此也。」（八四一頁上）

【案】四分卷一九，六九三頁上開始。

〔二〕五緣　鈔批卷二〇：「今文列犯緣具五，通約諸部共立緣，非唯約四分也。」（八四一頁上）

〔三〕**僧牀及己**　簡正卷一二：「鈔准祇文僧受用邊犯，戒疏唯約己界床，則依四分結也。」（七七〇頁下）資持卷中三下：「列緣第二，僧、私兩床俱犯。準緣，作成方犯。今時坐已成者，準僧祇犯吉。」（三二八頁下）鈔批卷二〇：「僧床及已床是犯，僧床不犯。祇文，僧祇（【案】『祇』疑『私』。）同犯。」（八四一頁上）

〔四〕**本為截者，不截方犯**　簡正卷一二：「此謂本來作時，擬截成時未犯，不截便犯。若標心本不擬截，作成，即犯。」（七七〇頁下）鈔批卷二〇：「此明若本擬截，成時未犯，不截方犯。本不擬截，作成即犯。」（八四一頁上）

〔五〕**高如來八指**　鈔科卷中三：「初，釋第三。」（八四頁中）資持卷中三下：「初引律示量。」（三二八頁下）

〔六〕**木牀高大悉犯，俗人八戒亦同**　資持卷中三下：「多論明高廣俱制。大即是廣，高量如下。廣者，準業疏，方三肘者，不合坐。（五尺四寸。）疏文又引阿含，八種勝床，俱不合陞。（金、銀、牙角，嚴飾故勝，佛、師、父母，從人故勝。）」（三二八頁下）【案】「八戒」疑作「八床」，即「八種床」。多論卷九，五六〇頁下。

〔七〕**八指者，一指二寸**　鈔批卷二〇：「謂佛指開要也。」（八四一頁上）資持卷中三下：「『八指』下，定尺數。周一尺二寸為唐一尺，其餘四寸以三寸六分為三寸，餘（【案】『餘』即剩出、多餘。）四分在，故云強也。」（三二八頁下）

〔八〕**姬周尺，一尺六寸；唐尺，一尺三寸彊**　鈔批卷二〇：「唐尺一尺三寸，銷周尺一尺六寸猶未盡，故言彊也。」（八四一頁上）簡正卷一二：「一尺三寸強，四分者，寶云：以周尺一尺二寸為唐一尺，又以三寸六分為唐三寸。更有周四分在，即是『強』字收四分也。思之。或鈔中作『弱』字者，錯也。更有云四分五分者，非也。上之四分（平聲），是尺餘量。下五分，即是律名。知之。」（七七〇頁下）【案】五分卷九，七〇頁中。

〔九〕**得高牀施，先作念「截卻」，得受**　鈔批卷二〇：「景云：謂此舉生念不犯，不生念，後坐犯也。亦是初受，即明犯也。」（八四一頁上）資持卷中三下：「作念即成持故。」（三二八頁下）

〔一〇〕**僧牀亦犯**　資持卷中三下：「僧祇初明制。『僧床犯』者，亦約作成為言。」（三二八頁下）【案】僧祇卷二〇，三九二頁。

〔一一〕**木箭盛腳埋之**　簡正卷一二：「恐速爛壞也。（七七〇頁下）『當部約業道邊，祇文約受用邊用，不指量何耶？』答：『諸國用法不等，俗情又異，但唯佛為

定，以茲常量，則永無乖也。」（七七一頁上）

〔一二〕**隨坐起，一一墮**　簡正卷一二：「若終一坐，一墮，已有分故。若他床坐者，越非己分故。但不應坐此非法之床也。」（七七〇頁下）

〔一三〕**應開得在上禮佛**　資持卷中三下：「注明禮佛。世多處床，可開濕處，餘處不得。」（三二八頁下）

〔一四〕**若揞高者，不合也**　資持卷中三下：「又止八寸，不得更高。」（三二八頁下）

〔一五〕**若俗家高牀，不犯**　鈔批卷二〇：「向（【案】『向』義為『假若』。）俗家暫將高床與比丘坐，不犯。」（八四一頁上）

〔一六〕**截竟，僧中懺罪**　資持卷中三下：「釋五中。十誦初明悔法。」（三二八頁下）【案】十誦卷一八，一二七頁下。

〔一七〕**用我指量**　資持卷中三下：「『八指』下，明量。」（三二八頁下）鈔批卷二〇：「謂齊尺六是如量，過此即犯。」（八四一頁上）簡正卷一二：「約佛倍人，即八寸高支床離地也。」（七七一頁上）

〔一八〕**上開揞腳木，用人八指量**　鈔批卷二〇：「立謂：此指上文『若下涅（【案】『涅』疑『濕』。）處，用八指木支腳得』也。」（八四一頁上）

〔一九〕**第三分入梐**　資持卷中三下：「『第』下，統明高量。第三分，即最上八寸。」（三二八頁下）鈔批卷二〇：「立云：此是十誦疏家解也。分此腳為四分，用人指量。四分有八指，乃有八寸，合有四个八寸。一八寸入梐孔，二八寸為腳，一八寸截除，還用支腳。四八三十二，成三尺二寸也。明其先作則犯，截竟不犯。若還用所截者，支腳還犯。有人云：言截除者，截除梐孔上八指，（八四一頁上）非截下分也。若言截下分者，何故言第三分入梐孔也？」（八四一頁下）

〔二〇〕**四等分之**　鈔批卷二〇：「景云：人八指入梐，人八指支腳中間。佛八指為腳，即人十六指，乃是尺六也。」（八四一頁下）資持卷中三下：「四等者，二分為腳，一分為揞，（三二八頁下）一分在陛。云第三者，不數揞故。」（三二九頁上）簡正卷一二：「十誦疏作此解也。以四八三十二，成三尺二寸。今將二八寸為腳，第三八寸入梐，第四八寸截除。還用支腳。准此驗知。上濕下處，開用人指也。」（七七一頁上）

〔二一〕**長牀極小，容四比丘坐處**　資持卷中三下：「『又』下，明廣量。初，明長、臥二床。」（三二九頁上）簡正卷一二：「降，減也。四人相望，得減四歲者共坐。若滿五，即是闍梨位，不合共坐床。指不過八指也。」（七七一頁上）鈔批卷二〇：「景云：此舉四歲得共坐，五歲即是闍梨位，故不得也。非謂床小不容，今坐之次第，約受戒時是法身生時，為大小坐之次第。不以安居成夏，寸而坐次第也。故菩薩戒云：先受戒者在前坐，後受戒者在後坐，即其義也。若安數夏者，作和上位，受依止，及知離依止故也。」（八四一頁下）資持卷中三下：「降四歲者，如己六夏，可共十夏人坐。己一夏，共五夏人坐。若降五歲，不許共坐，以同闍梨位故。據律本制，降己三歲，由床大故。聽降四歲，故云減不得也。二明坐床，三明搘木。數量可知」（三二九頁上）

〔二二〕若減，不得　鈔批卷二〇：「謂臥床不可減四人坐量也。」（八四一頁下）

兜羅貯牀褥戒〔一〕**八十五**

五緣：一、是兜羅緜〔二〕**，律云白楊華、柳華、蒲臺**〔三〕**也。二、貯牀褥，三、為己**〔四〕**，四、自作、使人，五、成**〔五〕**，便犯。**

五分：隨坐結墮，要先棄後悔〔六〕。

【校釋】

〔一〕兜羅貯牀褥戒　資持卷中三下：「（佛在舍衛。六群作兜羅貯褥，居士譏，以殺生。故制。）『兜羅』，是梵語，多論云：草木花綿之總稱，又翻『霜綿』。所以制者，多論云：以是貴人所畜故；又，人所嫌故，喜生虫故；又，若臥軟煖，後得麤硬，不堪忍故。」（三二九頁上）【案】本戒鈔科簡稱作「兜羅緜褥戒」。四分卷一九，六九三頁中開始。

〔二〕兜羅緜　鈔批卷二〇：「由此花中多有細虫，以損命故，制不許坐。案五分云：王舍城邊，有一神樹，眾人奉事，至節會時，七日乃止。有四種兜羅，貯廣，棄之而去。諸比丘於後收取，以貯繩床、木床，及作枕蓐。白衣譏言：『此物臭穢，好生諸虫，云何比丘坐臥其上，無沙門行、破沙門法？』為此故制斯戒。」（八四一頁下）

〔三〕白楊華、柳華、蒲臺　資持卷中三下：「柳花即柳絮。蒲臺即蒲花，抽出若臺，隨方呼召耳。」（三二九頁上）鈔批卷二〇：「言四種者：柳花、楊花、蒲梨花、睒婆花，為四也。蒲臺者，即冬天蒲花也。濟云：今人多用蒲花為泥斤者，殺虫無數，（八四一頁下）慎莫用之。」（八四二頁上）

〔四〕為己　資持卷中三下：「為他作吉。」（三二九頁上）

〔五〕成　資持卷中三下：「不成亦吉。」（三二九頁上）

〔六〕隨坐結墮，要先棄後悔　簡正卷一二：「先辨此褥，不得與人方悔罪也。」（七七一頁上）鈔批卷二〇：「謂先棄此蓐，不後方悔罪故也。」（八四二頁上）資持卷中三下：「示犯及悔法。不犯者，非前三物。若他施，棄而用之。」（三二九頁上）【案】五分卷九，七〇頁中。

骨牙角鍼筒戒〔一〕八十六

五緣同上〔二〕。

多論云：以是小物故，不入「三十」中〔三〕。又應破〔四〕故。若反還主，不受；若與他，主生惱；若入僧，則非法〔五〕。故須毀棄。

律不犯者。若銅、鐵、鉛、錫、鑞、竹、木、葦、舍羅草，用作鍼筒〔六〕。若以牙角作錫杖頭、鏢䂎〔七〕，「子管」反。傘蓋子、斗頭鏢〔八〕、纏蓋斗〔九〕，若作曲鉤、刮舌刀、如意〔一〇〕、玦鈕〔一一〕、匕〔一二〕、杓、鉤衣鍋〔一三〕、眼鎞〔一四〕、刮汗刀〔一五〕、揥齒物〔一六〕、挑耳鎞〔一七〕、禪鎮〔一八〕、熏鼻筒〔一九〕。一切不犯。

【校釋】

〔一〕骨牙角鍼筩戒　資持卷中三下：「（佛在羅閱祇。有信工師為僧作骨牙角針筒，廢業無依食。招譏。故制。）」（三二九頁上）【案】四分卷一九，六九三頁下開始。

〔二〕五緣同上　鈔批卷二〇：「謂同前戒，應言：一、是牙角，二、作針筒，三、為己，四、自使人，五、成，便犯。」（八四二頁上）

〔三〕以是小物故，不入「三十」中　鈔科卷中三：「『多』下，毀棄。」（八五頁下）資持卷中三下：「多論二意，故不入捨。」（三二九頁上）鈔批卷二〇：「謂三十戒中，並因財貯畜，故制捨墮。今此戒，亦合置前緣。茲物小故，前不列。」（八四二頁上）【案】多論卷九，五六〇頁中。

〔四〕應破　資持卷中三下：「『又』下，次意以捨墮，不出四別：一、還主如長離等；二、與他如寶藥等；三、入僧如乞鉢；四、斬壞如蠶綿。此戒不同前三，如文次簡，宜同第四，故云『須毀』也。『若爾，蠶綿何在三十？』答：『彼非小物，但有應破一義。此具二義，故在九十。』」（三二九頁上）鈔批卷二〇：「立謂：要先打破後，方悔罪。」（八四二頁上）

〔五〕若反還主，不受；若與他，主生惱；若入僧，則非法　簡正卷一二：「持意為作，還主無用，故不受之。主生惱者，示為某作，今卻與他，既是非法僧，又不用故，令辨置也。外難：『此因財生犯，何不入三十中？』（七七一頁上）答：『以小故不入也。』『若爾，如野蚕綿，亦是小物斬壞又同，何故三十中收？』答：『彼雖壞竟，猶得塗壞，是以不同。』」（七七一頁下）鈔批卷二〇：

「立明：不得還本主。又不得與他人以主生惱故。若與僧者，又不得受，唯須打破。」（八四二頁上）

〔六〕**若銅、鐵、鉛、錫、鑞、竹、木、葦、舍羅草，用作鍼筒**　資持卷中三下：「初，明諸物作筒，非牙角故。」（三二九頁上）

〔七〕**若以牙角作錫杖頭、鏢穳**　資持卷中三下：「『若』下，次明牙角非作筒，故總十七物。律文並以『若』字間之。一、錫杖頭及鏢穳。鏢，音『飄』，或去呼，刀劍鞘下飾。今謂錫杖穳飾也。」（三二九頁上）簡正卷一二：「錫杖頭，標穳者，諸記云：錫杖頭上，標此層級，與作即纂。（准此全於上尺）。大德云：義淨三藏解錫杖都有三分：上一分是錫，中一分是木，下一分或牙骨及角等不定。今云標纂，即最頭邊，猶如此間纂杖無別。」（七七一頁下）鈔批卷二〇：「鏢纂（上『疋燒』反。），說文云：刀鞘末銅（原注：『末銅』疑『下飾』。）也。釋名云：矛下頭曰鐏，江南名也，關中謂之鑽（音『子亂』反。），律文作鏢鑹，非體。」（八四二頁上）

〔八〕**傘蓋子、斗頭鏢**　資持卷中三下：「『傘』下六字，一事二物。指歸云：傘蓋子，即傘莖上簦柄。斗頭鏢，亦傘上仰承，斗以牙角飾也。（寄歸傳說：西國僧多自持小傘故。）」（三二九頁中）簡正卷一二：「傘盖子者，散者，作此盖，以仰風雨也；子者，盖下莊飾具也。斗頭鏢者，（『疋燒』反。說文云：釖，鎖下飾也。）此謂盖下有斗，是此斗飾具也。」（七七一頁下）鈔批卷二〇：「言傘者，（『先半』反。）蓋也，見東觀漢記。案蓋人以御風日之具，亦作『繖』也。」（八四二頁上）扶桑記：「按：簦，栖上轆轤斗下轤轆乎？斗，形如斗乎？」（二五二頁下）

〔九〕**纏蓋斗**　資持卷中三下：「纏蓋斗，未詳何物。」（三二九頁上）簡正卷一二：「纏盖斗者，繞褁爾盖斗口飾也。（此依諸家解。）；寶記云：律文無此三字，抄文添云，即是傘上曼上方板子也。」（七七一頁下）

〔一〇〕**如意**　資持卷中三下：「如意，即爪杖用以搔痒。」（三二九頁上）

〔一一〕**玦鈕**　資持卷中三下：「玦鈕，音『決』，謂環不相連。二衣篇云：以衣繞身訖，用帶圍繞，收束之也。」（三二九頁中）簡正卷一二：「玦�者，杜預云：玦如鐶，而不相連。�者，是鐶內小見子。寶云：猶似俗中寶腰帶、鳥玦不異，此間師僧即無，西大（【案】『大』疑『土』。）皆有。若著裙子時，以條繩繫定玦。玽在繩頭，然後作攝等。」（七七一頁下）鈔批卷二〇：「玦鈕（上『居穴反』。），杜預曰：玦如環，而玦不相連也。下（『女酉』反。）或作『鈕』字，

又作『鈕』字，同廣逐（原注：『逐』疑『正』。）云：印鈕謂之鼻，今像此也。又，說文云：糸也。」（八四二頁上）

〔一二〕匕　資持卷中三下：「即匙。」（三二九頁中）

〔一三〕鉤衣鍋　資持卷中三下：「鍋，音『滑』，謂鈕中橫鉤。」（三二九頁中）簡正卷一二：「鉤衣釾者，（『胡八』反。說文云是橫物也，礙。）鉤謂袈裟鉤。子釾者，狀若此方賓榔子，異繫向條子上。鉤於鞘耳也。」（七七一頁下）鈔批卷二〇：「橫礙也，未詳字出。案通俗文云：堅鞕不消曰磣（『莫八』反。），砎（『胡八』反。）今山東謂骨。綰紐者，磣砎子，蓋取此為也。綰（『烏板』反。）」（八四二頁上）

〔一四〕眼鎞　資持卷中三下：「律云眼藥錍。」（三二九頁中）簡正卷一二：「眼患熱，用此椑故。」（七七一頁下）

〔一五〕刮汗刀　簡正卷一二：「身有汗，以此刮之。」（七七一頁下）

〔一六〕揥齒物　資持卷中三下：「揥，『他曆』反，律正作『摘』。」（三二九頁中）簡正卷一二：「如今揚枝，頭利，去齒中不淨物也。」（七七一頁下）鈔批卷二〇：「若作『摘』（『都草』反），摘，取也；若作擿（地），謂除也。挑，擿也；又，擿，別也。」（八四二頁上）

〔一七〕挑耳鎞　簡正卷一二：「桃耳椑者，耳中結膵之類，用以挑之。」（七七一頁下）鈔批卷二〇：「挑，擿也；又，擿，別也。」（八四二頁上）

〔一八〕禪鎮　資持卷中三下：「禪鎮，即坐禪時鎮頂用也。」（三二九頁中）簡正卷一二：「禪鎮者，坐禪時安頂上，狀似毬子。」（七七二頁上）扶桑記：「補注曰：『木板為之，形量似笏，中作孔，施紐串於耳上，頭戴去額四指，坐禪人若昏睡，頭傾則墮，以自驚之也。』」（二五二頁下）

〔一九〕熏鼻筒　簡正卷一二：「鼻中有疾，引煙而入療之。已上諸色，既非針筒，是故不犯。」（七七二頁上）

過量尼師壇戒〔一〕八十七

五緣成：一、作坐具，二、過量，三、為己，四、自作、使人，五、作成。便犯。

律中〔二〕：長，姬周尺四尺；廣，三尺。緣外，廣長各增一尺〔三〕。此是定量。餘如「衣法」廣明。文云：若過量，若互減互過，自他作成，皆墮〔四〕。若不成〔五〕，為他作成、不成，一切吉羅。

不犯〔六〕者。應量、減量作；若從他得已成者，截割如量〔七〕，若作

兩重〔八〕**者；不犯。**今有通量而作〔九〕者，諸部不許〔一〇〕。**四分七百結集中，**亦不許〔一一〕。**僧祇：若欲懺**〔一二〕**悔，截卻量外，**謂初量外，非是增〔一三〕者。**依法懺之。餘者說淨**〔一四〕。**若已曾過十日**〔一五〕**，如「長衣法」，捨之，準多論衣法**〔一六〕。

【校釋】

〔一〕**過量尼師壇戒**　資持卷中三下：「（佛在舍衛。聽諸比丘作尼師壇。六群太作。故制）。」（三二九頁中）鈔批卷二〇：「此戒與前大同，唯有過量為異。」（八四二頁下）【案】本戒鈔科稱為「過量坐具戒」。四分卷一九，六九四頁上開始。

〔二〕**律中**　鈔科卷中三：「『律』下，釋第二。」（八五頁下）

〔三〕**緣外，廣長各增一尺**　資持卷中三下：「引律初示尺量。增一尺者，初則一頭一邊增之。今準感通傳，須於四周各增五寸。」（三二九頁中）

〔四〕**若過量，若互減互過，自他作成，皆墮**　簡正卷一二：「上扁（【案】『扁』疑『篇』。）『房戒』九句，則有『如有減有過』，今此戒准律，但（原注：「但」下一有「有」字）過不過，然則不過，便是如也。又，下不犯中，有其減文，取共成句，理亦無失。一、長中過廣，廣中不過；二、廣中過長，中不過；三、俱過皆捉。鈔言：互減過者，且長廣減，長減廣過，即皆犯也。自他作成者，自則為己作。他，謂令他為己作戒，皆提。」（七七二頁上）鈔批卷二〇：「此戒與前大同，唯有過量為異。若互減互過，皆墮者，同造房戒九句也。言九句者，長中過廣，長中過。廣中如長，中過。廣中減，長中如。廣中過，長中如。廣中減。長中減。廣中過。長中減。廣中如。長中減。廣中減也。」（八四二頁下）【案】參見上篇「三十捨墮」之「初長衣過限戒」及「無主僧不處分過量房戒第六」。

〔五〕**若不成**　簡正卷一二：「即自為己作，不成；及令他為己作，不成；及為他作成不戒（【案】『戒』疑『成』。），皆吉也。」（七七二頁上）

〔六〕**不犯**　鈔科卷中三：「初，正明不犯；二、『僧』下，明懺法。」（八四頁下）簡正卷一二：「准律有四開緣：一、應量，二、減量，三、得過割截，四、若作兩重。」（七七二頁上）

〔七〕**若從他得，已成者，截割如量**　資持卷中三下：「得已成者，兩種修改，並謂受時，即作此意。」（三二九頁中）

〔八〕**若作兩重**　簡正卷一二：「律云：若氎作兩重也。意道：若無作，一重過量即犯。今意無擬，作兩重意，雖過未犯也。」（七七二頁上）鈔批卷二〇：「立謂：先是單作。既過量，由是單故不犯。今則攝之，為兩重竟，若未過不犯。若攝竟，猶過方。」（八四二頁下）資持卷中三下：「以過量故，福疊令如。」（三二九頁中）

〔九〕通量而作　簡正卷一二：「通長五尺、廣四尺。於長中通作一緣，不取初量，截斷施緣。若不更增廣長，各半搩手等。」（七七二頁上）鈔批卷二〇：「鈔意：令依本量而作開者，別於緣外裨之。若初作，即依開法。籠通作者，則是犯也，謂同跋闍之風也。」（八四二頁下）

〔一〇〕諸部不許　資持卷中三下：「注斥非法。『謂部』（【案】『謂』疑『諸』。）即僧祇、十誦等。」（三二九頁中）簡正卷一二：「僧祇云：更增者，對頭卻刺，互減過提。十誦：作不盖縷邊淨者，謂依初制，不更增大，（七七二頁上）故云淨。又，尺不益縷邊，是過量作，只可說淨，不堪受持，故云淨也。（恐不如前解。）伽論不接頭者，四分七百結集不許者，彼跋闍云：得畜不截坐具。鈔主云：是跋闍檀（【案】『檀』疑『擅』。）行十事已，集閻浮僧斷了，故云不許截卻。外者未審，為是初量，為是增量耶。」（七七二頁下）

〔一一〕七百結集中，亦不許　資持卷中三下：「七百結集，四分下文懺法中，恐人但截外增，故特注之。若增量有過，亦須截之。」（三二九頁中）【案】四分卷五四，九七〇頁上。

〔一二〕懺　【案】底本為「截」，據大正藏本改。僧祇卷二〇，三九三頁上。

〔一三〕初量外，非是增　簡正卷一二：「謂初量過故，須截卻也。謂初制長佛二搩手廣，一搩手半，則濶三尺，長四尺，更增廣長各半搩手，又各一尺，則長五尺，廣四尺。作坐具時，合先准初制，四周安緣，都長四尺，廣三尺，此是初量。後更向長邊、廣邊，各增一尺刺著。初制量，緣外是如法坐具。今過量作者，且取一邊一頭七寸來，緣為其增者，此增由各合有三寸來在。又須准初量，亦合有緣。今不截安緣，據此一頭一邊，亦是不截。今將引初量，一頭一邊之緣，及增者三寸，通在初量，而不截斷。約合截此一頭一邊，及增者各三寸，淨許一段，長五尺，一段長三尺落，故云截初量也，非是增者。古來云：截卻增量外也。若是初量，猶尚未過，何須截卻增者？但有七寸已來，豈是減？不可言截也。此義不正。今師簡之，故云『非是增者』。」（七七二頁下）鈔批卷二〇：「謂須截中間，本過量處，非是截外邊加處也。」（八四二頁下）

〔一四〕**餘者說淨**　簡正卷一二：「所截除者，若是應量，固宜須說，縱非應量，准論亦須。」（七七三頁上）鈔批卷二〇：「既過量作竟，今若截卻所截得者，雖非應量之物，准多論亦須說淨。若是應量，八指已上，固宜須說。」（八四二頁下）資持卷中三下：「謂量外截除者，以不入受持故。」（三二九頁中）

〔一五〕**若已曾過十日**　簡正卷一二：「制令捨之，應量作提。悔不應量，作吉懺也。」（七七三頁上）鈔批卷二〇：「立謂：准多論，若不應量衣，捨作吉懺，故言准多論衣法也。」（八四二頁下）

〔一六〕**準多論衣法**　資持卷中三下：「彼三衣量外須說淨，不說過日犯長。」（三二九頁中）

覆瘡衣過量戒〔一〕**八十八**

律云：用覆身上種種瘡，上著涅槃僧。得用大價細耎衣作〔二〕**。長姫周尺八尺，廣四尺**〔三〕**也。不犯，略同前戒**〔四〕**。**

十誦：乃至瘡差後十日，過者結墮〔五〕**。**

【校釋】

〔一〕**覆瘡衣過量戒**　資持卷中三下：「（佛在舍衛。比丘患瘡，聽作覆瘡衣。六群大作。故制。）此下三戒，並不列緣，例上『尼師壇』作之，但改初緣為異。」（三二九頁中）鈔批卷二〇：「立謂：同上坐具之戒，如量減量，皆不犯也。」（八四二頁下）【案】本戒鈔批稱為「過量覆瘡衣戒」。四分卷一九，六九四頁下開始。

〔二〕**得用大價細耎衣作**　資持卷中三下：「『得』下，示衣體。細軟者，不損瘡故。」（三二九頁中）

〔三〕**長姫周尺八尺，廣四尺**　資持卷中三下：「『長』下，示尺量。戒本云：長佛四搩手、廣二搩手故。」（三二九頁中）

〔四〕**不犯，略同前戒**　簡正卷一二：「已為他，他為已，得已成者，乃至疊作兩重等，並開如前『坐具戒』，應量減量，俱不犯。」（七七三頁上）資持卷中三下：「下三同前，故並不出。」（三二九頁中）

〔五〕**乃至瘡差後十日，過者結墮**　簡正卷一二：「緣身患瘡，故佛開之。為護涅槃僧故，不用淨施。今既差緣謝故，十日內須說即犯。」（七七三頁上）鈔批卷二〇：「以緣身瘡故，佛開用之。為護涅槃僧，不須說法。今瘡差後，十日內說淨。過後不說，即得提罪也。」（八四二頁下）資持卷中三下：「十誦瘡差須淨，以無緣故。」（三二九頁中）【案】十誦卷一八，一二九頁下。

雨衣過量戒〔一〕八十九

文相如「三十」中〔二〕，不解可知。

【校釋】

〔一〕雨衣過量戒　資持卷中三下：「（佛在舍衛。毘舍佉母送雨浴衣，佛令隨上座與不足者，六群大作。故制。）」（三二九頁中）鈔批卷二〇：「四分緣起。毗舍佉母初為請施之緣，由遣人往寺請僧，過見裸形而浴，使返事者，因求佛開施，總有八願。此當一條，佛覩此女八願，即時開許。便說偈言：『歡喜施飲食，持戒佛弟子，布施於眾人，降伏慳嫉心。依樂受樂報，永得安隱樂，得天上處所，得無漏聖道。心樂於福德，快樂無所（【案】『所』四分作『可』。）喻，得生於天上，長壽常安樂。』（只三行偈也。）」（八四三頁上）【案】本戒鈔科稱為「雨浴衣過量戒」。四分卷一九，六九五頁上開始。

〔二〕文相如「三十」中　簡正卷一二：「指『雨衣戒』也。」（七七二頁下）資持卷中三下：「前戒委明，求用時節。律中，長佛六搩手，即一丈二；廣二搩手半，則五尺。」（三二九頁中）

與佛等量作衣戒〔一〕九十

多論云：佛量丈六，常人半之〔二〕。衣廣、長，皆應半也。十誦云：長佛九磔手，五、祇二律亦同。有本「十磔手」者，錯也。長，姬周尺丈八；廣，丈二。常人九尺、六尺也。事希故，無暇廣述〔三〕。須知。

【校釋】

〔一〕與佛等量作衣戒　資持卷中三下：「（佛在釋翅瘦。難陀短佛四指，人遙見謂佛。佛令難陀著黑衣。六群等佛量作。故制。）注戒名『過量三衣戒』。四分三衣隨身長短，唯以佛衣為分齊。『若爾，缽量所以同者？』答：『由體別故。（佛用石缽。）衣量別者，以體同故，互彰同異，則無濫也。』」（三二九頁中）簡正卷一二：「難陀短佛四指，諸比丘遙見，謂是佛等。後制難陀著黑衣，為簡異故。諸比丘即與佛衣色並同也。六群意云：『我曾既衣色與佛並同，亦量亦合齊等。』遂即與佛等量，或過量作故制也。」（七七三頁上）【案】本戒鈔科稱為「佛衣等量戒」。四分卷一九，六九五頁中開始。

〔二〕佛量丈六，常人半之　資持卷中三下：「示量中。初引多論，示佛身量。『十誦』下，總會諸文。」（三二九頁中）簡正卷一二：「常人半之，即八尺也。戒疏問云：『餘之三戒，定制量，限三衣一戒，不定量者？』答：『餘三非是沙門道。明正儀，隨其大小，皆得受用，（七七三頁上）故出定量。此三法衣道服標戒。若定出量，人有長短，不稱威儀，隨其身分，不出定量，故有與佛等過作也。』」（七七三頁下）【案】多論卷九，五六一頁上。

〔三〕**事希故，無暇廣述**　資持卷中三下：「『事』下，顯略。廣在疏中。」（三二九頁下）鈔批卷二〇：「祇十八云：為難陀比丘是佛親弟，愛道所生，有三十相，欠佛二相：少白毫相耳，埵相短佛四寸。諸僧遙見，謂言是佛，皆起迎，各懷慙愧，致諸比丘呵責。云：『何令我上座而迎於汝？』因制難陀著黑色衣，令色異佛。諸比丘衣色與佛同。六群見之：『衣色既與佛同，謂量亦應同等。』遂與佛等量作衣，故便制戒。案十誦云：長老難陀，佛弟，母（【案】『母』前疑脫『姨』字。）所生，與佛身相似，有三十相，短佛四指。時難陀作衣與佛同量，諸比丘若食時，食中遙見阿難來，謂言是佛，皆起迎逆：『我等大師來。』世尊來近，乃知非。諸上座皆羞，作是思惟：『此是我等下座，（八四三頁上）云何起迎？』難陀亦羞，言：『乃令諸上座起迎我？』諸比丘以是白佛。佛言：『從今應減量作衣。若與佛衣等量作者，若過，皆犯提也。』問：『過量坐具、過量覆瘡衣，及等佛量衣，此三戒，尼但犯輕。過量雨衣戒，尼何同量者？』答：『女人身染醜相，外彰喜樂，大作雨衣，故同僧犯。餘之三者，常資用，尼好小作，過量義希，是故但結吉也。』」（八四三頁下）

四提舍尼〔一〕

【校釋】

〔一〕**四提舍尼**　簡正卷一二：「具足應云『波羅提提舍尼』，（此六字連呼，不得析開也。）此翻『向彼悔』，今云『可呵法』者，亦從對治得名也。」（七七三頁下）鈔批卷二〇：「初，言來意者。上雖威儀行成，若不遠避嫌疑，容招譏過，則心懷染着，不能生善，故制此四也。言釋名者。如昔相承『向彼悔』也，如上說之。今云『可呵法』者，亦是對治得名也。母、多二論云：此戒體無罪名，但一人邊，一說悔過。若自心念，皆能滅也。第二，置四所由者。凡譏過文（原注：『文』疑『之』）來，不出內外眷屬。先就內中，不過私、眾兩所。初在屏處者，比丘與尼，法服是同，男女位別，理須離染。體在聚落，目手取食，容生染穢，對離此過，故制初戒。又，在眾中偏指授，迹涉曲私，默受可訶，於眾不顯，對離此過，（八四三頁下）故制第二戒也。託外超者，不過聚落、蘭若。聚落起者，學家過受，令他竭盡，致譏過故，制第三戒也。蘭若起者，比丘懈墮（原注：『墮』疑『惰』。），在於迥險，安坐受食，使賊嬈觸遣食女人，對於斯過，故制第四戒。此則因於內外，故置茲四也。第三，二部同異者。尼並犯吉，皆為希故。初二戒，僧尊尼卑，理非所授，希故但吉。若學家受食尼輕者，尼是下眾，感彼情薄，必無傾竭，故所以輕。第四，持犯方軌者。礪云：此四戒中，二、四兩戒，具二持犯。言二持者，若見指授，止而不食，即是止持；若見事時，即順聖教，作法而呵：『大姊！且止身業食。』不生罪過，名曰作持。此之二緣，名體俱別。言二犯者，若見過不呵，食便得罪。此罪由止而生，故曰止犯。雖止不呵，若身業不食，無此止犯；復由身業，食食而生，名為作犯。望前名止為作。此罪體一，而名有異。又可二持，亦是體一名異。如作法呵，名為作持。以其呵故，雖食無過，反前作犯，豈非上（【案】『上』疑『止』，後疑脫『犯』字。）。第四蘭若，止而不食，名為止持。若順聖教，語言：『檀越莫送食來。』而施主知，復送來，雖食無罪，名為作持。二犯者，不語檀越，名為止犯；而受食食，即是作犯。（八四四頁上）餘之二戒，止則是持，作則是犯。」（八四四頁下）【案】以下諸戒制緣見四分卷一九，六九五頁下及以下。

初戒，名「在俗家從非親尼取食〔一〕」也

五緣：一、俗人舍，二、非親尼〔二〕，三、無緣〔三〕，四、自手取食〔四〕，五、咽，結。

四分：食者，正、不正〔五〕也。無病自取，咽咽結〔六〕。文中，不論自、他二食，約緣通之〔七〕。五分：在巷中犯，家內不犯〔八〕。緣起如此。

律不犯者。受親里尼食〔九〕，若有病〔一〇〕，若置地與，若使人授〔一一〕，若在僧寺與，若在村外，若尼寺內〔一二〕，一切皆得。

【校釋】

〔一〕在俗家從非親尼取食　簡正卷一二：「准理合云：『在俗家從非親尼取食戒第一』也。」（七七三頁下）鈔批卷二〇：「此戒緣中，為蓮花色尼飢世乞食，得已施僧。經於二三日，自不得噉，困仆於地，頭面掩泥，居士生譏。佛即制戒。」（八四四頁下）【案】四分卷一九，六九五頁下開始。

〔二〕非親尼　鈔批卷二〇：「上『同坐』等戒，外相不緣，親疎同結，譏患齊故。此在俗家人請，相委親不涉譏，故使聽與。」（八四四頁下）

〔三〕無緣　資持卷中三下：「謂無病也。」（三二九頁下）鈔批卷二〇：「有病開緣

也。以病人苦惱譏醜，不生為濟形命，故聽開也。」（八四四頁下）

〔四〕**自手取食**　鈔批卷二〇：「以置地、置遣人，表敬不繩，相無譏過，故亦聽之。」（八四四頁下）

〔五〕**食者，正、不正**　資持卷中三下：「釋第四。初明食體。」（三二九頁下）

〔六〕**無病自取，咽咽結**　資持卷中三下：「『無』下，示犯相。」（三二九頁下）

〔七〕**不論自、他二食，約緣通之**　資持卷中三下：「『文』下，決通律文。據律緣起，乃尼自食而不云他。今約犯緣，自他俱犯，故云通之。」（三二九頁下）簡正卷一二：「不論自、他二食者，若尼自己食，或尼從他檀越乞，得食也。約緣通之者，約緣通皆成犯。故祇云：尼有大福德，日乞食供五百比丘，明他食也。」（七七三頁下）鈔批卷二〇：「立謂：若尼已食，或尼從檀越乞得食，通是犯也。」（八四四頁下）

〔八〕**在巷中犯，家內不犯**　鈔科卷中三：「『五』下，點初緣。」（八五頁下）鈔批卷二〇：「案五分云：時有尼乞食，易得，多盡施比丘。如是乃至第三日，所得盡施，比丘尼既三日不得其食。時有長者，乘馬車行，彼尼欲避，即便倒地。長者下車，扶起問言：『何以如此？』具答其事。譏言：『尼施雖無猒，而受者應知足也。』因此緣故，舉事白佛。佛言：『不得從街巷中受，受者犯。若比丘在聚落內，尼在聚外，若比丘在空受食，皆吉。』」（八四四頁下）簡正卷一二：「彼緣白佛，佛制不得從街巷中受，受者犯也。四分制在村內犯，村外不犯。今五分巷中當四分村外，此蓋緣起，部行別不同，故云緣起如此也。」（七七三頁下）資持卷中三下：「五分結犯，不同本宗，彼據緣起。若據四分，緣亦道中。但結戒本，須在俗舍，不可和會。」（三二九頁下）【案】五分卷一〇，七二頁上。

〔九〕**親里尼食**　資持卷中三下：「初開親里。疏云：以在俗家，人情相委，親非譏故。」（三二九頁下）簡正卷一二：「所以簡親者，戒疏云：俗家人情相委，親非譏過，故聽病人苦惱、譏醜不生，濟令亦開置地使人，（七七三頁下）敬相無抱，所以復開也。」（七七四頁上）

〔一〇〕**若有病**　資持卷中三下：「疏云：病人苦惱，譏醜不生。」（三二九頁下）

〔一一〕**若置地與、若使人授**　資持卷中三下：「置地及遣人者，疏云：敬相無絕，所以後開。」（三二九頁下）

〔一二〕**若在僧寺與、若在村外，若尼寺內**　資持卷中三下：「三處開受，譏過少故。」（三二九頁下）

在俗家偏心授食戒〔一〕

四緣成：一、白衣舍，二、偏心越次指授〔二〕，三、大眾默受不訶〔三〕，四、隨咽，結。

五分：第一上座應訶；不用語者，乃至新受戒者亦得〔四〕。僧祇：三訶不止，食者無犯〔五〕。十誦：若二處僧別坐、別食，亦須別問「已約敕未」，未者不得食〔六〕；後坐人亦爾〔七〕。

律不犯者。若語言「大姊且止，須待食竟〔八〕」；若尼自為檀越〔九〕；若檀越設食，令尼處分〔一〇〕；若不故作偏為彼此者。

【校釋】

〔一〕在俗家偏心授食戒　資持卷中三下：「（佛在舍衛。眾多比丘與六群白衣家食，六群尼索羹飯，越次與六群。因制。）」（三二九頁下）【案】本戒鈔科稱為「白衣家受食戒」。四分卷一九，六九六頁中開始。

〔二〕偏心越次指授　資持卷中三下：「犯緣第二，屬於尼也。」（三二九頁下）

〔三〕大眾默受不訶　鈔批卷二〇：「疏云：眾覩過，默受不呵，即表合眾，同情容惡，故制舉眾，並不聽食。若聞呵即止，非眾容惡，是以聽食，是故許食，成施主福故也。十誦：若二處僧別坐食，亦須別問。」（八四五頁上）

〔四〕不用語者，乃至新受戒者亦得　鈔科卷中三：「『五』下，釋第三。」（八五頁下）資持卷中三下：「五分：眾中隨得一人呵之。不用語者，謂不須上座呵也。」（三二九頁下）【案】五分卷一〇，七二頁下。

〔五〕三訶不止，食者無犯　資持卷中三下：「恐時過故。疏云：聞呵不止，非眾容惡，是故聽食。（四分一呵，不止亦開。）」（三二九頁下）【案】僧祇卷二一，三九八頁上。

〔六〕若二處僧別坐、別食，亦須別問「已約敕未」，未者不得食　資持卷中三下：「恐彼此處，不相知故。」（三二九頁下）簡正卷一二：「若二處者，彼有三節，初云二部僧食，隨一部呵，亦名可竟。若別坐、別食、別出者，是中入檀越門比丘，應向（【案】『向』疑『問』。）出門比丘：『有何教檀越與比丘食？』答言：『某尼。』應問：『約勑未？』答：『已約勑了。』是入門比丘亦名約勑。又有出城門者，應向（【案】『向』疑『問』。）出者，如上亦得。」（七七四頁上）鈔批卷二〇：「案十誦云：是中犯相者，比丘若受尼所教授食，隨受隨爾，所得『波羅提提舍尼』。若二部僧共坐一部僧中，若有一人語是比丘尼者，第二部亦名為語。若別入、別坐、別出者，是中入檀越門比丘。應問出比丘：『何比丘尼是中教檀越與比丘食，言其尼應問約勅未？』答：『言已約勅竟。』是入比丘，亦名約勅。有諸比丘出城門時，餘比丘入者應問出者。若出者未約勅，入者應約勅。若出者已約勅，入者亦各約勅也。」（八四五頁上）【案】十誦卷一九，一三一頁下。

〔七〕**後坐人亦爾**　簡正卷一二：「亦問前坐人『約勑尼未』等。」（七七四頁上）鈔批卷二〇：「明其後坐亦須問前坐人『約勅尼未』等。」（八四五頁上）

〔八〕**大姊且止，須待食竟**　資持卷中三下：「初是作法，反第三緣。」（三二九頁下）簡正卷一二：「謂待食遍，故言『竟』也。」（七七四頁上）鈔批卷二〇：「琳云：謂待食遍，言『竟』也。」（八四五頁上）

〔九〕**若尼自為檀越**　簡正卷一二：「自作施主，偏（【案】『偏』疑『遍』。）則無犯。問：『何不開親及與病者？』答：『既是眾中，偏心授食，招過無殊，故不開親病緣。合開文存略也。」（七七四頁上）鈔批卷二〇：「立謂：尼自作施主設食，偏則非犯故也。」（八四五頁上）資持卷中三下：「反初緣也。」（三二九頁下）

〔一〇〕**若檀越設食，令尼處分**　資持卷中三下：「『若檀越『下，反第二也。」（三二九頁下）

學家過受戒〔一〕

事希不述〔二〕**。今諸有信家**〔三〕**，亦五眾繁踐，無度受供。準此自約，豈非明斷**〔四〕**。**

【校釋】

〔一〕**學家過受戒**　資持卷中三下：「（佛在羅閱城。居士夫婦俱得見諦，無所愛惜，供養既多，衣食乏盡。招譏。故制。）」（三二九頁下）簡正卷一二：「鈔欠列緣。戒疏具五：一、見諦學家，二、僧作法制，三、無因緣，四、白取置地使人，五、食，犯。」（七七四頁上）鈔批卷二〇：「礪云：夫婦二人，是見諦弟子。謂證下三果，名為見諦弟子也。然與學家羯磨。准祇文，夫婦互有凡聖，不得為作學家羯磨。若夫婦於三果中，（八四五頁上）或俱是、或互是，得與此法。五分亦爾。又，五分云：若其家財物竭盡者，僧有園田應與之，使畢（【案】『畢』疑『異』。）常限，餘以白（【案】『白』疑『自』。）供。若無者，僧有畢供養時，令其家作，使得遣。餘若復無者，得食時，就其家食，與其所餘。若不爾，父子安置比丘寺，婦送尼，給其房舍臥具，及可分衣。悉皆與之。然此四分且立僧制，勿往其家耳。戒疏五緣：一、見諦學家，二、僧作法制，三、無因緣，四、自取除置地使人，五、食，方犯。」（八四五頁下）【案】本戒鈔批作「學家受食戒」、鈔科作「學家過受食戒」。四分卷一九，六九六頁下開始。五分卷一〇，七三頁中。

〔二〕**事希不述** 簡正卷一二：「鈔意為事希，略與不出也。」（七七四頁上）資持卷中三下：「事希者，於凡無用，非鈔意，故今略明之。五緣成犯：一、見諦學家；（餘凡有信，應可犯吉。）二、僧作法制。（佛令白二制斷，故知無法不犯。）餘三緣，同上、下戒。」（三二九頁下）

〔三〕**今諸有信家** 資持卷中三下：「『今』下，因示誡語。初出過。」（三二九頁下）簡正卷一二：「上言見諦，是證三果，猶在學地，故曰『學（【案】『學』疑『信』。）家』也。」（七七四頁上）

〔四〕**準此自約，豈非明斷** 簡正卷一二：「准此無度受施，全其俗家因福故。窮困自息貪求，是明斷也。」（七七四頁上）資持卷中三下：「不犯者，若先請，若病，若從他受，若白二法解等。……『準』下，申誡。然今末世，雖非聖家，招譏無異，故令節約。」（三二九頁下）

有難蘭若受食戒〔一〕

五緣：一、是蘭若險處〔二〕**；二、先不語檀越**〔三〕**；三、無病難緣**〔四〕**；四、自手取食，除置地、使人**〔五〕**；五、食咽。犯。**

【校釋】

〔一〕**有難蘭若受食戒** 資持卷中三下：「（佛在釋翅瘦尼拘律園。城中女人送食供養，為賊觸嬈，即制此戒。）」（三二九頁下）【案】本戒鈔批作「蘭若受食戒」。四分卷一九，六九七頁下開始。

〔二〕**蘭若險處** 資持卷中三下：「初緣，險處謂賊怖也。」（三二九頁下）鈔批卷二〇：「多足惡賊、師子、虎狼。送食女人，便被恐怖陵辱，比丘安座受食，先不語知，又不迎逆，故犯。案五分云：時諸比丘在蘭若處住，諸白衣餉食為賊所劫。佛言：『應語送食者，令其莫來。』時有比丘，不知外人當來，以是白佛。佛言：『應恒遠望，若見人來，馳往語之，有食為取，遠遣令返。』時有送食人忽至，已入僧坊，諸比丘不知云何，以是白佛。佛言：『聽一人即為受，自出一分，餘行與眾。以己一分，從眾中一人貿食，令速去。若不得去，應藏送食人，勿令賊見。若復不得，應獲剃頭，著法服令去等也。』」（八四五頁下）

〔三〕**先不語檀越** 資持卷中三下：「語即非犯。佛言：『應語諸婦女，莫出道路，有賊怖。』若已出城，應語言：『莫至（三二九頁下）僧伽濫（【案】『濫』疑『藍』。）中。』（以寺去城遠故。）」（三三〇頁上）鈔批卷二〇：「礪云：若語莫來，來而得受，故曰先不語也。雖先語藍外得受，故曰（原注：插入『故曰』二字。）藍外不受食，而在藍內受食。」（八四六頁上）

〔四〕**無病難緣**　鈔批卷二〇：「雖在藍內，病緣不犯，故言無病也。」（八四六頁上）資持卷中三下：「律云：若故持食來，聽病人受。」（三三〇頁上）

〔五〕**自手取食，除置地、使人**　鈔批卷二〇：「宜地亦開，故曰自手受受。據此解者，雖在蘭若藍內受食，犯。餘道路、藍外，並不犯。礪又一解云：若先語莫送，藍及道路受，俱無罪。以不約束二處，受犯。今不言道路犯者，此綺互耳。」（八四六頁上）資持卷中三下：「第四。律云：若有施主以食置地，若教人與，二皆不犯，故云『除』也。不犯者。若來受，教敕聽法，自食令授。」（三三〇頁上）

眾學戒〔一〕**中**

威儀之要，具在諸門，略收將盡〔二〕**。今撮摘數十**〔三〕**，人之喜犯，故復緝敘**〔四〕**。**

【校釋】

〔一〕**眾學戒**　資持卷中三下：「罪無眼（【案】『眼』疑『限』。）量，故云『眾』。易犯難持，故令學。唯此篇題，與前迴異。」（三三〇頁上）簡正卷一二：「眾學戒，文分三段：初，總牒名；二、衣戒列釋；三、『自』下，通結。初，云『眾學戒』，疏五門，非要不敘。今略釋名者。『唯以此篇，不列定數，但云眾學者何？』答：『威儀微細，量等河沙，有何數目？故總標之，目為眾學。今此一百，且就喜犯以標之。若據梵語，或『叉迦羅尼』，此云『應當學』。西天語倒，即云『學應當』，今取文順故也。向六聚總制學之，名為學處。』『何局此篇，云應當學？』答：『餘則易持難犯，此戒易毀難護。故前文云：專翫在心，乃名守戒等。若就所防影名，即云『眾突吉羅』。今隱所防，就能治行，故云眾學』。」（七七四頁下）鈔批卷二〇：「此一百戒，及七滅諍，當第五篇。就中，略引三門分別：一、列數釋名；二、諸部有異；三、僧尼不同。初中。所以此篇不列數者，但威儀細，量等塵沙，何有約數？定其名目，故總號之為『眾學篇』也。諸部之中，名數亦各不定，且約人之喜犯，舉百列之，集在篇中，為罪綱紀。自餘雜位隨相，尼律儀法聚四萬二千，或八萬種。或周法界，方便根本，動念有境，境必戒護。護有三時，前後方便，無非惡作，翻惡成善，即是『二持』。持須託境，故云『眾學』，梵言『式叉迦羅尼』。見論云：『式沙』，翻為『學』也。『迦羅尼』者，云『應當作』，以語倒故，故言『應當學』也。多論問：（八四六頁上）『何故此篇，獨名應當學？』答：『餘戒易持而罪重，犯懺是難。此戒難持而易犯，常須念學，故不列罪名，但言應當學。又云：若就所防彰名，應言『眾突吉羅』。今隱其所防，就能治行，以立名曰『故言學』也。論其所學，實通上四，非局此篇，但人情落淡，重罪多持，輕便不敬。若論成行，非懃攝護，終不可成。所以大聖觀物機緣，加勸勉故，與『學』名。又，能持此戒，滿足無缺，即名學行成就。就終彰名，學功義顯，故偏於此戒，受學稱也。』二、諸部有異者。祇有六十六戒，有十八戒四分所無；十誦一百七戒，四十七戒四分所無；五分一百戒，四十四戒四分所無；解脫九十六戒，五十三戒四分所無。三、僧尼不同者。趁行生草，尼重僧輕，餘並同犯。就此篇中，威儀雜亂，一往難觀，束以分之，略為四節。初，從篇始至『不得立便利』來，有五十一戒，明敬僧威儀行。二、從『不得與反抄衣者說法』至『騎乘人』來，有八戒，明敬法威儀行。三、從『不得佛塔下止宿』至『佛在下房』來，有二十六戒，明敬佛威儀行。四、從『人坐己立不得為說法』下為十五戒，出能敬之人，於四儀中雜明，敬尚三寶行。（八四六頁下）初中，所以明敬僧威儀行者。然威儀服式、行坐進止、飲食便利，皆是僧之威容。若齊整端嚴，舉動有法則，彰內有道行，外生信敬，光顯佛法，利益含靈。若僧眾違越，則自壞心行，外長他惡，於此僧寶，情生簿淡，汙辱不輕，或延三寶，通不敬重，故前明僧成住持故。次，所以明敬法威儀者。然法是濟生死之良藥，開識性之眼目，必能敬而奉行，則超越眾累，清昇彼岸。若慢而輕毀，則永沉生死，長淪苦海，殃累之深，特宜須護，由僧行法，故次而制。三，明敬佛威儀行者。然法不自弘，宣由化主，故次列敬佛。然佛為法王，獨拔世表，大悲愍物，開化無涯。利益群識，其恩深厚，事須尊敬，以求出世。故制尊敬，以求出世。（原注：『故』等八字疑衍。）故制尊塔靈廟，弘利人天。有心之徒，宜應歸向，夙夜展虔，潔淨恭仰。理宜肅敬，表如在之慕也。四，明能敬之人。於四儀中，雜明敬尚三寶行者，上雖三寶通列，而雜法猶多。明末代凡僧，內闕道法，輕侮聖教，隨緣輒說，既不利人，亦自虧戒。所以多置網目，庶使准繩，無得漏越，致失大利也。所以僧前佛後者，有多三寶，位列不同，一體三寶者：（八四七頁上）法須為先，佛師法也，別相為言。佛初成道，次轉法輪，當機悟入，僧為第三。今就住持，僧為初也。由僧行化，說法利人，法匪凡課，功由聖闡，故佛居後。依法奉敬，方有住持。」（八四七頁下）扶桑記：「行宗：敬僧者，謂此諸戒，並僧威儀。遵承奉行，即是敬僧。」（二五五頁下）

〔二〕**威儀之要，具在諸門，略收將盡**　鈔科卷中三：「『威』下，列戒相。」（八六頁上）資持卷中三下：「『諸門』者，即指上、下諸篇。」（三三〇頁上）簡正卷一二：「威儀則是。非威儀身口所犯不應之罪，具在上、下諸篇之中，約略收攝將盡也。」（七七四頁下）鈔批卷二〇：「上、下諸篇，皆明威儀之行，收攝吉羅略盡也。」（八四七頁下）【案】「百眾學」文分為四：初，「威儀」下敘意；二、「初齊整」下牒釋；三、「餘戒或」下開緣；四、「自餘通」結略。本眾學戒相，分二類。初，委釋前四戒：初齊整著涅槃僧戒，二、齊整著三衣戒，三、反抄衣戒，四、反抄衣坐戒；二者，略釋後諸戒，共四十六種：衣纏頸戒、覆頭戒、跳行戒、蹲坐戒、叉腰戒、搖身戒、掉臂戒、覆身戒、左右顧視戒、靜默戒、戲笑戒、用意受食戒、平鉢受飯戒、平鉢受羹戒、羹飯等食戒、以次食戒、不挑鉢中央食戒、索羹飯戒、飯覆羹戒、視比座鉢戒、繫鉢想食戒、大揣食戒、張口待食戒、含食語戒、遙擲口中戒、遺落食戒、頰食戒、嚼食作聲戒、噏飯食戒、舌舐食戒、振手食戒、把散飯戒、汙手捉食器戒、棄洗鉢水戒、生草上大小便戒、水中大小便戒、立大小便戒、不恭敬說法等戒、佛塔中宿戒、藏物塔中戒、著革屣入塔等戒、塔下坐留食戒、塔下擔死屍等戒、持佛像至大小便處戒、向塔舒腳坐戒、携手在道行戒。

〔三〕**今撮摘數十**　簡正卷一二：「生起此篇吉羅釋相之意。」（七七四頁下）鈔批卷二〇：「今撮摘數十者，生起下釋相之意也。」（八四七頁下）資持卷中三下：「『數十者』下，釋五十餘條耳。對望諸篇，故云復敘。此篇既略，學者多迷，或是時須，何宜不識。故今記中，隨相點之，委釋教旨，如戒本疏。又前諸戒，並列犯緣。此獨無者，由故誤皆制，動即成犯。必欲強立，準具五緣。如云：一、是涅槃僧，二、知，三、無緣，（病等諸開。）四、不齊整，五、隨著，犯。自餘例此可知。」（三三〇頁上）

〔四〕**復緝敘**　簡正卷一二：「緝，（『七入』反。），續也。敘者，次也。緝續其文，次第解釋。（更有異說，非正不敘。）」（七七四頁下）【案】「緝」，底本為「輯」，據大正藏本、貞享本及弘一校注改。

初，齊整著涅槃僧〔一〕者

律云，不齊〔二〕者：或時下著，繫帶在臍下；高者，褰〔三〕齊膝；

象鼻〔四〕者，垂前一角〔五〕；多羅樹葉者，垂前二角；細福者，繞腰細福皺。此之犯相，故作，犯應懺突吉羅〔六〕；以故作故，犯非威儀突吉羅〔七〕。若不故作〔八〕，突吉羅。尼等四眾，亦吉羅。乃至篇末，並同此。

不犯者。或臍中生創，下著；若膝蹲創，高著；若僧伽藍內，若村外，作時，行道者〔九〕。

【校釋】

〔一〕齊整著涅槃僧　資持卷中三下：「（佛在舍衛。六群不齊整著內衣，居士譏言『如俳說人，如王、大臣無異』，故制。此篇百戒，多在舍衛，多因六群。下更不出，時有別者，隨為點之。）名云『涅槃僧』者，此云內衣，即是裙也。以西土裙法，横疊圍身，長繩四繞，抽拔使正，多致不齊。此間作裙，並連腰帶，但著有高下，亦違律制。當依母論，踝上三指，即為齊整。」（三三〇頁上）簡正卷一二：「梵云『涅槃僧』，或云『泥洹僧』，引（【案】『引』疑『此』。次同。）翻為『方衣』，即今僧尼所著裙也。西國諸人，所有內衣，直將横疊，背後前遮，手張兩角，左右掩掖，（七七四頁下）仍以長繩四迊纏腰，抽拔使正安，四攝而已。若繩斷解裙，便墮地。今引方僧著裙，例加腰帶紉結，實有整齊緣。若垂地，亦乖法律。今言齊整者，多論：去踝一搩手。五分云：一時（【案】『時』疑『肘』。）已上。母論：齊踝上三指。鈔意取此成齊整相也。」（七七五頁上）鈔批卷二〇：「此乃梵音，又曰『泥洹僧』，此方翻為內衣。」（八四七頁下）【案】本戒鈔科稱為「齊整著涅槃僧戒」。四分卷一九，六九八頁上開始。

〔二〕不齊　鈔科卷中三：「初，釋不齊整；二、『此』下，通犯相。」（八六頁下）資持卷中三下：「釋不齊中，非法有四：初，是高下；二、象鼻；三、多羅葉者，西域記云：形如椶櫚，用比兩角；四、細福者，止得前後，兩跨為四福，多則非法。今時蕈簡，同彼女流，非道服矣。」（三三〇頁上）

〔三〕褰　簡正卷一二：「褰者，縮也。」（七七五頁上）

〔四〕象鼻　鈔批卷二〇：「景云：垂左臂上一角，名為象鼻。又云：腰上垂一角也。此着內衣，西國與此不同。」（八四七頁下）

〔五〕垂前一角　鈔批卷二〇：「謂垂一角，或兩角畜地也。衣狀似食憚，將以掩身，以繩束之。有人云：垂謂垂上角也。（濟亦云爾）。有師云：垂下角也。翻譯不了，致別解也。」（八四七頁下）

〔六〕犯應懺突吉羅　簡正卷一二：「應懺吉者，根本罪也。」（七七五頁上）資持卷中三下：「此中結犯，獨異諸篇，良由輕細，喜犯難護，故則雙結，誤復不開。聖意弘深，麤情莫曉，自非謹攝，信難窮矣。疏云：應懺吉者，對首一說，失儀之罪，責心悔也。已後諸戒，犯相無異，故指並同。」（三三〇頁上）

〔七〕以故作故，犯非威儀突吉羅　鈔批卷二〇：「須對人悔也。深云：此文中明三節。若故作，則隨犯根本一吉；又有不應乃非威儀，一吉也；并根本，是二。若悞作，則無非威儀，但有根本一罪也。九十个戒例然。」（八四七頁下）簡正卷一二：「以故為故，又犯非威儀，吉，責心滅也。」（七七五頁上）

〔八〕若不故作　簡正卷一二：「即是悞為，則無非威儀，但有根本一吉。責心悔諸戒，並列同此。」（七七五頁上）鈔批卷二〇：「責心悔也。尼等四眾，吉。此舉眾學戒中，此戒與尼，同犯吉也。」（八四七頁下）

〔九〕若村外，作時，行道者　資持卷中三下：「村外，不為他譏。作無（【案】『無』疑『時』。）、道中，有所不暇故也。」（三三〇頁上）

二、齊整著三衣〔一〕者

律云〔二〕，不齊者：下垂過肘露脇；高，過腳踍上。象鼻者，垂前一角〔三〕；樹葉者，垂前兩角〔四〕，後褰高；細襵者，襵已安緣〔五〕。

不犯者，略同前戒。

【校釋】

〔一〕齊整著三衣　資持卷中三下：「（居士譏言，如俗無異。）」（三三〇頁上）【案】本戒鈔科作「齊整著三衣戒」。四分卷一九，六九八頁中開始。

〔二〕律云　資持卷中三下：「『律』下，釋不齊相。四過同上。」（三三〇頁上）

〔三〕垂前一角　簡正卷一二：「下垂一角，謂偏披時，角垂左肘之中也。」（七七五頁上）

〔四〕樹葉者，垂前兩角　簡正卷一二：「多羅葉者，垂前兩角，此謂通披時兩角前垂也。故祇云：披衣時，不得如纏軸，應當通肩披，著紐齊兩角。右手捉時，不得手中出角，如羊耳攝。」（七七五頁上）

〔五〕襵已安緣　簡正卷一二：「謂身寬緣急也。」（七七五頁上）資持卷中三下：「似今裙類。或云：安左臂緣上。僧祇：齊整披衣，不得如纏軸。當通肩披著，紐齊兩角，左手捉時，不得出角如羊耳。」（三三〇頁中）

三、反抄衣〔一〕者

謂左右反抄〔二〕，著肩上也。

若脅有病，在寺中、道行、作時者，得。

【校釋】

〔一〕反抄衣　資持卷中三下：「（識云：『無有慚愧，如王、大臣。』）初，標名。」（三三〇頁中）【案】本戒鈔科作「反抄衣戒」。四分卷一九，六九八頁下開始。

〔二〕左右反抄　鈔批卷二〇：「兩邊抄上肩也。」（八四七頁下）資持卷中三下：「謂下示相。僧祇云：若值風雨，得抄一邊。偏袒右肩，得抄左邊，通肩披者，得抄右邊，不見肘也。見長老比丘，還即下之。」（三三〇頁中）

四、反抄坐戒〔一〕

文相可知。

【校釋】

〔一〕反抄坐戒　資持卷中三下：「第四，同上，但坐為別。」（三三〇頁中）【案】本戒鈔科作「反抄衣坐戒」。四分卷一九，六九九頁上開始。

已後約略而解〔一〕，不復記數，大途可知〔二〕。

【校釋】

〔一〕已後約略而解　簡正卷一二：「從此上來四戒已後，盡此篇來，少約存略而解。其戒文中，一條之事，皆有兩戒，（七七五頁上）如云『衣纏頭入白衣舍』及『白衣舍坐』，自下但解衣。纏頭入白衣舍，更不釋其坐也。又，下敬佛諸戒甚多，但舉二、三，故云『約略』也。」（七七五頁下）鈔批卷二〇：「約，少也。且如戒本中，一事兩戒，如『反抄衣』，則有『入白衣舍』，復有『入白衣舍坐』等是兩也。今言略者，但釋前入者，不釋後坐者，故言略也。此釋極多。」（八四八頁上）

〔二〕不復記數，大途可知　簡正卷一二：「更不記五、六、七、八，乃至一百等數，不能一一記之。但大途云：涅槃（原注：『涅槃』疑『四十』。）、五十、六十，標舉故曰可知。」（七七五頁下）鈔批卷二〇：「謂不復言，第二、三、四、五等也。」（八四八頁上）

律云：衣纏頭〔一〕者，總捉衣角，著肩上也。

開緣同上〔二〕。

【校釋】

〔一〕衣纏頭　資持卷中三下：「衣纏頭戒。（識詞同上。）捉角肩上，以緣繞頸也。」（三三〇頁中）簡正卷一二：「下自釋云：總以三衣用纏頭，非是餘衣。」（七七五頁下）鈔批卷二〇：「景云：頸非謂餘衣也。若懺悔，若受教誡者，西國用坐具者，直是護僧臥具，全不將敷地也。若懺悔時，但存地而已也。」（八四八頁上）【案】以下諸戒，鈔文略釋。唯戒文中的戒名表述有兩種方式：一種是以直接言違戒之事為名，如「索羹飯戒」，另一種是以言止作違戒之事以為名，如「不挑鉢中央食戒」。四分卷一九，六九九頁上開始。

〔二〕開緣同上　簡正卷一二：「謂同上內衣戒，患瘡開主（【案】『主』疑『之』。）。」（七七五頁下）

覆頭〔一〕者，若以樹葉、碎段物，若衣覆也。

不犯〔二〕者。有病，患寒，頭上生創，命、梵難覆頭走者。

【校釋】

〔一〕覆頭　資持卷中三下：「（識云：『覆頭如盜賊。』）」（三三〇頁中）簡正卷一二：「光律師解云：不得以妄想，覆真如頭，入三界白衣舍。」（七七五頁下）【案】四分卷一九，六九九頁中開始。

〔二〕不犯　資持卷中三下：「今時帽覆，入俗須除，禮佛侍上，皆為媟慢。但患寒有病，例準開之。」（三三〇頁中）

跳行〔一〕者，雙腳跳也。

不犯者。有病，為人打，有賊、惡獸，若棘刺，度渠坑而跳過者。

【校釋】

〔一〕跳行　資持卷中三下：「（識云：『不慚入室，如似鳥雀。』）」（三三〇頁中）簡正卷一二：「大德云：『跳行』與『跳行坐』兩戒，若為分之，今應作此解。雙腳從床上跳來這邊坐，又跳去那邊坐，故云跳行，白衣舍坐也。諸記中不評量故，迷此相絕多故也。開緣如鈔『蹲坐』，并相及開緣。」（七七五頁下）【案】四分卷二〇，六九九頁下開始。

蹲坐〔一〕者，若在牀，在地上，尻不至地也。

不犯者。有病、尻邊創、若有取與、若禮、若懺悔、若受教誡者。

【校釋】

〔一〕蹲坐　資持卷中三下：「（蹲坐倒地，形露招譏。）」（三三〇頁中）【案】四分卷二〇，七〇〇頁上開始。

叉腰〔一〕者，匡肘也。開緣如「纏頸戒」〔二〕。

【校釋】

〔一〕叉腰　資持卷中三下：「（識云：『以手叉腰，如人新婚，得志憍放。』又，坐戒妨比座故。）匡肘，謂兩肘有如匡器焉。」（三三〇頁中）簡正卷一二：「應師云：橫舉，肘叉腰也。」（七七五頁下）鈔批卷二〇：「應師云：律中，字從『脏』，『區放』反，橫舉肘也，未詳字出。此應俗字耳。禮記云：並坐不橫肱是也。律文或作軀，二形並未詳。」（八四八頁上）【案】四分卷二〇，七〇〇頁中開始。

〔二〕開緣如「纏頸戒」　資持卷中三下：「開緣指上，即有病、肩臂有瘡、僧寺內等。」（三三〇頁中）

搖身〔一〕者，左右戾身趨行〔二〕也。

不犯者。病；若為人打，避杖；度坑，搖身過；著衣，看齊整者。

【校釋】

〔一〕搖身　資持卷中三下：「（譏云：『如王、大臣。』）」（三三〇頁中）【案】四分卷二〇，七〇〇頁下開始。

〔二〕左右戾身趨行　鈔批卷二〇：「應師云：戾身，（『力計』反。）琳云：由戾曲也。字從『犬』，出戶而曲，戾也。趍行，又作『麹同』，（『且臾』反。）釋名云：疾行曰趍，疾趍曰走。禮記云：惟簿之外不趍。鄭玄曰：行不張足曰趍。堂上不趍，為其近也。」（八四八頁上）資持卷中三下：「戾，曲也。」（三三〇頁中）

掉臂〔一〕者，垂臂前卻也。

不犯者。病；為人打及餘緣〔二〕，舉手遮；浮渡水〔三〕；若以手招喚伴者。

【校釋】

〔一〕掉臂　資持卷中三下：「（譏嫌同上。）前卻。卻即後也。」（三三〇頁中）簡正卷一二：「此云乘（原注：『乘』字原本不明。次同。）臂前卻也。乘臂向前，又向後，即是掉也。十誦云：白衣呵言『如種穀人不異』也。」（七七五頁下）【案】四分卷二〇，七〇一頁上開始。

〔二〕餘緣　資持卷中三下：「或惡獸或擔刺。舉手遮者，貫上三事。」（三三〇頁中）【案】本句義為：如果被人打，及遇到惡獸等，用手前後遮擋，不犯。

〔三〕浮渡水　資持卷中三下：「必掉兩臂故。」（三三〇頁中）

覆身〔一〕者，處處身露也。

不犯者。病，被繫，風吹衣離身者。

【校釋】

〔一〕覆身　資持卷中三下：「（議云：『不好覆身，如婆羅門。』）此以正行，列為戒本，如：『齊整』、『靜點』、『用意』、『平缽』等，或標過床，逐戒尋之。」（三三〇頁中）【案】此句簡略，其義為：應當注意以衣覆身，以免處處露身。不是「覆身」而成「處處身露」之戒，而是因不好「覆身」而成「形露」之戒。四分卷二〇，七〇一頁中開始。

左右顧視〔一〕者，在村落處處看也。

不犯者。有病；若仰瞻日時節；若難緣，伺求便道走者。

【校釋】

〔一〕左右顧視　資持卷中三下：「左右視戒。（議云：如盜竊人。）」（三三〇頁中）簡正卷一二：「村落中。迴顧瞻視，處處看也。」（七七五頁下）【案】本戒鈔科作「左右顧視戒」。四分卷二〇，七〇一頁下開始。

靜默〔一〕者，謂無高聲也。

不犯者。病；若聾，須高喚；囑授；若高聲施食〔二〕；若二難，高聲走者。

【校釋】

〔一〕靜默　資持卷中三下：「（議言：『如婆羅門，無有正法。』）」（三三〇頁中）【案】四分卷二〇，七〇二頁上開始。

〔二〕施食　資持卷中三下：「如供聖、咒願等。」（三三〇頁中）

戲笑〔一〕者，露齒而笑也。

不犯者。病；脣痛不覆齒；或念法歡喜而笑者。

【校釋】

〔一〕戲笑　資持卷中三下：「（議云：『不慚戲笑，如獼猴。』）已前諸戒，並謂入聚落中，乖越威儀，不生世善。若在伽藍，豈得不爾？但緣起在俗，故結為戒。時開寺內，非是常途，安有處寺而容縱放？教誡律儀，並明寺內，威儀之行，義準諸戒，內外通犯。學者思之，勿謂無過。」（三三〇頁中）簡正卷一二：「祇律：在師前不得露齒，而笑事忍之。起『無常、苦、空、無』不想也。」（七七六頁上）【案】四分卷二〇，七〇二頁中開始。

用意受食〔一〕者，非棄羹飯〔二〕也。

不犯者。有如是病；或缽小故棄；或還墮案上者。

【校釋】

〔一〕用意受食　資持卷中三下：「（由不用意，捐棄羹飯。譏云：『沙門無厭，貪心多食，如穀貴時。』）」（三三〇頁中）簡正卷一二：「五分云：左手一心擎鉢，右手扶鉢緣也。」（七七六頁上）【案】四分卷二〇，七〇二頁中開始。

〔二〕非棄羹飯　簡正卷一二：「違失之非。今既一心，即不辨也。」（七七六頁上）

平鉢受食〔一〕者，非溢鉢也。

不犯，如上戒。

平鉢受羹者，非溢出流汙也。

不犯，如上。

【校釋】

〔一〕平鉢受食　資持卷中三下：「『平鉢』，二戒。（譏亦如上。）古師云：離偏斜過，謂擎鉢不正。今師約食，故云非溢。」（三三〇頁中）簡正卷一二：「注戒疏云：言不平鉢者，謂離偏邪鉢過也。」（七七六頁上）【案】此兩戒即資持釋文中所言的「平鉢二戒」。四分卷二〇，七〇二頁下開始。

羹飯等食〔一〕者，非飯至羹盡、羹至飯盡也。

不犯者。有病；若正須飯〔二〕，正須羹；日時欲過；二難，疾食者。

【校釋】

〔一〕羹飯等食　資持卷中三下：「等食戒。（居士下飯已，入內取羹還，食飯已盡。與彼羹已，復還取飯還，食羹盡。譏云：『似餓人。』）」（三三〇頁中）簡正卷一二：「緣起中，飯至羹盡，羹來飯盡，惱施主故。若須羹等者，或只要羹，或須飯隨偏，食盡不犯。」（七七六頁上）【案】四分卷二〇，七〇三頁中開始。

〔二〕若正須飯　資持卷中三下：「謂隨食盡已，更須受益，非貪速故。」（三三〇頁中）

以次食〔一〕者，非謂〔二〕「鉢中處處取食食」也。

不犯者。病；或患熱，挑取冷處；若日欲過；難緣者。

【校釋】

〔一〕次食　資持卷中三下：「次食戒。（譏言：如豬、狗、牛、驢、駱駝、烏鳥。）。」（三三〇頁下）簡正卷一二：「謂鉢中處處食不著，次第取。」（七七六頁上）【案】四分卷二〇，七〇三頁下開始。

〔二〕非謂　扶桑記：「合作『謂非』，疑是寫倒。」（二五五頁上）

不挑鉢中〔一〕者，置四邊，挑鉢中央至鉢底。

不犯者。有病；患熱，開中央令冷；日過；難緣者。開。

【校釋】

〔一〕不挑鉢中　鈔批卷二〇：「謂鉢中處處食，不作次第也。或取某邊一匙，（八四八頁上）或探取下者是也。」（八四八頁下）【案】本戒鈔科作「不挑鉢中央食戒」。四分卷二〇，七〇四頁上開始。

自索食〔一〕。不犯者。病，為他，他為己，不求而得者。

【校釋】

〔一〕自索食　資持卷中三下：「自索食戒。（譏云：『何有正法，受取無厭？』）」（三三〇頁下）【案】本戒鈔科作「索羹飯戒」。四分卷二〇，七〇四頁中開始。

飯覆羹〔一〕。不犯者，有病，若請食〔二〕，或正須羹、正須飯〔三〕者。

【校釋】

〔一〕飯覆羹　資持卷中三下：「飯覆羹戒。（譏言：『如飢餓人。』）」（三三〇頁下）【案】四分卷二〇，七〇四頁下開始。

〔二〕若請食　簡正卷一二：「文云請食羹時，有比丘食羹，汙手鉢、污衣手巾。有疑，不敢以飯覆羹。佛言：『聽請食無犯。』」（七七六頁上）

〔三〕正須羹正須飯　鈔批卷二〇：「謂或唯須羹，或唯須飯，故偏食盡，不犯也。」（八四八頁下）

視比座〔一〕者，誰多誰少也。

不犯〔二〕者。比座病，若眼闇，為看得食不得食、淨未淨、受未受，若自病者。

【校釋】

〔一〕視比座　資持卷中三下：「（見比座分多，便云：『居士有愛。』故制。）」（三三〇頁下）簡正卷一二：「五分初緣，直制不得視比坐鉢中多少。後因五百比丘在一家食，食已，共相語言：『希有此食。』於中有不得者，下座比丘言：『若佛聽我等視他鉢者，便知誰得、誰不得。不得者，教與也。』」（七七六頁上）鈔批卷二〇：「五分第十，初緣直制不應視比座鉢中多少。後因五百比丘在一家食，食已，共相語言：『希有此食。』下座比丘言：『上座得好，我等不得。』諸比丘念言：『若佛聽我等視他鉢者，得知誰不得。不得者，敬與。』

佛告比丘：『聽視比座鉢，不得生於嫌心。』」（八四八頁下）【案】本戒鈔科作「視比座鉢戒」。四分卷二〇，七〇五頁上開始。「座」，四分為「坐」。

〔二〕不犯　簡正卷一二：「佛告比丘：聽視比坐，但莫生慊心即得。」（七七六頁上）

繫鉢想食〔一〕者，謂非左右顧視。

不犯者。有病；比座眼闇，如前戒；日過；難緣者。

【校釋】

〔一〕繫想鉢食　資持卷中三下：「繫鉢戒。（因左右顧視不覺，比座取鉢藏之。）」（三三〇頁下）簡正卷一二：「祇云：端心觀鉢，得放鉢在前。共比坐語者，若有緣須語，須看左右者，須手扶緣等也。」（七七六頁上）僧祇卷二二：「端心觀鉢者，不得放鉢在前，共比坐語。若有因緣，須共左右語者，左手撫鉢上。若行食人到第三人時，當先滌鉢，豫擎待至。若放恣諸根，不學端心觀鉢食者，越學法。狂、癡、心亂無罪。是故說端心觀鉢食應當學。」（四〇七頁上）【案】簡正和鈔批釋文引用簡略，其義不顯。「繫鉢想食」，鈔批作「當繫想鉢」，並校注：「『繫鉢想食』鈔作『繫鉢想食』」，疑應作「『當繫想鉢』。四分卷二〇，七〇五頁中開始。

不大揣〔一〕者，非口不容受也。

不犯者。病；時欲過；二難，疾食者。

【校釋】

〔一〕不大揣　資持卷中三下：「『大揣』、『張口』、『含飯語』三戒。（譏同『次食』。）」（三三〇頁下）【案】資持釋中「三戒」指本戒和下文二戒。本戒鈔科作「大揣食戒」。四分卷二〇，七〇五頁下開始。

張口待飯〔一〕者，謂飯揣未至，先張口也。

不犯者，如前戒。

【校釋】

〔一〕張口待飯　鈔批卷二〇：「五分：諸比丘飯至口，猶不敢開。佛言：『不遠不近，便應開口也。』」（八四八頁下）【案】本戒鈔科作「張口待食戒」。四分卷二〇，七〇六頁上開始。

含飯語〔一〕者，飯在口中，語不可了，令不解也。

不犯者。有病，或噎索水，難緣者。

【校釋】

〔一〕**含飯語**　鈔批卷二〇：「祇二十二云：若食上，和上、闍梨、長老、比丘喚，時咽未盡，能使聲不異者，得應。若不能得者，咽已，然後方應。若前人嫌者，應答言：『我口中有食，是故不即應。』五分：諸比丘後時，白衣益食問須，不敢答，便譏比丘憍慢，不共人語。佛言：『以答食時，聽語須者，得也。』」（八四八頁下）【案】五分卷一〇，七五頁。本戒鈔科作「含食語戒」。四分卷二〇，七〇六頁中開始。

遙擲口中食〔一〕。

不犯者。病；被縛，而擲口中者。

【校釋】

〔一〕**遙擲口中食**　資持卷中三下：「擲口戒。（譏言：如似幻師）。」（三三〇頁下）【案】本戒鈔科作「遙擲口中戒」。四分卷二〇，七〇六頁下開始。

遺落食〔一〕**者，半在手中，半入口中**〔二〕。

不犯者。啖薄餅、焦飯、瓜果、菜者。

【校釋】

〔一〕**遺落食**　資持卷中三下：「（譏云：『如狗、牛、驢、駱駝、鳥鳥。』）」（三三〇頁下）簡正卷一二：「此律，六群揣飯嚙半，半在手中，披呵而制。祇云：麨團飯，令段段可口，食菓等不犯。今時有人，滿匙挑飯，於口不容，半落鉢中，與上緣同也。」（七七六頁下）鈔批卷二〇：「祇二十二云：六群比丘嚙半食，半還著鉢中，為世所譏。又云：當段段可口食，若麨團大，當手中（八四八頁下）分，令可口。若瓜、昔（原注：『昔』疑『甘』。）蔗、菁根，得嚙無罪。若餅，當手作分齊，令可口。祇又云：居士言：我奪妻子之分，布施作福，計此一粒，百功乃成，應當盡食，何故棄地？」（八四九頁上）【案】本戒鈔科作「遺落飯食」。四分卷二〇，七〇七頁上開始。

〔二〕**半在手中，半入口中**　資持卷中三下：「西土手摶食故。此方餅果，亦多用手，縱用匙筯，亦準手犯。」（三三〇頁下）

頰食〔一〕**者，令兩頰鼓起，如獼猴狀也。**

不犯者。病，時欲過，難緣疾食者。

【校釋】

〔一〕**頰食**　資持卷中三下：「（譏云：『如獼猴食。』）」（三三〇頁下）簡正卷一二：

「不得口中迴食，從一頰迴至一頰，當從一邊嚼。即明也。」（七七六頁下）鈔批卷二〇：「祇二十二云：不得口中廻食。口含飯團，從一頰廻至一頰，當一邊嚼，即於嚼邊咽也。」（八四九頁上）【案】四分卷二一，七〇七頁中開始。

不嚼飯作聲中〔一〕。除有病、乾餅、焦飯、瓜果者。無開菜文〔二〕。

【校釋】

〔一〕不嚼飯作聲中　資持卷中三下：「『嚼飯』、『噏飯』、『舐食』三戒。（招譏，同上『遺落』。）」（三三〇頁下）簡正卷一二：「祇云：不得噂噈。此律呵云：唼唼如猪食不（上音『子入』）異。」（七七六頁下）鈔批卷二〇：「祇二十二云：不得噂噈作聲食。又復不得全呑食啗啗作聲。若咽喉病作聲，無罪。」（八四九頁上）【案】本戒鈔科作「嚼食作聲戒」。四分卷二一，七〇七頁中開始。

〔二〕無開菜文　資持卷中三下：「文雖不出，意準開之。垢汗開舐，以非食故。」（三三〇頁下）

噏飯〔一〕者，張口遙呼吸食也。

不犯者。有病，口痛，食、羹、乳酪、苦酒者。

【校釋】

〔一〕噏飯　鈔批卷二〇：「（『許及』反。）祇二十三云：若薄粥、乳酪、羹飲，不得吸使聲，當徐徐咽。十誦十九云：摩訶男自手下飯與乳，諸比丘吸食作聲。時有比丘，先是伎兒，聞是，聞即起舞。諸比丘大笑，笑時口中飯粒出，有鼻孔中出者。諸居士呵。食後佛問：『汝以何心儛？』答言：『欲出諸比丘吸食過罪及戲笑故。』佛言：『不吸食，應當學。』又，五分、十誦：不得縮鼻食。」（八四九頁上）【案】十誦卷一九，一三八頁。四分卷二一，七〇七頁下開始。

不舐食〔一〕者，吐舌舐飯也。

除病、被縛、手有泥垢膩汙，舌舐而取者。

【校釋】

〔一〕不舐食　簡正卷一二：「祇云：月有監食人，欲知生熟醎酢，聽著手掌內舌舐也。除此外，不評（【案】『評』疑『開』。）。」（七七六頁下）【案】僧祇卷二二，四〇四頁。「月有監食人」僧祇作「若直月及監食人」。本戒鈔科作「舌舐食戒」。四分卷二一，七〇七頁下開始。

振手食中〔一〕。除病；食中草蟲；或手有不淨，振去之；有未受食，手觸污手，振去之者。

【校釋】

〔一〕振手食中　資持卷中三下：「振手戒。（譏云：『無有正法，如王、大臣。』）未受食污手，或容粘綴故。」（三三〇頁下）簡正卷一二：「振手者，食粘手㪍振之，污傍人也。」（七七六頁下）【案】四分卷二一，七〇八頁中開始。

把散飯食〔一〕者，散棄飯也。開如前戒〔二〕。

【校釋】

〔一〕把散飯食　資持卷中三下：「（譏言：『如雞鳥。』）或誦為爬非，此謂手握而落，對前遺振，須分別相，餘剩在手，即是遺落。揮散左右名『振手』，搏握令落為『手把』。」（三三〇頁下）簡正卷一二：「（『蒲巴』反。）此律，六群手把散飯食，居士譏之『如似鷄鳥』故。合是平聲呼也。」（七七六頁下）【案】本戒鈔科作「把散飯戒」。四分卷二一，七〇八頁中開始。

〔二〕開如前戒　簡正卷一二：「同『振手食戒』也。」（七七七頁上）

不汙手捉食器〔一〕者，有膩飯著手也。

除病；或草上受〔二〕、葉上受，若洗手受者。

【校釋】

〔一〕不汙手捉食器　資持卷中三下：「（譏云：『無法，如王、大臣。』）謂捉己器，必捉僧器，則觸僧食。不論手污不污，並名惡觸。」（三三〇頁下）簡正卷一二：「西天以手喫飯食之手，名曰『污手』。祇開以菜拭膩。」（七七七頁上）【案】本戒鈔科作「汙手捉食器戒」。四分卷二一，七〇八頁下開始。「食」，四分作「飲」。

〔二〕草上受　資持卷中三下：「此謂口受，非手捉故。」（三三〇頁下）

洗鉢水〔一〕者，雜飯水也。

除病；若澡盤承取棄之者。

【校釋】

〔一〕洗鉢水　資持卷中三下：「（因飯狼藉。譏云：『多受如餓人。』）」（三三〇頁下）鈔批卷二〇：「和飯水棄白衣舍內也。五分：諸白衣新作屋，得比丘鉢中水灑地，以為吉祥。佛聽諸比丘以鉢中無食水用洒地。從今是戒，應如是說：

『不以鉢中有飯水，洒白衣屋內，應當學。』見論云：若飯粒，撩取與眾生。（八四九頁上）餘水棄白衣家，（原注：插入『白衣家』三字。）不犯也。」（八四九頁下）【案】五分卷一〇，七六頁。本戒鈔科作「棄洗鉢水戒」。四分卷二一，七〇九頁上開始。

生草不得大小便中〔一〕。

除病故，不堪避；若流墮上；鳥銜墮者。

【校釋】

〔一〕生草不得大小便中　資持卷中三下：「『生草』、『淨水』、『立大小便』三戒。（並識云：『如豬、狗、駱駝、牛、驢等。』）」（三三〇頁下）鈔批卷二〇：「檢祇文，開通中當在無草處。若夏月，生草普茂，無空處者，當在牛馬行處。若復無，當在塼、瓦、石上。若復無者，當在乾上（原注：『上』疑『土』。）。若復無者，當以木枝承之，令其先墮木上，後墮地者，不犯。」（八四九頁下）【案】資持釋文中「三戒」即本戒和次下二戒。僧祇卷二二，四一一頁。本戒鈔科稱作「生草上大小便戒」。四分卷二一，七〇九頁上開始。

水中不大小便、唾中〔一〕。

除病，或岸上大小便流墮。餘如前戒。

【校釋】

〔一〕水中不大小便、唾中　鈔批卷二〇：「謂不得水中大小便、涕、唾也。案祇中開通文者，若雨時，水卒浮滿，當須在土塊上。若無者，當先墮著木上、石上等，然後墮水中。若掘地作廁，廁底水出者，比丘不得先於上起止，當先使淨人用，然後比丘用之。若廁底有常流水，當須木承，後任墮水。若比丘入水浴時，不得唾中。若去岸遠者，當唾手中，然後棄水，不犯也。見論云：若水人所不用，或海水，不犯。水雖中用，曠遠無人用，不犯。」（八四九頁下）【案】本戒鈔科稱作「水中大小便戒」。四分卷二一，七〇九頁中開始。

不立大小便中〔一〕。

除病，被縛，腳蹲〔二〕**，垢膩泥污，並開。**

【校釋】

〔一〕不立大小便中　簡正卷一二：「（已上總是『敬僧威儀』竟。）」（七七七頁上）【案】資持卷中三下：「從初至此五十一戒，明『敬僧威儀』。（文列四十一。并『衣纏頸』下十條，各有白衣舍坐。）。」（三三〇頁下）【案】本戒鈔科稱作「立大小便戒」。四分卷二一，七〇九頁下開始。

〔二〕蹲　【案】底本為「縛」，據大正藏本及弘一校注改。

不恭敬說法〔一〕。

「不得」中，除病；若為王、王大臣者。

【校釋】

〔一〕不恭敬說法　資持卷中三下：「總明八戒，明『敬法威儀』。五十二、反抄衣，五十三、衣纏頸，五十四、覆頭，五十五、裹頭，五十六、又（【案】『又』疑『叉』。）腰，五十七、著革屣，五十八、著木屐，五十九、騎乘。」（三三〇頁下）簡正卷一二：「都有八條戒。鈔文約略解之，故通言『不恭敬說法』中也。覆頭者，以衣等覆也。裹頭者，大德云：隨方而說也。西天俗人，不裹頭，若以物包裹，即是不敬也。此間裹幞頭即表敬，露頭卻不敬。然於本分，幞頭之上，更別將餘物重裹，又是不敬。何妨有此道理？有人云『約正裹頭時與說法』者，非也。餘文易知。（已上敬法竟。）」（七七七頁上）鈔批卷二〇：「『恭敬為說法』等者，即戒本云：不得為騎乘人說法也。撿祇云，乘者有八種：象乘、馬乘、牛乘、驢乘、船乘、車乘、轝乘（【案】此處缺『駝乘』。），八也。准此，今時見船行人，或求就附載，身猶在岸，說法教化，即是犯也。五分第十：諸比丘為著履草履人說法，諸居士譏訶言：『是法尊貴，第一微妙。（八四九頁下）而諸比丘，亦為著履草履人說法，輕慢此法。』乃至『反抄衣』等，皆如上說。祇二十二云：若比丘為塔事僧（【案】『僧』後疑脫『事』字。）、諸王、若地主。彼言：比丘為我說法，不得命起畏彼疑故。若邊有立人者，即作意：『為立人說法。』王雖聽，比丘無罪。」（八五〇頁上）【案】五分卷一〇，七六頁。僧祇卷二二，四〇八頁。鈔科作「不恭敬說法等戒」。四分卷二一，七一〇頁上開始。

不佛塔中宿戒〔一〕。除病；為守護故止宿；強力所執，二難緣宿者。

不藏物塔中戒。除病；為堅牢故藏〔二〕。餘難緣如上。

【校釋】

〔一〕不佛塔中宿戒　資持卷中三下：「『不得佛塔』下至『舒腳坐』二十六條，明『敬佛威儀』。六十、塔中宿，六十一、塔中藏物。今時愚教，多於殿塔著物，一一隨犯。」（三三〇頁下）簡正卷一二：「第三，『敬佛威儀』中。云『不』至『通開』者，都有二十六戒，鈔文約略而解。」（七七七頁上）【案】資持和簡正對二十六條的文字劃分不同。資持、鈔科劃分到「舒腳坐」，簡正劃分到下文「病緣通開」。今從資持。四分卷二一，七一〇頁中開始。

〔二〕**為堅牢故藏**　簡正卷一二：「此約三寶物為堅牢，不現狼藉相者。」（七七七頁上）鈔批卷二〇：「相傳云准開佛物。今詳，設法僧等物，若忽遇難，獲為堅牢，亦應無爽也。」（八五〇頁上）【案】四分卷二一，七一〇頁中開始。

著革屣下諸塔邊戒〔一〕。除有如是病，或強力喚入塔中者。

【校釋】

〔一〕**著革屣下諸塔邊戒**　資持卷中三下：「況加無知，著革屣中，收五戒，故云『諸』也。六十二、著入塔，六十三、捉入，六十四、著繞，六十五、著富羅入，六十六、捉入。」（三三〇頁下）簡正卷一二：「亦約西天表不敬也。」（七七七頁上）鈔批卷二〇：「著革屣者。多生慢心故也。」（八五〇頁上）【案】本戒鈔科作「著革屣入塔等戒」。四分卷二一，七一〇頁下開始。「下」，四分為「入」。

塔下坐留食戒〔一〕。除一坐食〔二〕，及不作餘食法比丘、病比丘；聽聚著腳邊一處，出時持棄者。

【校釋】

〔一〕**塔下坐留食戒**　資持卷中三下：「六十七、塔下食戒。（初制不得塔下食，後開有緣聽塔下食，但不污地。）比（【案】『比』疑『此』。）見多在佛殿設齊，背像安坐，果菜棄遺，縱橫污地，違制雖輕，惡業彌重。有識高士，願速改過，自餘愚叟何足語之？開二頭陀者，或有所棄，不容身起，故聽聚邊。」（三三〇頁下）【案】四分卷二一，七一一頁上開始。

〔二〕**除一坐食**　簡正卷一二：「若非一坐食，及不作殘食法比丘。若餘人隨食中，草得即旋逆，以淨處故，少時亦不許。」（七七七頁下）

「塔下擔屍」等戒〔一〕，除有病；須此道行；彊力呼去者。

【校釋】

〔一〕**「塔下擔屍」等戒**　簡正卷一二：「臭氣，護塔神嗔也。」（七七七頁下）鈔批卷二〇：「立云：屍有臭氣，護塔神嗔。」（八五〇頁上）資持卷中三下：「總包九戒：六十八、擔屍，六十九、埋屍，七十、塔下燒，七十一、向塔燒，七十二、四邊燒，七十三、持衣床塔下過，七十四、塔下大小便，七十五、向塔，七十六、繞四邊。」（三三〇頁下）【案】四分卷二一，七一一頁中開始。

持佛像大小便處〔一〕。三開亦爾。

【校釋】

〔一〕持佛像大小便處　鈔批卷二〇：「謂大小便有四戒，此文明其一戒。餘三戒緣，一同此也。」（八五〇頁上）資持卷中三下：「七十七、持佛像中。三開者，即上病、須此道、強力呼也。下略六戒：七十八、塔下嚼楊枝，七十九、向塔，八十、繞四邊，八十一、塔下涕唾，八十二、向塔，八十三、繞四邊。」（三三〇頁下）【案】四分卷二一，七一二頁上開始。

向塔舒腳坐。除病；若中間有隔〔一〕；強力所持。

【校釋】

〔一〕若中間有隔　資持卷中三下：「八十四、向塔坐戒中。間隔者，有物障也。文略八十五安佛下房，（在拘薩羅國制），或有病，或命、梵難，皆開。從『人坐已立』下，十五戒，出能敬之人。於四儀中，雜明敬上三寶行。八十六、人坐已立說法戒，八十七、人臥，八十八、人在座，八十九、人在高座，九十、人在前行，九十一、人在高經行處，九十二、人在道，九十三、攜手在道。（由攜手在道，遮他男女譏。故制。）九十四、上樹戒，（比丘在大樹上安居，於上大小便，樹神瞋，欲斷其命。故制。）九十五、杖絡囊戒，（跋難陀絡囊中盛缽，貫杖頭擔，居士謂是官人，皆下道避。因制。）九十六、持杖人說法，九十七、持劍人，九十八、持矛人，九十九、持刀人，一百、持蓋人。」（三三〇頁下）【案】四分卷二一，七一二頁上開始。

攜手道行戒。除病〔一〕；或眼闇須扶接者。

【校釋】

〔一〕除病　四分卷二〇：「不犯者。或時有如是病，或時有比丘患眼闇，須扶接無犯。無犯者，最初未制戒，癡、狂、心亂，痛惱所纏。」（七一三頁上）【案】四分卷二一，七一二頁下開始。

餘戒，或有病緣通開〔一〕。

不恭敬聽法者，唯開王及大臣〔二〕也。良由佛法廣流天下者，必假王力故也。初雖開聽，為在通法〔三〕，被及黔黎〔四〕。後必虔仰，故無開法〔五〕。

【校釋】

〔一〕餘戒，或有病緣通開　資持卷中三下：「示開緣中。有二，初示病緣，通開可

成。」（三三一頁上）

〔二〕**不恭敬聽法者，唯開王及大臣**　資持卷中三下：「『不』下，次明王臣。別顯敬法諸戒，初示開。」（三三一頁上）

〔三〕**初雖開聽，為在通法**　資持卷中三下：「『初』下，明開制隨時。」（三三一頁上）簡正卷一二：「為在通法者，開萍沙王前說戒，除王疑心，而令佛法不壅也。」（七七七頁下）

〔四〕**被及黔黎**　鈔批卷二〇：「秦始皇時，喚民為黔首也。黔者，黑也。首者，頭也。黎者，眾也。明其王通識正法，被於人民也。」（八五〇頁上）扶桑記：「今謂民為黔首，以其頭黑。一說凡人以黑巾覆頭，故謂之黔首。」（二五六頁上）

〔五〕**後必虔仰，故無開法**　簡正卷一二：「初為除疑故開，後既無疑卻制，故無開法也。已上第二列料（原注：『料』疑『科』。次同。）竟。」（七七七頁下）鈔批卷二〇：「當時為王懷疑，故開得聞。今既敬信心成，不復許聞佛之戒律等也。」（八五〇頁上）

自餘通諸外部〔一〕，非不要須。意在即披即行，且依律述〔二〕，此若遵之無缺者，當更括撿，如威儀決正法中，別卷流用〔三〕。

四分律刪繁補闕行事鈔卷中之三

【校釋】

〔一〕**自餘通諸外部**　鈔科卷中三：「『自』下，明結略。」（八六頁上）資持卷中三下：「疏云：僧祇六十六戒，十八戒四分無；十誦一百七戒，四十七四分無；五分一百戒，四十四戒四分無；解脫九十六戒，五十三四分無。（檢諸戒本尋之。）」（三三一頁上）

〔二〕**意在即披即行，且依律述**　資持卷中三下：「『意』下，次顯略。且局本宗，欲令易見，此雖不引，上下威儀，亦自具之。」（三三一頁上）

〔三〕**此若遵之無缺者，當更括撿，如威儀決正法中，別卷流用**　鈔批卷二〇：「如威儀決正法中，別卷流用者，即如章服儀中具明所以也。」（八五〇頁上）資持卷中三下：「『此』下，囑累威儀。決正法者，古云：道儼律師所出二十卷，（三三一頁上）或恐指教誡儀為決正法耳。滅諍一篇，所以不釋者，以相雜難明，末世稀用。既非鈔意，故此削之。如集義鈔、戒疏具委。」（三三一頁中）簡正卷一二：「威儀決正法中者，此論兩卷，儼禪師撰也。決解尼二部律僧相，如下卷衣法中引，云決正二部律論等是也。抄恐文繁，故指廣文，如彼流通要用。」（七七七頁下）【案】鈔文未及「八、七滅諍法」。